古典文獻研究輯刊

十四編

潘美月・杜潔祥 主編

第18冊

《三國演義》研究在美國

郭興昌 著

國家圖書館出版品預行編目資料

《三國演義》研究在美國／郭興昌 著 — 初版 — 新北市：花木
蘭文化出版社，2012〔民101〕
目 2+290 面；19×26 公分
（古典文獻研究輯刊 十四編：第 18 冊）
ISBN：978-986-254-851-6（精裝）
1. 三國演義　2. 研究考訂
011.08　　　　　　　　　　　　　　　　　101003003

ISBN-978-986-254-851-6

9 789862 548516

古典文獻研究輯刊
十四編　第十八冊　　　　　ISBN：978-986-254-851-6

《三國演義》研究在美國

作　　者　郭興昌
主　　編　潘美月　杜潔祥
總 編 輯　杜潔祥
企劃出版　北京大學文化資源研究中心
出　　版　花木蘭文化出版社
發 行 所　花木蘭文化出版社
發 行 人　高小娟
聯絡地址　新北市永和區中正路五九五號七樓
　　　　　電話：02-2923-1455／傳眞：02-2923-1452
網　　址　http://www.huamulan.tw 信箱 sut81518@gmail.com
印　　刷　普羅文化出版廣告事業
初　　版　2012 年 3 月
定　　價　十四編 20 冊（精裝）新台幣 31,000 元
版權所有·請勿翻印

《三國演義》研究在美國

郭興昌　著

作者簡介

郭興昌，臺灣省雲林縣人，畢業於台北市立師範學院（今台北市立教育大學）特殊教育學系，現為國小身心障礙資源班教師，曾獲選為雲林縣 98 年度特殊優良教師。作者從小就喜愛閱讀文學及歷史的相關書籍，對歷史故事及小說更有濃厚的興趣，小學時常常因為閱讀《三國演義》而廢寢忘食。也因為無法忘情於文學，遂在擔任教職四年後，以公假進修的方式，進入雲林科技大學漢學資料整理研究所攻讀碩士學位。由於對《三國演義》的著迷，碩士論文即以美國漢學界對《三國演義》一書的研究為範疇，整理相關文獻並做完整而深入的探討。

提　　要

　　《三國演義》乃中國古典文學名著，自成書以來一直深受廣大中國人民的喜愛，對華人世界的影響更是無遠弗屆。不但如此，《三國演義》在十九世紀二〇年代開始傳入英語世界後，也一直受到國外學者的重視，透過國外學者的翻譯和介紹，這部小說在國際上也產生了廣大的影響。美國漢學界對中國傳統小說的研究不遺餘力，尤其對《三國演義》這部小說更展現了濃厚的興趣以及可觀的研究成果，其研究的範疇包括作者、主題思想、版本源流、篇章結構、人物形象等，且常有獨特的創見。可惜，台灣學界對美國漢學界《三國演義》的研究，除了幾位學者曾對其研究內容作概括性的介紹，以及翻譯幾位大師的著作以外，至今尚未對《三國演義》在美國漢學界的研究成果作一完整而深入的探討，至為可惜。本論文乃針對美國漢學界對《三國演義》研究之專書及單篇論文等，作一完整之剖析，期能更完整呈現其研究成果，並為國內的《三國演義》研究提供一種新的視野。

謝　辭

　　本論文得以完成，要感謝許多人給我的支持與指導。首先要感謝指導教授李哲賢所長，在所務繁忙之際，仍能抽出許多寶貴時間仔細閱讀我的文稿，並逐字逐句加以修正。尤其在論文寫作期間，更不厭其煩的指導我關於論文的主題、架構、研究方法及內容的撰寫，使原本對論文寫作一竅不通的我，能將這份論文完成。此外，由於我並非中文系學生，加上個性迷糊，因此，在論文寫作期間常發生許多不應該犯的錯誤，如，論文格式常常寫錯，也感謝李所長以無比的耐心不斷包容我，並多次幫我修正錯誤的地方，讓我受益匪淺。

　　此外，非常感謝東海大學張端穗教授不辭辛勞，遠從台中南下擔任我的口試委員，並在論文口試時給我許多鼓勵以及指正，使我對於西方文學批評的觀念有了更深一層的認識，更感謝張教授仔細閱讀我的文稿，提醒我文中論證部分不夠完善之處，以及用字遣詞尚需修正的地方，並提醒我在文中關鍵之處必須引用原文（英文）。其次，也要感謝吳進安教授對文中格式的指正，並提醒我多項疏忽之處，如，在撰寫諸葛亮形象時，必須注意到「陽儒陰法」此一觀念。吳教授並提醒我在研究傳統小說時需要注意的事項，如，不同的長篇小說間彼此是否有相互影響等。兩位教授都使我獲益良多。

　　又許多朋友以及同事，在閱讀及翻譯英文文本時，給予我極大的幫助，使本篇論文得以順利完成，非常謝謝他們。

　　最後，感謝我的父母，由於他們的支持，讓我在求學過程中一路順遂。更要感謝親愛的老婆，能體諒我、包容我，讓我能無後顧之憂，完成論文。而女兒天真的笑靨及笑語，每每讓疲倦的我恢復精神，繼續與論文奮鬥。此外，感謝即將出生的兒子，因為他的到來，讓我能一鼓作氣將論文完成。

郭興昌　謹誌

中華民國九十六年六月

目

次

第一章　緒　論

　　《三國演義》於十九世紀二〇年代開始傳入英語世界後，長久以來一直受到國外學者的重視，透過國外學者的翻譯和介紹，這部小說在國際上也產生了廣大的影響。長期執漢學研究牛耳的美國漢學界對中國傳統小說的研究也不遺餘力，而且常有獨到的見解，對《三國演義》這部小說更展現了濃厚的興趣以及豐碩的研究成果。可惜兩岸學界除了幾位學者曾對其研究內容作概括性的介紹，以及翻譯幾位大師的著作以外，至今尚未有對《三國演義》在美國漢學界的研究成果作一完整而深入的探討，殊爲可惜。因此，本論文乃針對美國漢學界對《三國演義》研究之專書及單篇論文，作一完整之剖析，盼能更完整呈現其研究之成果。

第一節　研究動機與目的

　　美國漢學在國內屬於一門新興的學問，各中文系所對此領域甚少涉獵。筆者有幸進入雲林科技大學漢學資料整理研究所就讀，首次接觸到美國漢學這個領域，也涉獵了中國古典小說在美國漢學界的研究概況，對其獨特的研究方法以及詮釋的觀點，印象非常深刻。其中，筆者在修習「美國漢學研究」這一門課時，拜讀了夏志清先生的鉅作《中國古典小說導論》，〔註 1〕書中以比較文學的角度來討論《三國演義》等六部古典小說，對小說的主題思想、結構、人物等，提出了許多前所未有的看法，使筆者對《三國演義》一書有了更深一層的體認。也促使筆者想更進一步瞭解其它漢學家對這部中國古典

〔註 1〕　見 Hsia, C. T., *The Classic Chinese Novel: A Critical Introduction*（New York: Columbia University Press, 1968）.

名著之研究成果，故筆者選擇〈《三國演義》研究在美國〉作爲碩士論文之研究主題，希冀能對這一主題作一完整的剖析，且能完整呈現美國漢學界對《三國演義》這一著名的中國傳統小說之研究成果，以作爲國內學界研究《三國演義》時之參考，此乃本論文之研究動機之一。

其次，王靖宇教授在其〈中國傳統小說研究在美國〉〔註2〕一文中提到，西方學者如夏志清、Bishop 等人在以西方標準來衡量中國作品時，一旦發現二者有所不同，並沒有設身處地，從中國特有的文化背景去加以理解，因此，有時在論斷時未免稍嫌武斷。此外，筆者在閱讀美國漢學家浦安迪（Andrew Plaks）的大作《明代小說的四部名著：四大奇書》〔註3〕時，也發現浦安迪教授對於《三國演義》的某些論點與兩岸學界的研究有很大的歧異之處。例如，一向爲中國人所崇敬的諸葛亮，浦安迪教授對其卻有許多負面的看法，如殘忍好殺、歧視老將、挑撥同僚間的爭鬥等。而在小說的主題方面，浦氏更提出「反諷」這個主題，認爲全書不論在結構或是人物描寫上，處處都充滿了「反諷」的意味，以上觀點都是兩岸學界前所未見的。也因此，筆者希望探討美國漢學界學者這些較爲特殊的觀點，是否有偏頗或缺憾之處，或有所借鏡，此乃本論文之研究動機之二。

《三國演義》成書已有數百年，兩岸學界對這部小說的研究歷史也非常悠久，但學者們對這部小說的幾個重要研究主題，例如作者是何人？作者的籍貫是何處？成書於何時？主題爲何？關於這些主題，答案仍莫衷一是。筆者希望探討美國漢學界對這些主題的研究，藉由其不同的研究方法，爲這部小說的幾個未解之謎，找出更合理而可信的答案，此乃本論文之研究動機之三。

再者，許多美國漢學家認爲中國小說有其缺陷，Bishop 在〈中國小說的限制〉一文中指出，傳統中國白話小說至少在兩方面受到了限制，其一是演述的方式，其二是創作的動機。〔註4〕更有學者認爲，中國長篇小說偏向於「綴段性」（episodic）的結構，說它們缺乏顯著的藝術統一性。〔註5〕不過，近年

〔註2〕 見王靖宇：〈中國傳統小說研究在美國〉，收入林徐典編：《漢學研究之回顧與前瞻》（北京：中華書局，1995年），頁220。

〔註3〕 見 Plaks, Andrew. H., *The Four Masterworks of the Ming Novel : Ssu ta chi-shu*（Princeton: Princeton University Press, 1987）.

〔註4〕 見 Bishop, John L., "Some Limitations of Chinese Fiction," *Far Eastern Quarterly* 15/2（Feb.1956）, pp.239-247.

〔註5〕 見 Liu, James J.Y., *Essentials of Chinese Literature Art*（Belmont:Wadsworth Publishing Company, 1979）, p.67.

來韓南及浦安迪等學者已經對此說提出質疑，他們認為不該用西方小說的理論來衡量中國古典小說。〔註6〕美籍華裔學者楊力宇更以《三國演義》為例，提出「演義」體小說是一種獨特的文類，是中國文學所特有的。〔註7〕由此可見，美國漢學界對中國小說的評價，褒貶不一。筆者希望藉由探討《三國演義》一書，釐清美國漢學界對中國小說的疑點，並客觀的在世界文學史上，賦予其適當的定位。此乃本論文之研究動機之四。

　　此外，由於美國漢學是一新興的領域，各中文所甚少有研究生專研此一領域，再加上語言的隔閡，甚少研究生願花心思於美國漢學之研究。幸而本所注重國際漢學，積極開拓此一新興領域，因而，啟發筆者投入美國漢學研究，希望藉由本論文的提出，能為國內的美國漢學研究略盡棉薄之力。再者，國內研究美國漢學的人雖不多，但大陸方面卻已投入大量的人力與財力，專注於美國漢學的研究，並大力翻譯著名美國漢學家的專書，在中國古典文學方面的研究成果已日漸豐碩。筆者深切體會到，無論是美國漢學家對中國的研究，或是我們對他們研究的再研究，其意義都非常重大。因為，不僅美國學者可以通過這一門學科來了解、認識中國文化並從中吸取中國文化的精華；對於一般美國人來說，由於他們不一定都懂中文，無法直接從中國書籍及資料中獲得相關知識，而「美國漢學」的成果就是他們了解、認識中國的主要途徑。而對我們來說，透過「美國漢學」可以藉由他們的研究方法、角度，提供國內學界研究之借鑒。本論文盼能藉由美國漢學界對《三國演義》一書的研究作一全面而深入的探討，俾能為國內的《三國演義》研究提供一種新的視野，此乃本論文之研究目的。

第二節　研究範圍、方法與內容

一、研究範圍

　　本文的探討範圍以曾在美國從事教學與研究之學者所發表之英文論著為

〔註6〕 見 Plaks, Andrew. H., "The Problem of Structure in Chinese Narrative," *Tamkang Review* 6/2（1976）, pp.429-440.

〔註7〕 見 Yang, Winston L.Y, Peter Li and Nathan K.Mao eds., *Classical Chinese Fiction:A Guide to Its Study and Appreciation :Essays and Bibliographies*（Boston :G.K.Hall Publishers, 1978）, p.46.

準。本文將這些論著的重要論點以述要的方式處理，並從中整理出學者的研究成果。

　　本文之討論對象既以美國漢學界的《三國演義》研究為主，因此，對於歐洲、日本、中國大陸、香港以及台灣等地區出版的有關《三國演義》研究之論著則不列入本文之討論範圍。

　　本文所探討的是美國漢學界的研究成果，因此，必須要對美國漢學家的姓名及其論著的標題，做出較為適當的處理。本文之處理方式如下：若國外漢學研究者本身已有中文姓名者，則當其姓名第一次出現時，在其後以括弧標示其中文姓名，之後的論述全以其中文姓名處理。如果本身沒有中文姓名者，在本文的論述中則完全以原來的姓名標示；若是華裔學者，在本文中便以其原來的中文姓名，或是以「馬氏」、「楊氏」稱之，其餘類推。至於少數例外，如 Ch'en Ming-sheng、Yao Yao，則因筆者無從得知其原來的中文姓名，在本文中便以「Ch'en 氏」、「Yao 氏」稱之。至於論著方面，同樣會在第一次出現時標示筆者對論著名稱的翻譯，但是在論述時，則盡量使用該論著的原名或是簡稱。至於這些漢學研究者所提到的外國學者及論著，在學者的姓氏方面基本上會視同沒有中文姓名之漢學研究者處理，而這些學者的論著也會與本文所論述的漢學研究論著使用同樣的處理方式。

　　至於本文所討論的論著之排列次序，基本上是以發表與出版的時間先後次序作為排列之標準，在論文方面，完全按照這個標準，也就是說，同年發表之論文，以發表時間在前的篇章排在前面；在著作方面，除了這個標準以外，同年出版之著作，則是以作者姓氏之開頭字母作為排序之依據。另外，若是出現同一年有數種論文及著作發表與出版的情況，則以論文為優先排序之對象，並將以上之排列方式合併使用。

　　關於本文所要探討的《三國演義》一書，曾經有過許多不同的書名，例如《三國志演義》、《三國志傳》、《三國全傳》、《四大奇書第一種》、《第一才子書》等。其中最精確、最適合的書名，應是《三國志演義》，因為它不但是今日所能見到最早的刊本（嘉靖版）的正式書名，而且最早紀錄本書的書目中也是以此為書名。〔註 8〕此外，本書作者羅貫中在書的開頭就寫著：「晉平陽侯陳壽史傳，後學羅本貫中編次」。我們知道陳壽之作乃是《三國志》，而「演義」者，即是「演《三國志》之義」也。故以《三國志演義》為書名，

────────────────────

〔註 8〕見〔明〕高儒：《百川書志》（上海：上海古籍出版社，1995 年），頁 361。

乃是最適當的選擇。其餘書名，則多是評點者或是書商自行提出的。而《三國演義》之名，明代夷白堂刊本曾經用過，之後，在上個世紀五十年代初期大陸人民文學出版社出版的整理本也以《三國演義》為書名，後來由於漸漸流行及普及，《三國演義》也成為大家最熟知的書名，而《三國志演義》反而不易見到。因此，本論文即以《三國演義》為本書名稱。

　　本文在討論中，如需引用之《三國演義》原文，則以三民書局印行之羅貫中撰、毛宗崗批、饒彬校著的《三國演義》為準。〔註9〕

二、研究方法

　　本論文所採用的研究方法如下：

（一）文獻分析法

　　在確定本篇論文的研究題目後，筆者設法蒐集美國漢學界有關《三國演義》研究的書目和文獻，並以這些已經蒐集到的書目和文獻為基礎，尋找與本篇論文之研究主題相關的專著以及單篇論文。在蒐集資料的動作告一段落之後，再針對本論文研究的內容進行主要論點的整理與分析，並予以摘述。

（二）比較研究法

　　在整理並摘述本論文所探討之對象的主要論點後，筆者再運用歸納的方法，將所蒐集的文獻資料中所探討的各種議題予以歸納，並加以評論。在評論的過程中，則將國內外學者在《三國演義》研究的各個議題之研究成果予以整合，而後筆者再依此提出對各個議題的見解，以作為本論文所探討之《三國演義》研究議題之評論標準，而後再依據這些標準，對本論文所歸納的各個議題予以逐一探討，判別其中的是非得失。

三、研究內容

　　本論文共分六章，其內容如下：

第一章　緒論：說明本論文的研究動機與目的，以及研究方法。

第二章　《三國演義》研究在美國之緣起及概況：本章分為四節，依序介紹美國漢學之發展、中國古典小說在美國的研究概況、《三國演義》研究在美國之緣起及研究概況，以及《三國演義》的英譯概

〔註9〕見羅貫中：《三國演義》（台北：三民書局，2004年）。

況。

第三章　《三國演義》研究在美國述要：依年代摘選美國漢學界有關《三國演義》研究中，較為重要且具影響力之著作，如夏志清的《中國古典小說導論》以及浦安迪的《明代小說的四部名著：四大奇書》等學者之專著或單篇論文，並加以摘述，以呈現美國漢學界有關《三國演義》之研究成果，並作為第四、第五章探討之基礎。

第四章　《三國演義》之作者及背景研究述論：本章共分四節來探討上述美國漢學界有關《三國演義》的研究，並依下列主題：〈一〉《三國演義》之作者〈二〉《三國演義》之版本及成書年代〈三〉《三國演義》之戰爭描寫〈四〉《三國演義》之價值，將學者之研究成果作一客觀的述論。

第五章　《三國演義》之文本研究述論：本章共分三節來探討上述美國漢學界有關《三國演義》的研究，並依下列主題：〈一〉《三國演義》之主題思想〈二〉《三國演義》之敘事結構〈三〉《三國演義》之人物形象，將學者之研究成果作一客觀的述論。

第六章　結論：為本文所作研究之綜合性敘述，並依此提出美國漢學界對《三國演義》研究的特色以及未來研究之展望。

第二章 《三國演義》研究在美國之緣起及概況

第一節 美國漢學研究概況

　　「漢學」一詞源自西方，相當於 Sinology，不過近年來則多用中國學（Chinese Studies）一名。它的意思大致和「國學」一詞相近，不過包括的範圍則更廣泛。所謂漢學是指外國人研究中國學術文化的學問，即是以中國為研究對象之人文和社會科學，包括語言、文字、文學、歷史、考古、人類學、哲學及藝術等。就時間範圍而論，「漢學」兼容古今，亦即包含了現代歷史（思想、文學）之研究，而「國學」是以研究古代學術為主。

一、美國漢學研究之發展

　　美國原無漢學傳統，其漢學研究乃是由歐洲漢學移植而來，但他們的起步較晚，直到十九世紀後期，在傳教士裨治文（E. C. Bridgman）、衛三畏（Samuel Wells Williams）等人的努力下，美國漢學才逐漸有所發展。早期的美國漢學研究有兩個特徵，一是以傳教士為主體，他們蒐集各種中文文獻資料，直接進行漢學研究。他們的研究一般偏重中國歷史文化，這方面的研究有助於西方世界瞭解中國的傳統文明。第二個特徵是由於研究人手不足，且在研究過程中往往以基督教文化來分析中華文化，使得其研究存在著嚴重不足與侷限性。

　　真正為美國漢學研究全面奠定基礎的是 1842 年東方學會（American

Oriental Society）的成立，其宗旨是「傳播關於東方的知識，促進對東方語言和文學的研究」。學會的研究範圍甚廣，舉凡西方文化圈之外，如，古希臘、羅馬、歐洲和美洲以外的區域都包括在內。中美間第一個不平等條約《望廈條約》訂立後，提供了大批傳教士來華時法律上的保障，也因此，大量的傳教士因此來華。他們肩負雙重使命，既要傳播基督教福音，又要研究中國歷史文化。裨治文和衛三畏是其中重要的代表。裨治文的《中國叢報》（The Chinese Repository）刊登了許多研究中國古典文學和歷史文化的文章，並且十分注重中國實際問題的研究；衛三畏撰寫的《中國總論：中華帝國的地理、政府、教育、社會、藝術宗教及其居民概觀》一書，把中國作為一個整體文明來描述，帶有跨學科研究的特點，「頗像今日一門區域研究課程的教學大綱」。〔註1〕東方學會的成立，代表美國漢學研究的基地已經從中國移向美國。

　　約十九世紀後期，美國一些學校陸續出現對遠東和中國的研究。1876年，耶魯大學首先開設漢語課程，衛三畏返美後，在耶魯大學設立美國歷史上第一個漢學考古室和東方圖書館，這一行動代表著美國漢學從草創時期步入學院式研究的時代。1877年，哈佛大學也設置漢語課程，兩年後，該校中文講師戈鯤化，開始蒐集中文圖書，為從事教學和研究者提供資料。1890年後，美國的加州柏克萊分校、哥倫比亞大學等先後成立中文教研機構，1901年耶魯大學成立「雅禮協會」（Yale-in-China），主要研究中國歷史文化中一些特殊的東西，例如，卜骨、絲綢、官僚政府、科舉制度、仕紳階級，尤其重視國家的長期延續和關於其統治的綿延不絕的紀錄。同年，哥倫比亞大學開辦中文講座，定期講授漢學的相關課程。1910年芝加哥大學開始收藏中文資料，為系統研究中國問題打下基礎。漢學逐漸成為美國大學的重要研究課題。

　　十九世紀末二十世紀初，正是美國國力迅速發展之時，在漢學的研究上，也不落人後，因此，開始吸收歐洲漢學家到美國從事研究及開課。哥倫比亞大學首任漢學教授是德國人夏德（Friedrich Hirth），他對中國古代文化起源、中西文化交流及中國的繪畫源流均有深入的研究。哈佛大學也在1877年設立漢語課程，由法國人艾利塞夫（Serge Eliseeff）擔任主任教授，講授日本文學，以賈德納（Charles Gardner）、魏爾（J. B. Ware）為副教授，講授中國文學史。這一時期，美國漢學最引人注目的進展是哈佛大學與中國燕京大學合作創辦

〔註1〕　何寅、許光華：《國外漢學史》（上海：上海外語教育出版社，2000年），頁287～297。

「哈佛燕京學社」（Harvard-Yenching Institute），使得哈佛成爲美國研究中國的中心，從而形成學院派研究漢學的傳統。當時推舉艾利塞夫爲學社主任，艾氏於 1936 年創辦《哈佛亞洲學報》（Harvard Journal of Asiatic Studies），也進行大規模的漢英字典編纂工作。此外，歐洲學者移居美國後，將注重中國古典文化和歷史的傳統帶到美國，例如，夏德與柔克義（W. W. Rockhill）合譯宋代趙汝適的《諸蕃志》（Chu-fan-chih），對中世紀中西交通歷史進行多方面的闡述。由德效騫（Homer H.Dubs）負責，荷蘭漢學家戴聞達（J. J. L. Duyvendak）校閱的《漢書》英譯本，被稱爲繼沙畹（Edouard Chavannes）翻譯《史記》後之偉大工程。歐洲漢學家不僅爲美國漢學研究作出很大的貢獻，也使美國研究中國古典歷史文化的著作加倍成長，不過這一時期美國漢學的研究，還是著重於中國古典文化方面。不過，儘管此時「漢學」已進入美國各大學的學術殿堂，它仍然未受到眞正的重視。在此其間，西方人研究中國，目的不外乎是爲了傳教、通商、殖民，或者視中國爲一蒙上神秘面紗的國度，帶著「賞玩古董」及個人興趣的心態來研究中國。也因此，西方人研究中國傳統的宗教、藝術、文學、哲學及科學時，雖不乏學術價值及獨特創見，但「中國的歸中國；西方的歸西方」，西方的傳統歷史觀裡沒有中國，中國的興衰存亡也不足以令西方學者掛心。這種「心理瓶頸」，直到二次世界大戰後，才開始轉變。

二、美國漢學研究的轉變

　　十九世紀末二十世紀初，美國國力不斷增強，積極對遠東地區擴張，再加上第一次世界大戰爆發，歐洲戰場滿目瘡痍，破壞了教學和研究的正常發展，給歐洲的漢學家帶來災難。而美國由於國勢增強，經濟力量雄厚，且免受戰爭威脅，因而，美國漢學得到突飛猛進的發展。主要的標誌是研究經費的增加和研究機構的增長，而且研究中國的領域也不斷擴大，已普及至人文科學和社會科學領域，改變了傳統漢學的狹隘性，已經展現了「後來居上」的態勢，而整個西方漢學中心也已明顯地由歐洲轉移到美國。

　　第一次世界大戰後，美國出現許多基金會及學術團體，如，洛克菲勒基金會（Rockefeller Foundation）、福特基金會（Ford Foundation）及紐約卡內基基金會等，它們從三十年代開始，就投入大量的財力在美國的遠東研究上，

尤其是對中國進行政治、經濟、社會文化各方面的戰略研究給予贊助。〔註2〕1921 年，美國又成立了由政府控制，專門從事各國問題研究的「對外關係委員會」（Foreign Relations Committee），1927 年又成立「布魯金斯研究所」（Brookings Institution），此二機構成為美國政府制訂對外政策的重要智囊機構。在學術團體方面，成立於 1925 年的「美國太平洋學會」（American Council of Institute of Pacific Relations），1926 年的「華美協進會」，1928 年的「遠東研究促進委員會」（即「遠東學會」及現在的「亞洲研究學會」的前身），以及哈佛燕京學社等，對中國研究的奠基，功不可沒。其中，哈佛燕京學社及美國太平洋學會則成為當時美國研究亞洲、研究中國、培養中國問題專家的搖籃。1928 年至 1929 年，美國學術團體召開兩次研究中國問題的學術會議，制定培養人員、收集資料、蒐購書籍、出版圖書的計劃，成立促進研究中國問題的常設委員會；各大學紛紛成立有關東方學研究的系所，中國學研究出現了前所未有的繁榮局面。這個時期的美國漢學研究和二十世紀初有所不同；由於美國政治、經濟、社會及文化發展的需要，漢學研究從歐洲古典模式走向現代，研究的焦點也轉向中國的近現代問題研究，逐漸脫離歐洲的傳統漢學模式。

提到美國漢學研究的轉變，哈佛燕京學社和美國太平洋學會佔有非常重要的地位。哈佛燕京學社為推動美國和中國國內的漢學研究，特別派遣研究人員來華學習、研究，而這些人才學成歸國後，成為漢學和現代中國學研究領域的佼佼者；同時，哈佛學社也培養出一批能運用西方學術理論、治學方法來研究中國問題的新一代學者，這些中外學者在研究中國問題時逐漸產生變化，從注重中國古代文化研究，轉向區域研究的近現代中國問題。哈佛大學圖書館更採用哈佛燕京學社裘開明所編中文圖書分類進行圖書資料的分類加工，並出版《哈佛亞洲研究學報》，且於 1927 年成立哈佛燕京學社所屬的中國學圖書館，為順利拓展漢學研究奠定了物質上的基礎。另一方面，太平洋學會的成立，更是使得傳統意義上的東方學、中國學研究開始走出古典語言文學、歷史、思想文化的純學術研究，轉而側重現實問題和國際關係問題研究的新領域，揭開了區域性研究的序幕。太平洋學會積極採取各種措施，加強中國學的研究和培養東方學家、遠東問題專家，並從事大量的亞洲圖書出版工作，促進了美國的亞洲研究。50 年代以前，美國出版的有關亞洲問題

〔註2〕 見何寅、許光華：《國外漢學史》，頁 347。

的書籍，有一半以上是獲得太平洋學會資助的。關於太平洋學會的學術地位，費正清給予很高的評價，認爲它是一個「出色的學術機構，在傳統漢學研究轉向區域性研究演變的過程中發揮重要的作用。」

　　二次世界大戰爆發阻斷了國際間的學術交流，也破壞了教學和研究的正常秩序，尤以法、德情況最爲嚴重。德國強行將一大批漢學家驅逐，包括西門華德（Walter Simon）、艾伯華（Wolfram Eberhard）等都被逐出國門。巴黎淪陷後，著名漢學家葛蘭言（Marcel Granet），在危城之內鬱鬱而終；馬伯樂（Henri Maspero）更是被折磨致死。戰爭結束後，歐洲的許多漢語講座和中國學院已消失殆盡，許多圖書館也遭受重大損失，著名的漢學家相繼去世，使得歐洲漢學實力大爲減弱，失去了世界漢學的領導地位。另一方面，美國漢學由於不受戰爭影響，因而得到突飛猛進的發展。不到二十年，設有東亞語言課程的大學由二戰時的幾所增加到五、六十所，專業人員（包括博士生）由一、二百人增至四、五千人。另外，原本不甚豐富的藏書，也在國會圖書館成立後急起直追，立即趕上了其他歐洲圖書館的藏書量。1958 到 1973 年的這段時間，遂被稱爲美國漢學的「黃金時代」。直到目前，美國漢學依然蓬勃發展，而整個西方漢學中心已明顯地由法國轉移到美國了。

　　二次大戰期間，歐洲的漢學研究遭到很大的損失，而美國在遠東、太平洋地區作戰，亟需對此一地區的歷史文化背景作一了解；因此，美國政府在戰時設立的訓練中國問題專家及中國研究的機構推動了中國研究的發展。戰前美國從事東方學教學及研究工作的大學僅有七所，戰時增加到十三所，50年代又擴大到三十多所。〔註3〕而太平洋學會也成爲美國對太平洋地區研究的重要來源之一，學會注重實際問題研究，克服純學術研究在當時情況下的不足，也制定了廣泛研究的計劃。

　　二次大戰之後，美國也在組織及經費上加強對中國問題的研究。由於戰後國際情勢轉變，中國大陸淪入共黨陣營，再加上長達三十年的美蘇冷戰，使中國在「世界體系」中的地位，越來越重要，美國爲了戰略需要及本身利益，投入大筆資金對中國問題進行深入研究，而「漢學」也就從無足輕重的冷門科目，逐漸轉變成以近代中國的政治、經濟及社會發展爲研究主體的「中國研究」。與歐洲各國的漢學相比，美國漢學研究起步較晚，但發展迅速。早

〔註3〕　見孫越生、陳書梅主編：《美國中國學手冊》增訂本（北京：中國社會科學出版社，1993 年），頁 1～11。

期歐洲的漢學研究，主要注重對中國歷史、文學、文化的研究；而美國漢學研究逐漸偏離西方傳統漢學研究的軌跡，轉而進行「區域性研究」（Regional studies）。費正清指出，「區域性研究」是指進行更專門的跨學科領域的研究，即充分利用社會科學的方法，集中對世界某一特定地區進行研究。這種以現代爲研究對象的新的地區研究，以及從狹隘的古典漢學研究轉向對中國現代問題研究，乃是二次世界大戰後美國中國學研究的一個顯著特徵，至此，美國漢學研究已經完全擺脫傳統歐洲漢學的影響。

　　雖然，基於戰略的需要，美國需要一批研究中國問題的專家，以深入了解「中國」，漢學逐漸轉變成以近代中國的政治、經濟及社會發展爲研究主體的美國式「中國研究」。但除了以美國利益爲主的中國研究外，另一方面，在美國漢學中，以研究古典文化、詩詞、小說等文學性較強的傳統漢學研究仍持續發展，也屢有嶄新的觀點出現。

第二節　中國古典小說在美國的研究概況

　　二次大戰後，爲了加深對中國的了解，美國政府以及一些基金會開始大量捐款給各大學，訓練有關中國研究的人才。有關課程的專業性因此加廣加深，學者們的研究領域也越分越細。以中國文學爲例，可分爲傳統詩歌、傳統小說與戲曲、現代文學等科目，都有專人研究，中國古典小說的研究也因此蓬勃發展。隨著研究的日漸深入，越來越多的西方學者意識到了古典小說的學術價值。如同美國學者狄百瑞（W.T.de Bary）所言："無論對中國文學做何種探討，古典小說都在作爲中國文化傳統的主要表現而引人注目，而且中國有一些小說應被視爲世界文學中的重要作品。"〔註4〕中國小說繁多的類型、細膩的筆法、蘊含的人生哲理與社會意義，都吸引著美國學者鍥而不捨的進行探索，這正是中國小說在美國漢學界迅速繁榮的原因。

　　美國漢學界研究中國小說的歷史，大約從 1950 年左右才開始。早期的學者比較重視版本跟小說的演變問題。重要的著作有 1953 年 Richard Irwin 的《中國小說〈水滸傳〉的演化》，〔註5〕1962 年韓南發表〈金瓶梅版本考〉，〔註6〕次

〔註4〕　見 W.T.de Bary, "Foreword," in Hsia, C.T. ,*The Classic Chinese Novel: A Critical Introduction*, p.ix.

〔註5〕　見 Richard Gregg Irwin, *The Evolution of A Chinese Novel:Shui-hu chuan*（Cambridge:Harvard University Press , 1953）.

年發表〈金瓶梅的起源〉，[註7] 1964 年，又發表〈小說與戲曲的發展〉[註8]
一文，韓南在文中分析了中國小說與戲曲的發展及演變，並評析了《三國演義》、
《水滸傳》、《金瓶梅》、《紅樓夢》等小說，是一篇很有價值的文章。1965 年馬
幼垣和他的弟弟馬泰來發表〈京本通俗小說各篇的年代及其眞僞問題〉，[註9]
指出《京本通俗小說》中有許多疑問，但其中所收錄的基本上是宋元時期的作
品，因此可將之視爲一部優秀的小說話本選集。之後馬幼垣還發表〈熊龍峰所
刊短篇小說四種考證〉[註10]、〈明代公案小說的版本傳統〉[註11] 等，都是版
本研究的代表作。

　　在通論方面，第一部重要的著作是 1956 年 Bishop 出版的《中國白話短篇
小說：三言研究》，[註12] 本書除了研究《三言》以外，也詳盡介紹變文以及
宋代說唱文學。此外，Bishop 同時也發表一篇論文，題爲"Some Limitations of
Chinese Fiction"，[註13] Bishop 以爲，中國傳統小說與西方的小說相比，有著
不少缺點和局限，最顯著的就是缺乏對人物的心理分析。此外，中國傳統小
說的"非均一性"和"插曲性"亦引人注目。這篇論文後來引起很多的討
論。1968 年，一部關於傳統小說研究的鉅著問世，就是夏志清的《中國古典
小說導論》，[註14] 本書著重在理論的分析，夏氏以比較文學的觀點，討論《三
國演義》、《水滸傳》、《西遊記》、《金瓶梅》、《儒林外史》、《紅樓夢》等六部
傳統小說，對書中的主題思想、結構、人物等，都有發人深省的分析。夏氏
學貫中西，以其深厚的學術素養，將中國古典小說置放於世界文學的整體發
展進程中進行探討，並提出許多前所未見的看法，爲傳統小說的研究，開創

〔註 6〕　見 Patrick Hanan, "The Text of the Chin P'ing Mei," *Asia Major N.S.*（1962），
　　　　pp.1-57.

〔註 7〕　見 Hanan, "The Source of the Chin P'ing Mei," *Asia Major N.S.*（1963），pp.23-67.

〔註 8〕　見 Hanan, "The Development of Fiction and Drama," in Raymond Dawson ed.,
　　　　The Legacy of China（London:Clarendon Press, 1964），pp. 115-143.

〔註 9〕　見《清華學報》新五卷第一期，（1965 年 7 月），頁 14～32。

〔註 10〕　見《清華學報》新七卷第一期，（1968 年 8 月），頁 257～278。

〔註 11〕　見 Ma, Y.W., "Textual Tradition of Ming Kung-an Fiction:A Study of the Lung-tu
　　　　Kung-an," *Harvard Journal of Asiatic Studies 35*（1975），pp.190-220.

〔註 12〕　見 Bishop, John L., *The Colloquial Short Story in China:A Study of the San-Yen
　　　　Collection*（Harvard University Press, 1956）.

〔註 13〕　見 Bishop, John L., "Some Limitations of Chinese Fiction," *Far Eastern Quarterly*
　　　　15/2（Feb.1956），pp.239-247.

〔註 14〕　Hsia, C.T. ,*The Classic Chinese Novel: A Critical Introduction.*

嶄新的局面。此外，值得一提的通論性著作還有浦安迪的《明代小說的四部名著：四大奇書》。〔註15〕浦氏參照中國小說評點傳統和西方現代小說理論，仔細考察《水滸傳》、《西遊記》、《金瓶梅》、《三國演義》之版本、作者與時代，並分析結構與修辭，得到一個結論，即這四部小說都是道地的文人小說。

在專題研究方面，由於篇幅所限，僅以長篇小說爲例，介紹較爲重要的著作。關於《西遊記》一書的研究，最重要的學者乃是余國藩。余氏將全書譯爲流暢且忠於原著的英文，並發表一系列的論文。包括〈英雄詩與英雄使命：西遊記的史詩維度〉〔註16〕、〈西遊記第九回和敘事結構的問題〉〔註17〕等，對西遊記的文學內涵及地位作了較佳的詮釋。余氏將《西遊記》分爲三部分加以理解：「首先，這是一個身歷其境的冒險犯難的傳奇。其次，這也是一則演示佛教業力與解脫觀的故事。最後，小說中涉及的內外修行的哲學與宗教內容，又顯示出這是一部寓言。」〔註18〕此外，浦安迪的〈西遊記與紅樓夢中的寓意〉，〔註19〕藉由探討《紅樓夢》與《西遊記》如何大量運用寓言的手段，來比較與探討這兩部小說在藝術上共同成功之處。在小說中的人物形象研究方面，Hightower在《中國文學論題》〔註20〕一書中，以志怪小說的傳統來考察《西遊記》，他認爲小說的眞正主角是孫悟空，而不是唐三藏。韓南在〈小說與戲曲的發展〉一文中，認爲孫悟空是集破壞力、智慧、自大與淘氣於一身，豬八戒好吃而狡猾，唐三藏在道德上一絲不苟，但遇到困難時每每因一籌莫展而顯得可笑。〔註21〕夏志清在《中國古典小說導論》中以爲，孫悟空源於印度的猴神哈奴曼，在他身上混合了護衛者、搗亂者以及護送者的三種身份，豬八戒則是一般人在追求

〔註15〕 見 Plaks, Andrew. H., *The Four Masterworks of the Ming Novel : Ssu ta chi-shu*.

〔註16〕 見 Yu ,Anthony C., ,"Heroic Verse and Heroic Mission:Dimensions of the Epic in the Hsi-yu chi" *Journal of Asian Studies 31*（1972）, pp.879-897.

〔註17〕 見 Yu, "Chapter Nine and the Problem of Narrative Structure in the Hsi-yu chi" *Journal of Asian Studies 34*（1975）, pp.295-311.

〔註18〕 見余國藩著，李奭學譯：《余國藩西遊記論集》（台北：聯經出版社，1989 年），頁 161。

〔註19〕 見 Plaks, "Allegory in *Hsi-yu Chi* and *Hung-lou Meng*"in Plaks , Andrew H. ed., *Chinese Narrative:Critical and Philosophical Essays*（Princeton :Princeton University Press, 1973）, pp .163-202.

〔註20〕 見 Hightower, James Robert, *Topics in Chinese Literature:Outline and Bibliographis*（Cambridge : Harvard University Press, 1953）.

〔註21〕 見 Hanan, "The Development of Fiction and Drama," in Raymond Dawson ed., *The Legacy of China*, p.126.

世俗目標時的喜劇角色，唐僧則是集聖僧、凡人以及具有潛在的佛性於一身。〔註22〕在人物刻畫上，楊力宇等人認為《西遊記》還有一個特點，就是將神魔與怪獸人格化，他們也有自大、輕信人言、易受蒙蔽等特點。關於小說的結構方面，浦安迪則有別開生面的看法，他提出了「五行說」的架構，孫悟空屬於金與火，豬八戒屬於木，玄奘屬水、沙僧屬土，龍馬則屬水。人物間彼此的關係是圍繞五行說安排的，彼此相生相剋、週而復始。

關於《水滸傳》一書，流傳較廣的譯本是賽珍珠的七十回全譯本，書名是《四海之內皆兄弟》（All Men are Brothers）。1980 年北京外文出版社出版了美國著名翻譯家沙博理（Sidney Shapiro）的英文百回全譯本《水滸傳》。這兩部英文譯本在東西方影響極大，頗負盛名。關於《水滸傳》的著作重要有 Richard Irwin 的《一部中國小說的演化：〈水滸傳〉》，〔註23〕Irwin 在本書中嚴謹的探討了《水滸傳》的故事和版本的演變，考察從南宋時期開始流傳的一些英雄人物的傳說，以及這些傳說發展成《水滸傳》的過程。探討敘事結構的則有李培德的〈三國與水滸的敘事模式〉，〔註24〕李氏闡述了兩者結構之異，《三國演義》是以三個主人翁的崛起過程與四場戰爭的「衝突──解決」模式構成；《水滸傳》則是環狀鍊條型的「情節連結」模式。此外，韓南的〈早期的中國短篇小說〉〔註25〕一文，認為《水滸傳》與《三國演義》皆是屬於聯合佈局的作品，而政治道德則是兩部作品的主要論題。柳無忌在《中國文學概論》〔註26〕一書中，認為《水滸傳》足以和古希臘、印度的史詩相媲美。此外，重要的文章還有夏志清的〈水滸傳〉，〔註27〕文中介紹了《水滸傳》的作者、版本，也分析了書中對人物的刻畫並與《三國演義》作比較，認為其缺乏現實主義和歷史真實性，較《三國演義》遜色。夏氏另在《水滸的比較研究》〔註28〕一文中，批評該書的開頭雖然令人印象深刻，但之後卻流於無趣

〔註22〕 見 Hsia, C.T., *The Classic Chinese Novel: A Critical Introduction,* pp.130-164.

〔註23〕 見 Richard Gregg Irwin, *The Evolution of a Chinese Novel:Shui-hu chuan.*

〔註24〕 見 Li, Peter, "Narrative Patterns in San-kuo and Shui-hu," in Plaks, Andrew H. ed., *Chinese Narrative:Critical and Philosophical Essays,* pp .73-84.

〔註25〕 見 Hanan, "Early Chinese Short Story: A Critical Theory in Outline," *Harvard Journal of Asiatic Studies* 27（1967）, pp. 168-207.

〔註26〕 見 Liu, Wu-chi, "The Novel as Folk Epic," in *An Introduction to Chinese Literature*（Bloomington :Indiana University Press, 1996）, pp .195-212.

〔註27〕 見 Hsia, *The Classic Chinese Novel: A Critical Introduction*, pp.75-114.

〔註28〕 見 Hsia, "Comparative Approaches to Water Margin," in *Yearbook of Comparative*

而一再重複的情節中。夏氏更指責該書宣揚幫派的殘忍和暴力、用貶抑並忽視女性角色的筆法來提升男性的英雄主義。

關於《金瓶梅》一書，東西方學術界公認它是中國第一部偉大的現實主義小說。Hightower 在其所寫的〈中國文學在世界文學中的地位〉〔註29〕一文中，以爲《金瓶梅》與《紅樓夢》二書，其描繪範圍之廣、情節之複雜、人物刻畫之細膩，均可以與西方最偉大的小說媲美。中國小說憑著這兩本名著，就可和歐洲小說一較高下。此外，Hightower 在《中國文學論題》〔註30〕中，稱讚這部小說在描寫日常生活與塑造婦女個性方面，都是首屈一指的作品。不過，也有學者對這部小說有不同的評價。夏志清在《中國古典小說導論》〔註31〕中，就指責其內容常有過度或不相干的情節介入，對細節的描寫亦太過粗率，且又宣傳文化專制，包含了道德與宗教的矛盾。研究《金瓶梅》之淵源與流傳的學者首推韓南，他陸續發表〈中國小說的里程碑〉〔註32〕、〈金瓶梅版本考〉〔註33〕、〈金瓶梅的起源〉〔註34〕等文。此外，重要的學者還有芮效衛和柯麗德二人，芮氏曾發表《湯顯祖創作金瓶梅考》〔註35〕，他認爲《金瓶梅》的作者可能是湯顯祖。芮氏另有〈張竹坡評注金瓶梅〉〔註36〕一文，柯氏則出版《金瓶梅的修辭》，〔註37〕對《金瓶梅》的主題及藝術成就提出許多看法，他認爲其主題乃是在宣揚儒家思想，浦安迪亦主此說。對此，羅士敦（Peter Rushton）則持相反意見。他認爲佛教及道教對該書的寫成影響也很深遠，書中的主題並不完全是

---

and General Literature 11（1962），pp.121-128.

〔註29〕 見 Hightower, "Chinese Literature in the Context of World Literature," *Comparative Literature, V*（1953），pp.117-124.

〔註30〕 見 Hightower, *Topics in Chinese Literature:Outline and Bibliographis.*

〔註31〕 Hsia, *The Classic Chinese Novel: A Critical Introduction*, pp.165-202.

〔註32〕 Hanan, "A Landmark of the Chinese Novel," in Douglas Grant, Maclure Miller, eds., *The Far East:China and Japan*（Toronto:University of Toronto Press, 1961）.

〔註33〕 Hanan, "The Text of the Chin P'ing Mei,", pp.1-57.

〔註34〕 Hanan, "The Source of the Chin P'ing Mei,", pp.23-67.

〔註35〕 見 David Roy, "The Case for T'ang Hsien-tsu's Authorship of the Jin Ping Mei," *CLEAR* 8/1-2,（1986），pp. 31-62.

〔註36〕 見 David Roy, "Chang Chu-po's Commentary on the Chin P'ing Mei," in Andrew H Plaks ed.*Chinese Narrative:Critical and Theoretical Essays*（Princeton :Princeton University Press, 1973），pp.115-123.

〔註37〕 見 Katherine Carlitz, *The Rhetoric of Chin P'ing Mei*（Indiana :Indiana University Press, 1986）.

儒家思想。〔註38〕

　　關於《紅樓夢》一書的研究，韓南在〈小說與戲曲的發展〉一文中指出，《紅樓夢》書中情節的元素、角色和角色的發展與作者本身對角色投注的情感，融合成一種戲劇性的整體。〔註39〕夏志清曾論述《紅樓夢》的主題及人物刻畫，強調小說的哲學、宗教思想以及悲劇因素，也論及小說的背景資料、作者生平和小說的版本。〔註40〕余英時指出，《紅樓夢》一書中有兩個不同的世界，即理想的烏托邦與現實社會，而書中最大的不幸就是理想世界最終被現實世界所破壞及毀滅。〔註41〕此外，黃金銘曾撰寫博士論文《紅樓夢的敘事藝術》，〔註42〕之後，又發表〈觀點、規範和結構──紅樓夢與抒情小說〉〔註43〕一文，用西方文學批評的觀點，對《紅樓夢》的敘事作了十分精闢的分析，強調賈寶玉的美學觀點、田園生活、以及賈氏對女子、自然和清代官僚的態度，他並認為《紅樓夢》是中國第一部運用第三人稱觀點寫法的小說。之後，米樂山出版專著《紅樓夢裡的小說面罩：神話、模仿與角色》，〔註44〕對《紅樓夢》中的寓意模式、夢的現實性，以及敘事方法作了深刻的分析，同時也論及其複雜的版本。米樂山也從“神話”、“模擬”、“敘述者”三個角度對書中的內容和結構加以探討，提出許多新的觀點。在米樂山之後，浦安迪也發表了《紅樓夢裡的原型與寓意》〔註45〕一書，浦氏用西方文學批評的觀念來分析《紅樓夢》，又用中國傳統的陰陽、五行等觀念來分析其結構與象徵，如，黛玉屬木，寶釵屬金，寶玉屬土等，乃是作者為了展開複雜的情節而設定，浦氏之說常有新的創見。浦氏又出版〈西遊記與紅樓夢的寓意〉一文，收入《中國敘事體文學論集》。〔註46〕

〔註38〕見 Rushton, Peter, " The Daoist Mirror :Reflections on the Neo-Confucian Reader and the Rhetoric of Jin Ping Mei," *CLEAR* 8:1-2,（1986），pp.63-81.

〔註39〕見 Hanan, "The Development of Fiction and Drama," p.135.

〔註40〕見 Hsia, *The Classic Chinese Novel: A Critical Introduction*, pp.245-297.

〔註41〕Yu, Ying-shih., "The Two Worlds of Hung-lou meng, " *Renditions* 2（Spring 1974），pp. 5-21.

〔註42〕黃金銘著，黎登鑫譯：《紅樓夢的敘述藝術》（台北：成文出版社，1977 年）。

〔註43〕見 Wong, Kam-ming. "Point of View, Norms, and Structure:Hung-lou Meng and Lyrical Fiction," in Plaks ,Andrew H. ed., *Chinese Narrative:Critical and Philosophical Essays*, pp .203-226.

〔註44〕見 Miller,Lucien M., *The Masks of Fiction in the Dream of the Red Chamber*（Arizona: University of Arizona Press,1975）.

〔註45〕見 Plaks,.*Archetype and Allegory in the Dream of Red Chamber*（Princeton:Princeton University Press,1976）.

〔註46〕見 Plaks, "Allegory in *His-yu Chi* and *Hung-lou Meng*"in Plaks ,Andrew H. ed.,

此外，余國藩對《紅樓夢》一書的研究也有卓越貢獻。余氏的〈紅樓夢中的個人與家庭：作為悲劇女主角林黛玉的新貌〉，〔註47〕則對林黛玉悲劇性的性格作了深刻而動人的分析，余氏從林黛玉的語言、詩詞、淚水及夢境，分析她個性中不屈不撓的反抗精神。

關於《儒林外史》一書，迄今唯一一部英文全譯本是由楊憲益、戴乃迭夫婦合譯的《儒林外史》（The Scholars），〔註48〕其中並有夏志清撰寫的「導言」，這是一部很有影響力的英文全譯本。關於此書的研究，夏志清在《中國古典小說導論》一書中指出，《儒林外史》是第一部以儒家觀點所寫的諷刺小說，它不像其他歷史小說表現儒家的英雄主義，而是表現出對腐敗政府的批評，對社會改革無望的悲嘆，以及對統治階級及社會現實的失望。夏氏認為《儒林外史》在形式和技術上的改革，對中國的小說發展產生了深遠的影響。他並以為作者吳敬梓是中國小說家中第一位人道主義者。高友工在〈中國敘事傳統中的抒情觀：讀《紅樓夢》與《儒林外史》〉〔註49〕一文中，認為作者將情感寄託於敘事之中，書中兼具中國敘事文學和抒情文學的傳統。羅溥洛在其博士論文《清初社會及其批評家：吳敬梓（1701～1754）的生平與時代》〔註50〕中，指出吳敬梓對清初政治及科舉制度的批評，以及對婦女的同情、對迷信的揭露等。羅溥洛認為，吳敬梓是一個對社會有責任感的儒家人物，但他想要改造社會的政治理想卻是無能為力的。之後，羅溥洛又發表《早期近代中國的異議份子：儒林外史和清代的社會批評》〔註51〕一書，指出吳敬梓所欲表達的社會批判在十九世紀相當具有代表性，顯示中國文人並非都在沈睡當中，中國社會亦非陷入困境只能無力的等待西方思想的啓蒙及救贖。

Chinese Narrative:Critical and Philosophical Essays, pp .163-202.

〔註47〕 見 Yu, "Self and Family in the HUNG-LOU MENG:A New Look at Lin Tai-yu as Tragic Heroine,"*C LEAR* 2（1980）, pp.199-223.

〔註48〕 見 Yang, Hsien-yi and Gladys Yang. tr. **The scholars**（New York : Grosset and Dunlap, 1972）.

〔註49〕 見 Kao,Yu-kung. "Lyric Vision in Chinese Narrative Tradtion:A Reading of Hung-lou Meng and Ju-lin Wai-shih," in Plaks, Andrew H. ed., *Chinese Narrative:Critical and Theoretical Essays*, pp.227-243.

〔註50〕 見 Ropp,Paul Stanley. "*Early Ch'ing Society and its Critics:The Life and Times of Wu Ching-tzu（1701～1754）*," Ph. D. dissertation（Ann Arbor: University of Michigan Press, 1974）.

〔註51〕 見 Ropp, *Dissent in Early Modern China: Ju-lin Wai-shih and Ch'ing Social Criticism*,（University of Michigan Press, 1981）.

討論《儒林外史》結構的重要著作則有林順夫的〈儒林外史裡的禮和敘事結構〉，〔註52〕林氏指出，「禮」是貫穿全書的中心思想，它是一部設計精良、結構嚴謹的小說，不亞於任何西方名著，它反映了儒家的「禮失而求諸野」的思想，小說的藝術結構是由此思想貫穿而渾然一體的結構。因此，若說此書的藝術結構鬆散、毫無形式，是不具說服力的。楊力宇等人在《中國古典小說》一書中，則強調其結構是動態的而非焦點的，它不採直線的統一性，而是將相關的聯繫集合成巨大的網狀結構，並將許多人物、事件和情節和諧地融合在一起。文中亦提到《儒林外史》寫作技巧的優點，包括，全知敘事觀點、立體人物、詼諧而不失莊重、兼用詩歌的敘事風格等。〔註53〕其它的重要著作還有 Rolston 的博士論文《儒林外史及其寫作與評論》，〔註54〕以及黃宗泰的博士論文《諷刺與中國小說評論的論爭──儒林外史研究》，〔註55〕前者探討了這部作品與中國古代小說美學的關係，後者則指出《儒林外史》的諷刺具有三個特點，分別是：運用通俗小說的形式，使此書易於流傳；道德視野寬廣，異於之前流於批評及謾罵的作品，以及運用高超的技巧，證明了用機智可以達到藝術效果。黃宗泰在討論該書的諷刺藝術時，多能注意到中國傳統中的獨特之處，而不遽下評斷。

　　關於本論文的主題《三國演義》在美國研究的概況，將在下一小節以專節討論。

　　關於中國小說研究的書目，早期美國學界最有系統的作品是李田意的《中國小說：中、英文參考書目及文章》。〔註56〕之後，楊力宇、李培德、Nathan Mao 三人合編《中國古典小說：研究及評論指南》〔註57〕一書。該書除列舉小說之

〔註52〕見 Lin, Shuen-fu, "Ritual and Narrative Structure in Ju-lin Wai-shih," in Plaks, Andrew H. ed., *Chinese Narrative:Critical and Theoretical Essays*, pp .244-265.

〔註53〕見 Yang,Winston L.Y,Peter Li and Nathan K.Mao eds.,*Classical Chinese Fiction:A Guide to Its Study and Appreciation :Essays and Bibliographies*, pp.85-93.

〔註54〕Rolston, David Lee, "*Theory and Practice: Fiction, Fiction Criticism,and the Writing of th 'Ju-lin Wai-shih',*" Ph. D. dissertation（Chicago: University of Chicago Press, 1988）.

〔註55〕見 Wong,Timothy Chung-tai, "*Satire and the Polemics of Criticism of Chinese Fiction:A Study of the Ju-lin Wai-shih,* " Ph. D. dissertation（Ann Arbor: University of Michigan Press, 1974）.

〔註56〕見 Li, Tien-yi, *Chinese Fiction:A Bibliography of Books and Articles in Chinese and English*（Far Eastern Publication,Yale University,1968）.

〔註57〕見 Yang,Winston L.Y,Peter Li and Nathan K.Mao eds.,*Classical Chinese Fiction:A Guide to Its Study and Appreciation :Essays and Bibliographies.*

有關著述外，還附有九篇論文，分別討論早期小說、唐傳奇、白話小說、《三國演義》、《水滸傳》、《金瓶梅》、《肉浦團》、《西遊記》、《鏡花緣》、《儒林外史》、《紅樓夢》、《老殘遊記》和《二十年目睹之怪現狀》。本書對研究中國古典小說極具參考價值。至於有關書目方面最新的著作是 Margaret Berry 的《中國古典小說》，〔註58〕本書除介紹夏志清在 The Classic Chinese Novel:A Critical Introduction 一書中討論的六部小說外，對每一篇相關的論著都有簡單扼要的介紹，也加上她自己的看法，此書對中國傳統小說的研究者來說，極具參考價值。

第三節　《三國演義》研究在美國之緣起及概況

　　《三國演義》於十九世紀二〇年代開始傳入英語世界後，長久以來一直受到國外學者的重視。透過國外學者的翻譯和介紹，西方漢學界對《三國演義》的研究一直沒有中斷，這部小說在國際上也產生了廣大的影響。美國漢學界對《三國演義》這部小說也展現了濃厚的興趣。根據王麗娜教授彙整的資料，美國漢學界第一部有關《三國演義》的著作，是賽珍珠於 1939 年出版的《中國小說》一書，〔註59〕本書是賽氏獲得諾貝爾文學獎的演講詞，她在書中論述了民間文學的小說特性，並推崇《三國演義》是和《水滸傳》、《紅樓夢》並列的中國三部偉大的小說。〔註60〕之後，柯迁儒於 1951 年發表〈平話及三國志演義的早期歷史〉，〔註61〕本文探討《三國志演義》的由來及版本，柯氏在文中說明《三國志演義》的藍本是《三國志平話》，而平話之祖即為詠史詩。

　　1960 年，Ruhlmann 在〈中國通俗小說中的傳統英雄〉〔註62〕中，分析了傳統小說裡的英雄，他將英雄分為三類：武士、書生和帝王。並舉《三國演

〔註58〕Berry,Margaret,*The Chinese Classic Novels:An Annotated Bibliography of Chiefly English-language Studies*（New York:Garland Publishing,Inc.,1988）.

〔註59〕見王麗娜：《中國古典小說戲曲名著在國外》（上海：學林出版社，1988 年），頁 38。

〔註60〕見 Buck .Pearl S., *The Chinese Novel :Nobel Lecture Delivered before the Swedish Academy at Stockholm December 12,1938*（New York: Haskell House Publishers, 1974）, p.39.

〔註61〕見 Crump,James I, "P'ing-hua and the Early History of the San-kuo Chih, "*Journal of the American Oriental Society* 71（1951）, pp.249-256.

〔註62〕見 Ruhlmann, Robert, "Tradtional Heroes in Chinese Popular Fiction ,"in Arthur Wright ed.,*The Confucian Persuasion*（Stanford :Stanford University Press ,1960）, pp.141-176.

義》裡主要的角色為例作介紹。武士孔武有力、心直口快，例如張飛。諸葛亮則是書生型英雄的最佳代表，他能言善辯且足智多謀。帝王善於用人，且常有神奇的力量，例如劉備，常受到神明保佑。而關羽則是綜合型的英雄，他是武士、書生及帝王的結合體。

1962 年，Ch'en Ming-sheng 在《中國文學》上發表〈論《三國演義》〉，文中介紹了《三國演義》的演化、歷史背景以及人物觀點，並介紹了赤壁之戰。〔註63〕

1964 年，韓南在〈中國小說與戲曲的發展〉〔註64〕一文中，認為《三國演義》提供了史詩般的英雄故事，全書大體上來說是忠於歷史記載的。韓南更比較了《三國演義》和《水滸傳》在風格與語言上不同之處，前者的風格是很簡潔的，而後者連每一個細微的枝節，都使用豐富而生動的語言去描述。此外，韓南以為兩書都具有相似的英雄式道德規範。書中最為重要的規範是存在於領導者與追隨者以及結義兄弟之間的的道德牽絆。相較之下，其它的情感牽絆都變成微不足道了。

1968 年，是美國漢學界研究《三國演義》一書關鍵的一年，這一年夏志清出版了劃時代的鉅著《中國古典小說導論》，〔註65〕書中以比較文學的角度來討論《三國演義》、《水滸傳》、《西遊記》、《金瓶梅》、《儒林外史》和《紅樓夢》六部小說，對每部作品的結構、人物、主題思想等都有發人深省的分析，提出許多前所未有的看法，為中國傳統小說的研究，開創了一個全新的局面。書中第一部介紹的小說就是《三國演義》。夏志清認為它之所以優秀，是因為它在歷史中略微加入一些虛構成分，從而為我們恢復了歷史的現實性，它是「一部專心於不斷探索人的動機的人物小說」。〔註66〕書中對小說的成書經過、人物形象、戰爭描寫、英譯的問題等，都有深刻的描寫。在此之前，並沒有學者做過如此全面且深入的研究，因此，本書極具參考價值。此外，在這一年，第一本以三國人物為主題的博士論文也問世，此即 Buote 的《諸葛亮與蜀漢帝國》。〔註67〕Buote 在文中前兩章介紹蜀漢的社會、經濟、歷史

〔註63〕見 Ch'en, Ming-sheng, "On the Romance of the Three Kingdoms ,"*CHINESE LITERATURE* 2,（Feb.1962），pp.62-69.
〔註64〕見 Hanan,"The Development of Fiction and Drama," , pp.115-143.
〔註65〕見 Hsia, *The Classic Chinese Novel: A Critical Introduction*, p.34.
〔註66〕同前註。
〔註67〕見 Buote,Edward, "*Chu-ko Liang and the Kingdom of Shu-han*,"Ph.D.dissertation

背景，後三章則討論歷史上的諸葛亮，介紹諸葛亮的哲學以及治國之才、軍事領導以南征和北伐、諸葛亮對後世的影響、諸葛亮與民間傳說，以及人民對他的崇敬和傳說的轉變。Buote 認為諸葛亮是《三國演義》中最重要的角色，他稱讚諸葛亮是儒家賢相的典型，並以專節分析赤壁之戰。

1971 年，楊力宇的博士論文問世，名為《使用三國志作為三國演義的來源》。〔註68〕楊氏指出「演義」是文學世界裡獨特的形式，介於真正的歷史和小說之間。楊氏從羅貫中透過強調更多的歷史而不是想像，描述多位領導者和事件，用像是捲軸一樣連續的插曲和高漲的情感，觀察到演義和西方歷史小說的不同。他總結《三國演義》的成就是：賦予歷史新的生命、教導平民國家的演化、透過消除某些粗俗和使用明白且易懂的詞彙，來精煉和淨化通俗的語言、嚴格限制超自然和迷信要素的使用，以及創造一種中國才有的新文學類型。

1973 年，李培德完成〈三國與水滸的敘事模式〉〔註69〕一文，本文乃是美國漢學界第一篇討論《三國演義》結構特色的文章。李氏跳脫西方小說的理論，另闢蹊徑，認為《三國演義》有自己獨特的結構形式，他稱之為「衝突——解決」模式，主要的「衝突——解決」就是四場戰爭，分別是官渡、赤壁、荊州及猇亭之戰，每一次的衝突都在尚未完全解決時，又醞釀著下一次的衝突。我們可以更清楚的將其歸納為三位主人翁劉備、曹操、孫權的三條經線，每條線佔若干回，而「衝突─解決」模式為緯線，就是在三位主人翁的三個陣營之間進行的鬥爭，小說有自身的規律，是一個和諧的整體。

1978 年楊力宇等人主編的《中國古典小說》〔註70〕出版，書中將《三國演義》及《水滸傳》放入同一章介紹。楊力宇指出，《三國演義》與《水滸傳》是中國長篇小說的重要指標，它們代表中國文學史上重要的成就。《三國演義》非但受到學者與官員的廣泛閱讀，也為教育程度不高的人民所閱讀，所以，它也許是中國歷史上最受歡迎的歷史篇章。楊氏在文中討論了小說的作者、演變、作者對三國的觀點、人物的描寫、小說的主題、價值，以及與西方歷

（University of Chicago ,1968）.

〔註68〕 Yang, *"The Use of San-kuo Chih as a Source for The San-kuo-chih yen-i,"* ,Ph. D. dissertation（University of Michigan,1971）.

〔註69〕 Li,Peter, "Narrative Patterns in San-kuo and Shui-hu,"in Plaks ,Andrew H. ed., *Chinese Narrative:Critical and Philosophical Essays*,pp .73-84.

〔註70〕 Yang,Winston L.Y,Peter Li,and Nathan K.Mao.eds.,*Classical Chinese Fiction:A Guide to Its Study and Appreciation :Essays and Bibliographies.*

史小說不同之處。楊氏認為《三國演義》是作者羅貫中創造出的一種新文類：通俗歷史敘述的「演義體」小說，它棄絕了不少小說的想像力，但卻也擺脫了史書的僵硬限制。它也是中國人對世界文學獨一無二的貢獻。〔註71〕此外，楊氏對《三國演義》中主要人物的研究也著墨甚多。1980 年他發表〈三國志演義裡歷史人物的文學轉化〉〔註72〕一文，文中質疑胡適及魯迅對演義裡某些人物的觀點，他認為胡適的觀點太過簡單，而魯迅則將三國人物劃分得非黑即白，也因此，小說裡的許多角色被大大的誤解。對此，楊氏提出了四個主要人物（曹操、劉備、諸葛亮和周瑜）的文學轉化來作詳細分析，仔細審視羅貫中是忠於還是背離《三國志》裡陳壽對這些人物的觀點。1981 年楊氏又發表〈從歷史到小說──關羽的通俗形象〉〔註73〕一文，楊氏指出，幾世紀以來，關羽的形象已經被人們從歷史現實逐漸改變成完全不同的文學圖像。楊氏指出，這樣的轉變首先完成於大眾文學，特別是口語的小說。而兩者的文學圖像並不是通俗作家瞬間的創作；相反的，它們是經過長時間逐步形成的。楊氏在本文裡，提議審查關羽在他的死後好幾個世紀裡發展的各式各樣的歷史和文學圖像，作為中國文學裡歷史人物的文學轉變的個案研究。

　　1981 年，另一本以三國人物為主題的博士論文出版，即 Kroll 的《曹操的肖像：其人與虛構事物的文學研究》〔註74〕中，Kroll 將曹操分成四大部分來探討，包括作為官員的曹操、作為詩人的曹操、文學上虛構的曹操，以及戲劇裡的曹操。在文學上虛構的曹操這一章節，Kroll 依序介紹了宋代之前曹操的性格、民間傳說以及《三國志平話》裡的曹操，以及《三國演義》裡的曹操。Kroll 在文中也比較了歷史上的曹操和《三國演義》等文學作品裡對他的描寫間的差距。

　　同年，盧慶賓的博士論文：《歷史編纂脈絡中的三國志演義與水滸傳》〔註75〕也問世。盧氏指出，在中國古典小說的歷史上，雖然《三國志演義》

〔註71〕同前註，p.46.

〔註72〕見 Yang, "The Literary Transformation of Historical Figures in the San-kuo-chih yen-i," in Winston Yang and Curtis Adkins eds., *Critical Essays on Chinese Fiction.*（Hong Kong:Chinese University of Hong Kong Press,1980）.p.47

〔註73〕見 Yang, "From History to Fiction—the Popular Image of Kuan Yu,"*Renditions* 15（Spring, 1981）, pp.67-79.

〔註74〕見 Kroll,Paul William, *"Portraits of Ts'ao Ts'ao:Literature Studies of The Man and The Myth,"*,Ph.D.dissertation（University of Michigan,1981）.

〔註75〕見 Lo,Andrew Hing-bun,*"San-kuo-chi yen-i and Shui-hu-chuan in the Context of*

以及《水滸傳》兩本小說佔據著龍頭的位置，然而，這兩本小說實際編纂成的時間仍然沒有確定。盧文的目的就是對史料編纂傳統所編纂的《三國志演義》及《水滸傳》中已有定論的源頭或推動力做進一步檢視。盧氏指出，如果史料編纂對於這兩本小說的編纂所扮演的角色之論證站得住腳，或許可以使我們對界定這兩本小說出現日期的問題提出一個可能的解決辦法。

1986 年，Kimlicka 在其博士論文《作爲文學的「三國志通俗演義」小說：其作者羅貫中對反諷的使用》〔註76〕中指出，毛宗崗對小說所作的修改，大大的削弱了原作的諷刺的特色。反諷是這本小說現存最早的版本一個重要特徵，但是不幸的，被現下認爲是「標準」版的修正過程中大大的消除。這篇論文提供新的批評的詮釋，書中看起來有「美德」的主角，實際上是自以爲是、爲了追求權力的機會主義者，他們毀滅、分裂並使國家衰弱。Kimlicka 也指出我們能非常清楚地看見作者如何在整部小說中有意識地建立各種有組織的矛盾。

在美國漢學界的《三國演義》研究上，1987 年也是不尋常的一年。這一年，浦安迪的大作《明代小說的四部名著：四大奇書》〔註77〕出版。書中評論了《金瓶梅》、《西遊記》、《水滸傳》以及《三國演義》四部小說。浦氏在討論《三國演義》這一章節中，用「勇氣的侷限」作爲副標題。浦氏認爲《三國演義》基本上是作者將其用來創作小說的各種原始素材，用反諷的筆法加以修改和加工，因而成爲一部具有反諷意味的作品。他認爲作者只是將歷史故事當作背景和小說基本框架，主要的動機是在發掘人物行爲的動機和意義，並探討人物個性的矛盾和侷限性。〔註78〕浦氏在文中用了很多篇幅評論《三國演義》的結構和人物形象。在結構方面，他認爲《三國演義》可歸納成「百回定型結構」、「主結構中有次結構」、「整體結構是 40－40－40 的佈局」等；在人物形象方面，浦氏指出，書中主要人物的個性都有矛盾和侷限性，甚至對於被中國人認爲是「忠貞與智慧」典型的諸葛亮，以及完美的武將趙雲，浦氏都有負面的批評。不過，浦氏常常爲了強調他的觀點，而有較爲極端的看法。

Historiography : An Interpretive Study," Ph. D. dissertation（Princeton University, 1981）.

〔註76〕 見 Kimlicka, Paul Francis. "The Novel 'San kuo chih tung-su yen-i' As Literature : Uses of Irony by Its Author Lo Kuan-chung," Ph.D. dissertation（University of Michigan, 1986）.

〔註77〕 見 Plaks, *The Four Masterworks of Ming Novel Ssu ta ch'i-shu.*

〔註78〕 見 Plaks, p.361.

　　1990 年，另一部探討《三國演義》敘事結構的博士論文問世，即 Yao Yao 的《文學分析：「三國演義」的交錯結構》。〔註 79〕作者發現這部小說每章的標題都用對句，且各章的內容都包含了兩個（或以上）相互關連的故事，因此認為全書的結構是用「兩元對立」的方法組成整體。Yao Yao 在第二和第三章試圖描述《三國演義》是一部有架構的整體，只是全部擴展的超過太多，以致它的限制有時是看不見的，而且有些構造變得模糊。帝國分裂和統一的主題給予這本書一個形式，但是作品整體的感覺上非常倚賴在章節和大體上交錯的二元對立的模式，此模式統一了三國故事複雜的循環，成為前後一致的作品。

　　1993 年，魏安的《追求原典：「三國演義」文本的考掘》〔註 80〕出版，此書乃是美國學界研究《三國演義》版本最完整而重要的專著。魏安列出了三十三種現存的版本，並用新的比較版本研究方法，將其流傳歷史分為三個階段：鈔本階段、早期版本階段、毛（宗崗）評本階段。魏氏根據流傳過程中的傳鈔錯誤，用科學、客觀的方法把眾多版本分類，並且斷定各版本之間的來源關係，進而探討《三國演義》的演化歷史。

　　1996 年，柳無忌在《中國文學導論》〔註 81〕中，介紹了《三國演義》及《水滸傳》兩部小說。柳氏在文中論述了《三國演義》作者羅貫中的生平及其創作、《三國演義》的起源及演變、版本的問題、人物的塑造，以及《三國演義》的價值及影響。他認為《三國演義》替後繼的中國長篇歷史小說開了先河，其對中國廣大民間的影響是既廣且深，例如，「空城計」是婦孺皆知的故事，而桃園三結義的義氣，仍被清季的許多秘密幫派奉為圭臬。柳氏也比較了西洋文學裡的歷史小說和《三國演義》，他認為兩者是大相逕庭的。

　　以上僅列舉並簡述美國學界有關對《三國演義》研究之一些重要著作，作為《三國演義》研究在美國之概況介紹。僅此數篇，便可得知美國學界對《三國演義》的重視。通論性及介紹性的文學作品一定會見其身影，而在專題研究上，研究的範圍也相當廣泛，包括小說的作者、版本、人物、架構、主題等，都有學者投入研究。這些有關《三國演義》研究之重要著作，也將

―――――――――

〔註 79〕　Yao Yao, "*A Literary Analysis: The Interlace Structure in The Romance of The Three Kingdoms*'", Ph. D. dissertation（University of California, Berkeley, 1990）.

〔註 80〕　West, Andrew Christopher, "*Quest for the Urtext: The Textual Archaeology of The Three Kingdoms*',"Ph. D. dissertation（Princeton University , 1993）.

〔註 81〕　見 Liu ,Wu-chi, "The Novel as Folk Epic,"in *An Introduction to Chinese Literature*,pp .195-212.

在下一章中逐篇述要整理。

第四節　《三國演義》的英譯概況

　　《三國演義》的英譯最早始於歐洲，譯者多爲十九世紀來華任職外交官的漢學家。早期《三國演義》的翻譯只有片段的譯文，據王麗娜教授考訂，最早的譯文爲英國人 P.P.Thoms 所譯，題爲〈著名丞相董卓之死〉（The Death of the Celebrated Minister Tung-cho），載於 1820 年版《亞洲雜誌》（Asiatic Journal）第一輯卷 10 及 1821 年版第一輯卷 11，內容是《三國演義》第一回至第九回的節譯。〔註 82〕之後陸續有節譯本以及全譯本出現。以下介紹較爲重要的翻譯作品。

一、片段譯文

　　G.C.Stent 譯〈孔明一生簡述〉（Brief Sketches from the Life of Kung Ming），本文連載於英文版《中國評論》（China Review, Notes and Queries）1876～1877 年第 5 卷、1877～1878 年第 6 卷、1878～1879 第七卷及 1879～1880 年第 8 卷。內容是《三國演義》中諸葛亮一生的故事。Stent 在序言中指出，中國自古以來的文武官員很少有像孔明一樣受到人民普遍崇敬的人物，他集智慧、忠誠、勇敢、機智等特質於一身，他的名字成爲完美品德的代名詞，他的兵法至今仍具參考價值。

　　1882 年翟理思（H.A.Giles,1845～1933）發表《三國演義》的片段譯文，刊載於《歷史上的中國及其它概述》（Historic China and Other Sketches）一書中。翟理思亦翻譯〈宦官挾持皇帝〉（Eunuchs Kidnap an Emperor），是關於十常侍亂政的故事；〈戰神〉（The God of War）是關於關羽的故事，這兩篇譯文均收入翟理思的譯著《中國文學珍品》（Gems of Chinese Literature）一書。此外，翟理思亦翻譯〈華醫生〉（Dr.Hua），內容是《三國演義》第七十八回〈治風疾神醫身死〉的摘譯，收錄於 1923 年翟理思譯著的《中國文學史》（A History of Chinese Literature）一書中。

　　1902 年，卜濟航（F.L.Hawks Pott）譯〈三國選〉（Selections from 'The Three Kingdoms'），刊載於《亞東雜誌》創刊號。內容是《三國演義》第二十九回

〔註 82〕見王麗娜：《中國古典小說戲曲名著在國外》，頁 8。

〈小霸王怒斬于吉〉、第四十一回〈趙子龍單騎救主〉、第四十六回〈用奇謀孔明借箭〉的節譯。卜氏的每段譯文中，均附一幅插圖。卜氏並在說明中指出，《三國演義》在中國擁有廣大的讀者，是一部極受歡迎的通俗小說，就像Waverley 的作品深受西方兒童喜愛一樣。譯文除了刪去的部分以外，其餘皆是忠於原著且逐字翻譯的。〔註83〕

　　1962 年楊憲益、戴乃迭合譯〈赤壁之戰〉（The Battle of the Red Cliff），發表於當年北京外文出版社出版的《中國文學》第 1、2 月號。本文為《三國演義》中最重要且令人著迷的八回，即第四十三回至五十回「赤壁之戰」的譯文，楊氏以清晰、簡潔的語言，以及全幅或半幅的圖解，呈現此一精彩的段落。〔註84〕

　　1965 年，Chai Ch'u 與 Winberg Chai 合譯〈三國志演義〉，收錄於《中國文學寶庫》一書。本文乃《三國演義》第一回及第四十六回的譯文，即「桃園結義」與「赤壁之戰」的故事。譯者在前言中探討了小說推定的作者羅貫中、陳壽的《三國志》、1494 年弘治版《三國志演義》以及文本之後的演變。文中並認為《三國演義》的偉大之處在於其豐富的內容、出色的結構以及對人物特徵卓越的描寫。〔註85〕

二、節譯本

　　1972 年香港文心出版社出版張慧文（Cheung Yik-man）翻譯的《三國演義》（Romance of the Three Kingdoms）。本文乃是《三國演義》第 43～50 回的譯文，包含了「赤壁之戰」。與 C.H.Brewitt-Taylor 的譯本相比，此譯本乃逐字翻譯，因此較忠於原著。〔註86〕

　　1976 年，Moss Roberts 翻譯《三國：中國的敘事戲劇》（Three Kingdoms: China's Epic Drama），這是一個選譯本，全書主要是原文一百二十回中第二十回到第八十五回的譯文，因此包含了超過一半的原文。在這 65 回中，許多段落只作部分概述或濃縮的翻譯。書中包含了清初木刻印刷以及清末版本中整

〔註83〕以上有關《三國演義》之片段翻譯部分，主要參見王麗娜《中國古典小說戲曲名著在國外》，頁 8～11。
〔註84〕見 Margaret, p.74.
〔註85〕見 Margaret, p.72.
〔註86〕見 Yang,Winston L.Y,Peter Li and Nathan K.Mao eds.,*Classical Chinese Fiction:A Guide to Its Study and Appreciation :Essays and Bibliographies*, p.208.

頁的插圖、四幅戰略要地的地圖，以及豐富的歷史背景之介紹，包含秘密社會的角色（黃巾賊），皆使故事更加豐富。文中亦指出道德上的兩難以及之後引起的反諷之意。最後，Roberts 指出，書中對法術及超能力的使用是有限制的。〔註87〕

　　Roberts 在導言中還指出，此譯本的選譯原則在於突顯小說中最精彩的部分，並將其介紹給西方讀者。一般認為，Roberts 的選譯本非常容易閱讀。

三、全譯本

　　1925 年，第一本《三國演義》全譯本於上海出版發行，即英國漢學家鄧羅（Charles Henry Brewitt-Taylor, 1857～1938）所翻譯的《三國志演義》（San Kuo Chih Yen I, or Romance of the Three Kingdoms），全書共二卷，是一部具高度可讀性的 120 回全譯本。然而，鄧羅的譯文並不精確，錯誤的地方也不少，且原文中的詩詞多半被刪去，無法使讀者完整的理解原文。此外，這個譯本的缺點是沒有提供任何小說的背景資料，沒有地圖，也沒有註釋。而且，它有許多錯誤從第一版起就沒有修正。不過，這個譯本在文學風格上非常優美，它的語言是流暢且適合《三國演義》的。後來的重印本又增加 Roy Andrew Miller 所作的一篇〈導言〉，Miller 在文中介紹了三國的歷史背景、故事題材添加及收集的方法以及主要的人物。此外，Miller 認為書中的主題並不是「分久必合，合久必分」，而是人性野心的天性。西方評論界一致認為 Miller 的〈導言〉非常有助於讀者閱讀。〔註88〕

　　Moss Roberts 在 1976 年出版了節譯本之後，1991 年又出版了全譯本。他的譯文忠於原著，精確流暢，既能滿足專家研究之需要，又能適合一般讀者閱讀及欣賞。〔註89〕Roberts 在書中提供超過 250 頁的註釋，其多樣的來源出自歷史和傳統。除了註釋以外，Roberts 也提供幾張關於戰爭的地圖，非常有助於讀者了解三國時期的戰爭。這個譯本使用的是漢語拼音系統，例如 Cao Cao（曹操）、Liu Bei（劉備） 和 Sun Quan（孫權）。余國藩認為，Roberts 的譯本是卓越且無懈可擊的學術成就，能愉悅讀者並使之著迷。

〔註87〕見 Margaret, p.74.
〔註88〕同上註，pp.71-72.
〔註89〕見周發祥：〈中國古典小說西播述略〉，收入仁繼愈主編：《國際漢學》第四輯）
　　　　（鄭州：大象出版社，1999 年），頁 333。

　　以上乃是《三國演義》的英譯概況，正如楊力宇所說的，《三國演義》在西方雖極為人所知，但並沒有被廣泛的閱讀，主要的原因是缺乏可讀性的西方語言的譯本。C.H.Brewitt-Taylor 的英文全譯本包含許多錯誤，因此不易閱讀。直到 Moss Roberts 的節譯本和全譯本出現後，才使得這部小說在西方被更廣泛的閱讀。

第三章　《三國演義》研究在美國述要

　　《三國演義》在美國漢學界之研究成果相當豐碩，本章將依相關論著之發表或出版時間之先後，分別摘述較爲重要且具影響力之著作，以呈現美國漢學界有關《三國演義》之研究成果，並作爲第四、第五章探討之基礎。

第一節　《三國演義》研究在美國述要（一）

一、賽珍珠：《中國小說》〔註1〕

　　中國人有句話說：「少不讀《水滸》，老不讀《三國》。」其實，這句話其來有自。理由在於：年輕人讀《水滸傳》，可能易沈迷於其中情節，而淪落成爲盜匪。同理，老年人如果讀《三國演義》，容易受其影響，而勉強自己打腫臉充胖子，做出能力所不及的事。因爲《水滸傳》被譽爲中國人生活、社交的最佳寫照；而《三國演義》則是兵家與政治家必會參考的著作。

　　《三國演義》和《水滸傳》一樣，都顯示出相同的寫作架構，而且，其作者是誰仍頗受質疑。〔註2〕《三國演義》的故事起源於漢朝三個好漢結義，而以六朝的建立畫下尾聲，〔註3〕其間經歷了九十七年的歲月。《三國演義》最後由一位名爲羅貫中的人重新編寫而定稿。羅氏一直被後世認定是師承施

〔註1〕 見 Buck,Pearl S., *The Chinese Novel :Nobel Lecture Delivered before the Swedish Academy at Stockholm December 12,1938*（New York: Haskell House Publishers, 1974）.

〔註2〕 見 Buck, p.39.

〔註3〕 作者按，應爲以「晉朝」的建立畫下尾聲。

耐庵，是施氏的傳人。也許正因如此，羅氏與施氏的寫作風格可說是一脈相承。但是，這就像西方文學傳統中，有許多人認定培根是莎士比亞的傳人一般，仍存在著許多爭論，而眾說紛紜。

　　羅貫中生於元朝末年而活躍於明朝文壇。他寫過許多戲劇，但是卻以小說成名，《三國演義》顯然是他最爲人稱道的鉅著。現今，在中國最廣爲流傳的版本是康熙年間毛宗崗修訂過後的版本。毛氏改寫、增添、而且刪除了一些羅氏版本的某些部分，而另成毛版。例如，他在《三國演義》中增添了孫夫人的故事。孫夫人是《三國演義》中一個要角的夫人。毛氏甚至更改了羅氏的風格，使其與羅氏版本截然不同。如果《三國演義》在現代的小說史上佔一席之地，敘述了人們掙扎、追求自由的人生歷程，那麼《三國演義》的重要性則在於它對戰爭生態與技巧鉅細靡遺的描述。對中國人來說，戰爭的生態與技巧和西方人的看法完全不同。游擊隊是中國抗日的最佳利器，它是由一群對《三國演義》可以倒背如流的平民所組成，他們雖然未必是從閱讀中認識《三國演義》這部著作，但至少是在寒冬或是仲夏夜裡，靜坐聆聽說書人的描述，來熟稔三國的故事，從中學習到應戰的技巧。這群民兵，今日最仰賴的就是古老的作戰技巧。一位戰士該如何攻擊和撤退，還有敵人敗退時，該如何乘勝追擊。凡此種種，在小說中都處處可見，對中國的一般成年及未成年男子都是耳熟能詳的。

二、柯迂儒：〈平話及三國志演義的早期歷史〉〔註4〕

　　柯氏認爲《三國演義》一書的歷史，從現存最早的版本，即所謂弘治本以來（相傳爲羅貫中所著），就相當混亂。由於現存許多不同版本及一連串重刊時對內容的更動，因此，如果要對該書的歷史作整理，就連最勤勉的漢學家也不知要從何著手。不過，如果從 1494 年的版本往前追溯，困難將會減少，而《三國演義》一書的歷史，合理的開端應該如同 1494 年版本的序文內所提及的：「前代嘗以野史作爲平話」。柯氏認爲「平話」能揭示整個《三國演義》的早期歷史。〔註5〕

　　柯氏以爲《三國演義》的早期歷史，與宋元以來說書人所用的底本（或稱話本）有關。柯氏列出早期話本的特色有三，一是皆爲有關傳統正史或流

〔註4〕 見 Crump, James I, , pp.249-256.
〔註5〕 同上註，p.249。

傳野史的敘述，二是卷首的目錄繁多，三是散文與詠史詩輪流敘述。柯氏以為，胡曾的詠史詩以歷史上著名的地方為題材，前一詩的散文解說不可能引進緊接著的下一首詩，因為下一首詩不一定與較後歷史上有名的地方有關。而說書者在引用時，便要從中挑選適當的，並以自己的散文敘述來填補兩首詩在時間距離上的一段空白。之後，周疊的詩以年代先後為順序，如此則很方便的成為說書者的敘述綱領。

因此，柯氏以為，用平話作為腳本或話本的說書者顯然源於詠史詩人。因此，《三國演義》的前身是平話，而平話的前身即為詠史詩。

三、Hightower：《中國文學論題：綱要與書目》〔註6〕

《三國演義》的情節是從漢代三個繼承人的歷史衝突中產生；其中的人物和事件全部是這時期的正史上有記錄的。但是，小說的成功之處在於使那些人物富有生命並且賦予他們的衝突厲害關係。小說是以淺白的文言與莊嚴的口語交替寫成。因為後期對小說的添加，所以要給這部小說一個完成的日期是不可能的；現代 120 回的版本或許並不早於明末，但是它可能是以全文的小說形式存在於元代。

四、Ruhlmann：〈中國通俗小說中的傳統英雄〉〔註7〕

Ruhlmann 以為，研究英雄形象的來龍去脈，有助於增進社會史和思想史的瞭解。Ruhlmann 將通俗小說中的英雄分為帝王、書生和武士，而這三種人物，在《三國演義》中都有出現，以下分別敘述他的看法。

（一）劉　備〔帝王〕

Ruhlmann 指出，小說或戲劇中對於開國君王取得政權的幾個階段，常有一定的公式：此人必定是個強人，在亂世時受命保衛鄉里，其少數的追隨者日漸壯大，終於佔據各地乃至全國，其勝利一半由於武力和非武力的征服，一半也由於一種神奇的個人魅力，使得所有遇見他的人都願意為他效勞。

《三國演義》中的劉備雖然也屬於開國君王一型，也頗符合上述的描述，不過魯氏也提出劉備和他的祖上劉邦大大不同之處。他說劉備不喜歡讀書或有

〔註6〕 見 Hightower, *Topics in Chinese Literature:outline and bibliographis*, p.94.
〔註7〕 Ruhlmann, , pp.141-176.

用之學，卻愛犬馬和華服，且缺乏創造精神；面臨危難時，主要的對策便是痛
哭流涕。他一度以種菜作爲韜晦之計，不過當他聽到曹操說：「今天下英雄，唯
使君與操耳。」〔註8〕後大吃一驚，手中筷箸掉在地上。幸而當時雷聲大作，
劉備佯稱聞雷受驚。Ruhlmann 指出，劉備絲毫不敢當面向曹操挑戰。〔註9〕

　　而作戰時，劉備則由部下爲他策劃和賣命。關、張被害後，他不顧軍師
忠告親征吳國，結果慘敗。劉備能從黃鶴樓周瑜的天羅地網和四面埋伏的甘
露寺逃出，是靠諸葛亮的計謀。當他娶了孫權之妹後，立即忘了雄心壯志，
接連數月陪伴新娘，完全不聽趙雲的忠言。最後他能逃出，還是歸功於新娘
的巧妙安排，他自己則嚇得不知所措。

　　而對於部下，Ruhlmann 指出，劉備經常運用微妙的手腕，使部下之間相
互牽制。他臨終前還故意考驗諸葛亮的忠心。Ruhlmann 認爲，此舉不過是要
逼諸葛亮公開表示忠貞罷了。

　　對開國君王的描寫，Ruhlmann 也提到他們常被神異氣氛所籠罩。〔註10〕
如，劉備幼時與同伴遊戲之處，有株圓頂大樹，望之彷彿貴人馬車蓬蓋，鄰
人都說此家必出貴人。其後劉備屢次獲得神靈保佑，例如，他的坐騎能躍過
急流，躲過追殺。

（二）諸葛亮（書生）

　　Ruhlmann 形容書生型英雄中，最精明、聰慧的無疑是諸葛亮。他不僅擅
長運用軍事和外交上的所有舊詭計，並且也能創造新計謀。雖然他在恢復中
原的大業上失敗了，但這並不是他本人之過。他用半讚半激的方法，使將士
個個賣命。他七擒孟獲，而孟獲所折服的，與其說是諸葛亮的軍隊，不如說
是他的「心理攻勢」。

　　書生型英雄，不僅具有超凡的智慧，而且也有天賦的神奇力量，他們每
能解釋夢兆、對付鬼神、甚至能呼風喚雨。Ruhlmann 指出，諸葛亮能借得東
風，火攻敵人，也能從星象中預知自己的死期，但他運用另一種方法，幾乎
逃過劫難。

（三）曹操（書生）

　　Ruhlmann 將曹操歸類於「書生型英雄」的「末代奸相」，小說中的他被描

〔註8〕　見羅貫中：《三國演義》（台北：三民書局，2004 年），頁 184。
〔註9〕　Ruhlmann, p.158.
〔註10〕　同上註，p.159。

寫為混世魔王，經常大肆屠殺，而且陰謀篡位，經常侮辱皇帝。Ruhlmann 更指出，傳統小說對曹操有明顯的偏見，形容他「卑鄙狡猾」、「大逆不道」。不過，Ruhlmann 也提到，貶抑曹操的小說跟戲劇，也指出他有偉大之處。《三國演義》的開頭幾回，把曹操描寫成一個有眼光、負責任的政治家，當其它人只是空談時，他已有所行動。Ruhlmann 也引用毛宗崗的說法，認為曹操公開反抗傳統，在道德上有令人激賞之處。毛氏曾指出，曹操說出「寧教我負天下人，休教天下人負我」之語，這正是曹操過人之處，試問天下人，誰不有此心者？誰復能開此口乎？而曹操猶不失為心口如一之小人。〔註11〕

（四）關羽、張飛

Ruhlmann 指出，關羽、張飛都是武士型英雄，他們的主要特徵是孔武有力、性如烈火。他們正直、天真、好鬥、暴躁而且肆無忌憚。他們嗜愛誇口、爭吵、偶而也失手殺人。他們在忍受肉體的痛苦上，也表現出和戰場上同樣的勇氣。如，關羽刮骨療傷時，竟然談笑奕棋，若無其事。而天性的慷慨寬大，〔註12〕則是武士型英雄最可愛之處，例如，有次張飛怒罵俘虜嚴顏，要將他斬首，嚴顏喝道，「要砍便砍，何怒也？」張飛見其面不改色，乃轉怒為喜，親解其縛。

另外，Ruhlmann 也指出，關羽是一個「綜合型英雄」，他是武士、書生、並且有帝王之相。他傲慢，但極驍勇，他的故事說明了民間傳說與宗教間的相互作用。關羽所代表的主要美德——忠義，事實上有多方面的含意，彼此很容易糾纏不清，成為解不開的死結。關羽的故事說明了同時為父母、朋友、君王、國家和正義盡責是何等困難，它充分的表現出人生的複雜。

五、Ch'en, Min-sheng：〈論三國演義〉〔註13〕

Ch'en 氏認為《三國演義》豐富的內容、出色的結構和巧妙的特性描述，為中國小說的發展，標示一個新的里程碑。Ch'en 氏首先介紹小說的時代背景。第二世紀末，東漢帝國搖搖欲墜，但遍及全國的農民反抗，卻被大地主的軍隊鎮壓，他們的力量強大，之後彼此攻擊，逐漸帶來三國的崛起。曹操，掌控北方並且建立魏國；劉備，身為皇室後裔，在西南方建立蜀國；孫權，

〔註11〕 Ruhlmann, , p.165.
〔註12〕 同上註，p.105。
〔註13〕 見 Ch'en ,Ming-sheng, pp.62-69.

來自一個強大的家族，掌握東南方並且建立吳國。

　　Ch'en 氏接著提到，這個時期隨著三方的交戰，許多聰明、勇敢的人及其故事，也隨之應運而生。他們的事蹟，大多記錄在第三世紀陳壽寫的《三國志》、裴松之的註釋，以及第五世紀劉義慶所著的《世說新語》裡。隨著時間的推移，這些傳說增長且富有更多內容，我們能由唐朝的李商隱和杜牧的詩中看到。Ch'en 氏也指出，這些作品多少暗指之後《三國演義》可能會出現的章節與人物。在第十和第十三世紀之間有說書人致力於三國的故事。在十四世紀也出版了關於這類民間故事的插畫書，許多關於三國的戲曲大約也出現在此時。

　　關於《三國演義》的成書，Ch'en 氏指出，附有插畫的平話是第一部現今仍殘存且最早的原稿之一，這種傳說在故事的循環發展中扮演相當重要的角色。雖然，這類型的著作通常只是輕描淡寫的腳本或者只是說書人手寫的底稿，但是，它仍然擁有某些重要的特性，例如，說書人不圍於史實而且將之充分運用，因此他們能大膽地使用即時創作，表明他們自己的喜愛和厭惡之物，建立相當具有閱讀價值的手稿。

　　現今我們所能找到關於羅貫中小說的早期版本，是由每卷有十回的二十四卷所組成，每一回都以一句七言詩為標題。十六世紀時，李卓吾為它寫了一本有註釋的版本，將原來的每兩回合成一章，並且每章有兩行詩句作為標題。古典小說的形式和架構的建立多歸功於這種寫作風格，因為它開創了流傳後世的文學道統。

　　在第 17 世紀中葉以前，毛宗崗的父親已經更進一步透過重寫、增補註解、削減重複的細節，並且重新安排一些篇章或者更改一些詩句，讓小說的內容更形完美。目前的普及本就是基於這份毛氏的版本刪改而成。最後的成品，在進化幾個世紀後，才終於拍版定案。

　　至於小說的作者羅貫中，Ch'en 氏以為，除了他的生長年代是西元 1330 到 1400 年之間以外，世人對於他的生平所知並不多。吾人只能從文獻中知道：他來自山西太原，是一個寡言鮮友的人。他曾參加反元的義軍，在元朝衰亡之後，致力於寫作歷史小說和戲劇。

　　在人物描寫方面，Ch'en 氏首先提到劉備和曹操。他認為羅氏描述了一個溫和的統治者和一個暴君之間的鬥爭。羅氏經由成功的描述曹操的狼子野心，表明他對奸詐的陰謀家和地方軍閥的憎恨。曹操其實就是封建社會中所有邪惡又可恨的統治者的集合體。他偽善而狡猾，他的座右銘是：「寧教我負

天下人，休教天下人負我」。不過，羅氏卻不將曹操描述爲一個萬惡不赦的壞人，他雖然邪惡、凶殘，卻也擁有超人的能力和勇氣；也因此，在他的筆下，曹操似乎既複雜又眞實。曹操這號人物的作爲，恐將與中國文學史並存。

在描述劉、關、張三兄弟時，Ch'en 氏認爲，作者顯示了一種偏袒的理念，他賦予這三個人物忠君愛國、智勇雙全的形象。例如：劉備是一個仁慈的統治者，他努力使國家安定。當然，在這方面作者受了當時的歷史道統所影響，漢人多年以來，遭受外族侵略與暴君統治之苦。一般人根據自己的經驗和對人生深刻的觀察，使他們自然而然的認爲應該擁護劉備，並且譴責作惡多端的曹操。這實際上是人們的愛國心的反映，以及對一個更好的政府的企求和對專制與壓迫的反動。顯而易見的，在那個歷史時期，這恰好也是人心思治的反映。

作者十分推崇諸葛亮和關羽，而他們呈現出的技能，也對後世產生強大的影響。諸葛亮表現的過人智慧和關羽顯現出的勇氣和尊嚴，贏得幾世紀以來讀者的尊崇與愛戴。更重要的是他們所象徵的道德品性：諸葛亮無私的奉獻和對劉備的忠誠，關羽對劉備的忠貞不二與堅定的正義感。小說中很多令人難忘的插曲都特別強調這些道德屬性，也同時提高了劉備的身分地位。

Ch'en 氏認爲，《三國演義》的一百二十回中，總計超過 70 萬字在處理各種各樣的戰役、戰鬥和衝突；而這些爭戰，是用不同手法描述而成，而且，沒有任何的重複。不過，除了描寫戰爭以外，作者也描繪了君臣、父子、夫妻、兄弟之間的複雜人際關係。故事圍繞著戰爭打轉，描述許多不同性格的角色。在古典中國小說中，《三國演義》對戰爭的描述非常出色。

在戰爭描寫上，Ch'en 氏特別以赤壁之戰爲例，認爲是書中對大小戰役中最深奧而複雜的筆觸，也深刻地描繪出戰爭本質的尖銳與矛盾。戰爭共有八回，以周瑜和諸葛亮的辯論爲開端，而結束於關羽義釋曹操。這些章節不僅處理戰鬥，而且也對諸葛亮的機智和智慧多有著墨。在整個戰役期間，諸葛亮扮演著決定性的角色。Ch'en 氏以爲，在運用這些章節描繪角色之時，更能展現出作者的寫作技巧。諸葛亮對整個情勢了然於胸、孫權猶豫不決、周瑜對整個情勢胸有成竹；然而，當他以他的才智對付諸葛亮時，就顯露出他有限的才智以及過於自信的缺點。此外，曹操又再次被描繪成一個輕敵的人，他的弱點被敵人所利用，導致他反覆墜入敵人的陷阱。因爲這個戲劇性故事的發展，故事中所有人物都似乎有了生命且活了起來。

Ch'en 氏並且提到，作者非常注意角色描述的細節。例如，在赤壁之戰過

程中，諸葛亮、周瑜和魯肅都有相當高的政治敏銳度。魯肅這個角色是用來襯托他的兩位朋友的智慧和先見，而對周瑜的描述則顯示出諸葛亮的心胸寬大和機敏。周瑜透過裝睡成功而騙過蔣幹，隨後蔣幹試著用相同的伎倆想矇騙周瑜，卻反掉入周瑜的陷阱。這些相似的行動有如此不同的結果，讓讀者更能理解其中不同的人物當時的心情和所處的情境。

作者處理情節的技巧，更是其細節描寫時，所用精緻筆觸的例證。例如，黃蓋的忠誠經由諸葛亮與蜀國謀臣的辯論中，以及稍後在他被冤打與將火攻曹軍的關鍵時刻，很明顯地展現出來。經由書中的敘述，更能凸顯黃蓋忠貞不二的性格。這種對細節的注意，無疑地加強了它的藝術影響力。

在《三國演義》對後世的影響方面，Ch'en 氏以為，《三國演義》大部分的內容都是基於史實，它鉅細靡遺地反映出三國時期許多派系爭權奪利的情形，而平凡的老百姓才是真正可憐的人。也就是以這樣的一個巨大和複雜的時代為背景，《三國演義》才能成為曠世巨著，而後世的人們總是將《三國演義》視為啓發人生智慧的寶典。

此外，Ch'en 氏也認為，《三國演義》對小說和小說家有巨大的影響力，小說家寫作時都以它當作範本；而這部作品也為其他的文學形式與戲劇提供了主題。在《三國演義》中，所有的計謀和策略、進攻與防衛戰略的運用、隱含著帝國興亡的原因與歷史經驗等，對後世的影響極大。據說 17 世紀明朝末年，李自成與張獻忠所領導的農民暴動，也是源自於此；太平天國之亂的領導者也不例外；更有許多數不清的人，仰慕小說中的英雄，因而，以小說中人物的言行，作為他們生活行事的標竿。在中國封建的社會中，將《三國演義》描述成一本生命的教科書，似乎一點也不誇張。

六、韓南：〈中國小說與戲曲的發展〉〔註14〕

韓南在本文中，以為，《三國演義》與《水滸傳》兩部偉大的英雄小說都出自羅貫中之手。羅氏是十四世紀有名的劇作家，據說《三國演義》就是由他親手編纂而成；至於另外一部小說《水滸傳》則只是根據與他同一時代的施耐庵的手稿略加修改而已。

韓南比較了《三國演義》與《水滸傳》，認為兩者在風格與語言上是截然不同的，前者的風格很簡潔，它朝著成為文類中最簡約的目標而努力。相反

〔註14〕 Hanan,Patrick,"The Development of Fiction and Drama," , pp.115-143.

的，《水滸傳》則連每一個細節，都使用豐富而生動的語言去描述。韓南認爲，事實上這兩部作品，運用了說書藝術裡兩種不同的技巧。《三國演義》代表的是傳統的歷史敘述法的再弘揚；而《水滸傳》在技法層面則是屬於凡夫俗子的日常生活描寫。

韓南指出，《三國演義》的歷史背景對於說書人來說有一種特殊的魔力；因爲，當時帝王的力量爲人所輕蔑，野心勃勃的領導者自然想求取揚名立萬的機會，只是，領袖對權力的欲求是無止盡的，追尋的道路上充滿了無數的艱難險阻。愈危險卻也更讓領袖無法放棄追求塵世的名與利，但是，他的下場卻像是莎翁筆下的亨利四世一樣：掌權就是一切爭端的開始。亨利四世這部小說描寫男性追求權力的手段與過程，政治與軍事的技巧、勇氣及權謀。因爲《三國演義》描寫的範圍從一大群人物縮小到三個偉大的主角，它描寫的極限不只延伸到深宮內院的垂死的皇帝和他的皇后、妻妾、公主、大臣、宦官等人物，也論及三國鼎立下三位掌權者的性格。起初，因爲《三國演義》太過簡潔的風格，書中很多人物顯得很沒有人性，所以，就像看過愛因斯坦「伊文」系列之後，會得到的印象一樣。但漸漸的，書中大多數人物的描寫不再那麼詳細，反而較著重於人物之間互動而產生的小說的張力。

韓南以爲，《三國演義》與《水滸傳》都具有相似的英雄式道德規範。書中最爲重要的規範是存在於領導者與追隨者以及結義兄弟之間的的道德牽絆。相較之下，其它的情感牽絆都變得微不足道了。三國中深明大義的母親，對於不成材、甚至不忠的兒子，會不留情面的當面鄙視與斥責。《三國演義》中一個英雄人物的沒落都可以直接歸咎於他的懼妻症。書中父子之愛顯然也比不上結義兄弟之情。但這並不意味著，即使英雄道德規範眞的存在，就能保證悲劇一定不會發生。劉備就是因爲無法擺脫爲結義兄弟復仇的念頭，終於犯下了無可彌補的錯誤，而結束了霸業。

韓南指出，《三國演義》敘述的角度是以劉備的觀點來敘述，在劉備眼中，他的結拜兄弟張飛，是一個所有英雄小說中所描寫的典型的莽漢：他有勇無謀、脾氣暴躁、嗜酒豪飲。另一方面，關羽代表的是一個視己身榮耀如命的軍人；作者時常會讓他身處於很多非光明磊落的情境中，以製造戲劇的張力。軍師諸葛亮則是一個入世的高人和謀略的高手，膽大而心細，並且運籌帷幄於股掌之間。在小說的後幾章中，描寫諸葛亮神機妙算事蹟的篇幅越來越多；例如，「七擒孟獲」的故事就與純粹的童話故事雷同。不過，韓南認爲，這些

人物再怎麼厲害，都敵不過他們的死對頭——曹操。曹操是一個個性複雜而陰沉的人物；這樣的人物在一般的英雄小說中鮮少出現。他非但野心勃勃、極為自負、令人不齒，而且患有病態的疑心病。極端無情的他，充滿嫉妒心，但卻還有一點榮譽心。韓南認為，與其它角色不同的是，曹操仍然有自覺，但是，作者故意模糊地描述曹操深沉的性格，讓讀者如墜入五里迷霧之中，無法看清他的真面目。

七、韓南：〈中國早期的短篇小說〉〔註15〕

韓南認為中國古典小說有單體佈局小說和聯合佈局小說之分。韓南以為，那種「情節無論如何曲折離奇，佈局仍是完整一體，若把其中稍有份量的內容移除，便會破壞整個故事」的類型，可以算是「單體佈局」，例如，《剪貼和尚》。反之，「佈局只是一個連結故事幾個部分的鬆散架子，其中某些部分即使被刪除，對故事整體亦不足以造成不可彌補的破壞」的類型，則可稱為「聯合佈局」，例如，《水滸傳》中的武松故事，每段事蹟都包含一個差不多完備的單體佈局，而且若對原書稍加剪接，其中有些可從書中抽除而無大礙。於是很顯然的，屬於單體佈局類的通常是短篇小說；而通稱為長篇小說的的作品則屬於聯合佈局，短至講武松的數回簡單故事，長至《水滸傳》皆是。但另一方面「短篇小說」也不能一律視為單體佈局。不論哪一種都是具有自身規律的和諧整體。因此，以韓南的概念來說，屬於長篇小說的《三國演義》，其架構應該也是「聯合佈局」。

八、Buote：《諸葛亮與蜀漢帝國》〔註16〕

本文乃是 Buote 的博士論文，全文共分五章。第一章介紹蜀漢帝國的社會和經濟情況，第二章介紹蜀漢帝國建立的歷史背景，第三章介紹諸葛亮的哲學思想和治國的才能，第四章介紹諸葛亮的軍事領導能力以及南征及北伐，第五章介紹諸葛亮的形象以及對後世的影響。

Buote 在正文前的介紹中指出，許多現今和過去的中國和日本的史學家發

〔註15〕 見 Hanan,Patrick, "Early Chinese Short Story :A Critical Theory in Outline," , pp. 168-207.

〔註16〕 見 Buote,Edward, "*Chu-ko Liang and the Kingdom of Shu-han*,"Ph.D.dissertation（University of Chicago ,1968）.

現諸葛亮是一個適合研究和討論的主題。然而，在西方，很少有人書寫關於他的文獻。他的二篇著名的文章《出師表》及《後出師表》，均曾譯成英文，但除此之外，他的其他作品並沒有被提及。Buote 指出，諸葛亮是三國時代的關鍵人物，研究他的人生和時代能使我們對三國時代和人物有更透徹的理解。舉例來說，這份研究協助釐清道教的興起、諸葛亮的北伐、吳國的建立、孫家掌制吳國的權力、創建蜀漢的責任、維持近半世紀前所未有的三國鼎立狀態、蜀漢的興衰、三國的權力關係和其他政治家的細節及生平。

另外，這份研究也包括了更多一般性的主題，如，軍事戰術和策略、管理實務、政治哲學、經濟和在此時中國和蠻夷之間的關係。最後，則探討諸葛亮從一個真實的歷史人物變成傳奇及洞悉中國神話人物的創造過程。這篇研究主要著重於討論諸葛亮及其對歷史的影響，前四章由於偏重在討論歷史上的蜀漢帝國和諸葛亮，故不在本論文的研究範圍之內，在此不作介紹。以下針對第五章中，Buote 對於《三國演義》以及對小說中諸葛亮的看法，作扼要的說明。

Buote 提到，民間傳統中相信諸葛亮擁有道教巫術的神奇力量和無敵軍隊。他不僅在民間故事中，同時也在中國的戲劇或小說《三國演義》中擔任要角。《三國演義》對於延續他的傳奇名聲有很大的貢獻。Buote 指出，民間傳說最典型的寫法是主要人物的正邪分明。透過真實人物的完整個性、錯綜複雜的故事情節，作者可以吸引讀者的注意力及想像。此外，歷史小說必須運用歷史上的重要人物，描述他們如何變成民間傳說中的英雄或是惡棍，而作者必須寫出他們偉大的事蹟，卻又不違反史實。如果作者很有技巧地寫完小說，如《水滸傳》和《三國演義》，則對大部分的中國人而言，其中的英雄會比傳說或神話中的英雄更有趣且更吸引人，舉例來說，不管夸父射日和目連救母的傳奇冒險有多精采，關羽和武松就是比夸父和目連來得容易了解。

三國時代是創作歷史小說近乎理想的場景，羅貫中在描繪正邪衝突時略為更動了場景（即蜀漢和魏），善的一方是劉備和蜀漢，而曹操和魏就是惡的一方，至於孫權和吳國的正邪則取決於他和蜀漢的互動。有趣的是，並不是只有羅貫中偏愛蜀漢，這是宋朝及其後普遍的概念，而且理學家朱熹也有一樣的想法。

《三國演義》中所描繪的諸葛亮，是擁有軍事天才和超自然力量的人，羅貫中鮮少提及他在治國方面的才能與功績。書中他是獨一無二的丞相，專

門擬定政策與謀略,同時以奇異的手段、精細的計畫擊敗敵人。每個謀略在他手下必能成功,無人能打敗他,直到最後的命運破壞了他的目標。

諸葛亮不用力氣、勇氣及傳統的兵法,而用道教的手法讓敵人措手不及。除了用兵的長才,每場戰役他都披上道袍、羽扇綸巾、擺出八卦陣、搭著四輪車輕鬆現身。他有神秘的天賦,例如,驚人的洞察力與預言能力。他可以透過星辰預知未來、可以喚來東風,可以召來或驅散鬼神。在征南一役中,他和道家的隱士和靈魂溝通,幫助他戰勝蠻王孟獲。他同時也是擁有驚人才幹的工匠,他建造許多奇異的設備及武器,例如,木牛流馬,還有炸彈和「油車」,他用這些裝置來擊敗並燒毀南蠻的藤甲兵。羅貫中描繪諸葛亮使用這些東西,的確使他的形象越顯重要,並凸顯他過人的機智。此外,在與司馬懿的對戰中,諸葛亮使用不同的詭計和策略來擊潰對手,其中之一是空城計。

Buote 指出,儘管關於諸葛亮的小說有難解的神秘,而且認為他有超自然力量,但諸葛亮仍是凡人;儘管他有超自然的智慧以及神力,諸葛亮仍難逃命運。他為屬下抗命而惱、為屬下不才而苦,他像所有的凡人一樣終究會死去。他並不是真的有超自然的能力,因此,就算是傳奇人物,他還是像一般人一樣是有血肉的。

Buote 提到,諸葛亮的傳奇性來自道家的法術和靈活的奇異計謀,和我們所知道的真實人格有所違背。關鍵點在於諸葛亮如何與為何會成為這種傳奇角色,其答案,有部分是來自他的真實功績。他幾乎是一人統轄整個蜀漢政府以及軍隊,他的軍事冒險十分精采,舉例來說,他七擒七縱平定孟獲,屢次擊敗比蜀漢更為強大的敵人。上述的英勇事績,讓他成為戰爭中百戰百勝的傳奇人物,為了傳奇故事中不凡的故事走向,一個擁有不凡天賦的凡人,會被描繪成有超乎尋常的力量,而他的故事就會更加有趣。

Buote 指出,除了高度的智慧與偉大的謀略外,羅貫中為諸葛亮加入了其他的英雄特質,如,法術和百戰百勝。因此,傳說中的人物也就有史實中所沒有的特質,例如,偉大的軍事才能、偏好擬定奇怪、迷惑的計謀,而且這些計謀還都能成功。如此一來,諸葛亮就成了 Ruhlmann 筆下的書生型英雄,也成為聽、說、讀、寫民間傳奇故事的人最津津樂道的題材。而小說中的諸葛亮和歷史記載上的諸葛亮兩者有根本上的分歧,原本保守、傳統、小心謹慎的諸葛亮,在小說中變成所向無敵的將軍,有超乎尋常的謀略能力、不尋常的兵法,以及道教的法力。諸葛亮在民間故事中的形象,來自傳奇故事,

其中，神話也許融入他真正的軍事能力，之後，這個傳說有系統的被寫下來、印成冊，成了《三國演義》以及元明戲曲的素材。

以三國時代為背景的《三國演義》和戲曲大受歡迎，是對中國歷史的加分，目前並沒有證據顯示後來的歷史學者對歷史上的諸葛亮和傳說中的諸葛亮有所疑惑，這兩種不同的詮釋至今仍留存在中國文化中，歷史上的諸葛亮形象留在學者論文中，交由文人學者去讀寫；而傳說中的諸葛亮則由大眾去讀去聽，不分受過教育與否，並在中國戲曲舞台上搬演，帶給大家歡樂。

九、夏志清：〈三國演義〉〔註17〕

本文乃是夏志清先生的鉅著《中國古典小說導論》裡的第二章〈三國演義〉。夏氏在文章開頭即開宗明義的說，以西方人的概念來看，與其說《三國演義》是歷史小說，不如說是歷史記事。書中幾乎沒有一個人物是虛構的，也沒有歷史之外的情節。雖然，過份挑剔的學者，從章學誠到胡適，都抱怨說它既不是很信實的史書，也不是一部精心結構的文學作品。不過，夏氏認為這樣的抱怨是忽視了《三國演義》作為「演義」類型小說所特有的力量和侷限。《三國演義》是這類小說第一個也是最偉大的範例。它之所以優秀，是因為它在歷史中略微加入一些虛構成分，從而為我們恢復了歷史的現實性。它嚴謹而簡潔的使用超自然主義及民間素材，概括言之，它是一部毫無誇張的關於近百年間各種敵對力量爭奪中原的政治、軍事鬥爭的戲劇。以下略述本章重點。

（一）《三國演義》的成書經過

早在羅貫中於元末明初編撰《三國演義》前，三國的主要人物和事件早已被詩人、說書人和戲劇作家以浪漫的手法加以描述。從唐末起，三國故事一直是說書人的主題，而故事經過誇張的渲染以及大量的想像後，已面目全非。現存一個元代的本子，稱為《三國志平話》，內容非常粗劣，人名、地名常有訛誤。書中將漢朝分為三國的原因，歸因於漢高祖屈殺韓信、英布、彭越三位大將，故三人轉世為曹操、孫權、劉備來報仇，將漢朝一分為三；而高祖和呂后則轉世為獻帝和伏皇后，在曹操手中受盡折磨。羅貫中剔除了這些不經之談，他的目的是重現歷史，他有意識的擺脫說書人的傳統，而不是

〔註17〕見 Hsia, C.T., "The Romance of the Three Kingdoms," in *The Classic Chinese Novel: A Critical Introduction*, pp.35-74.

加以模仿。夏氏認為《三國演義》屬於通俗文學，但又有所不同，它是一部由文人編寫的，繼承了司馬遷和司馬光史官傳統的著作。他代表了中國小說的一個重要突破，因為它是一部由一個作家所撰寫，有意對說書人的粗糙敘事、過份迷信的作法進行修正的具有整體性的作品。

（二）神話傳說的加入

對於羅貫中將神話或傳說加入《三國演義》的內容，如，桃園三結義或諸葛亮的神機妙算等，夏氏認為，這些係從正史中的線索而來，羅氏將其加入小說中，使歷史更戲劇化，但並沒有嚴重歪曲歷史。如，桃園三結義強化了劉、關、張三人的關係，而諸葛亮的神機妙算也為他的生涯增添光彩，並不會讓人覺得法術對他的成功是不可或缺的。

（三）人物形象

1、關 羽

夏氏認為關羽的形象並不是像胡適所說的那樣，給人一種不協調的印象。胡適認為，羅貫中先想好了一個「神武」的關羽，後來卻寫糟了，把他寫成一個「驕傲無謀」的匹夫。夏氏認為這種說法不是真實的。夏氏認為，實際上，羅貫中是將傳說中以及歷史上關羽的性格，在《三國演義》中協調地交織在一起，以塑造一個生動的形象。他認為羅氏早就把傲慢跟無謀放入書寫關羽這個悲劇英雄時的構想中，如果沒有這些瑕疵，小說中的神武英雄就會令人難以接受。他也明確地表明，關羽的力量和弱點，都源自於他的過份驕傲和自信，最終也導致他的失敗。不過，夏氏也說，關羽雖然失敗了，但他在被俘和遇難前，最後一次衝出敵人的包圍時，仍不失為一位悲壯而威武的英雄。通過逐步敘述細枝末節，羅貫中終於把歷史和民間傳說中的關羽形象融合在一起，把他塑造成一個真正令人難忘的角色。

2、劉 備

自古以來，劉備給人的形象就是寬厚、仁德、禮賢下士。而夏氏則認為，劉備之所以表現出寬厚、仁德，其實是為了要彌補他在政治上的不利。當諸葛亮在隆中為他定出「先取荊州後取川」的擴張政策時，他是贊同的，而當時機真的來臨，他卻又為了保持仁厚的形象而躊躇不前。等到關羽被害，一向在慢慢爬上高位的過程中小心謹慎和虛情假意的劉備，卻又變成一個感情衝動的人，以致伐吳失敗，可見，劉備總是在「仁德」與「擴張」間猶豫不

決。夏氏在此指出，劉備政治上的失敗卻帶給他做人的成功，因爲，劉備爲成全桃園結義的誓言（但求同年同月同日死），雖然伐吳失敗，卻留下桃園結義的千古美名。

至於白帝託孤這一節，歷來總是被人們認爲是書中最動人的段落。不過，夏氏指出，劉備在此又展現了他虛假的一面。身爲一個具有開國立業雄心的人來說，在心中把子嗣看得高於一切，實是必然的。不過，他卻故意對諸葛亮說，「君才十倍曹丕，必能安邦定國，終成大事。若嗣子可輔，則輔之；如其不才，君可自爲成都之主。」這一席話嚇得諸葛亮「汗流遍體，手足失措」，趕忙自表忠誠：「臣安敢不竭股肱之力，盡忠貞之節，繼之以死乎！」而劉備之後就再也沒有提禪讓之事了。依此，夏氏認爲，劉備連臨死前都要試探一下諸葛亮的忠誠，實是虛假至極。

3、諸葛亮

在諸葛亮的人物描寫上，夏氏跳脫以往大家對他「足智多謀」的印象，而從兩個方面來形容他。第一，諸葛亮隱居隆中的階段。這時的他像是道家的隱士，躬耕隴上，自爲梁父吟，與朋友互相拜訪或徜徉山間。第二，當他出山輔佐劉備後，出於劉備對他完全的信賴，他是一位明知不可爲而爲之的儒者政治家。

而關於諸葛亮出仕前後的心路歷程，夏氏認爲，諸葛亮原本確是不願出仕，因爲他知道"不得其時"，而他最後同意輔佐劉備，很多人都認爲是被劉備的誠摯所感動，這的確是很重要的因素，但夏氏也提出三個原因來加以解釋。一是諸葛亮知道自己不能得到曹操的完全信賴，也不能爲孫權所用，因爲他們帳下早已人才濟濟。二是作爲一位忠於漢室的人，加上對儒家盡忠思想的確信，他也不願輔佐曹、孫二人。三是輔助劉備，他將擁有完全的權力，挑戰一切從零開始的樂趣。〔註18〕由於這三個原因，諸葛亮才決定出仕輔佐劉備。

4、曹操

夏氏指出，其實羅貫中早在《三國演義》第五回，關羽溫酒斬華雄這一段，藉著曹操、袁紹、袁術三人的反應與對話，來表現曹操高人一等的見識。三人對關羽自動請纓要斬華雄的反應，分別是，袁術表現出貴族對於平民的輕蔑，袁紹則注意維持自己禮賢下士的形象，所以沒像袁術那樣爆發，但他的弱點也

在此一事件中表現出來，即雖然願意用關羽一試，卻也害怕被華雄嘲笑己方陣營無人可用。而曹操卻建議不妨讓關羽出戰，不管其出身如何。〔註19〕所以，日後曹操接連擊敗袁術、袁紹，不是沒有原因的。

另外，夏氏也用赤壁之戰前，曹操大宴文武百官這一段，提出觀察曹操的另一個角度。以往《三國演義》的讀者或評論家讀到這一段時，所注意到的不外乎是曹操當時「橫槊賦詩」，睥睨天下的不可一世，或是欲「攬二喬於銅雀台」的好色，不然就是一槊刺死劉馥的喜怒無常（因劉馥指出曹操歌中有不吉之言）。而夏氏卻指出，當時曹操已五十四歲，卻仍然戎馬倥傯，他已感到疲累，所以，企望滅吳後能有二喬伴他安度晚年。所以，夏氏提到，羅貫中在曹操大宴諸將這一回合裡，提供給我們曹操的形象，是一個令人捉摸不定的詩人兼政治家：既豁達開朗，又兇狠暴虐，同時也多少爲年邁、體弱所困擾，流露出一絲悲觀，即歌中所提"月明星稀，烏鵲南飛，繞樹三匝，無枝可依"。而那些一口咬定《三國演義》中的曹操是一個大奸大惡的讀者，只表明他們對這些精彩段落缺乏理解和欣賞。

5、其他特殊人物

夏氏提到，《三國演義》中的主要人物大多汲汲於功名，但也有一些並不苟合世俗的特殊人物。如，方士、巫師、醫生以及過份聰明清高、放蕩不羈的文人，他們一貫地戲弄、嘲笑那些追逐名利的英雄們。這些人物的出現，其實是基於諷刺那些陷入政治漩渦中人物的需要。而這些雄心勃勃的英雄們卻都是一些懷疑超自然的徵兆和對預言的愚弄嗤之以鼻的理性主義者。也因此曹操懷疑華陀受人唆使要害他，而不讓他爲自己開腦動手術，最後並且殺了他。而孫策自云「吾命在天」，卻不相信于吉能祈雨，斬了于吉後，自己不久也被于吉的魂魄追逐而死。另一個特殊的人物——彌衡，夏氏形容他是「垮掉的一代」的儒生，他對曹操的嘲弄幾乎不能掩飾他因一味妄自尊大而表現出實質上粗魯。因爲夏氏認爲，沒有一個神智清楚的中國人會把自己與孔、孟相提並論，也不會在大庭廣眾下赤身露體，而彌衡卻都毫不臉紅的做了。其實，這些人物在書中不時的出現，都是作者爲了譏諷曹操、孫策等英雄人物。

（四）關於戰鬥和戰爭的描寫

羅貫中和其他大多數中國歷史小說家一樣，常常只滿足於總結性的敘

〔註19〕見 Hsia, p.43.

述，告訴我們兩位將軍戰了幾個回合，直到一方逃跑或被殺。當然有時也有令人難忘的戰鬥畫面。夏氏在文章中舉出兩段武將間的戰鬥和赤壁之戰，來說明其實《三國演義》中的戰鬥之所以有趣，只是其中蘊含了人的企圖而已。在關羽斬華雄這一場戰鬥，作者並未描寫兩位武將間的一刀一槍，是為了讓關羽的大話能迅速兌現，給聚在帳中的諸侯深刻的印象。而夏侯惇和高順間的戰鬥，本來是按常規方式進行的，但當曹性一箭射中夏侯惇的眼睛時，夏侯惇卻不再只是一個戰士，而是一個挺身迎接巨大挑戰的勇士。他隨後的話語：「父精母血，不可棄也！」和行動——「拔矢啖睛」，有力的表現出他大無畏的英雄氣概。

而羅貫中對赤壁之戰的描寫，就像在中國第一部詳細描寫戰爭的編年史《左傳》中一樣，人們感興趣的是戰爭前的準備工作而不是戰爭本身。戰爭一開始，孫權陣營瀰漫著投降的言論，而諸葛亮的雄辯和周瑜、魯肅遠大的眼光跟堅毅的決心，改變了吳國朝廷內失敗論者的態度。接著，曹操得意洋洋的鎖上戰船，讓不諳水性的北方士兵更加穩便。而周瑜接連使出反間計（讓蔣幹盜書）、苦肉計（打黃蓋並命闞澤詐降）並準備火攻，諸葛亮則在草船借箭跟借東風這兩段精彩的情節中，展現了他的機警跟智慧。

（五）關於《三國演義》中的對話翻譯為英文的問題

夏氏提到，如在本文中要提到人物間的對話時，他只引用那些主要特點是充滿各種人物之間簡短對話的選段。這些對話很難翻譯，因為到處都是「曰」字（在更通俗的小說中，代之以「道」），每一句引言前都有這個字。在翻譯成英文「said」時成了衝撞冒失、千篇一律的強調。對於所有中國傳統小說來說，翻譯這種簡短對話場景的最好辦法也許是用戲劇的對話形式，把「曰」或「道」變成冒號，伴隨的動詞修飾語如「笑」、「泣」等放在括號裡。如此翻譯，這些場景才能顯得快捷和活潑。

（六）《三國演義》中「命運」與「天意」的觀念

Roy Andrew Miller 稱《三國演義》是一部引人入勝的小說，其主題是表現人類抱負的本性。〔註 20〕不過夏氏提到，書中人物更關心的是獲得名譽而不是抱負。他們最大的滿足是取得和他能力、才幹相稱的名譽。而一旦選定

〔註20〕見 Roy, Andrew Miller, "Introduction," in C.H.Brewitt-Taylor, tr. *The Romance of the Three Kingdoms*,（Taipei :Ch'eng-wen publishing company,1977）, p.v.

了主公，名譽就迫使他不得不忠誠地服務到底，而不管結局如何。並且他們的命運也往往取決於最初的選擇。夏氏並舉陳宮和趙雲爲例，說明不論是文官或武將，在尋找明主時，都歷經磨難。

夏氏指出，在司馬遷的《史記》中，神秘莫測的天道已經決定了許多有抱負、有才能的人物的命運，而在《三國演義》中，天意安排的終極觀念更爲明顯。不只是官渡之戰，其他許多重大的，極少虛構的事件，都使我們得到這樣一個印象：天意是難以捉摸的，但同時也是人們有意識的努力的總和。從在戰場上稍一露面就喪失性命的無名小將，到長期以來試圖改變天意而以失敗告終的諸葛亮，《三國演義》擁擠的舞台都被他們竭心盡力地點燃出火光。

十、楊力宇：《使用三國志作爲三國演義的來源》〔註21〕

本文係是楊力宇的博士論文。楊氏首先在序論中介紹三國時代的歷史背景，是指介於漢朝分裂至晉朝統一天下的六十年間（220～280）。三國包括曹魏、蜀漢及孫吳，初期的主角都是英雄人物，然而，其後代卻都後繼無力。在這時期中，長期的戰亂帶來飢荒，赤貧的農民淪爲盜賊，貴族統治著數以千計的人民，封建制度於是重現。地主階級據地自守，中央政權的崩解也增強了地方派系的權勢，北方的游牧民族也成爲地方政權的盟國，許多華夏子民亦與南方及西南方的邊疆民族通婚。

接著，楊氏提到，中國人視三國時期爲一令人興奮且浪漫的時代。在中國歷史上，三國時期的諸葛亮（181～234）是最爲人樂道之謀略家，而關羽，民間則將其神化爲關帝，類似西方的戰神。所有虛構之歷史傳奇皆構築圍繞於如此可敬的人物周圍。超過一千年之後，這些故事以長篇小說《三國志演義》或《三國志通俗演義》出現。

在《三國志演義》最早版本出現之前，許多三國故事早已經由專業說書人的口中流傳。許多包含三國時期的話本故事一定存在過，雖然現在都已經亡佚了。而後，爲數眾多的刊本完成出版，不過，楊氏認爲，十六世紀的嘉靖本是最初且最廣爲流傳的版本。

接著，楊氏介紹幾位研究《三國志演義》的中外學者及其貢獻。胡適是首位針對《三國志演義》原文做出評論的現代學者，並且給予高度評價，他

〔註21〕見 Yang,Winston L.Y., *"The Use of San-kuo Chih as a Source for The San-kuo-chih yen-i ,"* Ph. D. dissertation（University of Michigan,1971）.

並開創研究此書之風潮。鄭振鐸與孫楷第對此書原文的認知亦貢獻良多。此外，李辰冬及趙聰更發表許多評論小說文本的研究。近代中國學者更藉由馬克斯主義對此書加以評論。在西方國家中，《三國志演義》也引起多位譯者的注目，小說中許多章節已有西方多國語言之完整譯文。楊氏亦提到夏志清、Robert Ruhlmann、Yi-tse Mei Feuerwerker（梅儀慈）以及 James I. Crump, Jr（柯迁儒）等人對此書亦多有研究，其中 Crump 更是西方國家中，少數針對著作原文作研究發表之學者。

楊氏指出，在西方學者眼中，似乎僅對評論研究有興趣，而中國學者則專注於小說早期版本及其沿革，某些中國學者則致力於探討書中著名人物，如：關羽、曹操及諸葛亮。而對於《三國志演義》的主要正史資料來源—陳壽（233～297）的《三國志》並無詳細研究，雖然，眾所周知它是這部小說最重要的資料來源。

因此，楊氏指出，這篇論文最主要的目的是研究《三國志》如何衍生編撰為《三國志演義》。其方法是將小說與史料中，所選定章節的敘述以及所選定人物的描寫加以比較。在研究當中，楊氏選擇二個截然不同的情節來作詳細的分析，以及詳閱小說中七個複雜、奇趣而又鮮明的人物，來呈現小說家是依據《三國志》，或是背離《三國志》而依賴民間傳說，或是出自個人想像來描寫人物。特定人物、情節雖然有限，但楊氏希望此研究能領略作者之創意與創作力，以及作者如何運用官方史料。總之，楊氏認為，適度的研究可確立《三國志演義》是西方觀點中的通俗歷史、歷史傳奇或是歷史小說。

楊氏提出，小說作者與《三國志》作者對三國歷史有諸多相同的看法。不過，並無明確提出二者意見上的些許差異。《三國志演義》中的情節以《三國志》所記之歷史事件為基礎，僅稍有偏離。如同夏志清所言：「其所談之情事皆未超脫歷史」。〔註22〕雖然，某些學者認為《三國志演義》對於歷史而言並不夠真實，但是，亦有學者認為此作與歷史十分切合。不過，書中的確有些許虛構之歷史細節，以及為了順應鋪排而失去或略失歷史本質的情節。綜觀全文，其年代敘事皆符合陳壽《三國志》之所記，小說作者根據《三國志》，並以其專屬獨創之論述著作，部分依其史實，部分引用民間傳說或是出自個人杜撰。

楊氏這篇博士論文分為五章，第一章論述《三國志》，第二章論述《三國志演義》，第三章論述陳壽及羅貫中的歷史觀，第四章比較兩書對官渡之戰及

〔註22〕見 Yang, p.48.

赤壁之戰的描寫，第五章則比較兩書中的七位人物。由於研究的需要，以下僅針對第二、三、四、五章作述要。

第二章　《三國志演義》

楊氏指出，如同其他重要的中國小說，《三國志演義》本文也歷經漫長的演進過程，在《三國志演義》於元末明初最早版本編訂之前的許久時間裡，詩人、說書人及劇作家便已將三國時代重要的歷史人物傳奇化，因此，小說的完整形式必須追溯這個過程。

由現存的變文即可清楚證明，在唐朝時，口語小說是以原始的形式存在，然而，在其中並未發現與三國時代人物或事件的相關文件。不過，在唐朝，某些有關三國人物的口述故事之中，有一文件可證明其通俗性，即晚唐詩人李商隱（813～858）曾談及三國故事，他在描寫他五歲的兒子嘲弄訪客時的詩中，曾有下列對句：「或謔張飛胡，或笑鄧艾吃」。〔註23〕雖然，此二句難以證明晚唐說書人講述的三國人物是如此精湛，以致連孩童都能以模擬人物為樂，但或多或少指出，三國人物的故事已成為通俗逸趣。

宋朝（960～1278）年間，口述傳說在口語文學上更顯生動，某些三國人物與事蹟更成為說書人普遍的題材。著名詩人蘇軾（1037～1101）取材於赤壁之戰的詞賦—「赤壁懷古」以及相同主題的「前後赤壁賦」，對宋朝說書活動甚有影響。依據王彭與蘇軾提及雙親為避免孩童淘氣，寧可出錢讓孩子聽故事，聽聞劉備敗退便皺眉頭，而耳聞曹操失利則是開心歡唱。

楊氏認為，由蘇軾之作可確實認知某些三國故事在 11 世紀時已廣為說書者演述，更可藉孟元老《東京孟華錄》一書進一步推測，此書作於 12 世紀初，描述北宋年間的說書活動。在講述歷史故事的說書人之中，孟元老指出霍四究是當時講述三國故事的能手。

然而，卻沒有三國故事相關的話本流傳至今，甚至連書目資料也不足，僅十六世紀中，晁瑮的《寶文堂書目》是可信的書目學作品。其中，「曹孟德—瓜斬三妾」明確記載於書面上而非口述記事，然而，故事內文卻未能留存。楊氏認為，在北宋末期三國時期的人物事件已為說書表演者廣泛採用，而記載三國時期的口述或手寫故事的書目資訊之貧瘠卻是難以解釋。

楊氏接著介紹《三國志平話》，是一明確的典型講史故事，係《新刊全相

〔註23〕見陳永正：《李商隱詩選》（台北：遠流，1988 年），頁 264。

平話》中五個主題之一，刊行於元英宗（r.1321～1323）至治年間。此五部平話取材自中國歷史上五個時期，五者皆擁有不同風格及建構方式。或許，以其標題收錄於新刊（新版本）時已非原始版本，此「新」版本為建安虞氏所印刷。這五個故事無疑是最早敘述歷史故事的話本樣式，因此，《三國志平話》成為關於三國時期現存最早的大批印刷故事集。

　　《三國志平話》內含三卷，皆有插圖木刻版印於每頁頂部，故事始於漢室崩解的道義報應，終於諸葛亮之死，起始段落如下：

> 昔日南陽鄧周白水村劉秀，字文叔，帝號為漢光武帝，光者為日月
> 之光，照天下文明；武者是得天下也，此者號為光武，於洛陽建都，
> 在位五載，當日駕因閒遊，至御園，至園內，花木奇異，觀之不足……

楊氏認為編者於上述段落說明此「光武」二字，顯而易見地，是為知識不高的大眾所設計，源自於說書人的底本，無疑的，《三國志平話》即是口述和通俗的起源。

　　楊氏指出，平話也包含許多史學上的謬誤，如：劉備成了太行山的地痞，而曹操則強迫漢獻帝遜位，由長子曹丕繼位，此皆不曾發生於歷史上，更甚者，是許多人名及地名皆有所錯置。平話中的風格非常低劣，其語言是粗糙又未經潤飾的，且運用過多說書人的慣用語，而較少呈現古典文學的風格。重要的歷史事件通常被作者簡化而淪於巫術與詭計多端，其作者對歷史重述並無多大興趣，嘩眾取寵及超自然主義影響此版本，且其詩作較其他平話作品中的為少，多數詩作亦僅為打油詩而已，其編者必缺乏學習及書寫的能力。

　　《三國志平話》明顯地反映大眾對三國人物的觀感，如，諸葛亮是一極有才能之政略家，相反地，曹操則聲名狼藉，且文中多次輕蔑地描述其征戰失利。楊氏亦提到，必須留意平話版本傾向提升蜀漢的地位，視其為漢室正統的繼承。

　　不過，儘管有其缺失之處，楊氏認為，《三國志平話》亦是自司馬光的《資治通鑑》之後，成功地單獨嘗試描寫三國時期歷史的首部作品，亦是自三世紀陳壽完成《三國志》至十六世紀《三國演義》最早存本出現之間，三國系列演進的重要連結。

　　接著，楊氏介紹三國故事改編為戲劇的情形。依據宋朝張來所作的《明道雜志》〔註 24〕得知，宋朝年間已有許多三國英雄出現於皮影戲當中，此觀

〔註24〕〔宋〕張來：《明道雜誌》（鄭州：大象出版社，2006年）。

點更可由同時代高承的論述進一步得到支持：

> 仁宗時，世人有談三國事者，或采其說，加緣飾，作影人，始爲魏、
> 蜀、吳三分戰爭之象。〔註25〕

北宋年間的皮影戲或許是最早試圖演出著名三國故事之劇作形式，而後，許
多三國故事依據《宋書》中范純禮之傳記於舞台上演出，金代（1115～1234）
劇作亦爲人所知，亦即關於三國事跡或人物的《院本》，其中，唯一與三國時
代相關之著名標題即是《襄陽會》，但其內文已亡佚。

至於元朝的雜劇至少有十九個與三國時期相關的標題，但是，至今僅有
五個留存，其中，某些與《三國志平話》寫於同個年代。

接著，楊氏介紹《三國志演義》。認爲，其現存最早版本出現於《三國志
平話》完成後約二百年，此版本的複本最初發現於本世紀的蘇州，其餘複本
稍後則出現於日本。而此版本附有蔣大器記於 1494 年之序言，學者因此標定
爲弘治本（1488～1505）或爲 1494 年版。此外，也有修髯子記於嘉靖時期壬
午年（1522）的序言，但其並不包含在 1929 年涵芬樓刊行的影印本。因此，
將其標名爲爲弘治本（1488～1505）或爲 1494 年版是錯誤的。因爲發現了修
髯子的序文，這個版本應當稱作嘉靖本（1522～1566）或 1522 年的版本。蔣
大器作於嘉靖版中的序文有此敘述：

> 書成，士君子好事者爭相騰錄，以便觀覽。

楊氏指出，此論述暗示嘉靖版出現前僅有《三國志演義》手寫複本存在，或
許，嘉靖版最貼近原始版本，編者首次將龐大的題材融入整體創作，至今吾
人尙無法提出反證。但楊氏提到，嘉靖版至少在推定的編者或修訂者羅貫中
死後一百年才出現。

不同於《三國志平話》至治本，嘉靖本有謹愼的籌備及完善的印刷，但
不包含插圖，經過了四百年，其印刷仍舊清晰，是因爲刊行及印刷上少有錯
誤。其內文分爲二十四卷，每卷十節，因此總計 240 節。

嘉靖版涵蓋了歷史上的九十七年，小說起始於三位主人翁劉備、關羽及
張飛於 184 年的桃園三結義，其發展以緩慢但平穩的步調前進，而在漢獻帝
220 年遜位時，加快其步調。相同的手法亦用於關羽、張飛之死與劉備的崩逝，
最後，諸葛亮之死將故事生動化及戲劇化，而後，接近結局時，段落步調再
次加快，在一連串瑣碎而又無意義的戰役之後，三國時代最終由晉所統一，

〔註25〕見 Yang, p.62.

小說以總結全文年代事蹟的長詩作結，詩中最後四句帶出小說中的鬱悶及宿命的觀念：

> 紛紛世事無窮盡，天數茫茫不可逃，鼎足三分已成夢，後人憑弔空
> 牢騷。〔註26〕

楊氏接著介紹羅貫中。在嘉靖版序文中，蔣大器提及《三國志演義》爲羅貫中所作，羅貫中之名與陳壽一同出現於此版主要內文的首頁中，但羅貫中也不過是一個模糊人物而已，吾人對其並無實質上的認識，蔣大器序文亦未提及羅貫中之生平事蹟，然而，賈仲明編輯之明代劇作總目《錄鬼簿續編》中，載有關於羅貫中之重要敘述：

> 羅貫中，太原人，號湖海散人，與人寡合，樂府隱語，極爲清新，
> 與余爲忘年交，遭時多故，天各一方，至正甲辰復會，別後又十六
> 年，竟不知所終。〔註27〕

此寫於1422年之信息是現存唯一同時代的短評，現代學者依據賈仲明《錄鬼簿續編》之敘述意圖推測羅貫中之生平。羅貫中之年代應爲元末明初，在十四世紀後半他仍活著，其名應爲本或貫，貫中爲其字，至少作有一部歷史劇作及兩部「演義」形式的作品，然而，吾人卻不能確定其於這些作品中所扮演的角色。劇作名爲「龍虎風雲會」，演義形式的作品爲「隋唐志傳」及「三遂平妖傳」，由於其作多已亡佚，少數殘存者亦爲後人大幅修改，故無法由其中得到重大的相關訊息，此外，大相逕庭的作品風格亦令人難以論定係出自同一人之手，而僅能說作品反映出羅貫中一生專注於史學之中。

傳聞羅貫中曾參與抗元運動，但亦缺乏具體證據支持此論，其生前及死後皆未曾受重視，且鮮少於明代文學中被提及。

接著，楊氏比較並說明《三國志演義》與《三國志平話》的不同。

《三國志演義》嘉靖本中，蔣大器於其序文指出，「平話」相對於「歷史」是如何不可靠以及知識份子是如何厭惡之：

> 前代嘗以野史作爲評話，令瞽者演說，其間言詞鄙謬又夫之於野，
> 士君子多厭之，若東原羅貫中，以平陽陳壽傳，考諸國史……目之
> 曰三國志通俗演義，文不甚深，言不甚俗，事紀其實，意庶幾乎史。

〔註26〕見羅貫中：《三國演義》，頁1042。
〔註27〕〔元〕關漢卿、鍾嗣成等著，楊家駱編：《元劇鈎沈43種・錄鬼簿新校注》（台
　　　　北：世界書局，1982年），頁148。

〔註28〕

由於此章之前已指出平話本有許多史實上的錯誤，實際上，的確有許多怪誕虛幻於其間，相反的，羅貫中自平話傳說中作有意義的改變，致力於歷史的重述。平話本則是強調道義上的報應，因此，漢朝一分爲三的情形被解讀爲漢高祖不義的處決三位將軍而得到的結果。而最終統一於晉，則是天命屬意司馬氏，因其先祖公平地以法論斷。羅貫中摒除此通俗性的報應認知，以後漢桓帝的史實精練的敘述揭開三國時代的故事：

> 後漢桓帝崩，靈帝即位，時年十二歲，朝廷有大將軍竇武，太傅陳番，司徒胡廣……〔註29〕

依上述可知，《三國志演義》的風格是精練簡明又易讀，語言非常相似於陳壽的《三國志》，以蔣大器之言，「演義」所用語言是「文不甚深，言不甚俗」，韓南亦指出其語言「總是朝著，一種簡易形式的文學，但從未完全達到」，〔註30〕其可讀性及精練風格與《平話》的粗野有鮮明的對比。

此外，羅貫中捨棄未見於史實中的情節，如：張飛殺元嶠的橋段、曹操強迫獻帝遜位，以致其子曹丕得以成功繼位。然而，有些學者指出，羅貫中亦保留未見於歷史上的事件，甚至編造此類型的新事件，這的確是眞實的，以下爲學者們經常提起的例子。

其一爲諸葛亮之神奇力量，無論陳壽的《三國志》或裴松之的注解中皆未提及諸葛亮的神奇力量，此爲羅貫中的想像或坊間傳言下的產物。但楊氏認爲，羅貫中雖賦予諸葛亮如此的神奇力量卻從未更改歷史的發展。例如，儘管諸葛亮煞費苦心安排延長壽命的佈置，然而，他最後難逃死亡的命運。而他多次準確的預言則源自於天文學、氣象學及人類心理學的正確知識，本質上，諸葛亮仍爲眞實的人類，而非超人或術士。但是，諸葛亮儘管身具驚人的智慧，卻不能扭轉天意，因此，六次北伐並無明顯成效，亦犯下人爲錯誤，即錯信馬謖而導致敗退。諸葛致力於幫助劉備恢復漢室最終還是失敗。

其二爲劉備、關羽、張飛三人的兄弟盟約，應是源自於陳壽《三國志》：「先主與二人，寢則同牀，恩若兄弟。」歷史上三人並未結成兄弟。

〔註28〕見羅貫中：《明弘治版三國志通俗演義》（台北：新文豐出版公司，1979年），頁1。
〔註29〕同上註，頁15。
〔註30〕見 Hanan, Patrick, "The Development of Fiction and Drama," , pp.127.

　　依此，多數正史事件的擴充傾向具有高度影響力而非引起矛盾的歷史事實，故楊氏以諸葛亮的神力及桃園三結義等事例說明之。

　　相較於其他中國小說，《三國志演義》較少帶有超自然素材，然而，《平話》卻呈現出說書的通俗傳說，羅貫中則是意圖帶出司馬遷、司馬光等偉大史家所稟承的中國正統史學。

　　楊氏也指出，《三國志演義》也有與《平話》版本可作區分的特色。其一是置入多首詩作來評論三國時期的人物或史事，平話亦有詩作乃於其中，不過，數量較少亦較短小，通常僅含四句。顯然的，平話中的詩作乃為教育程度較低的文人所作，多數的詩作頂多屬於打油詩而已。反之，《三國志演義》中的所有詩作是較優異的，多由高級知識份子所作。楊氏舉袁紹死時評註的詩作為例，認為其此詩作給予袁紹一個鮮明的形象，其軟弱的性格，解釋了自身的衰敗滅亡以及子嗣間的鬥爭。

> 累世公卿立大名，少年天下自縱橫。
>
> 空留俊傑三千客，謾有英雄百萬兵。
>
> 羊質虎皮功莫說，鳳毛雞膽事難成。
>
> 可憐一種傷心病，繼送相傳兩兄弟。〔註31〕

羅貫中對三國重要人物之死多所著墨，但最感人且難忘的是諸葛亮的逝世，當其「將星墜落」時，戰場情景最具戲劇張力，羅貫中節錄多首詩作哀悼諸葛亮的逝世並投射於政治家的英雄形象。

　　另一《平話》與《演義》的重要差異是，《平話》包容許多來自於非真實文件的引用，但《演義》通常引用自《三國志》或裴松之評註中所提的正式文件，例如，諸葛亮的前後〈出師表〉，另一則是羅貫中對獻帝遜位的描述，羅貫中完整地節錄《三國志》中獻帝禪讓宣告的內文。

　　許多特徵或許是羅貫中所添加的，以減少平話本中的明顯差距，如：《三國志》中記載諸葛亮死後將恢復漢室的大計交與姜維，但《平話》中並未提到。此事在《演義》中被加以生動地描寫。另外，《三國志演義》中描述了鄧艾及鍾會伐蜀以及二人的鬥爭，但《平話》中卻幾乎省略諸葛亮死後的三國歷史。

　　另一二者間的差異見於敘事技巧，赤壁之戰即是很好的例子。平話本中僅粗略的以數百字描述，而《三國志演義》中的描述則是生動仔細且費心安排的。這樣的差異可擴及十八處，多處相似的例子顯示出平話本與羅貫中版

〔註31〕見羅貫中：《三國演義》，頁278。

本之間敘事技巧的顯著不同。

由上述分析可知，羅貫中幾乎在每個細節處，皆有意識地改寫源自平話傳說的橋段，因此，楊氏認為，其未必是依據《三國志平話》而作或衍生。事實上，羅貫中創作出一個新的版本，他不應被視為此書之修訂者或編輯者，而應被視為一創作者。〔註32〕

出現於十六世紀初不久之後，嘉靖版變得十分受歡迎並且迅速取代平話本，許多依據嘉靖版的版本亦紛紛出現。起初，多數新版本由主要都會城市（如：北京）的書坊刊行，不久，某些都會城市亦有小說的再版刊物。在嘉靖版出現後，最早現存版本刊行於1591年的南京（金陵），將近晚了七十年，而不論知名與否的版本接著在這七十年間刊行於世。有一知名版本於崇禎年間（1628～1644）出現，係將《水滸傳》內文印刷於每頁上半部，而《演義》則印於每頁下半部。總之，至少有二十個版本於1522～1644年間印刷發行。楊氏提到，在與嘉靖本比較之後，這些版本將不在這篇論文中討論，因為如同鄭振鐸曾指出的，它們都是源自於嘉靖本。

清朝於1644年建立之後，對《三國志演義》的興趣進入一個新的階段，嘉靖本首次出現修訂本，其中並且增添了評註。修訂及增添評註之人乃是毛宗崗，其作完成於清初，可能早於1679年，毛版快速地成為小說的標準本，而其餘早期版本則逐漸消失，就如同嘉靖本於十六世紀初取代了平話一樣，直到二十世紀，某些明代複本才在內地及日本被發現。

楊氏接著介紹毛宗崗。毛宗崗字序始，江蘇省吳縣長洲人士，他除了對《三國志演義》的評註及修訂之外，亦是劇作―《琵琶記》之作者。〔註33〕事實上，《三國志演義》的修訂是由毛宗崗與其父毛綸共同完成，但最後由毛宗崗完成修訂。不同於金聖嘆徹底修訂《水滸傳》，毛宗崗並非完全地修改《三國志演義》，他並沒有對主要內文作增添或刪減，亦無大篇幅的重寫，而是將原始內文完好留存。但是，他作了許多文體上的改進，使其具有高度明確性且優雅的語言，一些對小說內文的重要修訂使小說得以更貼近歷史。毛宗崗亦作必要的修改以確保讀者對蜀漢英雄的同理心態。此外，毛氏將嘉靖版的二百四十節分為一百二十章，因此，每回照例有二節。一般來說，毛版的優點在於其可讀性與十分貼近歷史。

〔註32〕Yang, p.79.

〔註33〕見 Yang, p.82.

毛氏初版發行於十七世紀末，上印有第一才子書及金聖嘆序文之附錄，很快地成爲十分普及的版本，而後僅稍作修改或沒有修訂的多次再版。

在毛版之後的許多刊行本中，楊氏提到僅有一部值得選錄，其餘版本事實上是毛本的重印。此本即是由李漁所評註，定名爲《笠翁評閱第一才子書》。李漁，字笠翁，是十七世紀末人，乃是毛宗崗友人，也是不滿意毛修訂本的其中一人。故試圖藉由發行李贄（字卓吾，1527～1602）本，來修訂所謂的「古本」，李贄本完全建立於嘉靖本的基礎上。然而，李漁並未全面地修訂古本，在某些地方他仍沿用毛版。李贄本無法與毛版媲美，不久也湮滅消失，近年來才有幾部複本被發現。

清朝年間，某些《三國志演義》續篇陸續問世，也許是因爲刊行者意欲利用毛宗崗版所引領之流行。其中有某些尚存於今日，但仍無法與《三國志演義》比擬。事實上，它們並沒有得到學術界的注意。

最後，楊氏總結《三國志演義》的演進歷史歷經三個明顯的時期。第一個時期開始於唐朝說書人講述三國人物及事跡，結束於明代初期。無疑的，這一時期最主要的作品即是《三國志平話》。第二個時期開始於明初《三國志演義》的編撰，但小說的原始版本可能是手抄本且已亡佚，最早現存本可能是出現於嘉靖年間的最初印刷版本，許多以嘉靖本爲依據的版本刊行於明代中葉後時期，必須強調的是嘉靖本並非由平話本所衍生，而完全是一全新創作。明朝的滅亡結束了《三國志演義》演進的第二個時期。第三個時期則始於清初毛宗崗本的刊行，並成爲《三國志演義》的標準版本，且一直廣泛流傳至今。

第三章　歷史觀點

在本章中，楊氏分析並比較陳壽與羅貫中的歷史觀點。作爲一位史學家，陳壽在其作《三國志》中，依循「春秋」之觀點討論政事及道義，欲以治世之道讓君主引以爲鑑，其理念完全承襲自孔子的思想。因此，在陳壽的書中處處可見含有「褒貶」之意的評價。而陳壽在評論三國時代的人物時，多是強調其政治成就、禮義操守及挫敗，希望作爲後世君主及治世者之訓誡。

至於羅貫中，顯然是將《三國志演義》視爲一部歷史，其對歷史之觀點多與陳壽相似。我們可從幾個方面得知羅氏視其作是一部歷史。例如，命其爲《三國志演義》便是「《三國志》的通俗闡述」，因此，在多數早期版本的頁首，陳壽都與羅貫中齊名。事實上，陳壽之名多置於羅貫中之前。此外，

嘉靖版之中，有 41 頁歷史人物的人名索引，也與《三國志》中的相符合。實際上，書中角色的人數幾乎相同，前者包含 481 位，而後者則有 467 人，然而也有少數人物亦不見於二者之中，更重要的是相同的人名幾乎是依循著相同的順序置於二書的索引中。

楊氏指出，羅貫中重述的三國事蹟完全是依據《三國志》中所述而作，而羅貫中編撰《三國志演義》所投射的意念明顯的與陳壽編作《三國志》時的相同。在嘉靖版蔣大器的序言中，清楚地呈現羅貫中的歷史觀點，並依據春秋中的孔子的思想支持其褒貶之論調，並且強調歷史非僅是紀錄事件，更具備政治及道德意念，如同司馬光之《資治通鑑》作爲治世道理的借鏡一般。

接著，楊氏提到《三國志演義》中的宿命論。諸葛亮最後一次北伐時，積勞成疾，雖用祈禳之法欲延長壽命，卻在接近成功時被魏延一腳踢翻祈禳的主燈。諸葛亮只能嘆道：「生死有命，不可得而禳也！」又道：「此吾命當絕，非文長之過也。」之後，姜維繼承諸葛亮之志，但蜀漢滅亡前，他的復國之計不成，死前亦叫道：「吾計不成，乃天命也！」的確，宿命論支配著《三國志演義》中的事件，因此，儘管擁有智計過人的諸葛亮與龐統，以及勇猛的「五虎將」，加上益州的資源，蜀漢仍無法完成延續漢朝的雄心壯志。諸葛亮的神機妙算亦無法改變事件的發展，他試圖違抗天意最後仍然失敗。「天意」的含意明顯的呈現在《三國志演義》之中，然而在《三國志》中卻未見如此的宿命觀點。

不過羅貫中卻是承襲陳壽孔子思想的歷史觀點，映現於分分合合及亂世與太平的循環當中，此亦爲天意所示。因此，漢朝初分爲三國而後爲晉朝所統一。而在小說的開頭及尾聲，羅貫中都提到了「話說天下大勢，分久必合，合久必分」的字句。

顯然的，羅氏相信三國時期的歷史，如同其他時期的歷史一樣，不僅是許多事件的匯集，更是歷史分合的一部份。當然，羅貫中並非虛構歷史的循環性，此爲長期以來中國歷史的主流觀念，依此，過去亦曾有過盛世，但盛世終將隨著權力爭鬥而消逝，其後的道德敗壞便陷入相似的過程，如，帝王的興衰及軍隊的勝敗，皆如同四季之迭換以及月亮之盈缺，必須經歷這種循環的理念。因此，漢朝盛世亦必然進入三國時期，而三國時代最終必爲晉朝所統一，然晉朝又會再次分裂，而後又爲另個朝代所取代，此便是中國歷史的循環。依羅貫中之見，是爲天命所屬而非人事所能左右，一段分裂及失序

的時期必然是接續著一個時期的失序及分裂，可由三國時代歷史得到證實，因此，中國歷史應視爲一系列朝政的反覆循環。

然而，雖然漢朝陷入三分狀態，史家仍應指定三國之一作爲漢朝正統繼承人，此點於陳壽及羅貫中二人之間多有相似，亦是二人不同之處。

傳統上區別正統與僭僞之間，其標準乃是依據各朝史家的觀念，因此多有不同。陳壽是第一位視曹魏爲正統的史學家，因曹魏承襲漢朝，而後政權轉移予晉朝，而且，由於曹魏於三國時期佔據中國的中心區域，即黃河流域。不過，到了東晉時，此一觀點已爲人所質疑。依據血緣關係的正統性開始被強調，因爲東晉是一個中興偏安的朝代，自是對相同偏安的蜀漢有所同情，後世於地理上與血緣上標準的對比仍是迥然不同的，司馬光認爲曹魏是正統，而朱熹則視蜀漢爲漢朝的延續。

顯然的，在司馬光的《資治通鑑》中，呈現一種統一與延續的關係，因爲司馬氏最終統一了三國，建立晉朝，且自曹魏承襲權位。對司馬光而言，其正統性源自魏帝建都洛陽，陳壽亦認爲如此，司馬光的觀點與陳壽極其相似。

一世紀後，朱熹修編司馬光之作，並命其名爲《資治通鑑綱目》，否定了曹魏的正統性，認爲蜀漢才是漢朝的繼承者，往後史家便依循朱熹對正統繼承人的認定，然而，此爭論亦延續至近代。

楊氏認爲，陳壽之所以選擇曹魏作爲漢朝正統繼承者，可以從許多方面明顯的得知。其一，在《三國志》的編排中，陳氏將曹魏置於蜀吳之前；其二，對統治者有不同的稱謂，稱曹操爲「太祖」，而魏國後續繼承者則稱「帝」；然而，蜀、吳之統治者則稱「主」，繼位者則稱其名。其三，陳壽所敘述的三國史是以曹魏爲中心，將近有一半篇幅著墨於此，總計 442 則列傳中，有 230 則是魏國人物，某些不利魏國之事件，如曹操於赤壁的挫敗，雖不至忽略但亦極少書寫。其四，對於編年紀事的運用，主要依據魏國君主紀年，此不僅見於魏書，更常見於吳書及蜀書之中，例如：陳壽於蜀書中記載劉禪繼位於黃初四年（233），此乃曹丕之年號，而孫亮則於嘉平四年成爲吳主（252），此時爲魏廢帝在位。

相較之下，羅貫中明顯地較爲贊同蜀國，並視其爲漢朝正統繼承者，羅氏沿襲朱熹及後世史家觀點，可明顯見於書中多處。嘉靖版蔣大器序言中，反映出羅貫中的論調，在討論曹操及孫權之後，陳述應將蜀國視爲漢朝正統繼承者。

在《三國志演義》中，劉備通常稱爲漢王，諸葛亮稱作漢丞相，相反的是，曹操卻常被指爲「漢賊」。三國時代的事件多呈現出《三國志》中蜀書的觀點，藉由拒絕曹魏，小說支持且讚揚蜀國的統領地位。

由上述可知，陳壽與羅貫中對三國的歷史的確具有某些不同的見地。陳壽認定魏國爲漢朝正統繼承者，然而，羅貫中卻接受劉備是漢王，而蜀國是漢朝繼承者。不過，楊氏認爲必須指出的是，陳壽相信他所做的是爲了政治上的理由。作爲晉朝的臣民，而晉朝乃繼承魏國，對陳壽而言，指定晉朝爲正統繼承者乃是政治上的需要。不論此政治因素，陳壽仍將三國置於相等的基礎之上，雖然對魏史仍著墨較多。倘若毫無保留的將魏國視爲漢朝正統繼承者，應是將其作命爲「魏志」而非「三國志」，並且視蜀吳的歷史爲魏史的一部份。再者，陳壽亦如同羅貫中給予蜀國許多同情之處，可以從他對蜀國及其人物的讚揚中得到證明。

因此，陳壽與羅貫中在正統繼承者的觀點上，並非全然的對立，陳壽將政治因素納入考量而隱含對蜀國的同情，然而，羅貫中卻可以將其明確的彰顯出來。

第四章　兩場截然不同的戰事

在本章中，楊氏詳細地分析《三國志演義》中赤壁與官渡之戰。選取這兩場戰役有許多原因。其一，這是羅貫中所敘述的兩個完全不同的情節：前者之虛構程度極高，後者則僅稍作潤飾，二者皆爲學者所關注，但多數的學者的結論，常常是有關羅貫中基於兩者之一的創作力。爲了得知小說家是如何將官方史料多方運用於各個情節之中，必須將兩者加以分析、比較。

其二，小說中此二主要橋段皆爲羅貫中所特別著墨，事實上，對此所描述的篇幅超過十二回，佔了約此書的十分之一，一份完整的研究無疑地將顯示出小說家對作品小說化的程度，以及如何從正史延展出作品的整體內容。

其三，這兩場戰事是中國歷史上最爲著名的戰役，亦常爲史學家、文學評論家、政治及軍事家所提及。兩者已多爲後人傳奇化，以兩者爲背景產生的故事及戲劇亦常常引起令人混淆的觀念。因此，必須將羅貫中虛構的故事與陳壽所述之史實作比較，來還原這兩場知名戰役的眞實圖像。

其四，此二戰役的結果皆具有重大的歷史意義：前者促成三股爭奪天下之勢力最終的平衡局勢，後者則是造成袁紹的衰敗與曹操的崛起。

最後一點，所有三國的主要人物或多或少皆與此二戰事有關，詳細的研

究無疑地可以協助我們對作者對三國時代中主要人物的闡述有更多的瞭解。

在本章中，楊氏嘗試指出羅貫中一方面忠實地呈現《三國志》到何種程度，一方面受到傳說或個人想像所影響的程度。

（一）官渡之戰

楊氏對照《三國志演義》與《三國志》中，對官渡之戰前曹操與謀士相議的敘述，可知羅貫中並未杜撰或矯飾過多的正史，但又能顯得生動有趣。而對於戰爭過程的描寫，楊氏舉例對照兩方敘述，得知羅貫中雖是貼近史實，但其所描寫亦是生動且極富想像力。羅氏更進一步地顯示出袁紹性格之特質、田豐之遠見及深明其主。羅氏亦使吾人明白，可悲的是，袁紹始終缺乏開闊的胸襟，無法給予謀士應有的尊重。而對袁紹之死的描述，羅氏展現無比的創作技巧，在其杜撰之下，不僅完整的保留袁紹性格及對么兒的偏愛，更使文章顯得鮮活、感人且具有想像力。羅氏對袁紹之描寫與陳壽於《三國志》中之評價相符，儘管袁紹是一位失敗的軍事指揮，他對幼子的溺愛顯示他的真性情，並且蔑視謀士們合理的分析。羅貫中使袁紹看來偶爾值得同情，其人格弱點在面對不幸之時顯現。描寫袁紹時，羅貫中並未完全訴諸於過多的杜撰，但袁紹缺乏領導能力又優柔寡斷，無法遵從睿智的建言及善用人才，皆為史實。作者僅是偶爾詳述描寫某些事件，不過卻使其更生動有趣、豐富且令人印象深刻。

（二）赤壁之戰

楊氏指出，雖然羅貫中試圖依循正史來敘述赤壁之戰，不過在小說中，羅氏仍引述許多史書中未見之事。如，夏侯桀聽到張飛的吼聲而跌下馬，嚇得動彈不得；曹操面臨張飛挑戰時，表現的氣度。此外，還有曹操對屬下說明張飛無與倫比的英勇。藉由羅貫中之手，似乎更彰顯出曹操的怯懦與張飛的勇猛之間的對比。

而當張飛阻擋追兵之時，趙雲懷抱幼主（阿斗），殺出重圍，回到劉備身邊，劉備卻將阿斗擲之於地，並說「為汝這孺子，幾損我一員大將！」。《三國志演義》表現出趙雲返回時令人感動的一幕。而對照《三國志》與《三國志演義》關於此事的描寫，可以看出羅貫中多憑藉其想像創造出許多事件，其一便為糜夫人悲壯的死亡，羅貫中用以替代甘夫人，因為並沒有歷史證據證實甘夫人曾投井而亡或劉備曾擲其子於地以表明對趙雲的器重，不過羅貫中的杜撰使這一情節更加生動詳細且戲劇化。

　　此外，楊氏在《三國志演義》中對於赤壁之戰的描寫，也發現羅貫中所記與正史相近之處，不僅在於內容旨意，亦包含所用詞語，許多文句之語氣有著令人訝異的相似。譬如，書中可發現以「荊州」之名替代「荊楚」，以「江夏」取代「夏口」，然而，何以羅貫中會以「荊州」替代「荊楚」，楊氏認為，或許可於司馬光《資治通鑑》中對於相關事件的敘述得到解釋。

　　而在赤壁之戰前，孫權與謀士間的會議，《三國志演義》中所述多與《三國志》相近，不同之處只有小說中提議投降者是張昭，然而正史中卻是所有與會者皆力勸孫權投降。而後諸葛亮舌戰江東群儒一事，也必定是羅貫中之想像創作。因為，在《三國志》中，對東吳中多數贊成投降的謀士僅有簡短且間接的暗示。

　　之後，楊氏舉出兩個羅貫中虛構的情節，如，周瑜與諸葛亮相見，諸葛亮提議將美人大小喬送予曹操；曹操大宴文武百官等。事實上，陳壽的正史並未記錄周瑜及諸葛亮之間的對話或曹操於宴席間之言論。但諸葛亮向周瑜吟誦之曹植（192～232）之賦確實是曹植所作，然而曹植賦中並未見與二喬相關之文句。因此，此乃是羅貫中為增添可信度而設計之情節，此舉不僅讓他的虛構更加可信，並且可以呈現曹操更多面的複雜性格，而使其更生動有趣。

　　此外，楊氏指出，《三國志》中並未記載周瑜預謀殺害劉備，以及兩國間的猜疑與對峙，此必為羅氏故意編造，以對映出劉備的善意及心胸寬大與周瑜的妒嫉與詭詐。此對比手法亦於稍早用於描述周瑜及諸葛亮之人物特質，作者意欲稱揚蜀漢及劉備，並視其為漢朝正統繼承者。

　　另外，著名的「草船借箭」一事，也全然是羅貫中的杜撰，羅氏意圖再次呈現周瑜、曹操及諸葛亮三人性格間的對比。之後，龐統建議曹操用鐵鎖將船艦相連、黃蓋施用「苦肉計」、曹操於宴會中刺死劉馥等情節皆是虛構。陳壽未曾記載此宴，不過，劉馥身為揚州刺史是真有其事，但卻無證據顯示其為曹操所殺，而曹操於宴會中作的詩亦為真實作品，但亦無證據表示是完成於宴席之間。不過，至少可說羅貫中善用此著名之作促成一個動人場景，欲以顯示曹操複雜性格的另一面。

　　關於孔明借東風一事，正史並未記載。楊氏指出，羅貫中創造此事是為描繪諸葛亮之神力與智慧，強調其為勝利的構築者，因為這場風是這場戰役之關鍵。關於此風，陳壽並未提供任何資料，而裴松之引用的《江表傳》卻記載此風得以對抗曹軍，由此可知，羅貫中善用史料，使得杜撰之事更具可

信度並且更加生動。

之後，還有二事是羅貫中所虛構，一是周瑜認為諸葛亮必為東吳之大患而欲除之；二是諸葛亮派遣關羽駐守華容道以攔阻曹操，然而關羽卻放走曹操。羅貫中刻意將周瑜描繪成卑鄙且善妒之人，突顯關羽的心懷感恩及善良。

最後，羅貫中將曹操的竄逃形容得相當生動，無疑地，羅貫中意欲誇大曹操的挫敗及殘酷，而關羽於華容道上義釋曹操則是用來呈現諸葛亮之先見之明以及關羽之氣度、威嚴與榮譽心。

楊氏指出，赤壁之戰無疑是《三國志演義》最具戲劇張力之情節，完整地敘述戰事的複雜與歧見，橫跨的篇幅超過八回，始於諸葛亮舌戰群儒，止於關羽華容道義釋曹操。羅貫中不僅描寫戰爭，亦呈現人性的勇氣、詭詐及睿智。雖是曹操攻打孫權與劉備，但羅氏卻著眼於孫權與劉備，強調諸葛亮的足智多謀及其關鍵性角色，他與周瑜改變東吳投降之心，將即將來臨的命運轉為光榮的勝利，連串微妙且有趣的情節造就出諸葛亮的超凡智慧與先見之明，他運用孫權的兵力，為劉備創造偉大的勝利。

在戰事的進行當中，羅氏呈現出主要人物的意志與弱點。相較於諸葛亮，周瑜是日漸激動，心胸狹窄且自大，而諸葛亮則是足智多謀、胸襟寬大。曹操的詭詐與多疑則是劉備的仁慈與雅量的對比。對許多人物作為的描述，均是不同角色所反應出的情緒、性格及處境，諸多絕妙互動之細節可知作者善於在情境之中運用技巧。例如，黃蓋的忠誠。黃蓋於諸葛亮舌戰群儒時，首先發言提議與曹操對抗，稍後作者更強調黃蓋施用苦肉計，使其可為此戰事之困境解圍。如此諸多細節的處理，強化了此作的藝術性，作者合宜地發揮緊張情勢的戲劇張力，並且塑造可信的刺激情節。

羅貫中完整呈現出虛構事件的部份，不似描述官渡之戰那般貼近史實。赤壁之戰衍生出許多虛構情節，然而，羅貫中還是將史實作為主要架構，再添入許多杜撰部份用以編作事件或顯示人物之意志或弱點。楊氏指出，將真實的歷史人物適當地用於虛構事件之中，可營造出真實感。

羅貫中善用史料的多種典型手法，包含逐字引用、相似的闡述、修飾、擴充、增添、刪減、替代以及對陳壽敘述所作之詳述。增添的部分當然是羅貫中的想像及杜撰，但所有情節皆可交織出前後連貫的故事。作者亦創造出史料未見之精采對話及辯論，將其插入或增補於部份主要架構之中。此外，羅貫中亦對著名詩作以精練的敘事手法處理。

楊氏指出，倘若對照正史與《三國志演義》中對赤壁之戰的描述，會發現一些重要的差異。其一，《三國志》對此戰役的描述散布於許多傳記及評註之中，而小說卻以系列性的敘事呈現。讀者因而可見其起因、發展及戰事的影響，呈現出口耳相傳連貫性的歷史情境。其二，正史中所記皆是簡明扼要之事，而小說卻傾向豐富化的細節與精彩情節；其三，正史僅強調戰爭其間所發生的重要事件，反之，小說則是著眼於牽涉其中的主要人物。作者呈現出許多敏銳描繪的人物，並且賦與人性的因素，儘管偶而會有超自然的描寫。然而，楊氏亦指出，諸葛亮召喚東風卻是個例外，故超自然主義僅在書中扮演次要的元素。最後，雖然正史多為真實，但卻未如實地記錄曹操於此戰事中極大的挫敗。不若陳壽，羅貫中未對曹操的挫敗有所保留，相較於魏、吳之人物，羅氏於描寫蜀國人物時，給予較多的稱揚，對蜀漢的描述使得其個人觀感清晰可見，即視劉備為漢室正統繼承者，而視曹操為反賊。

羅貫中對這兩場戰事的描述中，呈現出歷史背景的多種層面，且依循歷史事件之先後，僅增添細節來編寫赤壁之戰，如此的改編是由於此戰事非常複雜。然而，對官渡之戰而言，陳壽《三國志》的描寫已是引人入勝之故事，羅貫中便不再訴諸於杜撰手法，他描寫袁紹的完整性格，並呈現出一件生動鮮明的重要史事。

對於這兩場主要戰事，特別是官渡之戰，楊氏的研究顯示：儘管羅貫中杜撰諸多虛構事件，對此戰事仍幾乎貼近史實，如此遵從歷史卻引來胡適的批評，因其過於頑固地依循史書。因此，由於與歷史的相近，羅貫中受到許多限制，亦使其創作無法表現個人主張，儘管於人物描述上有著超群技巧，不過，在歷史架構下，很少有空間能創造出不顧史實的情節。儘管如此，在諸多的限制中，羅氏仍能以三國時代重要歷史事件創作出卓越又迷人的作品，如此，使得歷史能令讀者們更加喜愛。

第五章　歷史人物的性格描繪

（一）劉　備

楊氏指出，在《三國演義》中，劉備常被稱為「皇叔」或「漢王」，羅貫中用這種與漢室緊密的關係來強調劉備是漢室的正統繼承人，並且也反映了羅氏的歷史觀。楊氏認為，如此宣稱的歷史背景是值得研究的。因為，在陳壽的《三國志》以及司馬光的《資治通鑑》中，都只簡短提到劉備是漢室後

裔，但因年代久遠，已無法確認劉備的世數名位。因此，無疑的，羅貫中強調劉備與漢室的關係，是為了建立劉備是漢室正統繼承人的地位。

楊氏接著提到，《三國演義》中最重要的人際關係，在於領袖與部屬以及結義兄弟之間。前者以劉備與諸葛亮為例，後者以劉備與關羽、張飛為例。事實上，羅貫中對兩者的描寫，都是為了提升劉備的形象，使其成為一位仁厚以及令人敬愛的領袖，其中並沒有太多的歷史根據。例如，在《三國演義》第一回，羅氏用許多筆墨敘述劉、關、張三人結義的情形，不過，在《三國志》中，卻沒有三人結義的記載。此外，羅氏亦大幅書寫劉、關、張三人真摯的兄弟之情，如，張飛丟了徐州，意欲自刎，劉備勸阻他；關羽在華容道放走曹操，諸葛亮要將他處斬，劉備亦替他求情；為了替關羽報仇，劉備更大舉親征吳國。楊氏並指出，羅氏虛構曹丕逼曹植「七步成詩」一事，來作為和劉備尖銳的對比。曹丕殘忍、自私的行為，更凸顯了劉備對兄弟的摯愛和忠實。

劉備與諸葛亮的關係，也是《三國演義》中大力強調的。劉備三顧茅廬一事，在《三國志》中，只有簡短的提到：「由是先主遂詣亮，凡三往，乃見」。〔註34〕而這簡短的記載，羅貫中卻用許多篇幅加以描寫，來顯示劉備對賢才的高度敬重。此外，劉備死前動人的「託孤」一幕，也很少有歷史根據，這也是羅貫中創作用來顯示劉備是一位令人喜愛的領袖，以及他的臣下（尤其是諸葛亮）對他的忠誠。楊氏認為，羅貫中希望藉由「託孤」這一情節，可以建立劉備正直誠懇的形象。不過，楊氏卻指出，這一幕卻也多少顯示了劉備的偽善和不實。

楊氏亦指出，羅貫中虛構了許多事件來建立劉備受到百姓愛戴的形象。其中一例是陶謙要將徐州讓予劉備而劉備拒絕時，徐州百姓擁擠哭拜，大呼「劉使君若不領此郡，我等皆不能安生矣！」。〔註35〕事實上，在正史的記載中，僅簡短提到「謙病篤，謂別駕麋竺曰：非劉備不能安此州也。」〔註36〕因此，很明顯的，羅貫中添加許多情節來虛構陶謙重視劉備，以及劉備在人民中的高度聲望。此外，劉備奪取益州的經過，亦是說明羅貫中建立劉備形象之技巧的良好範例。正史上僅僅記載「十九年夏，雒城破，進圍成都數十

〔註34〕 〔晉〕陳壽著，楊家駱主編：《新校本三國志注附索引二》（台北：鼎文書局，1978年），頁912。

〔註35〕 見羅貫中：《三國演義》，頁100。

〔註36〕 〔晉〕陳壽著，楊家駱主編：《新校本三國志注附索引二》，頁873。

日，璋出降。」〔註37〕而羅貫中卻以大篇幅加以敘述，進而建立劉備令人愛戴、善良、仁慈、正直的形象。相同的情景也見於劉備稱帝的章節中。然而，根據正史，劉備在稱帝前，曾經與被他視爲「漢賊」的軍閥合作。例如，曹操、袁紹。之後，他又從曾經善待他的劉表及劉璋手中奪取地盤。他是一個善變且難以預料的政客。

楊氏指出，羅貫中不管正史上的記載，反而虛構出一個最荒謬的情節，來提升劉備在人民中的聲望，即劉安爲了款待劉備，竟然殺了妻子，取其肉煮給劉備吃。

最後，楊氏指出，羅貫中在描寫劉備時，並沒有忠於《三國志》，反而大大的背離它。羅氏對劉備的描寫之所以和陳壽大相逕庭，乃是因爲他對蜀國的同情，認爲蜀漢應該承續漢的正統，所以他將劉備形容得非常理想化：謙恭、仁慈、和善、渴望依照正道行事。

（二）曹　操

楊力宇指出，曹操長久以來在中國人心目中是邪惡和不忠的典型，而《三國演義》必須爲他這樣的形象負很大的責任。楊氏提到，許多學者已經指出曹操決不是一位簡單的人物，他具有極大的野心以及病態的疑心病。〔註38〕爲了瞭解曹操性格的複雜性以及羅貫中如何書寫此一角色，楊氏比較了正史以及小說中的曹操。

楊氏以《三國志》、《三國志裴注》及《資治通鑑》等正史中對曹操的評價爲例，指出曹操是一位熟練的管理者，他強調法律及正義的重要。他賞罰分明，可以媲美偉大的法家——商鞅。他不僅是一位偉大的管理者，也是軍事天才，他傑出的謀略可以比美韓信。他也是一位優秀的詩人和學者。他知人善任並且不計較其出身高低。然而，小說常描寫曹操極端的疑心病，例如，他疑心華陀要害他而將他殺害；爲了防止死後墳墓被盜，他立了72個「疑塚」。然而，這兩件事都沒有歷史根據，完全是羅貫中虛構來描寫曹操的多疑。此外，羅貫中在小說的第一回中，就把曹操和劉備做了尖銳的對比：劉備是「英雄」，而曹操是「奸雄」；劉備心胸寬大，而曹操狡猾無信；劉備是皇室後裔，而曹操是宦官的養子；劉備侍母至孝，而曹操則對叔叔不誠實。爲了強調曹操的殘忍，羅氏又讓曹操殺了呂伯奢全家，不過此事亦沒有明確的歷史記載。

〔註37〕同上註，頁882。
〔註38〕Hanan, "The Development of Fiction and Drama,", p.129.

為了描寫曹操為達政治目的而不擇手段，羅氏又虛構曹操放水淹沒城市，不顧百姓的死活。另外，相對於劉備的禮賢下士，曹操則因嫉妒而殺了楊修。

在描述曹操時，羅氏讓曹操成為一個不願接納有才能的人，或是聽從忠告的領袖，這和歷史上的曹操有極大的落差。羅貫中創造了許多情節來呈現這歪曲的形象，例如殺了楊修和荀彧這兩位有才能的人。至於戰場上的表現，正史上只提到曹操曾遭遇挫敗，而小說中卻每每形容他敗得極慘。例如，「赤壁之戰」一事，正史上僅記載「公至赤壁，與備戰，不利。」〔註39〕但是，小說中卻描寫曹操敗得一塌糊塗，險些被劉備擒獲。

在赤壁之戰前的宴會上，曹操作了一首歌，揚州太守劉馥問曹操為何在歌中說出不吉利的話？由於被劉馥激怒，曹操用手戟刺殺他。這一段並沒有歷史根據，而羅氏創造這一段，明顯的在於顯示曹操的易怒、殘忍以及難以預料的行為。

此外，為了證明曹操的殘忍，羅氏亦虛構曹操殘忍的殺了董妃一事，當時董妃已有身孕。此一情節完全沒有歷史根據，而只是被創造來使曹操的不忠和殘忍更為可信。

不過，楊力宇也指出，《三國演義》裡曹操絕不只是被描寫為完全負面的人物，就像劉備也不是完全是正面的一樣，楊氏指出，這就是魯迅所沒有注意到的。〔註40〕在魯迅的看法中，劉備被描寫得太正面而曹操則太負面，是真實而自然的。楊氏指出，在小說中曹操精於判斷人物及其才能，如同許多學者已經提出過的。

楊力宇並指出，羅貫中舉出許多例子來顯現曹操堅強的意志和敏銳的感受力，如果讀者更仔細地閱讀羅氏的作品，將會發現羅氏筆下的曹操並不全然是一個殘忍、沒有人性的領導者。例如，他善待關羽，最後並放了他。而在赤壁之戰前的宴會上，他也表現出他人性的一面，在他所作的歌中，他痛惜生命的短暫並表露了求才若渴的心情。楊氏更指出，如同夏志清所言，曹操在大宴諸將時，顯露出的是極度自負、令人捉摸不透的詩人及政治家的面貌：豁達開朗、兇狠暴虐、亦為體弱年邁所困擾。曹操個性的兩面，被小說家巧妙得揉合成一個真實而複雜的個體，值得讚賞和譴責，同情與憎恨。〔註41〕

〔註39〕〔晉〕陳壽著，楊家駱主編：《新校本三國志注附索引二》，頁31。
〔註40〕Yang, p.61.
〔註41〕Hsia, p.68.

（三）諸葛亮

楊力宇指出，在《三國演義》裡的所有人物中，羅氏對諸葛亮的描寫是最為詳盡的，他是美德、忠誠、有先見之明以及智慧的象徵。無疑的，諸葛亮決不是一位簡單的人物。但是，許多學者卻批評諸葛亮在小說中的前後不一致，例如，魯迅指出，羅貫中企圖表現出諸葛亮的智慧，但表現出來的卻只不過是詭計多端。胡適更批評說：「他們極力描寫諸葛亮，但他們理想中只曉得「足智多謀」是諸葛亮的大本領，所以，諸葛亮成了一個祭風祭星、神機妙算的道士。」〔註42〕

楊氏認為，這樣的批評，在某方面是有充分根據的，但如果更仔細地閱讀小說，將會使人懷疑如此批評的正確性。楊氏指出，就像一般讀者一樣，實際上這部小說被很多學者誤讀了。因此，在分析諸葛亮這個人物時，必須考慮到的因素是，羅貫中在寫諸葛亮時，諸葛亮已經成為一個受國家敬重的人物，羅氏必須接受關於歷史形象通俗性的某些神話，所以，他或多或少必須提到諸葛亮的法術以及超自然的智慧。

楊氏指出，陳壽及裴松之等史學家，都大力讚賞諸葛亮的賞罰分明以及治國的才能，他們更讚揚諸葛亮的忠誠以及仁慈。但是，陳壽卻認為諸葛亮缺乏軍事才能。然而，在小說中，諸葛亮卻被描寫成一位擁有軍事天才以及無比力量的人。羅貫中創作許多篇章來描述諸葛亮軍事上的勝利。他是兵法和戰略上的大師，常用奇謀或法術來戰勝敵人。他能呼風喚雨、從敵人那裡「借箭」來補充軍需、他用「空城計」來解救自己、他設計「木牛流馬」來補給軍需、他死前設下計謀斬了造反的魏延，甚至在他死後都能用木像來嚇走司馬懿，其實，這些事例幾乎都沒有歷史根據。羅貫中甚至讓諸葛亮看起來像個道士，例如，穿著裝飾著八卦的道袍、手持羽扇、乘坐四輪車，而且能未卜先知、觀察星象等。

由上可知，羅貫中大大地違背了歷史的資料來描述諸葛亮，他完全改變了諸葛亮的歷史形象，並將其變成一個基本上完全不同的小說人物。小說中強調諸葛亮道士的形象以及奇謀詭計，與歷史上上謹慎保守的諸葛亮是完全相反的。羅氏鮮少描寫諸葛亮治國的才能，取而代之的是他的超能力以及使用詭計擊敗敵人。小說中的諸葛亮像是一位儒家的政治家，而不是正史中形

〔註42〕見胡適：〈三國志演義序〉，《西遊記考證》（台北：遠流出版社，1994年），頁159。

容的法家管理者。但是，楊力宇也提到，要是更仔細地審視小說對諸葛亮的刻畫，將會引出某種程度不一的結論。

首先，楊氏指出，小說中諸葛亮超人的智慧和神奇的法術只佔一小部分，他的料事如神和法術幾乎沒有嚴重影響歷史的進程。羅氏筆下的三國人物都是很理性的，尤其是諸葛亮。他強調的是人為努力的重要，否則，他也不會鞠躬盡瘁的為劉備興復漢室。另外，小說中描述諸葛亮的奇謀妙計和他發明的器械，實際上是從正史的線索中發展出來的。例如，木牛流馬，在陳壽和裴松之的注裡都有提到。此外，在赤壁之戰中，諸葛亮召喚東南風一事雖是虛構，但裴注中確實記錄戰爭那天的確颳起東南風。〔註43〕

楊力宇又提到，雖然，諸葛亮在小說中是一個有超自然力量的軍事指揮，不過，他大致上還是讓諸葛亮成為一個實在的凡人。他的智慧和法術幾乎能擊敗所有的對手，但他還是無法免除多變的機運；他被下屬的不勝任和違令弄得精疲力盡，而且，自己也曾失算或判斷錯誤。所以，羅貫中在描寫諸葛亮的高尚品德時，並沒有忽略他的缺點。因此，楊氏認為，羅貫中所做的，是把歷史和民間中的諸葛亮的概念編織在一起，從而創造一個一致的形象，而像諸葛亮這樣複雜的人物，如果用過於簡化的觀點來看，就會導致和魯迅以及胡適相同的結論。

楊氏也指出，小說中諸葛亮勉為其難地接受了為劉備興復漢室的任務，顯示了他對儒家堅定的信仰，雖然，他早期的生活像極了一個道家的隱士。而基於對劉備的忠心，不論是擔任丞相或是指揮戰爭，他都盡了最大的努力來完成興復漢室這個不可能的任務。楊氏提到，諸葛亮最終的失敗，相對於他對儒家的忠誠，是一個極大的悲劇。

（四）周　瑜

楊氏指出，儘管在正史以及小說中，周瑜在赤壁之戰中都扮演著重要的角色，但是，羅貫中在描繪他時，還是比較傾向於他自己的偏愛更甚於歷史的事實。楊氏指出，正史上對周瑜的敘述，說明了其實周瑜是個精明、忠誠、謙恭有禮、勇敢的將軍，而在小說中，如同夏志清所言，他和魯肅一樣，僅僅是諸葛亮可笑的配角。〔註44〕因此，歷史上這位精明能幹的軍事將領，在小說中，被矮化成一位幼稚、滑稽的角色，且屢屢受挫於諸葛亮的遠見及智慧。雖然在

〔註43〕Yang, p.67.
〔註44〕Yang, p.68.

少數例子中，羅貫中對周瑜仍有正面的描寫，如，赤壁之戰前關於東吳是戰是降的辯論中，羅氏描寫了周瑜的遠見、勇氣、忠誠和才能。但除了這些章節外，羅氏對周瑜的描寫，是非常有偏見的。讀者所能看到的，就是周瑜的善妒、自大、心胸狹窄、易怒且容易衝動。他嫉妒諸葛亮的才能，他無所不用其極地要殺害諸葛亮，卻一次又一次被諸葛亮輕鬆地化解掉，反而讓自己醜態畢露，最後，被諸葛亮三氣而死，死前還大嘆蒼天「既生瑜，何生亮？」

楊氏指出，羅貫中之所以虛構許多情節來貶抑周瑜，其理由有二。第一是爲了要表明他對蜀國的同情，所以，任何會使吳國更強大的因素是他所無法忍受的。第二是爲了要表明他對諸葛亮極大的欽佩，他用各種方法來讚美、頌揚他，自然而然地，他必須貶低周瑜到一個適宜的地位，所以，周瑜在任何地方都不會比他的對手優秀。羅氏很完美地達到了這兩個目的，他也成功地藉著描寫周瑜和諸葛亮兩人不斷的爭鬥，以及不停的誇張描寫周瑜，來呈現小說中良好的喜劇效果。

（五）關　羽

楊氏指出，《三國演義》中，關羽和諸葛亮也許是讀者最欣賞的人物。然而，長期以來，關羽就是小說中最常被人誤解的人物之一。羅貫中虛構了許多正史不曾記載的情節，使得許多學者相信小說中的關羽是一位高尚、正直以及具有超人勇氣的人物。例如，小說中關羽短暫的投降曹操但仍忠於劉備，顯示了關羽的忠誠。此外，關羽在華容道釋放曹操，則顯現了他的慷慨以及正直。Roy Andrew Miller 亦曾提到，在中國人的想像中，小說中的關羽完全取代了歷史上的關羽。〔註45〕不過，楊氏也指出，小說中的許多情節，顯示羅貫中是完全遵守陳壽在《三國志》中，對關羽的描寫。因爲學者常常忽略這一環結，所以楊氏認爲必須提出來加以探討。例如，馬超被封爲平西將軍之後，關羽欲與其比武，之後在諸葛亮的勸阻下他才打消念頭（諸葛亮大力讚美關羽，認爲馬超比不上關羽）。這一情節證明了關羽的極度虛榮及幼稚。《三國演義》中對此事件的描寫，也記載在《三國志》中，羅氏僅僅作了些微的修改。

此外，楊氏認爲，造成關羽戰敗死亡的原因，是他的過度自信、傲慢以及粗心。楊氏以爲，諸葛亮比其它人都瞭解關羽。關羽死後，諸葛亮以「關公平日剛而自矜，故今日有此禍」的字句勸慰劉備。而「剛而自矜」四字，

〔註45〕Miller, "Introduction," , p.x.

亦是是羅貫中引用陳壽對關羽的評價。明顯的，羅貫中同意陳壽對關羽的看法。不過，羅氏仍創作許多事件來讚美關羽是一位英雄。羅氏如此矛盾的作法使許多學者感到困惑。不過，楊氏指出，羅氏此舉是有原因的。因為早在唐代，歷史上的關羽已經被美化成為神話般的人物；到了元朝末年，關羽已被奉為戰神；到了明朝末年，關羽已經成為忠誠的象徵。所以，羅氏在書寫關羽時，關羽已經是全國人民尊敬的人物，因此，羅氏依循著關羽通俗的英雄形象，創造了大量關於他超人的勇氣、忠誠以及高尚人格的描寫。另一方面，羅氏也詳實的依據正史的記載，描寫關羽破壞政治決策、幼稚、自負、傲慢、虛榮以及愚蠢。楊氏指出，藉著結合關羽通俗的形象以及真實的人格特質，羅氏使關羽變得更有人性，同時具有人類的弱點以及超凡的力量。羅氏並不想將關羽塑造成具有神力的英雄，反之，他將關羽書寫為一位受到悲劇性缺點（極度驕傲及自信）所詛咒的不平凡的勇士。

（六）彌 衡

楊力宇指出，在《三國志》和《三國演義》兩書之中，彌衡都是一個微不足道的小角色。在《三國演義》第二十三回中，彌衡只短暫地出現然後被處死。先不論他在歷史以及小說中的微小地位，他值得贏得一些注意，因為在三國時期他呈現了一種獨特的啟蒙效果。

楊氏以為，與大部分的三國人物一樣，彌衡也是一個跟錯君主的小角色。然而，彌衡並非自己選擇君主，而是被他的好友─孔融推薦給曹操的。如果遇到伯樂，他的成就必大，但他選擇錯誤，卻也將其視為命中注定。然而，在某種意義上，身為眾多藉由靈光一閃的機智和對當權者公開嘲諷的方式來挑戰命運的知識份子們的一員，他是不一樣的。他展現了對政治人物一種純粹的批判，並且以他個人的尊嚴和驕傲避免自己陷入必須妥協的局面。一身傲氣且又無所畏懼的彌衡因為他大膽的言語引起曹操的不悅。之後，曹操舉辦宴會，公開羞辱彌衡，要求彌衡在宴會中擔任鼓手。彌衡穿著一身舊衣出席宴會，當他被要求更換更體面的衣服時，他立刻將他的衣服脫下，客人們紛紛因羞愧而掩面，彌衡則鎮定地穿上了褲子。當曹操責備他所展現的無理態度時，彌衡大膽地公開批評曹操，完全無視如此做可能會降臨到他身上的下場。

楊氏指出，羅貫中添加了許多正史上沒有的細節，並且強烈地描繪彌衡的勇氣和不願妥協的態度，很明顯的是為了盡情地公開抨擊曹操並使之蒙羞。羅氏以其想像力，將一個微不足道的歷史人物轉換成一位有著傑出勇氣

的角色。後世很多作家在處理彌衡的故事時,大多使用羅貫中所塑造出來的角色形象,而非裴松之註釋中名不見經傳的歷史小人物彌衡。

雖然,羅貫中將彌衡描繪成一位儒家學者,他也使彌衡扮演一個甘草的角色。在強調彌衡完全的天眞自大並且輕視權貴當中,羅貫中讓彌衡厚顏地自比爲孔子和顏回,這讓彌衡成爲一種降低曹操地位的儒家「垮掉的一代(beatnik)」。

楊氏指出,在精心設計之下,羅貫中偶爾插入像彌衡如此特立獨行的角色,是爲了表現出對深陷於政治中人物的一種諷刺。羅貫中對於中國傳統觀念中,人和國家明顯的虛僞關係,充分地展現出覺醒或幻滅的精神。在出自羅貫中之手的眾多角色之中,彌衡不啻是一位代表人物。如此一來,羅貫中不但成功地創造了一個眞正存在並鮮明的角色人物,同時又達到詆毀曹操的目的。

(七)孫 策

在《三國演義》中另一位值得注意的小角色就是孫策。他以蔑視奇幻方術爲人所知。孫策是吳國孫權之兄,他享年二十六歲,在他短暫的生涯中,他的成就是無足輕重的。但是羅貫中將他的故事加以戲劇化並且賦予他一些可供紀念的事蹟。《三國志》中,孫策是一位相當受人喜愛的人物,例如,以下的記載:「策爲人,美姿顏……。」〔註46〕然而,羅貫中以脫離正史的方式,將孫策描繪成一位殘酷、好發施令、並且不可理喻的君主。正史記載孫策是死於被他從前殺死的許貢之臣僕所傷致死。然而,小說中卻極力描寫孫策不信于吉能祈雨,將之視爲妖人而處死,之後反而被于吉的冤魂煩擾而死的過程。

無庸置疑地,羅貫中大幅地變更了陳壽的描述。他並不按照正史所記載的呈現一個無趣的孫策形象。如此的做法只有一個理由,那就是羅氏對於吳國或魏國並沒有多少好感,而孫策是孫權的兄長,孫權又是吳國的統治者,在羅貫中這個小說家的心目中,吳國並非是漢室正統。因爲這個理由,羅貫中對孫策並沒有好感。我們可以從他很少呈現正向的吳、魏兩國的角色中看出他個人的偏好。儘管如此,羅貫中戲劇化的塑造出一個鮮明並且值得紀念的孫策形象:雖然注定要死,但他仍清楚表明了蔑視奇幻方術的立場。這樣的敘述,遠比正史對於孫策的的記載更加戲劇化而有趣。羅氏的成功之處就在於他替整個故事罩上了于吉冤魂的神秘面紗。

〔註46〕 〔晉〕陳壽著,楊家駱主編:《新校本三國志注附索引二》,頁 1104。

結　論

　　楊力宇在文中指出，雖然《三國志演義》中有許多細部的疑問尚未獲得解答，但從文本中發現且分析後的資料，足以證明《三國志演義》裡部分的題材是羅貫中取自《三國志》中的內容而成。

　　羅貫中最重要的著作《三國志演義》，可被當作三國時代的歷史一份公正確實的記述。然而，楊氏認為，文中對於某些事件及人物的交代不清，某些細節缺乏詳盡的描述，也將某些內容過度的簡化。若將《三國志》看作一本官史，很明顯的，並不夠完整，因為它缺少專著和依時間順序記載的目錄所該有的要素。它沒有將整個三國的歷史呈現出一個連續的畫面。楊力宇認為，嚴格來說，這不過是將若干史實拼湊在一塊，再加上一點想像力罷了。雖然有提到當代的歷史人物，但是大部分傳記性的描寫都太過於簡潔，以致無法呈現完整的角色人格的描述以及作者的寫作成就。過了大約一千兩百年後，羅貫中才將三國時代的歷史跟主要角色寫成更加誇張而又有趣的故事。

　　早在羅貫中開始編輯《三國志演義》之前，許多三國的事件與人物已成為說書人的最佳題材。在這類型的口述故事中，年代最久遠但仍存留下來的版本是《三國志平話》。然而，羅貫中選擇脫離平話的傳統，在參照各種歷史的原始資料（以《三國志》為主）之後，他刻意減少採用民間傳說的故事版本。為了使他的作品成為廣為流傳的歷史著作，他企圖發揚中國的史料編纂法。他的作品現存最早的版本是嘉靖版《三國志通俗演義》，在明初出版。雖然，內容曾有無數次修正，但現代的毛宗崗版本仍十分貼近嘉靖版。

　　楊氏指出，陳壽跟羅貫中基本上持有相同的看法，但就是對歷史的觀點有所爭議。陳壽以政治為考量因素，認為魏國是漢室的合法繼承者，然而，羅貫中則認為蜀國的劉備才是漢朝的正統繼承者。

　　楊氏認為，在呈現歷史事件時，羅貫中大多遵照官方的史料。在赤壁之戰的故事中更能證實這點。赤壁之戰是最常被認作《三國志演義》中最為虛構的事件。有了官方歷史的整個故事框架，他當然比較無法自由發揮想像力，寫出捏造的人物事件。儘管如此，用這樣的想像力，羅貫中依然寫出非凡而又有吸引力的歷史事件。

　　對於三國人物的描寫，楊氏指出，羅貫中雖然大體上是忠於歷史，但在許多方面仍然依照個人對角色的偏好。比起魏國或吳國，他更支持蜀國。而他的同情心更充分地表現在對蜀漢人物的描寫上。因此，劉備和被描寫為負

面性格的曹操是對立的；同樣的情形也出現在諸葛亮和周瑜的比較上。另外，在描寫關羽這個角色時，儘管沒有歷史根據，羅貫中卻採用民間流傳的神話，將他寫成一名武士。楊氏也提到，在角色描寫之外，羅貫中也延伸他個人偏好到國與國之間。對他來說，蜀國和魏國，或者是蜀國和吳國之間的敵對，可說是正義和邪惡，及正統和篡位之間的對抗。所以，蜀國的領袖被描寫成高尚的英雄，而魏國和吳國的領袖則是被寫成卑鄙的角色。而另一個次要人物彌衡，明顯的是為了暴露「邪惡」的曹操的某些令人厭惡的特性。

此外，要特別提出來的是，儘管羅貫中並沒有刻意要讚揚劉備以及他的追隨者，也沒有要貶低曹操、孫權及其他相關人物，但顯然他也沒有將三國時代的角色寫成一副頭腦簡單的模樣。例如，在寫曹操時，羅貫中並沒有忽略在正史裡記載有關他的某些能力。同時，在描寫關羽時，他也寫出連許多讀者甚至批評家所未察覺的弱點。羅貫中常將角色在神話中的形象和史實結合，以近乎完美的技巧創造出迷人又令人歌頌的角色個性。因此，很明顯的，羅貫中在發展角色個性時，並沒有完全遵照《三國志》的內容，而執意改編官史的內容。至於，在歷史人物方面，他並沒有憑空創造出新的角色，但有些次要角色卻多半是他自行想像創造出來的，只有名字是證實存在的。

雖然，部分故事內容為虛構，《三國志演義》仍相當貼近《三國志》原文，不論在人物、事件、年代順序、地理，甚至對歷史的觀點。事實上，不管有沒有經過言辭上的修改，羅貫中經常取材《三國志》，再合併到他的作品中。遵從《三國志》的歷史架構之外，他再以生動有趣的寫作美化原有的內容，其中，有許多是衍生自民間傳說或用自己的想像力而寫成的。楊氏提到，羅貫中的作品跟正史最大的不同，顯然在於他採用民間流傳的神話中角色的形象，再綜合歷史真相。除此之外，楊氏認為，只有次要角色才會偏離史實，也幸好故事中沒有太多次要的歷史人物。因為，羅貫中十分重視歷史真相，以至於故事情節幾乎沒有掩蓋掉真正的史實。

因此，楊氏認為，以西方國家對術語的觀念來說，《三國志演義》不能稱得上是一部歷史小說。原因是，故事中的想像力不足以建構出完整的歷史人物性格及小說的故事情節。舉例來說，就像是西方歷史小說家 Walter Scott 的作品。另一個原因就是，故事中沒有表現出完整的意象和象徵的架構。羅貫中缺少西方歷史小說所要求的才能，在缺乏歷史考證之下，對人物性格及情節安排的創造力。此外，西方歷史小說，例如《劫後英雄傳》，比較專注在一

或兩個歷史人物的描寫，較少描述其他次要角色；而《三國志演義》的故事則是十分豐富，雖然只呈現單一歷史時代，卻有好幾個英雄跟反派角色，劇情緊湊且生動有趣。就好像中國長幅的畫軸。《三國志演義》就像在呈現很長遠卻持續的景象，但任何時間一次只描寫一個事件和少數角色。如同中國的風景畫軸一般，故事有精心設計高潮迭起的劇情。《三國志演義》成功地將焦點放在不斷的驚奇和情緒起伏，給予清晰的故事結構，否則，只會變成軼事及陳腔濫調一再地重複。《三國志演義》成功地呈現出一個持續而又戲劇化的歷史畫面，當中充滿想像力及詳盡的情節。

楊氏也指出，《三國志演義》與中世紀歐洲的中古傳奇有共同之處。兩者的主旨都十分常見，且會利用一再重述的故事，像是梁山好漢及亞瑟王與圓桌武士。在好的烘焙師手中，一個受歡迎的故事絕對不會變得乏味無趣。師傅總是能烘焙出熟悉又吸引人的故事，創作出新的或陪襯的情節，或是用另一種人格描寫的技巧，讓主角以嶄新又新奇的姿態現身在大家面前。然而，在《三國志演義》這部戲劇中，人的動機卻很少摻雜其他額外的敘述喜好，這一點，在騎士愛情的冒險故事和中世紀歐洲的浪漫文學的盛會及幻想中經常存在。

由於非常忠於歷史，並以樸實的文字一再傳頌，《三國志演義》很可能因此被視為廣受歡迎的歷史故事。事實上，楊氏指出，從蔣大器寫的序言到嘉靖版來看，羅貫中的目的可能在於反覆敘述正史的內容，並以較平易近人的文字讓故事顯得簡單易懂。

楊氏認為，羅貫中稱不上是位小說家，他偶爾才顯露出寫小說的才能。此外，嚴格堅持按年代順序寫作，也妨礙了他創作的想像力及藝術造詣。《三國志演義》對促使中國民眾的歷史知識普及化有很大的功勞，否則，他們很可能永遠都沒有機會了解三國時代的歷史。有些學者甚至認為，羅貫中的作品是傳播有關三國時代資訊最重要的媒介，不論在有史實根據或虛構的部份。況且，對於歷史事件、故事人物，及人類動機的因果關係，它也比《三國志》更具有啟發性。

儘管如此，就算《三國志演義》是受歡迎的歷史故事，它也可能會造成許多誤解。舉例來說，關於赤壁之戰的描寫，會讓人誤以為是諸葛亮一個人獨挑大樑打敗曹操。而周瑜在正史中原本是個有威嚴而又聰明的指揮官，在羅貫中的筆下卻變成了忌妒心強而又心胸狹窄的人，以致讀者會輕易地相信

這樣曲解歷史真相的內容。魯迅認為，《三國志演義》中十分之七的情節是真實的，另外的十分之三則是虛構的。章學誠也說，將《三國志演義》的內容跟真實的歷史搞混是很容易發生的。不夠謹慎的讀者會以為所有虛構和曲解的情節全都屬實。

因此，以西方的標準來看，很明顯的，更難把羅貫中的作品定位成廣為流傳的歷史。所以，楊氏認為沒有必要以西方文學的觀點去分析《三國志演義》，而是要把它完全當作中國的作品，不需跟西方文學做任何連結。就其本身而論，它真的無法被當作可信的歷史，也無法被看作是完全以歷史的想像力虛構的自創小說。然而，要了解的是，羅貫中的作品包含了虛構情節及部分流傳的神話，這些都是可以確定的，且並未與歷史真相相矛盾。包含這些情節和神話會使得故事更加高潮迭起，而其用意並非在於大量竄改歷史。楊氏認為，精心設計後的文章，將原本的歷史注入新的活力與生氣，這就是《三國志演義》真正的力量。正如先前所提到的，這部作品也成功地將歷史知識帶入中國人民的心中。

不過，羅貫中儘管重新創造了歷史，卻仍然會受限於演義的記述歷史的方式。受到歷史真實性的考慮所限制，他的才能和想像力無法完全發揮在作品中。

學者有時會抱怨羅貫中的作品中有超自然和迷信的要素存在，但是，楊氏卻認為，超自然和迷信的情節終究不是那麼重要，對作品的影響也並不嚴重。事實上，如果把羅貫中的作品和其他中國小說或是文藝復興的偽歷史的史詩做比較，他的作品顯得樸實無華，所以，他堅持忠於歷史，並拒絕寫荒謬怪誕的小說。

如同已經證實的，羅貫中採用了相當篇幅的陳壽的正史和裴松之的注釋，顯然覺得這些都很適合做為他故事的題材。因此，他的作品呈現出多位角色，其中，有許多無法深入描繪，而故事中數不清的章節，其中有許多無法串聯到故事主旨。如同許多中國小說一樣，《三國志演義》的前後情節較沒有連貫。此外，大部分的故事來源，特別是裴松之的注釋，都充滿了個人喜好的觀點。許多情節雖然有趣，但也刻意貶低非屬實的內容。如，《江表傳》與《曹瞞傳》的內容都誤導了羅貫中寫作的方向。除此之外，羅貫中也採用了許多和史實相互矛盾的民間傳說。這些原因都造成他的故事敘述跟性格描寫的前後不一致，但諷刺的是，這些矛盾卻也烘托出故事人物的真實面。

　　總而言之，楊氏認爲，羅貫中的最大貢獻在於創造一個和《三國志平話》完全不同的故事，以舊的演義手法去寫新的故事，以精練且易懂的文字琢磨敘述手法，來排除粗俗的語言。此外，羅貫中也將竄改正史的部份降到最低，以多元的敘述方式，重新塑造民間傳說，於是他們可以美化主要的敘述方式，卻不會讓重要內文和歷史有所衝突。他避開許多超自然以及迷信的元素，雖然不是很成功，卻仍然傾向於陳述相當易讀且可信的歷史。楊氏賦予了羅貫中及其作品極高的評價，認爲羅貫中爲中國小說創造了新的文類，他的作品也爲後代建立了以演義來寫歷史的方式，而這種手法也在世界文學中建立了獨一無二的地位。

十一、李培德：〈三國與水滸的敘事模式〉〔註47〕

　　李培德在本文中指出，《三國演義》和《水滸傳》這兩部小說有各自的敘事模式，他把『結構』當作佈局的技巧來看。他認爲，『三國演義』的結構是『衝突－解決』模式，而水滸傳則是『環環相扣』的模式。『衝突－解決』的模式包含了四階段：（一）鬥爭階段（二）相對勢力的對峙（三）白熱化的衝突和（四）解決。主要的『衝突－解決』有四次，就是三國時期著名的四場戰爭，包括官渡之戰、赤壁之戰、荊州之戰、猇亭之戰。每次的衝突都在尚未完全解決時，又醞釀著下一次的衝突。

　　李培德認爲，在劉備、曹操、孫權的政治生涯中，皆有數件關鍵性的大事，而四場重要的戰爭則橫亙其中，或曹、劉交戰，或曹、孫交戰，或孫、劉聯合以抗曹，這些事件或戰爭的重要性，構成了《三國演義》緊密的組織架構。

　　李培德認爲，在曹操的政治生涯共有十一件大事，這些事件對曹操的掌權是重要的功能指標。事件如下：

　　1、遷都許都（第 14 回）
　　2、在許田安排王室圍獵（第 20 回）
　　3、在芒碭山擊敗劉備（第 24 回）
　　4、在官渡戰勝袁紹（第 30～31 回）
　　5、在一次小衝突中再次擊潰劉備（第 31 回）

〔註47〕見 Li, Peter, "Narrative Patterns in San-kuo and Shui-hu,"in Plaks ,Andrew H. ed., *Chinese Narrative:Critical and Philosophical Essays*,pp .73-84.

6、在赤壁之戰中被擊敗（第 43〜50 回）

7、被孫權困在濡須（第 61 回）

8、得到漢中（第 67 回）

9、與孫權僵持在合肥（第 68 回）

10、聯合孫權奪取荊州（第 75〜77 回）

11、去世（第 78 回）

至於劉備的政治生涯，則可以用十四個步驟加以描述。他的崛起與掌權是三國中最具戲劇性的。這段歷史起自於當他已經四十歲卻仍無掌握實權，而簽署了衣帶詔，而結束於他以蜀漢皇帝的身份駕崩。以下的事件說明了他崛起的過程。

1、簽署了獻帝的衣帶詔（第 20 回）

2、在芒碭山被曹操擊敗（第 24 回）

3、投靠袁紹（第 24 回）

4、在一次小衝突中被曹操擊敗（第 31 回）

5、袁紹失敗後，投靠劉表（第 31 回）

6、尋訪諸葛亮（第 37〜38 回）

7、從新野撤退到夏口（第 40〜41 回）

8、聯合孫權在赤壁擊敗曹操 （第 43〜50 回）

9、佔據荊州（第 51 回）

10、取得西川（第 65 回）

11、從曹操手中奪取漢中（第 72 回）

12、由於孫權和曹操的聯合，他失去荊州（第 75〜77 回）

13、親征吳國，被孫權擊敗於猇亭（第 81〜84 回）

14、去世於白帝城（第 85 回）

而孫權的政治生涯可以用七個步驟描述，他開始掌權始自於他繼承孫策的地位，直到西元 252 年去世為止。他的掌權過程也許是三國中最平淡無奇的，但孫吳政權卻是三國中制衡的重要力量。

1、繼承孫策的權位（第 29 回）

2、與劉備聯合戰勝曹操（第 43〜50 回）

3、與曹操僵持在濡須（第 61 回）

4、在合肥攻擊曹操（第 68 回）

5、與曹操聯合，重新取得荊州（第 75～77 回）

6、在猇亭擊敗劉備（第 85 回）

7、去世（第 108 回）

李氏並以表格清楚地列出曹、孫、劉崛起與死亡的過程。﹝註48﹞

李氏接著介紹『衝突——解決』模式這四場戰爭：

第一次是官渡之戰。鬥爭的衝突點在曹操之遷都許都，此舉一直讓袁紹妒火中燒，久久不能釋懷。曹操決定首先消滅劉備，然後再突擊袁紹，他以迅雷不及掩耳之勢強壓劉備，劉備卻與袁紹結盟。於是曹、劉之戰卻引發了曹、袁之間的戰役，起初幾乎所有的戰役都是袁氏勝利，但儘管袁紹人多勢眾，最後仍然慘敗，甚至戰死，此事記錄於第 32 回。曹操的勝利，非但使他成為北方唯一強權，而且也象徵舊時代貴族政治的結束，也就是袁紹政權的結束。雖然，袁紹之死結束了一切的紛爭，但他的死並不是最終的結局。曹操在鞏固自己的權位後，更進一步積極地向南擴張勢力。

第二個主要衝突點是『赤壁之戰』。隨著袁紹勢力的消失，劉備自然而然的就成為曹操的主要攻擊對象。此時，劉備已經求得諸葛亮的幫助，而曹操的南進政策已經嚴重威脅到吳國，終於引發另一波新的衝突，也成為新鬥爭的起點。孫權先後受到諸葛亮的激怒與威脅，終於決定與劉備聯盟，共同抵抗曹軍。雖然，戰役本身所花費的時間並不長，但光是準備攻曹大計，就足足佔了《三國演義》八回。戰爭的結果是曹操近百萬大軍，被劉備、孫權相對弱勢的軍隊所擊潰。曹操的敗北劃下鬥爭的終點，但是同樣的，這也不是最終的結局，曹操仍舊不放棄復仇。

第三個主要衝突點起源於孫權與劉備奪取荊州之戰。曹操敗北之後，劉備試圖爭取荊州這個戰略之地，但是，孫權也對荊州垂涎已久。孫權已經嘗試過無數次想奪取荊州，但都沒能成功。劉備與孫權為了爭奪荊州發生了無數次零星衝突，而這些衝突就佔了二十六個章回。最關鍵性的戰役發生於曹操試圖與吳軍聯盟，一方面是為了抵禦關羽，一方面可順勢幫助孫權收回荊州。此時的關羽，在接連幾次勝利之後，變得極度自負，最後中了呂蒙之計，而終於導致戰敗、死亡，甚至荊州的失守。

第四個也是最後一次主要的戰役，是劉備為報關羽之仇而與孫權爆發的『猇亭』之役。劉備動員了七十五萬大軍，兩軍的戰爭持續了一年半，剛開

﹝註48﹞請參見頁 253，表 1。

始的幾個戰役，劉備顯然略勝一籌。但是吳軍統帥陸遜耐心的等待，終於等到機會發動火攻，劉備遭到慘敗，之後撤退到白帝城，含恨而終。這是《三國演義》中有關主要戰役的最後敘述，但是，三國的故事並未於此處劃下句點，劉備「恢復漢室」的遺志，仍由他麾下許多心腹將領，繼續傳承下去。

李氏指出，上述四個重大歷史事件，佔據了《三國演義》的主要篇幅，並且由一連串的紛爭，緊緊的環扣在一起。雖然鬥爭的起因各有不同，但通常遵循著大略的順序，即鬥爭發生後，會有一段長期的對峙，進而發生小規模的零星衝突，然後緊張的情勢急遽竄升。最後在最重要的戰役打完後，還會發生短暫的紛爭，但是，這樣的紛爭從未完全地落幕過。事實上，它們只是引起另一波紛爭的導火線罷了。

李培德在點出曹、孫、劉三個主要的敘述脈絡後，也檢視了在四個紛爭點中三個敘述脈絡的互動關係，這四場戰役所涉及的參戰規模，就顯示了這些事件的重要性：在官渡一役，袁紹率領七十萬大軍抵抗曹操的七萬大軍。赤壁之役中，曹操以將近一百萬的人馬，意欲壓倒孫、劉聯軍。而荊州一役是曹操與孫權對抗只率領少許兵馬的關羽部隊。猇亭一役，劉備率領七十五萬大軍攻打孫權。李氏更深入的說，『衝突與解決』的模式對於我們詮釋、解開複雜糾葛的紛爭態勢有很大的幫助。雖然，不像對內在架構的詮釋那麼有說服力，『衝突與解決』的模式，也可適用於外在架構的分析中。衝突是三雄爭奪帝位。直到第一百二十回回，第四股勢力（晉朝司馬炎）再度統一全天下前，漫長而精彩的三雄鼎立局面是不會停止的。

第二節　《三國演義》研究在美國述要（二）

十二、馬幼垣：〈中國講史小說：主題與內容概要〉 [註49]

本文的重點是探討講史小說最重要的主題，以及一些相關的內容特色。文中所討論的講史小說，是指以史實為核心的小說；它藝術化地融合事實與想像，在人物及事件的描述上有創新的發揮，但不違背眾所皆知的事實。

馬氏將講史小說的主題歸納為三類：開國建朝、國家安危以及歷朝紀事

[註49] 見 Ma,Y.W.,"The Chinese Historical Novel:An Outline in Themes and Contexts," *Journal of Asian Studies*（1975），pp.277-294.

的主題。中國歷史上許多重要的改朝換代時期，幾乎都成爲講史小說家最喜愛的題材。《三國志演義》根據第三世紀三國鼎立的壯觀史實寫成，是「開朝建國主題」最知名的例子。

馬氏指出，講史小說中，壞人的行動會被解釋成受到上天的指使，來懲罰世人，或得到上天的許可，來報復他在前生所受的冤屈。《三國志平話》就是一個很好的例子，在此書中，漢朝的敗亡，被解釋成一種報應，因爲，漢高祖劉邦殺戮了三位開國功臣：韓信、彭越、英布。因此，三人轉世成爲曹操、劉備、孫權，來把漢室一分爲三，而高祖和呂后則轉生爲獻帝和伏皇后，忍受各種痛苦與恥辱。不過，在《三國志演義》中則刪去了這段情節。

在人物描寫方面，馬氏提到，在開國建朝的小說裡，各個爭雄者常得到相當的地位，雖然，作者強調的重點或給予的同情也許有所差別。不管群雄多麼狡猾、不可饒恕或玩弄權術，作者很少將他們寫成徹底的惡人。馬氏認爲，最好的例子就是曹操。雖然，自宋代以來，曹操的形象就是一個大惡人，但小說作者卻以大手筆來描寫他，把他寫成風度威嚴，果斷而有感情的奸雄，使他顯得非常有人性。馬氏認爲，小說家也沒有必要貶低失敗者來歌頌勝利者，因爲，公平對待失敗者，才能襯托出得勝者的確是一位英豪，而且賦予他君王之德。

馬氏在文中也提到，講史小說中常爲人詬病的問題，就是神怪的運用。不過，馬氏認爲，以神怪的運用來非議中國小說，是誤解了問題的眞正所在。馬氏以爲，神怪的無限制使用，的確在技巧上破壞了不少中國講史小說。但問題的核心不應是單看小說裡是否有神怪成分，而是神怪成分是以什麼形式出現和達到怎樣的功用。馬氏認爲，如果單單是爲了聳人聽聞，則作品就不算是講史小說。馬氏提出兩個重要的問題，一是神怪成分是否構成作品藝術上的統一？二是神怪除了次要的任務外，是否還有更重要的作用？馬氏認爲，如果小說裡的神怪是情節的重點所在，負起功能上而非裝飾上的作用，那麼，小說家就可以合理地使用神怪。

此外，馬氏也認爲，就技巧上來說，神怪可以賦予小說中的英雄一種力量，需要的時候幫助他，適當的幫助他改變沒有希望的處境。著名的例子是《三國志演義》中赤壁之戰那一幕，諸葛亮呼風喚雨，助孫、劉聯軍擊敗曹操。依此，神怪的功用並不完全削減了歷史的眞實性，反而有助於作品達到主題上的完整。因此，許多講史小說裡有神怪成分，是很合裡的。神怪的作

用也具有修辭上的平衡功能，把事實與幻想變得更融洽。

十三、浦安迪：〈中國長篇小說的結構問題〉〔註50〕

　　許多小說批評家認為，中國的長篇小說偏向於「綴段性」（episodic）的結構，說它們缺乏顯著的藝術統一性。浦氏認為這是不恰當的。所謂「統一性」，在西方文學中本是指故事情節（plot）的因果關係（causal relations）而言。浦氏認為，中國文學傳統上比較重視「空間性」的佈局，而不重視全面性的敘事所產生的統一的連慣性。

　　中國敘事文學是以「綿延交替」及「反覆循環」的概念來觀察宇宙的存在，是以呈現某種重複相疊的動靜交替為原則，也因此其直線發展的藝術統一性就顯得薄弱了。浦安迪又指出，中國小說情節裡的「高潮」（Climax，即主要論點的結束），往往遠在故事的終點以前就發生了，例如，西門慶在金瓶梅的第七十九回去世，諸葛亮則在《三國演義》的第一百零四回去世，而高潮發生後的後半部分，作者所描繪的主要境界就逐漸消失，所以，會給人一種無端延續的印象。浦氏認為，我們應當將其視為一個不斷旋轉的輪狀物，其真意乃在於不斷迴轉。所以，我們應該將這種似無了局的中國小說結構視為一種無止盡的週旋現象，所以，在小說後半段常出現的一些少年英雄（如《三國演義》裡的關興、張苞）等人物，常如長江後浪推前浪般的代表一種週旋不斷的動力。所以，浦安迪認為，用「綴段」來形容中國小說的構造原則是不妥的，且在討論中國小說時，不應以西方所謂的「藝術統一性」為準繩，因為，中國小說的作者是以「反覆循環」的模式來表現人間經驗的細微關係。

　　浦氏認為，中國敘事文學的基本結構不外乎是中國傳統思想中的陰陽五行的基本模型——從《易經》到理學各種思潮的理論基礎的一種變相。他在近二十年前提出「二元補襯」（complementary bipolarity）和「多項周旋」（multiple periodicity）的觀念，討論的就是「綿延交替」及「反覆循環」的情節所反映的陰陽五行概念是如何最終構成了中國小說的生長變化的模型。

十四、王靖宇：〈中國傳統小說中的循環人生觀及其意義〉〔註51〕

〔註50〕見 Plaks, Andrew. H., "The Problem of Structure in Chinese Narrative,"*Tamkang Review* 6/2（1976），pp.429-440.

〔註51〕見 Wang,John C.Y. "The Cyclical View of Life and Meaning in the Traditional

　　王靖宇認為，雖然《三國演義》一書以「天下大勢，分久必合，合久必分」作為開頭，書中內容似乎完全從這個公式推演出來，但這本書並不是公式化的作品，書中其實也觸及了「正義」的問題。作者羅貫中及後來的修改者對劉備及其追隨者表現了無限的同情，但是作為正義的代表，他們卻最先被惡勢力的代表「魏國」所消滅。而後魏國被司馬氏篡奪，司馬氏建立晉朝，然後消滅了吳國。然而，王氏以為晉朝僅僅是短期的勝利者，遲早也會為其他帝國所取代。故嚴格來說，王氏認為，真正的勝利者不是人本身，而是「時間」。在所向無敵的時間長河裡，善與惡同樣都會被大浪所淘盡，這也就是人生的真諦，王氏以為，羅貫中似乎要表達出此一觀念。

　　王氏以為，在表達這樣的人生觀念時，《三國演義》含有明顯的宿命論因素。漢朝經過四百年的統治後，該輪到崩潰和讓位的時候了，即使像劉備這樣正直的領袖，有著才智出眾的軍師和驍勇的武將輔佐，也不能改變漢朝的命運。然而，王氏以為，我們並不能從這裡作出《三國演義》是一本宣揚宿命論小說的結論。王氏以為，儘管書中有宿命論的因素，但是這部小說對人生所持的基本態度，毫無疑問是儒家的。因為作為正面力量的代表，劉備及其追隨者動人地表現出堅持正義而不惜赴湯蹈火的崇高的儒家品德，而諸葛亮輝煌而又受挫的一生把這一點表現得更為強烈。

　　然而，王氏以為，需要指出的並不是諸葛亮的努力如何徒勞無功，而是儘管他已經充分意識到一切努力都是徒然的，他還是竭盡力量來從事他認為是正義的事業。王氏以為，這就如同孔子堅定不移地立志拯救天下，哪怕是面臨狂瀾也要勇往直前。因此，在把諸葛亮塑造成為超群的英雄人物的時候，羅貫中明顯地強調了這種積極入世的儒家哲學。

十五、楊力宇：〈羅貫中〉〔註52〕

　　本文乃是楊力宇為《明代名人傳》所寫的羅貫中傳記。羅貫中也被稱為羅本、羅貫或羅道本，是一位受歡迎的小說家、劇作家以及（根據一些更晚的資料）一位出版商。他生於元末明初，在第十四世紀後半段還活著，或許

Chinese Novel,"*Etudes D'Histoire et de Literature Chinoises*（in honor of Professor Jaroslav Prusek），（ Paris:Institut des Hautes Etudes Chinese,1976），pp.275-301.
〔註52〕見 Yang,"Lo Kuan-chung", in L.Carrington Goodrich and Chaoying Fang eds., *Dictionary of Ming Biography 1368-1644*（New York: Columbia University Press, 1976），pp.978-980.

在 1370 年之後死亡。他也許是太原人（根據一些較晚的資料），或是錢塘人（杭州）。楊氏認為，他可能生於太原，但是，在錢塘度過晚年。關於羅氏的事蹟我們知道得很少，後來的學者和作家提供了令人迷惑和互相矛盾的訊息。他甚至被一份資料描述成南宋人，但其可靠性已經受到質疑。在不同的敘述中，都認定羅氏是部分或全部歷史演義小說和雜劇的作者，但這樣的敘述是否為真，仍受到懷疑。

楊氏提到，現代學人，特別是嚴敦易，一直相當懷疑羅氏的作家身份。根據《錄鬼簿續編》裡找到他的唯一紀錄（其序註明的日期是 1422 年），羅氏是比此書作者賈仲明年長的同時代人。據賈仲明說，羅氏是一位詩人和劇作家而不是一位歷史演義的作家，他被稱為湖海散人。賈氏提到，他從 1364 年起，就沒再見到羅氏，其間超過六十年。在賈氏的敘述裡，羅並沒有很多朋友。他或許是一位非常孤單和獨特的人，晚年過著徘徊流浪的生活。

楊氏認為，如同 Roy Andrew Miller 所述，羅氏或許是一位沮喪且失意的出仕學者；由於對當前局勢的覺悟，乃轉而彙編歷史小說。一個半世紀後，王圻寫的《稗史彙編》裡提到，羅氏曾涉及反元運動，失敗後，羅氏就以編著歷史小說來表現他心中的革命情感。〔註 53〕楊氏認為，這個訊息是可疑的，而且沒有其它可靠的證據支持它。羅氏終其一生以及死後都未受到注意，他僅僅在明朝文學裡被提及。現代學人已經試圖根據賈仲明的敘述來推斷他的生活。

楊氏接著提到，相傳全部或部分是羅氏的作品有：《三國志演義》、《水滸傳》、《大唐秦王詞話》、《宋太祖龍虎風雲會》、《隋唐兩朝志傳》、《殘唐五代史演義傳》及《三遂平妖傳》等。因為這些作品現在已經亡佚，而且倖存的已經被後來的作家大大的修改，因此，要從這些作品中得到任何有關羅氏有意義的資料是不可能的。楊氏認為，如此眾多而且風格迥異的著作，很難說是出自單一作家之手，只能說這些作品反映了作者對歷史的關注與興趣。也因此，這些作品中或多或少都包含了歷史劇和演義小說。

楊氏指出，有些學者，例如夏志清，對羅貫中著作可追溯的敘述，一般同意《三國志演義》是最接近他原先的版本。另外，在全部或部分歸諸他的作品中，只有《三國志演義》可能合理地被認為是他原先的編輯。羅貫中的名字不僅出現在早期倖存的版本裡，而且也出現在之後全部的版本裡。之後的書目資料也幾乎都把作品的正文歸諸他，而沒有與之相左的證據存在。

〔註 53〕〔明〕王圻：《稗史彙編》（北京：北京出版社，1993 年），卷 2，頁 1537。

楊氏指出，在其他全部或部分歸諸羅貫中的作品中，只有《三遂平妖傳》和《殘唐五代史演義》被普遍認為是他原始的著作。然而，近年來一些學者，特別像是韓南和柳存仁等著名學者，都對《水滸傳》的作者或編譯者是羅貫中的說法，感到極度懷疑。

楊氏接著指出，羅氏創作和編輯《三國志演義》的角色開始受到質疑。大多數學人同意羅氏應該被認為是原始的作者。然而，我們應該瞭解，《三國演義》或許是透過許多作者之手和一個緩慢的演化過程，才演變成目前的形式。儘管與其他同為演義體裁的作品相比，它反映出較不那麼受歡迎、較不通俗，且口語的味道和質量也較少。此外，在許多方面顯示，《三國演義》有意悖離說書者的傳統。楊氏認為，將整部作品完全歸諸單一作者是相當不公平的，羅貫中很可能取材多種來源來編輯作品，包括口述的和文獻的。利用舊的三國故事的循環，他成功地透過更洗鍊的敘述和降低對史實的不當歪曲，把新的特性注入舊的循環中。他透過建立一些虛構的情節和歷史人物給予循環添加新要素，與歷史真實性一致，而沒有嚴重的矛盾。在較小程度上，將歷史事件小說化並且戲劇化。楊氏在此提到，雖然，這部作品通常被視為是羅氏所編纂，但在作品的創作和編輯過程中，羅氏的主要角色更可能是編輯者、修訂者，或是重製者，而不是原始的作者。

最後，楊氏提到，遠在最早的《三國志演義》版本出現之前，某些三國人物和事件已經被詩人、說書者和劇作家傳奇化。自從 1522 年它最早的版本出版後，許多版本早已被印刷。在中國、韓國和日本，它已經成為最受歡迎的歷史小說，並且建立流傳後世的歷史小說演義體裁，它在世界文學中成為一件獨特的事情。

此外，楊氏介紹了《三國志演義》在世界各國的譯本。19 世紀末這部作品的歐洲語言的選譯本開始出現。1925 年 C. H. Brewitt-Taylor 完成了第一部全譯本，隨後在 1953 年有 Franz Kuhn 的德文翻譯，1954 年 V. A. Panasiuk 的俄文版本，1960～63 年 Nghiem Toan 和 Louis Ricaud 的三十章法文翻譯。

十六、Miller：〈序言〉〔註54〕

Miller 首先提到，「天下大勢，分久必合，合久必分」是《三國演義》這

〔註54〕見 Miller ,Roy Andrew, "Introduction," in C.H.Brewitt-Taylor, tr. ,*The Romance of the Three Kingdoms*（Taipei :Ch'eng-wen publishing company,1977）, p.v-xii.

部小說的開端以及尾聲的最佳寫照。不過,這句話卻與這本著作的實際主題完全不同,本書其實是本通俗傳奇故事,一本以人性野心爲主題的精彩小說。這無疑解釋了爲什麼直到近代,《三國演義》這部小說還是沒有受到中國傳統學者的高度推崇。Miller 認爲,有一個現象令人好奇,即一部完整的文學史竟然可以完全不提到這部作品,或這本小說重要的影響。直到近年來,傳統的中國學者甚至不像西方學者一樣,將這本小說當成最高的文學作品來研究。因爲中國人一直都認爲正式的文章或文件才是重要的文學作品。

既然如此就產生幾個問題:《三國演義》爲何會產生?作者是誰?以及讀者是誰?第一個問題相當難以回答,但是最後一個問題就比較簡單。最不屑這些小說的文官階級,其實就是寫作並且閱讀這些作品的人。當然這不是暗指閱讀《三國演義》這類小說一直都是中國文人的特權。幾世紀以來,中國各行各業的人民也樂在其中。

按照字面翻譯,《三國演義》完整的書名可以譯爲「三國歷史的解讀」,這說明了如同大部分的中國小說一樣,這部小說將陳壽嚴肅而艱深的《三國志》,加以解讀或通俗化。小說中所發生的事件,大部分是歷史事件,而且書中主要的角色都是眞實的歷史人物。不過,小說中許多吸引人的事件與趣聞,則純屬杜撰,是經過數個世紀慢慢累積與蒐集而成的。

中國人對自己的歷史一直很感興趣,不過在《三國演義》現今版本成型的那個年代,此興趣顯得特別濃厚。西年 1260 至 1368 年間,中國正被蒙古統治。人民不單只是感興趣,甚至是緬懷遙遠的漢朝及他們的後繼者—蜀、吳、魏三個王朝的統治者。那段時期的歷史本身,在以前甚至是現在都足以構成刺激的小說題材。但是,說書人、劇作家以及詩人透過想像力及創造力,替這本小說加入了豐富的軼事、事件及傳說。實際上,就是這樣透過每個作者的想法,而成就了《三國演義》這本小說。

Miller 指出,中國與西方的認知不同,將所有題材彙集而成爲結構良好的《三國演義》,也許一直都稱不上文學作品。但是不管如何定義,這的確是第一流的文學成就。現代對於內文研究的翻譯,讓我們可以透過數百年來緩慢形成的過程,來詳細地追朔這部小說的成長。早在西元 820 年已有數位詩人論述這段時間的故事,而這些故事在十一世紀後已廣泛地在中國流傳。

這本小說最重要的發展,來自於專業的說書人用相同的主題以半戲劇性朗誦方式來表演。現在的版本有大部份來自於他們的創作與幻想,書中的始

末都有跡可循。經由這些說書人的朗誦，那個時代的故事更近一步地發展爲舞台劇。當時的劇本通常以快速圖解的方式寫成，又將同樣的題材再一次塑造爲當代的文學形式。

接著，Miller 介紹羅貫中。羅氏一直被視爲是《三國演義》的作者，也同時被視爲是中國早期幾本重要小說的作者，雖然這些作品的寫作風格迥異，很難看得出來是出自同一個作者。羅氏其人及生存年代一直都是難解的謎題。據說他是山西省太原人，之後有位戲劇作者提到他曾經在 1364 年與羅氏重逢，但是經過六十年後他才紀錄下來。他承認那時已經與羅貫中失去聯繫，也不知道他變得如何。對於羅貫中的隨筆一提，似乎是唯一能找到的當時有關他的紀錄。

雖然我們對羅氏幾乎一無所知，但羅氏很可能是中國統治階層的文官，爲了某種理由並沒有出仕，這個假設是很合情合理的。如果我們知道原因爲何，我們也許可以知道他編撰這本鉅作背後最直接的動機。不論未出仕是自己所願或環境所逼，編撰《三國演義》之人是位完全的現實主義者。他完全公正地，甚至有時坦白地令人吃驚，表現出中國政府的運作是多麼依賴上天的旨意，以及聰明卻殘忍的統治者的野心。

Miller 指出，《三國演義》中，以坦白且對官僚深深失望的手法寫出漢獻帝退位時，被迫三次讓位給狡猾的曹丕的這幾幕，除了後期的一些文人諷刺作品之外，也許在所有的中國文學裡都看不到。當曹丕在書中終於「接受」他父親曹操用盡所有詭計奪到的王位時，他說道：「舜、禹之事，朕知之矣！」讀過很多中國文學的人，也許會發現很少有篇幅是如此寫實或充滿戲劇張力。當然，我們也不難發現，一個失意的文官，藉由彙集小說的方式抒發他對於人性以及社會的正統中國觀點的虛偽而感到失望。

Miller 提到，我們有理由懷疑，在現代的《三國演義》版本背後，是否只有一個作者將第三世紀中國的許多人物與沒有連續的事件，收集編纂成可行的版本？無論此人是誰，他將世界主要的小說作品之一匯集成冊，一本巨大、但是內容協調且組織出奇良好的歷史傳奇故事。

Miller 提到，《三國演義》除了對十四世紀中國政治的精采窺探外，還有更多值得注意的事。書中出現數百位人物，其中三個主角是特別透過文學技巧與判斷所刻畫出來的。

劉備身爲漢室正統，是個負有同情心且思慮周詳的人。在《三國演義》

裡，他的角色無疑是中國在十三、十四世紀被外族侵略，人民特別渴望一個正統以及王室的象徵時，從說書人的觀點以及當代戲劇的大眾觀點所建立起來的人性菁華。另外兩個主角與劉備形成對照，一是聰明博學，比較難以親近的關羽，以及未受教育而粗俗，甚至有點無賴的張飛。關、張兩人都忠心耿耿，畢竟忠義的美德與必要性是施展野心抱負的主要工具，也是這部小說的主題。但是他們兩人從自身觀點實現忠義的方式卻完全不同。

對很多人來說，關羽總是有點太過嚴肅而難以接近，很難成為這部傳奇故事裡的真正英雄。但是，很多中國評論家及學生卻不這麼認為。魯迅認為關羽是整部小說中唯一真正成功的角色。Miller 認為，這麼說一點都不為過。無論關羽這個角色在書中的功過為何，在中國人的心目中，這個虛構的關羽已經完全取代了歷史上的關羽。現在只要提到關羽，指的都是《三國演義》中的關羽。書中出現的所有角色似乎都是如此。舉例來說，小川環樹（Tamaki Ogawa）在他《三國演義》日文翻譯本的介紹中指出，史書中很少有證據證實小說裡的劉備是個仁慈的君主，即使有也很少。從歷史學家陳壽的觀點看來，劉備跟曹操主要的不同點只在於，劉備不像狡詐的曹操那麼擅長戰略。

如果現代多數讀者認為張飛是書中最成功的人物，原因並不難發現。有了他，這本小說便可設定在相當容易親近、可信，而且完全真實的人物角色場景之中。Miller 特別提到，以一個小說角色而言，張飛不僅在中國，也許在世界文學上也極具重要性。也許很難在早期的作品裡找到與真實人物如此相似的小說角色。

此外，Miller 還提到曹操與諸葛亮兩位人物。曹操是如此惡名昭彰，以致讀者每次重讀這本小說時，都會再一次發現這個角色是多麼成功。同樣有趣的是，其他以各種形式來塑造這些小說人物的作者，他們其實比羅貫中所要呈現的還更喜歡這個狡猾的曹操。就像很多小說中的反派人物一樣，對作者而言，曹操其實一點都不壞，實際上作者相當用心地刻劃他的性格。羅貫中及他的許多無名的共同作者，也明顯地發現他們喜愛這個邪惡化身的程度，遠遠超過他們所創造出來的忠義模範。

隨著諸葛亮此一角色，整部小說進入了西方讀者比較不熟悉的領域——一個法術、魔力以及巫術的世界。其實鬼神在《三國演義》裡所扮演的角色出奇微小。很多的中國小說對於鬼神都有更多地闡述，但結果卻沒有如此有趣。不過在傳統的中國人想法中，鬼神的世界與人世之間的界線並非牢不可破，

而對於中國的讀者而言，像諸葛亮這樣的角色是真實而可信的。

用中國人的措辭來說，諸葛亮只是一個才能出眾、具有非凡天賦的人。雖然他能與鬼神溝通，會用法術及咒語來使用巫術。但是他還是個凡人，一個真實的人物。結構上而言，諸葛孔明在這部鉅作裡扮演一個不可或缺的角色。他是過渡時期主要的角色。這個過渡時期是從早期劉、關、張桃園三結義，漢獻帝被迫退位，直到三國真正的時期，魏擊敗蜀、吳，晉朝竄起前魏國的崩解。再一次驗證了「天下大勢，合久必分，分久必合」。

最後，Miller 分析了《三國演義》的結構。他以為，這部小說整體的結構可以用一幅相當長篇、佈滿人物的中國山水畫來比喻。就像一幅長篇的畫作，這本小說呈現出一幅長而連續的景象，但是我們同一時間只會、也應該只看到一部份，因為眼前出現的每一部份總是有足夠的情節讓我們集中精神，也有足夠的細節讓我們全神貫注。

Miller 指出，其實每個單一部份都在一個全篇的佈局下扮演著重要的角色，但如果因為這部作品的長度或詳細的細節而忽略這點，那我們就錯了。就像中國的山水畫卷一樣，按照趣味的增加，有其小心鋪陳的層次，《三國演義》也不時小心地鋪陳緊張與動人的焦點，將原本可能只是軼事及口述故事所匯集而成的冗長書冊，加以連接並組織起來。

《三國演義》以三位主角結義作為強而有力的開端，接著以緩慢但設計精密的步調接續下去。在東漢崩解之後，步調開始加快。關羽身亡、張飛被刺，最重要的是諸葛亮令人難忘的過世。這幾幕不斷地將故事的焦點集中起來，就像在人性越來越膨脹的野心浪潮裡，後浪不斷推前浪一般。接近故事尾端時，步調再一次加快，國與國之間在一系列微不足道且漫無意義的戰爭中對抗，直到晉朝建立。

十七、楊力宇：〈三國演義和水滸傳〉〔註55〕

楊力宇指出，《三國演義》與《水滸傳》是中國長篇小說的重要指標，它們代表中國文學史上重要的成就。《三國演義》非但受到學者與官員的廣泛閱

〔註55〕見 Yang, Winston L.Y., "Romance of the Three Kingdoms and The Water Margin," in Yang, Winston L.Y, Li Peter, and Mao Nathan K.eds., *Classical Chinese Fiction: A Guide to Its Study and Appreciation : Essays and Bibliographies*（Boston: G.K.Hall Publishers, 1978）, pp.39-46.

讀，也爲教育程度不高的人民所閱讀，所以，它也許是中國歷史上最受歡迎的歷史篇章。在西方，它也是少數有完整翻譯本的中國小說，五十年前C.H.Brewitt-Taylor 首次將它翻譯成英文。〔註 56〕雖然，有關它的更精確的書名應該是《三國志通俗演義》，但是，西方人長久以來卻較熟知 Brewitt-Taylor 所採用的《三國演義》這個書名。

（一）《三國演義》的作者

楊氏認爲《三國演義》的成功，應該歸功於名氣並不響亮的羅貫中（約1330～1400）。羅氏也許是元末明初的劇作家和小說家。在所有歸功於羅氏努力的作品中，學者們一致同意，《三國演義》也許是最接近他原著的一本著作，因爲，無論在這部作品的最初版與最新版中都不難發現羅貫中名字的蹤跡。

（二）《三國演義》的演變

《三國演義》的演變可以區分爲三個時期。第一個時期開始於唐朝（618～907），此一時期有關三國時期重要的口述故事受到大家的歡迎，這個風氣結束於明朝（1368～1644）初期。這個時期的主要作品是《三國志平話》。第二個時期起自於明初，命名爲《三國志通俗演義》的版本，在嘉靖（1522～1567）時期就已經發行。明末所發行的許多版本都是起源於嘉靖版。大部分的學者相信，嘉靖版並不是根據或起源於《三國志平話》，而是完全不同的創作，此一階段結束於明末。在清朝初期毛宗崗編製出有關這部小說的修訂版和評註。毛版從那時起就成爲《三國演義》的標準版本，而且到現在仍廣泛流傳。

胡適相信，《三國演義》是經由緩慢的過程演變而來，雖然，《三國演義》本身仍多多少少受到民俗傳統的些許影響。〔註 57〕事實上，在某些方面，它明顯的與說書人的傳統大相逕庭。羅貫中推崇舊式三國故事的循環系統，所以，致力於敘述內容的修正和減少歷史的謬誤。羅氏根據史實再爲這種故事循環加上新的元素，他杜撰些許的章節和創造一些虛構人物。雖然，《三國演義》旁徵博引，但它還是比較可能出自於單一作者之手。

（三）羅氏對三國的觀點

楊氏指出，陳壽的《三國志》是以曹魏作爲東漢的延續，但羅氏卻是以

〔註 56〕見 C. H. Brewitt-Taylor, tr., *Romance of the Three Kingdoms,*（Rutland, Vermont: Charles E.Tuttle Co., 1952）.

〔註 57〕見胡適：〈三國志演義序〉，《西遊記考證》，頁 158。

蜀漢作為正統。羅氏對於三國的觀點，也可由他對人物的描寫中，充分感受到。如，以蜀漢的劉備和曹魏的曹操相比，以及蜀漢的諸葛亮和孫吳的周瑜相較之時，羅貫中筆下的劉備和諸葛亮顯然就屬於比較正面的人物。值得注意的是，羅氏會將個人對於人物的好惡傾向，延伸到對人物的描寫裡。對他來說，蜀與魏的敵對關係和蜀與吳的敵對關係一樣，是正統與非正統之爭。因此，他將大部分的蜀將寫成英雄，而將魏與吳的將領描寫成大壞蛋。

（四）羅氏對三國人物的描寫

羅貫中大力推崇劉備及其下屬，而醜化曹操、孫權和他的部屬，羅氏仍不惜費盡九牛二虎之力，致力描寫這些人物的複雜性格。如，他筆下的曹操有許多紀錄在正史中的美德；同樣的，人人景仰的關羽，也有許多致命的缺陷。羅貫中成功地將大眾的觀點與史實相結合，然後，造就許多令人難以忘懷的描述。雖然，他援引陳壽的《三國志》為主要素材，不過，他仍會視情況採用或悖離其內容。

1、諸葛亮

羅貫中對諸葛亮非常重視，在他的小說中，諸葛亮是一位軍事奇才，羅氏強調，諸葛亮是無人能比的大軍師，常出奇謀，甚至使用法術擊敗敵人。羅氏較不重視諸葛亮管理上的能力。然而，在正史中，諸葛亮是一位謹慎、細心的管理者，而非傑出的軍事將領。羅氏在諸葛亮的睿智與絕佳的組織能力中，加入了兵不厭詐及勇者無懼的英雄氣質。因此，羅氏筆下虛構的諸葛亮擁有歷史中的諸葛亮所缺乏的力量，且遠遠悖離了陳壽筆下的諸葛亮。在羅氏的筆下，諸葛亮這個歷史人物轉變成一個與眾不同的虛構人物。

楊氏指出，三國中的主要人物，特別是諸葛亮，是一位強調「人定勝天」的理性派人物。諸葛亮超凡的法力對於持久的軍事戰爭的最後結果仍然回天乏術。而且，書中一些虛構的計謀，如，木牛流馬，實際上是來自於正史中的微妙啟示稍加潤飾或者根本取自於裴松之的注釋，從中得到靈感。雖然，羅氏常將諸葛亮寫成擁有超凡法力的將領，但他仍將諸葛亮描寫成具有血肉之軀的凡人，也會有失算和誤判的時候。在小說中，儘管諸葛亮曾經費盡心機，利用法力，試圖為自己延長壽命，但他最終仍然壽終正寢。因為，羅氏想讓《三國演義》成為人性化的戲劇，所以，他並不想將諸葛亮神化。羅氏只是盡力將歷史上諸葛亮的形象與大眾對諸葛亮的看法交織在一起，所以，

在他筆下的諸葛亮是一位複雜而又引人側目的人物。

2、劉 備

在《三國演義》中，對劉備早年功業的描述與正史中的紀錄極為相似，虛構的元素相對減少。他並沒有因為是漢室的後裔而名顯當世，他是因為謙恭（不管是真的還是偽裝出來的）、慷慨以及仁慈而卓立於世。在羅氏筆下，他是溫和、慷慨及富同情心的人物。

3、關 羽

關羽是劉備的「五虎將」之首，集結了所有勇士必備的精神於一身。他並不瞭解自己的極限，但是，他的英勇，卻使他擄獲中國人的心。也因為他遇橫逆時，仍能挺身面對，毫無畏懼，他成為一般大眾心目中最心儀的英雄人物。他的「勇者無懼」使得他「視死如歸」，尤其他對劉備「至死不渝」的忠貞，也就是他擇善固執和純潔的忠貞使得他在《三國演義》中的地位，比一般擁有更高智慧、更拘謹或擁有軍事技巧的人，更加崇高。甚至當妥協可以使他苟活於世，他仍然拒絕做出妥協，他的自負和不妥協也導致他的死亡。楊氏指出諸葛謹勸關羽投降時，關羽說：

> 吾乃解良一武夫，蒙吾主以手足相待，安肯背義投敵國乎？城若破，
> 有死而已。玉可碎而不可改其白，竹可焚而不可毀其節。身雖殞，
> 名可垂於竹帛也。汝勿多言，速請出城。吾與孫權決一死戰！〔註58〕

楊氏認為，從戰略上的觀點看來，關羽此舉，有違天意，是莽夫行徑，但是，在普羅大眾的心裡，他的行為正符合一位「全方位」勇士所該有的理想英雄形象。總之，羅貫中筆下的關羽最致命的缺陷就是「過度自負」。

（五）《三國演義》的主題：『志業』

楊氏認為，「雄心」（ambition）是這本小說中最重要的主題，〔註59〕幾乎所有的主角在某一方面都是野心勃勃的。有些人，如，曹操，夢想殲滅敵人，統一全國。另外一些人，如，劉備，希望能匡復漢室。不管什麼將領、大臣、軍師、謀士，甚或地方小官員都不例外，他們一心一意各為其主，忠心扮演重要的角色。但是，他們大都無法實現平生大志，而且，很多「壯志未酬身先死」，

〔註58〕 見羅貫中：《三國演義》，頁 660。
〔註59〕 見 Yang, Winston L.Y., "Romance of the Three Kingdoms and The Water Margin,", p.43.

羅氏藉由凸顯這些人的雄心大志、失敗和死亡，戲劇性的呈現：人垂死之時，無法改變命運和他們命中注定的失敗時，所流露出的無奈。楊氏並舉出羅貫中筆下三個人物，袁紹、周瑜及諸葛亮死前的一幕，來作說明。在所有死亡的場景中，諸葛亮的死亡，可能是最感人的一幕。他臨死時仍以未竟「匡復漢室」的志業為憾，而將迫切逼近的死亡視為上天的旨意。對他而言，不管人如何與眾不同，無人能回天。一種對生命有限的無奈，經由死亡場景的描寫，躍然紙上。宿命確實在《三國演義》裡的重大事件中，佔有一席之地。

（六）《三國演義》與西方歷史小說之不同之處

楊氏認為，《三國演義》不被西方人視為「歷史小說」，因為，它堅持採用史實，強調歷史人物而非虛構人物，凸顯歷史而非虛構的章節，也缺乏影像或象徵性的結構。此外，《三國演義》強調眾多英雄人物與反派角色在短暫的一段歷史時期中，經歷的故事，而不是像西方歷史小說，將焦點集中在少數一、二個章節。《三國演義》就像中國的橫幅圖卷一樣，綿長不斷，視野無限，但是每一次只顯示出某一個章節和少許人物而已。這部小說「集結了仔細策劃的七情六欲，能將原本記事與敘述的長篇大論、老生常談，明白地訴諸文字並且賦予結構。」

（七）《三國演義》的價值

楊氏指出，《三國演義》並不是急就章的將冗長、雜亂無章的章節或虛構的傳記胡亂拼湊集結而成，而是一部前後連貫、結構化的敘述著作。他將原本一般中國市井小民無緣拜讀的艱深歷史著作，推廣開來，使得一般民眾有幸能窺見這一段歷史樣貌。此外，羅氏的《三國演義》與正史記載不同的是，他將歷史人物人性化，讓讀者得以看清歷史事件的來龍去脈。

楊氏指出，哈洛・托利維（Harold Toliver）曾說：「當小說在呈現預設的歷史真相時，會向歷史步步邁進，而歷史的寫作卻在故事的連貫性與潤飾上，需借助寫小說的技巧。」〔註60〕以上的敘述巧妙的描述《三國演義》這部小說的特性：它是一部將歷史與小說融合為一體的特殊鉅作。儘管《三國演義》很少有不根據史實的敘述及虛構情節的杜撰章節存在，多數的評論家和歷史學家，仍無法體認到：《三國演義》是一部詳實的小說，因為，書中的敘述鮮

〔註60〕見 Yang, Winston L.Y.,"Romance of the Three Kingdoms and The Water Margin,", p.46.

少違背史實；楊氏並說，事實上，《三國演義》與史實幾乎完全符合，只是為了強化歷史的戲劇張力，書中對於若干史實加油添醋一番罷了。

總之，羅貫中最主要的貢獻在於他能成功地為三國的歷史演進注入新的生命。他排除通俗語言中粗俗的成分，而引進一種更高貴的語言。在不悖離史實，且去除大部分怪力亂神的敘述後，經過一番潤飾，他便創作出一部優於正史的相當受歡迎且有趣的歷史著作。羅氏也創造出一種新文類：敘述通俗歷史的「演義」型態，它也是中國人對世界文學獨一無二的創舉。

十八、柳存仁：〈羅貫中及其歷史演義〉〔註61〕

柳存仁在本文中，介紹了羅貫中以及據傳是羅氏所寫的幾部作品：《宋太祖龍虎風雲會》、《三國演義》、《隋唐兩朝志傳》和《殘唐五代史演義》。柳氏提到，羅貫中的稱號及別名多到令人眼花撩亂，而他的出生地也有各種不同的說法：山西的太原、山東的東原（現今的東平），以及江西的盧陵（現今的吉安）等地都曾被認為是他的出生地，另外有少數人認為他來自越（浙江）、錢塘（舊名杭州）或者是杭州。柳氏認為，羅氏應該是北方人，但曾住在南方，且居住的時間很久。柳氏也舉出，《續文獻通考》的編輯——王圻對羅貫中的描述：羅曾參加反元的義軍，卻沒有成功，於是，藉由撰寫歷史故事來抒發他的革命情操。柳氏指出，王圻的說法與賈仲明在《錄鬼簿續編》裡的說法相符合。

柳氏認為由賈仲明的敘述，足以證明羅貫中是元末明初的人，他更提到，羅氏就是《宋太祖龍虎風雲會》一書的作者。柳氏用這部雜劇來印證他對羅貫中作家身份的看法，並確認他在歷史小說上的卓越地位。

柳氏在本文中，列舉了這幾部作品的相似之處。首先，在《宋太祖龍虎風雲會》雜劇中，有些句法的表達、動詞、副詞，甚至是名詞，都可以在《水滸傳》裡看到。而《三國演義》中的英雄，在《風雲會》裡也被提到。接著，柳氏認為對此研究有重要意義的作品是《大唐秦王詞話》舊的版本。在《詞話》中，提到了諸葛亮三氣周瑜、張郃被伏擊射死、吉平密謀毒殺曹操、關羽水淹敵軍等情節，這些情節在《三國演義》裡都可發現。另外，《詞話》中

〔註61〕見 Liu Ts'un Yan, "Lo Kuan-chung and His Historical Romances,",in Winston Yang and Curtis P. Adkins eds.,*Critical Essays on Chinese Fiction.*（Hong Kong:Chinese University of Hong Kong Press,1980），pp .85-114.

的苗國用與《三國演義》中的馬超一樣熟練地使用銅槌當武器；李靖也曾如司馬懿一樣預言會下大雨。《詞話》不僅受益於《三國演義》，也從《水滸傳》裡借來許多情節。如，李元吉設下陷阱構陷尉遲敬德一事，如同是《水滸傳》中高俅陷害林沖的翻版。

柳氏接著提到《三國演義》的版本問題。他指出，1522 年出版帶有註明是 1494 年庸愚子（蔣大器）作序言的版本的發現，對致力於研究中國小說的學者，是喜出望外的事。而除了這個版本以外，福建大部分的三國版本都帶有「三國志傳」這個相同的標題。《志傳》裡的主要內容和 1522 年的版本，基本上沒有很大的差異。而根據柳氏的判斷，作為這些《志傳》版的原始版本，可能比 1522 年《三國志通俗演義》的版本還要早。然而，要說這些版本中最粗糙的部分是否就是《三國演義》最早的版本，完成於羅貫中的時代，甚至由他本人完成，是很困難的事。但是，柳氏認為有一件事是肯定的，就是志傳版的版畫是基於一種版本的雛形，而這個版本比 1522 年的《演義》版還早。

關於《三國演義》演進的歷史，柳氏將其分為三個階段。首先，在 1321~1323 年間，有一本《三國志平話》在福建出版發行。接著，大約四十年後，羅貫中開始著手寫作《三國志傳》，後來成為多種版本的雛形，其中有一本稍微修改的版本《三國志通俗演義》在 1522 年發行。之後，經過毛宗崗更多修訂的版本，在 1662 年第一次出現在書市，志傳版的地位就降低了。目前在中國或海外到處都可看到的版本，就是毛版。

接著，柳氏列表，將喬山堂版《三國志傳》（根據一個比 1522 年更早的版本寫成）與毛版《三國演義》作一比較。他舉出了四十六個相異處來作觀察，之後得到以下的結論：《三國志傳》一定在 1522 年之前很多年就出現了，雖然它有很多版本，並且很久之後才發行，但它幾乎完整保存原始的形式。而在一些福建的版本裡，增加了一些地域性的風味，柳氏認為，是商業的動機，不過，這些插入的言語或文字是無法逃過讀者敏銳的觀察的。例如，曹操派人到溫州去取橘子，「並且到福建取荔枝和龍肝」，這句話可以確定是後來才插入的，因為，福建以生產這些水果聞名。但是這樣的例子相當稀少。一般來說，《三國志傳》仍然被視為是羅貫中最有代表性的作品。而任何宣稱是由相同作者完成的作品，在形式、詞彙和推理藝術上應該和《三國志傳》不會差太多。

接著，柳氏介紹《隋唐兩朝志傳》和《殘唐五代史演義》與《三國演義》內容中相似之處。例如，在《三國演義》中，魏國的皇帝曹髦為司馬昭的部下所殺，而在《隋唐兩朝志傳》中，隋的小皇帝楊侗也被王世充的部下所殺。而《隋唐兩朝志傳》中，徐世勣策劃捉拿劉黑闥的情節，也與《三國演義》中，諸葛亮計畫捉拿張任的情節極為相似。此外，唐肅宗的死法與曹操一樣，而突厥可汗藥羅葛想滅掉唐朝並取而代之，也和《三國演義》中的袁術想取代漢朝一樣。柳氏根據上述的證據指出，《隋唐兩朝志傳》的撰寫時間，應該比《三國演義》晚一些。而羅貫中並不熟悉唐朝的史實，因此，他的《隋唐兩朝志傳》，便遠不如《三國志傳》。或許《三國志傳》的文風未經修飾而略顯粗糙，但是，它的內容卻很生動活潑。相較之下，《隋唐兩朝志傳》就顯得比較呆板。柳氏提到，他也曾經認為《隋唐兩朝志傳》及《三國志傳》是由不同作者所完成的，但由於這兩本書的文風相近，而《隋唐兩朝志傳》的作者寫作技巧不但高超，且大量引用《三國志傳》的內容。因此，與其質疑作者的實際身份，柳氏寧可將《隋唐兩朝志傳》視為一部未完成的作品。

柳氏接著提到，在《殘唐五代史演義》一書中，也有許多情節取自《三國演義》。例如，第二十九回中，李存孝領十八騎劫營一事，情節不僅與《三國演義》中的第六十八回「甘寧百騎劫魏營，左慈擲盃戲曹操」雷同，就連用字也有一百五十八個是相同的。另外，在第四十七回，石敬瑭的夫人被幾位將軍追捕的情節，同樣出現在《三國演義》之中，只是角色換成劉備的未婚妻——孫夫人罷了。

柳氏根據上述的題材及推論，對羅貫中之作品做一結論：羅貫中是一個著名的小說家兼雜劇家，是《三國志傳》、《大唐秦王詞話》部分內容的編輯者，以及《宋太祖龍虎風雲會》的作者。羅貫中同時可能也有參與《殘唐五代史演義》及《隋唐兩朝志傳》的編輯，因為，現存這兩本書之明朝版本的作者不是佚名，就是印有羅貫中的名字。最後，許多簡易版《水滸傳》的部分內容也是羅貫中所寫的，但複雜版《水滸傳》卻是出自他人之手。

柳氏也說明本文的研究基準，主要是根據確實是羅貫中所編著的作品中，時常出現的遣辭用句之特質。無疑地，這些特質使得羅貫中與其作品形同一體，進而奠定他作家的地位。柳氏指出，依照這項研究的發現，上述所提及的那些作品在傳統上所認定的原作者，都應該要加以修正。

十九、楊力宇：〈三國志演義中歷史人物的文學轉化〉〔註62〕

（一）《三國志》和《三國演義》

《三國演義》最重要的資料是陳壽的《三國志》。楊氏認為，儘管它對確定的事件和人物，不見得有真實的處理，而且，對重要的歷史事件敘述過於簡單，然而，它言簡意賅地敘述，被幾世紀後的羅貫中在他的《三國志通俗演義》裡留下更戲劇化且有趣的歷史事件以及這時期的領導人物。

楊氏認為，羅貫中選擇背離流行的平話傳統。他的小說本質上是根據陳壽的《三國志》記錄的歷史事件。羅氏所做的是，用他的想像力和參考資料來闡述正史。雖然，羅氏的作品經過許多校訂，它最新的毛宗崗版本，依然和它最早存在的嘉靖版本非常接近。

楊氏提到，近年來，《三國演義》裡某些人物得到學術上的注意，然而，大部分針對這一主題發表的研究，都或多或少受到胡適對《三國演義》人物過於簡單的觀點的影響。雖然，胡適對這部小說研究的方法，在中國三十多年來被嚴厲的批評。〔註63〕另一方面，很少學者質疑魯迅批評羅貫中將三國人物描繪得太黑白分明，因此，小說裡的許多角色被大大的誤解。如此，一般的觀點是，諸葛亮是智慧和機敏的，劉備是慷慨和仁慈的，關羽是自負且忠誠的典範，張飛是粗魯直率的，曹操是狡猾且多疑的，周瑜是心胸狹窄且衝動的。對此，楊氏認為，小說中很多角色，例如，張飛，無疑的可以用如此簡化的觀點觀察出來，但是，複雜的人物，像關羽和諸葛亮就幾乎無法以此來加以討論。楊氏認為，雖然，羅貫中在建構小說人物時，也參閱了司馬光《資治通鑑》裡的資料、元代的戲曲、話本故事、口述故事、傳說、民間故事和《三國志平話》，但他最重要的資料來源還是陳壽的《三國志》和裴松之的注。他只有在需要對通俗的口味妥協時，才會使用這些資料。總之，他所營造的人物，本質上是根據正史的資料。為了瞭解羅貫中是如何根據《三國志》來建構人物，楊氏提出了四個主要人物：曹操、劉備、諸葛亮和周瑜的文學轉化來作詳細分析，仔細審視羅氏是忠於或背離陳壽的《三國志》。

〔註62〕見 Yang, Winston L.Y., "The Literary Transformation of Historical Figures in the San-kuo-chih yen-I," in Winston Yang and Curtis Adkins eds.,*Critical Essays on Chinese Fiction.*（Hong Kong:Chinese University of Hong Kong Press,1980），pp.47-84.

〔註63〕同上註，p.48。

（二）陳壽和羅貫中對「正統」的觀點

楊氏指出，傳統學者往往將政權區分爲僭僞或正統政權，這種區別的標準是依照這個史學家所處時代的共通看法而定。陳壽是第一位視曹魏爲唯一正統政權的史學家，因爲，魏從漢朝繼承了政權，而且因爲魏在這個時期佔據了中國的中心（黃河流域）。到了東晉時，這樣的觀點已經被質疑了。由於東晉只恢復部分故土，自然對蜀漢產生些許同情，因爲，同樣都是處於偏安的情況。後來，在地理標準和血緣關係的差異變得更爲尖銳，司馬光認爲魏是正統，而朱熹則認爲蜀漢是漢的延續。

楊氏指出，很明顯的，陳壽選擇魏是漢的合法繼承人。首先，從《三國志》的安排可以看出來，魏的部分放在最前面，在蜀和吳之前，第二，陳壽提到三國統治者的名稱時，稱曹操是魏太祖，而魏晚期的統治者都叫「帝」，然而，蜀的統治者都叫「主」，至於吳的統治者只有孫權叫「主」，而他的繼承人被提到時都用名字。第三，陳壽對三國歷史的敘述很明顯的是以魏爲中心，幾乎一半的篇幅奉獻給魏，在 442 篇傳記裡，魏的人物就有 230 篇。當然，對魏不利的事件，如，曹操在赤壁大敗，則幾乎完全沒有提到。第四，根據魏統治者而使用的年號，不止在魏史中發現，在吳志和蜀志中也經常看到。例如，陳壽敘述劉禪在黃初四年即位（曹丕統治時），而孫亮在嘉平四年即位（魏廢帝時）。最後，「紀主」只用來標明魏帝的紀錄。

然而，和陳壽不同的是，羅貫中對蜀表示十分同情而且視它爲漢的繼承人，在小說中很多地方表達出來。在嘉靖版的序言裡，蔣大器反映了羅氏的觀點，在議論了曹操和孫權之後，明顯的說明了蜀應該被視爲漢的繼承。

在小說的正文中，劉備通常被稱爲漢王，諸葛亮則是漢丞相；相反的，曹操通常被稱爲「漢賊」，三國時期的事件，主要是從蜀的觀點來看，藉著排除魏的曹操，這部小說支持且讚頌蜀的領導階層。

（三）人物形象的轉化

1、劉　備

楊氏首先談到劉備的身份，他認爲，羅貫中爲了建立劉備繼承漢室的合法性，創造許多情節來強調劉備的皇室血統；而在劉備的個性及形象方面，他主要用兩種人與人間的關係，來描寫劉備的正直及義氣。第一是主上與臣下的關係，如，他和諸葛亮。第二則是異姓兄弟之間的關係，亦即關羽和張

飛。〔註64〕實際上，他們之間的交往，都是羅貫中在少許歷史基礎上創造出來的，而目的也是爲了增強劉備的仁慈，以及他是一位受人愛戴的君主及兄長。

　　楊力宇認爲，羅貫中舉出許多例子，來敘述劉備是多麼看重兄弟結義之情。張飛丟了徐州，且兄嫂失陷，意欲自刎，劉備則用「兄弟如手足，妻子如衣服」來阻止他；關羽在華容道放走曹操，諸葛亮按軍法要處斬他，劉備也以三人結義時誓同生死來替他求情；爲了替關羽報仇而大舉征吳一事，劉備更說「朕不爲弟報仇，雖有萬里江山，何足爲貴？」〔註65〕可見，劉備爲了顧全兄弟之義，他可以捨棄家庭、違背法令，甚至不要萬里江山，在創建帝業過程中，一向沈著冷靜的他，爲了私仇卻變成一個盛怒而失去理智的人，最後也導致他王朝夢的幻滅。

　　楊力宇也指出，羅貫中用曹丕殘酷地對待兄弟的例子，來作爲和劉備尖銳的對比，演義中曹丕無情地逼曹熊自縊、將曹植放逐到遠地，這些殘忍、自私的行爲，都更凸顯了劉備對兄弟的摯愛和忠實。

　　在與臣下的關係方面，《三國演義》中也用「三顧茅廬」這段敘述來描寫劉備的求賢若渴以及禮賢下士。正史對於這段情節只有短短幾個字的記載，而羅貫中卻用了整整兩回的文字來鋪陳這段情節。而劉備臨終時託孤的描寫，更顯示出他多麼受到臣下的愛戴以及部屬是多麼的忠誠。不過，楊力宇也指出，在「託孤」這一幕中，作者在無意中把劉備寫成一個虛僞不實的政治家。〔註66〕

　　最後，楊力宇指出，羅貫中在描寫劉備時，並沒有忠於他的主要史料《三國志》，反而大大地背離它。《三國志》中的劉備行爲，常常反覆無常、難以預料、虛僞且不實，而羅氏對劉備的描寫之所以和陳壽大相逕庭，乃是因爲他對蜀國的同情，認爲蜀漢應該承續漢室的正統，所以，他將劉備形容得非常理想化：謙恭、仁慈、和善、渴望依照正道行事。

　　2、曹　操

　　楊力宇指出，曹操長久以來在中國人心目中是邪惡和不忠的典型，而在某些方面，《三國演義》必須爲他這樣的形象負責。楊氏指出，在《三國志》、

〔註64〕Yang, p.53.
〔註65〕Yang, p.56.
〔註66〕同上註。

《三國志裴注》、《資治通鑑》等正史中，對曹操的評價大多是正面的，例如，他知人善任且賞罰分明，他心胸寬大而極具先見之明，不但是位偉大的政治家也是傑出的軍事家。由此可見，羅貫中大大的背離了史書對曹操正面的描寫，反而大大的醜化及貶抑他，例如，爲了強調他的多疑，羅氏虛構「治風疾神醫身死」這一段，寫他疑心華陀要害他而將他殺害；爲了強調他的殘忍，羅氏又讓曹操殺了呂伯奢全家，且說出「寧教我負天下人，休教天下人負我」這段話。而爲了更有條理地創造曹操「惡棍」的形象，羅貫中在小說的第一回中，就把他和劉備做了尖銳的對比：劉備是「英雄」，而曹操是「奸雄」；劉備心胸寬大，而曹操狡猾無信；劉備是皇室後裔，而曹操是宦官的養子；劉備侍母至孝，而曹操對叔叔則不老實。另外，如劉備愛民如子，曹操則曾放水淹沒城市，不顧百姓的死活。而相對於劉備的禮賢下士，曹操則因嫉妒而殺了楊修。正史上只提到曹操在戰場上曾遭遇挫敗，而小說中卻每每形容他慘遭大敗，如「赤壁之戰」他敗得一塌糊塗，「潼關」之役更寫他被馬超殺得「割鬚棄袍」、狼狽之極。以上都是於史無據而羅貫中虛構來貶低曹操的形象，由此更可看出，羅氏企圖讚揚劉備而詆毀曹操，使這兩個互相競爭的人物呈現尖銳明顯的對比。

在描述曹操時，羅氏讓曹操成爲一個不願接納有才能的人，或是聽從忠告的領袖，和歷史上的曹操有極大的落差。羅貫中創造了許多情節來呈現這歪曲的形象，楊修這一段就是典型的例子。楊修是個超凡且有才能的知識份子，最後被曹操處死，因爲他往往知道曹操心裡在想什麼。

在赤壁之戰前不久，曹操大宴群臣，宴會中曹操作了一首歌，揚州太守劉馥問曹操爲何在歌中說出不吉利的話？由於被劉馥激怒，曹操用手戟刺殺他。這一段並沒有歷史根據，而羅氏創造這一段，明顯的在於顯示曹的易怒、殘忍以及難以預料的行爲。

羅貫中還創造另一個情節來證明曹操的殘忍。國舅董承有鑑於曹操在朝中的勢力越來越大，企圖除掉他。但曹操知道了他的意圖，不只殺了他全家，也殺了他的皇后妹妹，當時她已有身孕。羅氏描寫了一個引人注意的殘忍情景。這全部的情節完全沒有歷史根據，而只是被創造來使曹操的不忠和殘忍更爲可信。

不過，楊力宇也指出，《三國演義》裡曹操絕不只是被描寫爲完全負面的人物，就像劉備也不是完全是正面的一樣，楊氏指出，這就是魯迅所沒有注

意到的。〔註67〕在魯迅的看法中，劉備被描寫得太正面而曹操則太負面，是真實而自然的。楊氏指出，在小說中曹操精於判斷人物及其才能，如同許多學者已經提出過的。

楊力宇並指出，羅貫中舉出許多例子來顯現曹操堅強的意志和敏銳的感受力，如果讀者更仔細地閱讀羅氏的作品，將會發現羅氏筆下的曹操並不全然是一個殘忍、沒有人性的領導者。例如，他善待關羽，最後並放了他。而在赤壁之戰前的宴會上，他也表現出他人性的一面，在他所作的歌中，他痛惜生命的短暫並表露了求才若渴的心情。楊氏認為曹操個性的兩面，被小說家巧妙得揉合成一個真實而複雜的個體，值得讚賞和譴責，同情與憎恨。

3、諸葛亮

楊力宇認為，羅貫中雖傾向於將劉備與曹操拿來比較，但他更傾向於誇大諸葛亮和周瑜間的不同。在《三國演義》裡的所有人物中，羅氏對諸葛亮的描寫是最為詳盡的，他是美德、忠誠、有先見之明以及智慧的象徵。楊氏認為，許多學者批評諸葛亮在小說中的前後不一致，例如，魯迅指出，羅貫中企圖表現出諸葛亮的智慧，但表現出來的卻只不過是詭計多端。胡適更批評說：「他們極力描寫諸葛亮，但他們理想中只曉得「足智多謀」是諸葛亮的大本領，所以，諸葛亮成了一個祭風祭星、神機妙算的道士。」〔註68〕

楊氏認為，這樣的批評，在某方面是有充分根據的，但如果更仔細地閱讀小說，將會使人懷疑如此批評的正確性。楊氏指出，就像一般讀者一樣，實際上這部小說被很多學者誤讀了。他指出，在分析諸葛亮這個人物時，必須考慮到的因素是羅貫中在寫諸葛亮時，諸葛亮已經成為一個受國家敬重的人物，羅氏必須接受關於歷史形象通俗性的某些神話，所以，他或多或少必須提到諸葛亮的法術以及超自然的智慧。

在小說中，諸葛亮是一個無與倫比的軍事家，一個兵法和戰略上的大師，他常用奇謀或法術來戰勝敵人。他能召喚東南風來實行火攻、從敵人那裡「借箭」來補充軍需、他用「空城計」來解救自己、他設計「木牛流馬」來補給軍需、他死前設下計謀斬了造反的魏延，甚至在他死後都能用木像來嚇走司馬懿，其實，這些事例幾乎都沒有歷史根據，而楊力宇認為，這都是羅貫中創造來增強諸葛亮無法被擊敗的形象。而小說中強調諸葛亮傳奇的本領（使

〔註67〕Yang, p.61.
〔註68〕見胡適：〈三國志演義序〉，《西遊記考證》，頁159。

用道術、奇謀、行險欺敵等），和歷史上諸葛亮謹慎保守的個性是完全相反的。

由上所述，我們可以知道羅貫中大大地違背了歷史的資料來描述諸葛亮，他完全改變了諸葛亮的歷史形象，而變成一個基本上完全不同的小說人物。但楊力宇也提到，要是更仔細地審視小說對這個政治家的刻畫，將會引出某種程度不一的結論。

首先，楊氏指出，小說中諸葛亮超人的智慧和神奇的法術只佔一小部分，他的料事如神和法術幾乎沒有嚴重影響歷史的進程。羅氏筆下的三國人物都是很理性的，尤其是諸葛亮。他強調的是人為努力的重要，否則，他也不會鞠躬盡瘁的為劉備興復漢室。另外，小說中描述諸葛亮的奇謀妙計和他發明的器械，實際上是從正史的線索中發展出來的。例如，諸葛亮的木牛流馬，在陳壽和裴松之的注裡都有提到。此外，在赤壁之戰中，諸葛亮召喚東南風一事雖是虛構，但裴注中確實記錄戰爭那天的確颳起東南風。〔註69〕

楊力宇又提到，雖然，諸葛亮在小說中是一個有超自然力量的軍事指揮，不過，他大致上還是讓諸葛亮成為一個實在的凡人。他的智慧和法術幾乎能擊敗所有的對手，但他還是無法免除多變的機運；他被下屬的不勝任和違令弄得精疲力盡，而且，自己也曾失算或判斷錯誤。所以，羅貫中在描寫諸葛亮的高尚品德時，並沒有忽略他的缺點。因此，楊氏認為，羅貫中所做的，是把歷史和民間中的諸葛亮的概念編織在一起，從而創造一個一致的形象，而像諸葛亮這樣複雜的人物，如果用過於簡化的觀點來看，就會導致和魯迅以及胡適相同的結論。

楊氏也指出，小說中諸葛亮勉為其難地接受了為劉備興復漢室的任務，顯示了他對儒家堅定的信仰，雖然，他早期的生活像極了一個道家的隱士。而基於對劉備的忠心，不論是擔任丞相或是指揮戰爭，他都盡了最大的努力來完成興復漢室這個不可能的任務。楊氏提到，諸葛亮最終的失敗，相對於他對儒家的忠誠，是一個極大的悲劇。

4、周　瑜

至於周瑜這個角色，楊力宇指出，羅貫中在描繪他時，是比較傾向於他自己的偏愛更甚於歷史的事實。楊氏舉出正史上對周瑜的敘述，說明了其實周瑜是個精明、忠誠、謙恭有禮、勇敢的將軍，而在小說中虛構的片段中，

〔註69〕Yang, p.67.

如同夏志清所言，他和魯肅一樣，僅僅是諸葛亮可笑的配角。〔註70〕雖然在少數例子中，羅貫中對周瑜仍有正面的描寫，如，赤壁之戰前關於東吳是戰是降的辯論中，羅氏描寫了周瑜的遠見、勇氣、忠誠和才能。但除了這些章節外，羅氏對周瑜的描寫，是被他自己的偏愛所驅使的，是對這位吳國名將非常有偏見的。讀者所能看到的，就是周瑜的善嫉、自大、心胸狹窄、易怒且容易激動。他嫉妒諸葛亮的才能，他無所不用其極地要殺害諸葛亮，卻一次又一次被諸葛亮輕鬆地化解掉，反而讓自己醜態畢露，最後，被諸葛亮三氣而死，死前還大嘆蒼天「既生瑜，何生亮？」

楊氏指出，羅貫中之所以虛構許多情節來貶抑周瑜，其理由有二。第一是為了要表明他對蜀國的同情，所以，任何會使吳國更強大的因素是他所無法忍受的。第二是為了要表明他對諸葛亮極大的欽佩，他用各種方法來讚美、頌揚他，自然而然地，他必須貶低周瑜到一個適宜的地位，所以，周瑜在任何地方都不會比他的對手優秀。羅氏很完美地達到了這兩個目的，他也成功地藉著描寫周瑜和諸葛亮兩人不斷的爭鬥，以及不停的誇張描寫周瑜，來呈現小說中良好的喜劇效果。

如上所述，劉備常拿來和曹操比較，而諸葛亮則和周瑜比較，羅氏被自身的偏好所引導，他傾向劉備、孔明一方，而不偏向曹操和周瑜。

羅貫中經常延伸他自己的愛好，超過人物描寫的界線，他有強大的歷史道德感、是非感，他自己對三國時代的觀念，充分的在小說中顯露出來。對他而言，蜀魏之間的競爭，雖然基本上是軍事、力量和戰略的戰爭，但也是正統和僭越之爭。即使合法的政權像正史上所記載的，最終被擊敗了，他還是傾向於較善意地描寫蜀的領袖，超過吳和魏的領袖。

（五）《三國演義》與西方歷史小說之不同

楊氏認為《三國演義》與西方歷史小說有幾個不同之處。

1、人物形象的不一致

楊氏認為，三國人物的的民間和歷史上的形象通常是互相矛盾的。諷刺的是，這些不一致使關羽和曹操如此複雜的人物變得更真實。因此，這些人物大部分都有一個真實的強烈印象。就這一點而言，羅氏確實和西方的小說家非常不同，後者非常在意一致的形象。

〔註70〕Yang, p.68.

2、《三國演義》太接近歷史

楊氏指出，西方歷史小說家描述的是歷史和虛構的人物，而羅氏創造的並不是虛構的人物，他更堅持忠於史實，他也常引述歷史文件，而且從他主要的資料中取材，甚至不修改文字而將其納入小說中。但是，在西方歷史小說中卻不常出現。因此，羅氏常被批評缺少創造的想像力。楊氏認為，這樣的批評很明顯的是對敘事體演義形式限制上無知的結果（敘事體演義形式上受到了限制）。但依西方的標準，羅氏的作品可能是太真實了。

3、人物的數量以及情節

楊氏提到，西方歷史小說通常專注於探索少數情節和一、二人物的刻畫，例如，Ivanhoe，而《三國演義》呈現的則是一段歷史中的有趣故事，許多類型的英雄和反派人物，以及短時間內一連串戲劇化和有趣的事件。依西方標準來看，《三國演義》看來像是片段的章節。但羅氏的作品當然是一種和西方小說完全不同的形式。像是中國巨幅的橫幅畫，以 Roy Miller 的話來說，"《三國演義》呈現長時期的景象，但在任何一時間只能看到單獨的情節或人物。"就像中國的風景畫有著仔細營造的氣氛和高漲的興趣，這部小說偶爾也帶有刺激和情感的聚焦，有系統的說出一般人認為是冗長的軼事和老生常談。這部小說很成功的使用充滿想像力和刺激的細節來呈現持續不斷但戲劇化的歷史圖畫。

（五）羅貫中與西方歷史小說家的不同

楊氏指出，羅氏並沒有西方歷史小說家享有的那種自由。在西方，一部真實的歷史小說，如 Brender Matthews 和其他人所指出的，乃是在於歷史事件如何被編入故事的組織。某些西方最好的歷史小說，無疑的是那些基本是虛構，而歷史則是最不重要的，且只是作為背景呈現。真正的歷史小說家，用 George Saintsbury 的話來說，是"在歷史事件和人物中利用讀者設想的興趣，作為一種手段來使他的作品具有吸引力。"西方的歷史小說家在編小說時，幾乎都享有無限的自由，然而，羅氏卻必須接受史實，作為他作品的主要基礎，而不是背景資料。雖然，羅氏不常背離歷史的外表，但即使我們有限度的來分析，《三國演義》和西方歷史小說早已顯露出明顯的不同。由於羅氏對史實主要的關切和尊重，他沒有很多自由來創造虛構的情節和人物。再者，他必須處理的這一段時期和無數的歷史事件，以及他必須描寫的大量歷史人物，一定也對他起了妨礙的作用。隨著《三國志》的歷史框架，他用有趣的虛構

和戲劇化的細節，填充和渲染他的資料，其中很多是源自於民間故事或是他自己的想像力創造的。當然，他主要背離的史實是他迎合了大眾的愛好，例如，他對曹操和諸葛亮這類人物的描寫。和西方歷史小說比較，羅氏的《三國演義》，幾乎沒有超過事實的故事情節。

如同以上所分析的，以西方歷史小說的觀點來說，三國演義幾乎不被視為歷史小說，這不但是因為他沒有像西方歷史小說那樣創造非史實的人物和虛構的情節，而且也因為他沒有顯現意象派和和象徵性的結構。在缺乏歷史文獻時，羅氏顯露出西方小說在創造人物和情節的想像力和創造力的少許天才。

（六）《三國演義》與中古歐洲浪漫的詩歌韻文比較

楊氏認為，《三國演義》和中古歐洲浪漫的詩歌韻文有些許相同之處，兩者的基本元素都是傳統的，都使用一直被重述的故事，例如，劉關張三結義和亞瑟王和他的武士的故事。這些大師總是可以藉著創造新的情節或是刻畫人物的新技巧，使大家耳熟能詳的老故事看起來耳目一新。不過，楊氏也提到，兩者間的差異顯然使他們的相同處相形失色。《三國演義》是用白話寫成，偶爾插入簡短的詩詞，而中古歐洲浪漫的詩歌通常是關於愛情或騎士冒險的冗長的詩文或一系列的詩篇。中世紀騎士故事的英雄通常都是騎士，它的角色是痛苦中的美女，穿盔甲的武士、巨人、龍、巫師，以及各種基督徒和國家的敵人，它強調的幾乎都是愛情、宗教以及騎士制度所定義的責任，但是，《三國演義》則呈現多樣的英雄和壞人，他們重要的結合是在領袖和部下之間、君臣之間，或結義兄弟之間，支配這個重要結合的是儒家忠貞、忠誠、正直和友誼的觀念。宗教和浪漫的愛情在三國英雄的生命裡並未出現，這部小說基本上是一部關心人和行動的偉大戲劇。中古世紀歐洲的浪漫愛情故事中，充滿了冒險盛大的排場以及奇幻的色彩，主角個個都是「唯愛主義」的信奉者，反觀三國時代的風流人物，個個都是現實派，滿懷雄心壯志、濟世才華的理性份子，他們胸中唯有一個熱衷的期盼，希望可以絲毫不受唯美的愛情或感人的親情羈絆，奮不顧身的加入保皇衛道的神聖行列，或是終身致力於實踐當初「同生共死」的結義誓言。

（七）《三國演義》的影響

楊氏認為，由於《三國演義》非常接近史實，而且用淺白的語言重述歷史，因此，實現了在中國平民中普及（宣傳）歷史知識的重要功能。不過，《三

國演義》中有一些扭曲歷史的例子，沒有批判力的讀者很容易把某些描述誤解爲眞實的歷史，例如，赤壁之戰是諸葛亮獨自扮演擊敗曹操的重要角色，再者，周瑜在歷史上是個偉大精明的軍事家，但是，在羅氏的筆下卻變得善嫉且心胸狹窄。魯迅認爲，《三國演義》是七分事實，三分虛構（章學誠是最先發現這一現象的學者），這種說法，無疑是正確的。

（八）《三國演義》的價值

楊氏認爲《三國演義》是完全中國的，在西方文學裡沒有任何確切相同的類型，它是中國文學中一部獨一無二的作品。它有限的歷史虛構細節已經把生命力和活力注入史實中，這些就是《三國演義》的主要力量。

當古希臘人把他們的傳奇化英雄的寫入《伊利亞德》和《奧德塞》時，中國人卻把英雄的功業記載在稍微虛構的散文記敘文、虛構的傳記，以及歷史的軼事中，如，《戰國策》。像古英文史詩和《尼白龍根之歌》這樣的敘事詩開始出現在中古歐洲時，中國人才開始發展他們自己的敘事詩文學，不是用韻文而是用演義體的歷史敘事的散文，在所有演義體的作品中，《三國演義》是第一部且無疑的是最偉大的一部，它的確是一部英雄文學的傑作。這部小說，儘管它是從說書人的口述傳統中以有限的模式借用的事實，西方的標準是太眞實了，但是，作爲一部獨一無二的英雄文學的作品，它以複雜的角色和動機壯麗的設計和英雄的高尙理想，使自己成爲傑作。作爲一部歷史的故事，它展現了民間傳說和歷史現實的獨特結合，羅氏成功地將通俗口頭的傳統和手寫的歷史傳統結合在一起。再者，與他國歷史小說相比，中國的歷史小說主要的特色是：中國的歷史小說家常採用官方史籍（官方史學本身就是中國文化相當特殊的產物）作爲他們編纂歷史小說的主要參考依據。在西方文學裡無法發現可相比擬的形式。在形式和精神上，《三國演義》和古希臘敘事詩，幾乎沒有任何相似之處，但在其他方面，它卻和中古歐洲的敘事詩類似，如，如果我們把它和西班牙的敘事詩 Cid 的詩相比，我們就會發現一個有趣的相似處，即兩者都展現了對歷史緊密的堅持。

總之，楊氏認爲，羅氏對三國時期歷史新版本的創作，主要的貢獻在於他把新的生命注入舊的三國循環中，他用純粹的語言精練這些故事，也在於他介紹了一種更精緻但簡單的文言，消除了通俗語言粗俗的元素，他也透過重寫和重塑某些民間故事，把歪曲的歷史降到最低程度。他刪去了許多超自然的、感覺論的迷信元素，而且試圖呈現一部高度可讀性和相當可信的歷史

事件。它可以被視爲像一首散文敍事詩。它的內容準確地反映他的標題《三國演義》，羅貫中創造了中國文學的一種新文體，他的作品爲後世的通俗歷史演義建立了基礎，在世界文學中變得非常獨特。

二十、Kroll：《曹操的肖像：其人與其虛構事物的文學研究》〔註71〕

　　本文乃是 Kroll 的博士論文，Kroll 在文中以四個章節來探討曹操，包括作爲官員的曹操、作爲詩人的曹操、文學上虛構的曹操以及戲劇裡的曹操。由於研究上的需要，本文僅摘述在文學上虛構的曹操這一章中，曹操在《三國志平話》以及《三國演義》裡的形象及演變。

一、通俗傳說及《三國志平話》中的曹操

　　Kroll 提到，三國故事至少在隋代就已經廣爲流傳了，但是直到 11 世紀，我們才找到第一份對於講述三國故事的說書人，記載有詳盡內容的文獻。此即蘇軾《東坡志林》中提到的：「塗巷小兒薄劣，爲其家所厭苦，輒與數錢，令聚聽說古話。至說三國事，聞玄德敗，則頻蹙有涕者。聞曹操敗，則喜唱快。」Kroll 指出，從這段引述，我們可以得知，雖然，北宋的史家司馬光宣稱曹魏才是繼承漢朝的正統，但是，在通俗的三國說唱故事中，曹魏明顯地被刻畫成邪惡的一方，和被認爲是正統的劉備形成強烈的對比。事實上，蘇軾在文中就把這種喜好的判斷表露無遺，蘇軾接著說：「以是知君子小人之澤，百世不斬。」

　　Kroll 接著介紹《三國志平話》，他提到，北宋的說書人在講述三國故事的時候各有專攻，但是，直到元代至治年間，我們才發現小說裡的三國故事有現存最早注有年代的文字資料，也就是《新刊全像平話三國志》。此書乃福建建安郡虞氏所發行的《新刊全像平話五種》其中之一。這本書是如何發展出來的以及是誰的著作，到現在仍然是個謎。不過，目前爲止，標準的說法是，這部作品代表著說唱文學的忠實紀錄。

　　《三國志平話》並沒有忠於陳壽所寫的正史，反而變成一個通俗歷史的版本。其內容包含著無數的虛構及穿鑿附會。平話並不是純粹的歷史敍事，而是把歷史作爲一個因果報應的例子。漢朝會一分爲三是肇始於漢高祖及呂

〔註71〕見 Kroll,Paul William, "Portraits of Ts'ao Ts'ao:Literature Studies of the Man and the Myth,",Ph.D.dissertation（University of Michigan,1981）.

后冤殺了韓信、彭越以及英布三名功臣,漢高祖注定就要轉世爲漢獻帝,目睹他的帝國被分成曹操(韓信轉世)的魏、劉備(彭越轉世)的蜀以及孫權(英布轉世)的吳三國。

Kroll 認爲,添加了因果報應的基調,足以讓敘述者給聽眾一個合理的交代,來解釋何以曹操經常可以從危險中逃脫。例如,在赤壁之戰中,曹操之所以能逃脫,原因就如文中史官所言,要不是曹氏家族註定會有五位皇帝的話,曹操是沒有辦法逃離的。很明顯的,曹操得以逃脫是因爲天命的關係。Kroll 接著敘述平話如何刻畫關於曹操的情節。平話共分三卷,曹操在第一卷幾乎沒有出現,但是,一旦出現,通常都是些重要的場景,而且隱含重要的意義。在第一卷中,曹操的演出並沒有預期的邪惡,相反的,他暫時與劉關張結成同盟,來對抗董卓及呂布。而董卓和呂布事實上才是第一卷真正的反派腳色,張飛才是這一卷的要角。曹操這時主要的任務是反映出張飛的武勇。此外,曹操在諸侯質疑劉關張三人並非王侯之後時,挺身而出替他們說話。此時,顯示曹操關注的是一個人的實力而非背景。然而,Kroll 指出,不管曹操在平話本的前三分之一是多麼的和善或者做出許多利他的動作,作者從一開頭就毫無疑問地展現出他對曹操的論斷,即:漢朝現在真的沒有其他的能人了,因此,只好仰仗曹操的能力。但是,直到幾乎是第一卷的結尾,曹操才躍上主要的舞台,在之後的三分之二,曹操變成書中的主角。

呂布一死,曹操就取而代之成爲最主要的反派腳色。在第二卷的第一個場景,描寫曹操以幾近殘暴的手段掌控朝廷。董承以及吉平暗殺曹操的計畫失敗後,作者在此插入了一首詩:「從古至今,從來沒有一個英雄像曹操這麼言而無信。」此後,曹操在平話中就是扮演完全邪惡狡詐的角色。劉備雖然是道統的依歸,但是,他常常被迫不經意地欺騙人,這麼做都是爲了取悅讀者。事實上,通篇來說,曹操看似敗多勝少,但是,他始終保持著對中國北方以及朝廷的控制。

曹操的死發生在第三卷的中段,但是,他的死並不是重點,甚至故事也沒有寫到他死時的場景。直到死亡,曹操一直都在舞台上或多或少地參與所有的演出。曹操被形容得像是一個陰險的小人,特別是當他殺害馬騰以及除去楊修時,更是將陰險狡詐的個性顯露無遺。但是,按照平話的版本,最常被敘述的故事是曹操脅迫獻帝處決太子以及將皇位禪讓給他兒子—曹丕,但是,這段敘述和真正的史實相去甚遠。平話中關於曹操的資料都是一些稗官

野史，如，謀殺太子、替曹丕篡奪皇位、甚至被獻帝指為是王莽。值得注意的是，在道德上作為曹操對比的劉備，一聽到太子被處決時，是極度悲傷的，以致躺在病床上數日。Kroll 指出，雖然，這並不是史實，但此處所描繪的曹操行徑是跟平話本所敘述的因果循環的基調的口徑是一致的。所以，依照情節的需要，曹操（轉世的韓信）讓獻帝（轉世的漢高祖）受到這些悲傷以及羞辱。總而言之，在平話版中的曹操是一個一次元（one-dimensional）的角色、一個典型的反派腳色，他的角色描繪是符合通俗歷史的。比起在史書以及文學創作企圖展現出的丰采為目的，這些通俗描寫是企圖傳達忠孝節義及教化人心，著重情節的高低起伏成分是相對地要來得多。

二、《三國志演義》中的曹操

接著，Kroll 討論《三國志演義》中所呈現的曹操性格。由於此部小說版本眾多，Kroll 僅探討兩個最為普及與影響力的版本，一為羅貫中版本，一為毛宗崗版本。Kroll 首先介紹《三國志演義》一書。他指出，所有後世修訂本所依據的最早版本即羅貫中所作。羅氏於中國文學中屬一隱晦不明的人物，儘管《三國演義》出自筆下的事實僅止於傳說。傳言至少有十七部歷史故事及著名劇作為其所作，而現存且與之同時代對其有所描述之文件可見於賈仲明的《錄鬼簿續編》。因此，吾人僅知羅貫中生於元末明初，而現存最早修訂本距其年代晚了一百餘年，且其間修訂本已經歷多次修改，而基本上，並沒有令人信服的理由可以懷疑其文並非出自羅貫中之手。

羅版於正文之前有兩篇序文，一為蔣大器（號庸愚子）所作，寫於弘治年間甲寅年仲秋望月（1494 年）；另一為修髯子所作，寫於嘉靖年間壬午年（或1522 年）。因此，雖然有時會提及弘治本，但一般認為嘉靖本應為此小說現存最早的複本，且 1522 年前所普及的版本僅為抄本形式，在嘉靖本之後似乎皆有收錄嘉靖本中的序文。碰巧的是，初版的刊行恰好落後平話二百年，依據孫楷第所註，此版的美感與高層次可指出其可能是為奉官命而作。

羅貫中將其作品命名為《三國志通俗演義》，相較於平話，其名明白地指出故事要旨，其文更加貼近陳壽《三國志》所記的事件。《三國志通俗演義》在文體上與平話是截然不同的，取材自歷史記載多過於坊間傳說，莊重簡潔不失地方特性且能夠取悅讀者，而故事常被多首高質感的詩作所中斷，這是平話中所不得見的，羅貫中亦直接從《三國志》節錄許多字句及記載，進一步潤飾文章。

　　《三國志通俗演義》的故事本身與《平話》並無太大差異，但篇幅將近是後者的十倍，羅本加入大量新事件以調整平話內容，而新內容則多源自《三國志》所載。例如：赤壁之戰的描述，平話僅以百餘字敘述，而在《三國志通俗演義》中卻佔有十三回的篇幅（88～100 回）。羅貫中將《平話》中的事件以歷史記錄潤飾，其中許多虛構情節被完全刪減，但也有少數例子，因需要將民間傳說嵌入情節中而予以保留。然而，關於曹操的敘述特別擴編了許多不可信但生動的情節及記載於裴松之註解中的偽史。一般而言，Kroll 認為，《平話》與通俗演義之間的差異，在於前者所呈現的是通俗歷史，而後者則是普及化的正史。

　　談及《三國志通俗演義》時，其定義不該是模糊不清的，它是以類似正史的形式紀錄事件的真實性，雖然不是一個正式的歷史紀錄而是屬於小說的一般範疇。章學誠曾貼切地形容「則七分事實，三分虛構，以致觀者往往為所惑亂」。〔註 72〕以歷史小說而言，吾人可以理解馬幼垣先生之言：「一部小說作品具體化的呈現實與想像的交融，以史實為核心要素並且包含各方人物事件的創新。」〔註 73〕

　　隨著 1522 年版的初次印刷，許多版本也隨之出版，然而最重要的版本為毛宗崗於清初完成之修訂本，此本不僅迅速地取代原來的通俗演義，更於今日仍然被廣泛地閱讀。毛宗崗簡稱其版本為《三國志演義》，毛氏對羅貫中原本的標題並無太多的修改，而毛本有一副標題「第一才子書」，關於此部分則是毛宗崗借用金聖嘆之專用語辭，金聖嘆（1610～1661）是早期評論六大才子書的評註家，毛本《三國志演義》發行後三年更清楚地呈現金聖嘆的影響力。事實上，毛宗崗不僅借用金聖嘆之用語與批評方法，且亦借用其名，毛宗崗以金聖嘆之名作序，假借金聖嘆本人之名義對《三國志演義》提出觀點，然而，金聖嘆卻對《三國志演義》不甚了解，甚至未列入其六才子書之列。

　　毛宗崗再次依循金聖嘆評水滸傳所建立之模式，在《三國志演義》中加入一篇《讀法》，此為一重要評論敘述，更進一步地建立於毛宗崗個人史學的主觀性與運用於書中的敘事技巧，Kroll 認為應對此多加對比及研究。

　　毛本的評論並不如金聖嘆評註水滸傳那樣武斷。首先，毛氏將通俗演義二百四十則整合成一百二十回，每回通常相對包含書中兩件主要事件。關於

〔註 72〕見 Kroll, p.157.
〔註 73〕同上註。

故事敘述的修訂，並沒有更換角色及改變故事主軸。然而，毛氏確實作了文體上廣泛地修改，幾乎文中隔行便有用詞及句法上的調整，以達語句上的整潔並修飾羅貫中偶爾過多口語上的並列贅語，特別是對白的改變。毛宗崗亦刪減多首羅本中的詩作，同時以優異的唐、宋詩替代，由於毛本的普及而能快速替代通俗演義而成為此部小說的標準版本，並且流傳至今。

毛本書中的文體修訂主要是風格性質的修正，特別是為達到人物的特色，文體上的修改可確切引起讀者對蜀漢的同理心與其對魏國的反感。《三國志通俗演義》的內文似乎有意識地引發善惡觀點的偏見，毛本對於書中的啟發意味明確地陳述於其讀法的開頭數句，表明讀者應明白蜀為東漢之「正統繼承人」，而魏、吳則為篡逆者。〔註74〕

接著，Kroll 論述了《三國志演義》中羅貫中如何來描寫曹操。Kroll 指出，從毛宗崗版本之中可察覺，毛氏對劉備及曹操使用了不同的編排，致力於深植讀者對劉備的認同，並確保對曹操的反感。例如，文中如實且將近逐字地記述《三國志》對劉備生平的描述，但卻刪除了某些可能促使讀者對劉備認可鈍化的段落，毛本不允許出現對劉備不利的段落，甚至孩提時代的敘述亦是，劉備注定成為偉人，終至帝王。事實上，為增添更多光彩，毛宗崗於自身的版本中添加劉備曾為鄭玄及盧植之弟子之敘述，而《三國志》中，劉備並未求教於盧植，且《後漢書》亦未提及劉備曾拜訪鄭玄。

關於曹操，書中多記述源自反曹的「曹瞞傳」所刻劃之軼事及惡名，充份地描寫曹操的聲名狼藉，雖然，羅版亦確實記載個別段落使讀者對少年曹操產生些微的同情心，不過，卻為毛宗崗所刪除。羅貫中以將近對比的方式引介兩位主要人物。例如，孝順的劉備對比於狡黠的曹操，劉備具備帝王之相；曹操則為詭詐而又輕挑放蕩之人，劉備的叔父視劉備年少非凡而給予劉備及寡母有所援助；而曹操的叔父則感嘆少年曹操的行事作為，某相士宣稱劉備之居所可造「顯世之人」，〔註75〕而另外三人對曹操確有模糊而諷刺性的評價。Kroll 指出，此藝術性並列的形式不僅用於劉備與曹操，更遍及全文之人物事件，是有意引導讀者對人物之觀感的敘事技巧。

因此，《三國志演義》的文章開端即給予曹操負面的評價，但《平話》中卻是相當不同的，完全構思於佛家因果論述，非以傳統史料為依據而是根據

〔註74〕見 Kroll, p.160.
〔註75〕同上註，p.164。

唐代變文。然而，Kroll 認爲，若強調傳統史學與小說之間的關聯，他不希望將其視爲一完全藝術性純文學的作品。事實上，書中對曹操的介紹有相當的誤解，曹操被塑造成一專司詭計謀略之人，但實際上其個性卻複雜許多。

Kroll 指出，無疑的，曹操可算是《三國志演義》前四分之一篇幅中最重要的人物，且此時的曹操也並非那樣邪惡，就某種程度而言，對於曹操的舖寫是由其敵手或反叛群眾的角色所引導。例如：在《三國志通俗演義》第四回中，曹操勸誡何進應對誅殺宦官之計多加考量，第五回中，再勸何進抵抗董卓的軍力，之後太后降詔宣何進入宮，曹操又勸誡何進勿獨自前往。在第七回中，因董卓欺主弄權，群臣皆哭，唯有曹操撫掌大笑，並願挺身刺殺董卓。但其殺害董卓的過程幾乎是鬧劇般的失敗，結局收場於曹操謀刺不成托言獻刀。曹操逃離京都且集結各鎮諸侯以對抗董卓，而後曹操見袁紹等各懷異心，料不能成事，便引軍離開。之後，鎮壓青州黃巾賊後開始有了自己的勢力。在《三國志通俗演義》開端篇幅中，曹操扮演著主導世局與扭轉命運的角色，他的確能夠感動他人並且令人印象深刻。但作者擔心讀者對曹操過於重視，有時便會過度宣揚其缺失，將其描寫爲冷酷自私且優柔寡斷之人。而融合了絕佳天賦與絕對邪惡的特性也正是書中曹操所以引人入勝之處。

作者將曹操塑造成一有能力、思路清晰之領導者，同時，也誇大其挫折與敗仗。大約在書中前四分之一篇幅的末尾，曹操儼然已是書中主角，擊敗所有競爭者（除了南方勢力）而統治著中國北方，並且完全掌控天子與朝廷後，其軍力與統治實權在書中被視爲是絕對成功的。然而，讀者心中出現最多的情節是敘述曹操殘忍錯殺無辜的呂伯奢及其家族、曹操於皇室圍獵中對王權的僭越、或者對行刺醫者吉平的酷刑折磨、以及殘忍地弒殺董貴妃。而在這些篇章中也發展出一種常見的情形，即是在其掠奪殺戮的戰役中，總在最後時刻被麾下英勇將領所營救，而《平話》中，曹操幸運地脫逃卻是因爲「天命」。

在這些篇章中，羅貫中對曹操的人物特色所強調的似乎是其利己主義與叛逆罪狀。Kroll 以爲，讀者對曹操的贊同及反感皆源自於其當下之對手。相較於董卓而言，曹操信譽確實是多過於缺失的。若相較於弒殺二任養父的呂布而言，曹操也是具高道德標準的。稍後，當呂布的謀士陳宮將爲曹操所殺時，陳宮說到「布雖無謀，不似你詭詐奸險」，此句亦成爲後世喜愛用來評論曹操、呂布之用語。不過 Kroll 指出，羅貫中對此事件之對話有所替換（曹操寬大地承諾將善待其母親與家人），但新添入書中的僅只有陳宮指責曹操的那

一句話，這確實是羅貫中以十分謹慎的手法引導著讀者對曹操的評價。Kroll
以爲，小說中關於曹操性格描述最值得注意的是，當讀者被作者的言詞驅策，
認爲曹操是邪惡之徒時，曹操並沒有成爲一個誇張的惡棍，但仍有值得敬佩
之處，此可見於曹操與關羽相遇之時。

　　有一極佳例證即是關羽護送二位兄嫂去投靠劉備而向曹操辭行時，曹營
將領力勸曹操追捕，但曹操不允，並讚美關羽說：「不忘故主，來去明白，眞
丈夫也。汝等皆當效之。」〔註76〕而後謀士程昱堅持應追而殺之，以絕後患，
操曰：「吾昔已許之，豈可失信？彼各爲其主，勿追也。」〔註77〕曹操此處之
胸襟衍自《三國志》所記關羽向曹操辭行之敘述，且爲強調曹操此時的正直，
羅貫中顯然是引述裴松之對三國志之評註。

　　Kroll 以爲，在書中前四分之一的篇幅之中，由於曹操人物性格的複雜，
並不能單純地將其歸類爲全然的反派角色。事實上，或許曹操的人物性格呈
現出更多重事物層面，比起其他人物而言，相信這也是曹操對廣大讀者的魅
力所在，即使在傳統上認爲他是篡逆者。Kroll 以爲，雖然，我們難以想像自
己是諸葛亮，甚或是劉備，但他肯定每個人之間必定隱含著些微曹操的性格。
毛宗崗已有所察覺，並於書中對曹操殺害呂伯奢家族的評註之中說道：

> 孟德殺伯奢一家，誤也，可原也；至殺伯奢，則惡極矣。更說出「寧
> 使我負人，休教人負我」之語，讀書者至此，無不詬之、詈之，爭
> 欲殺之矣。不知此猶孟德之過人處也。試問天下人，誰不有此心者，
> 誰復能開此口乎？至于講道學諸公，且反其語曰：「寧使人負我，休
> 教我負人。」非不說得好聽，然察其行事，卻是步步私學孟德二語
> 者。則孟德猶不失爲心口如一之小人；而此曹之口是心非，而不如
> 孟德之直捷痛快也。吾故曰：此猶孟德之過人處也。〔註78〕

　　Kroll 以爲，無人可以預測曹操之言行，曹操可能是書中最不可預知的角
色。他有面對關羽時的寬大胸襟，也有處決董貴妃及其兄董承，或是在官渡
之戰之中割去淳于瓊耳鼻手指的殘暴。文中如此之暴行屢見不鮮，但也有許
多敘述記載曹操寬恕戰俘或戰敗對手的記載，他屠殺無辜城民以報殺父之

〔註76〕　見 Kroll, p.173.
〔註77〕　同上註，p.174。
〔註78〕　〔清〕毛宗崗：〈三國志演義回評〉，見朱一玄、劉毓忱編：《三國演義資料彙
　　　　　編》（天津：南開大學出版社，2003年），頁270。

仇，卻也能體恤行軍經過的農民。

接著，Kroll 以小說中曹操出現的時間及長短，來討論曹操的複雜性格。Kroll 指出，隨著曹操挾天子遷都許都，結束了書中第一個故事主軸，大約前四分之一篇幅。Kroll 以為，此處的曹操，扮演著無人能及的中心角色，因為，羅貫中似乎用心於描繪此處曹操的人物性格。事實上，隨著關注於曹操的敘述，Kroll 以為，我們幾乎可指出作者對曹操的喜愛如同彌爾頓對筆下人物撒旦表面上的陶醉，〔註79〕我們必須留心於此極相似之處，就如同彌爾頓在確實建立撒旦成為優勢且具有說服力的角色之後，才轉移其注意力，因此，羅貫中亦是致力於建立曹操的權力及影響力。

以此觀點而言，主要的故事主軸是依循著劉備的命運而定，更特別的是，崇高且卓越的諸葛亮一出現即成為書中的主要人物。諸葛亮與曹操之間主要的衝突即是赤壁之戰，這是小說中的精采之處，亦是中國小說中單一事件敘述得最好的段落之一。但是，一般大眾可能會感到驚訝的是，曹操在赤壁之戰中出現的次數卻很少。而或許更令人驚訝的是，以劉備及孫權的立場，及讀者的觀點而言，常常愚弄別人，令人害怕又深具謀略、且在赤壁之戰前曾多次徹底擊敗敵手的曹操，似乎意味著無敵且震攝群雄。然而，曹操在赤壁之戰卻遭到嚴重的挫敗。Kroll 相信，這表面上的矛盾即是書中曹操人物性格的重心所在，亦是羅貫中精心設計下曹操的果報。

在小說的前四分之一篇幅中，吾人可見，羅貫中花了許多時間專注於曹操的敘述，塑造出一個令人佩服，甚至是懼怕的人物。但是，在赤壁大戰期間，曹操擄奪諸葛亮親族不成，在長阪橋被張飛嚇得倉皇逃竄，退兵卻又為關羽所阻而撤，中計而處死二位水軍都督，落入黃蓋詐降之計且又中龐統連環妙計。雖然，曹操於此等事件中出現的時間相當短暫，但是竟能忍受所遭遇之挫折，可見，他總是一位難纏而又佔優勢的對手。

曹操命運的高潮或許也是全文中其運勢的最高峰所在，即赤壁之戰前夜宴時，曹操十分確信，隔日便可獲得最後之勝利。這著名場景也是曹操於全文二分之一處出現得最久的一次，Kroll 指出，這便是羅貫中筆下曹操複雜人物性格之縮影。

此著名場景使曹操令人難忘，亦是描寫曹操善變多樣化人物性格的重要創作，在此之前，蘇軾於赤壁賦精簡地展示了此段故事。蘇軾之賦中著重於

〔註79〕見 Kroll, p.177.

感嘆無情的歲月洪流亦將曹操這般英雄豪傑席捲淹沒，顯然，這也啓發了羅貫中當下的靈感而於此場景中補述。

曹操於赤壁之戰大敗後，其書中的重要地位似乎已明顯遞減，作者轉而專注於諸葛亮及其功業的描述。而當曹操再度出現時，呈現的是多疑貪婪的形象，他的言行不一與篡奪帝位的渴望皆明確地顯現於此。Kroll 在第一章中提到，我們發現，有關曹操的敘述之所以迷人，是在於文中對其描寫大多根據史實而來，並且亦可看出其眞摯。但是，之後，羅貫中用一首詩玷辱曹操之眞誠，即「周公恐懼流言日，王莽謙恭下士時。假使當年身便死，一生眞僞有誰知！」此隱含之意是清楚的，亦是鼓勵讀者評價曹操爲：若如同曹操所言那般美好，那便是我們有所誤解了。此即爲羅貫中善用史料出處之良好例證，且對讀者的印象影響甚劇。

Kroll 發現，相較於書中前半部的篇章，曹操敗於赤壁之戰後到死去間的篇章似乎運用較多的是反曹作品，如《曹瞞傳》、《後漢書》及《世說新語》，而非多方稱揚的《三國志》。Kroll 以荀彧反對曹操加九錫進爵爲魏公爲例，指出，《三國志》中只記載「太祖由是心不能平」，〔註80〕但是，羅貫中卻採用《韋氏春秋》及《後漢書》中的記載，改爲「操聞深恨之，以爲不助己也。」〔註81〕並添數言「或已知操有殺己之心。」〔註82〕因此，羅貫中將《三國志》對此事的不確定轉爲對曹操全然的污衊，羅貫中似乎於書中後段明確地採用較多反曹事件的資料，不若書中前段多引用自《三國志》。

Kroll 指出，小說中多次提及曹操的性格是有意與劉備相對立，我們可以看到，二人間的對比是如何謹愼地建立於各自的場景。Kroll 憶及一個不太引人注意的段落，但此段明確地強調曹操與劉備之間性格的區別。在第一百二十回中，劉備被說服入蜀，此似乎有違其正面評價，因爲，劉璋爲劉備同宗，而攻伐其地乃違背禮義倫常，不過最後劉備還是被說動而決定進入益州。

Kroll 指出，雖然曹操在這個段落中並未出現，不過，仍與我們的研究有多方相關。劉備在此是被塑造來明確地喚起他與曹操之間的對立，特別是用稱頌的詩作，來助長讀者對劉備的敬重與彰顯曹操之惡名。然而，Kroll 指出，劉備爲了權宜之計而暫且放棄仁義與正直，此時的作爲其實與曹操相同，他

〔註80〕見 Kroll, p.189.

〔註81〕同上註。

〔註82〕同上註。

並沒有堅持既有原則，但羅貫中卻讓劉備看起來是在極不情願的情形下，勉強違背所堅持的決心與道德標準。

這樣的作法使我們對羅貫中筆下處理品行端正人物之方式有所了解。其終究顯示羅貫中的道德判斷並不總是存在於對人物客觀的道德標準，而是出自對人物的主觀心態。明顯的，依據作者對人物的道德評價及其稱王的身分，不同的人物會有不同的道德標準。Kroll 也指出，事實上，多數讀者似乎不會被這些情節所困擾，亦無評論家曾質疑劉備之清高。然而，對敏感且客觀的讀者而言，此場景無異模糊他們對劉備的印象，卻相對地突顯了曹操的印象。雖然，仍在小說的範疇之內，倘若這是歷史小說，便不能忽略史實及特定英雄人物的作為，史實與虛構融合得越則精妙，則人物便越發複雜而又迷人。

Kroll 以探討羅貫中如何描寫曹操的死亡作為結束，羅貫中應是獨自完成此一情節，因為，史家幾乎未曾描述曹操之死。羅氏敘述曹操死亡的經過，與《三國志》所記載的大致相同。在曹操死亡稍早之前，屢次受到關羽的冤魂、梨樹之神、伏皇后、董貴人、二皇子及伏完、董承等為他所害者的冤魂驚擾。但 Kroll 也指出，曹操拒絕陳群篡位的建議，以及病危時不許道士設醮修禳，更顯示出曹操性格的矛盾與抵觸，甚至可喚起讀者的同情，連許多譏諷的讀者亦為之動容。

對曹操臨終前的描寫，與讀者期待中著名的大反派完全不同。曹操平和且理智地命謀士們共同輔佐曹丕繼承其業（但不曾言及有意要曹丕篡位），而後平靜地氣絕於榻上。毛宗崗版本中甚至加入一感人場景，曹操向其家眷辭行，要求每日設祭。Kroll 指出，像曹操如此權勢驚人的人物，出乎意料的在書中所佔篇幅竟未超過二十三回。隨著他和關羽的去世，諸葛亮以及劉備仍舊是書中唯一真實的主要人物，但書中其餘的部分卻是屬於諸葛亮。

在這一章中，羅貫中以節錄兩處長篇段落作為開始，其一源自《魏書》，另一來自《曹瞞傳》，皆描述曹操於矛盾對立的模式當中。往後多數作者，為各種原因，似乎大多喜好《曹瞞傳》中人物的性格，而羅貫中筆下的曹操其出色之處在於結合了兩個看似矛盾的觀點，是以富有魅力又複雜的手法完成，其中包含不同以及同時存在多個歧異對立的元素。Kroll 以為，或許書中某些曹操性格的複雜性源自不同來源的參考，羅貫中再以其相異觀點塑造曹操。首先，最常見的是《三國志》以及裴松之的評註，特別是引自對曹操持否定態度的《曹瞞傳》及《後漢書》，另外，《世說新語》則喜好描述曹操詭

詐多疑的一面，而平話中的曹操也是反派角色。

然而，Kroll 發現，書中諸多來源的發展、貢獻及引導並不能使人全盤了解此文學作品或羅貫中筆下跋扈的曹操此人物的成功之處。Kroll 以為，羅貫中筆下的曹操終究是最高層級的文學創作，歸屬於羅貫中成功地塑造人物於奇特的文學典型及其敘事天賦。

二十一、盧慶濱：《歷史編纂脈絡中的三國志演義與水滸傳》〔註83〕

本文乃是盧慶濱的博士論文。盧氏指出，在中國古典小說史上，雖然，《三國志演義》及《水滸傳》兩本小說佔有著龍頭的地位，然而，這兩本小說實際編纂成書的時間仍無法確定。學者曾提出這兩本小說發展的假設順序，從宋、元的口頭敘述形式到明初中等長度的詞話，最後成為發展完成的小說。盧氏認為，上述的主張已經在五四運動期間被打破了。他認為，有第二種研究途徑，那就是如果這兩本小說都是以歷史人物為基礎，而史料編纂在中國小說中扮演一個重要且不可或缺的要素，則這兩本小說如何在宋朝及元朝的口語形式之前就存有手寫傳說呢？

本篇論文的主要目的在清楚劃分歷史編纂和二本小說（《三國志演義》和《水滸傳》）之間的關連。我們一直圍繞著關於「評斷」的問題，來辯論歷史編纂和二本小說之間的關係。但當史學家根據道德原則做明確評斷時，這二本小說的作者卻質疑道德原則本身不同的意義。本文的主要目的就是對史料編纂傳統所編纂的《三國志演義》及《水滸傳》中已有定論的源頭或推動力做進一步檢視。盧氏企圖闡明小說跟史料編纂學之間的關係，主要是以「意圖」，特別是根據道義原則（moral principle）所作的評判為主題來表現。盧氏指出，如果史料編纂對於這兩本小說的編纂所扮演的角色之論證站得住腳，或許可以使我們對界定這兩本小說出現日期的問題提出一個可能的解決辦法，同時，我們得以重新思考歷史小說在明朝所扮演的角色。

在第一章，盧氏討論《三國志演義》及史料編纂學的關係，首先簡短回顧從三國時期到明朝中葉各種不同的正式及非正式的三國故事的處理，並辯論關於小說及歷史編纂學的進一步比較。沿著歷史小說和史料編纂之間的重

〔註83〕 見 Lo, Andrew Hing-bun, "*San-kuo-chi yen-i and Shui-hu-chuan in the Context of Historiography: An Interpretive Study*," Ph. D. dissertation（Princeton University, 1981）.

疊區域進行，盧氏提及了正式的歷史節錄。譬如，呂祖謙的《後漢書詳解》，提供我們一個1522年版小說的評論。其它節錄的歷史隨後出現在元明時期，例如，曾先之的《十八史略》在元代出版；顧充的《歷朝捷錄大成》或《通鑑纂要抄狐白》，兩者均在萬曆時期所匯編；另外還有據說是李贄寫的《史綱評要》。如同我們所注意到的，顧充對《三國志演義》及李贄的評點寫了一篇序言。而為了縮小研究的領域，盧氏選擇比較清初毛宗崗版本的《三國志演義》及朱熹的《資治通鑑綱目》。

盧氏認為，在小說形式與史料編纂學之間的重大差異就是它們的「意圖」。選擇毛宗崗的版本，主要是因為它的可利用性。而選擇《資治通鑑綱目》，是因為在比較《資治通鑑綱目》、袁樞所撰的《通鑑記事本末》、明朝初期有關三國故事的戲劇及《三國志平話》中插曲的章回名稱之後，發現小說的章節名稱與《資治通鑑綱目》的章節，大部分都是重疊的，且都以編年體的方式敘述事件，另外修辭也近似，因此選擇《資治通鑑綱目》。

盧氏指出，在《三國志演義》及《資治通鑑綱目》間有著密切的關係。進一步分析這兩部作品，會注意到它們對於事件的選擇及排列方式的不同，兩個作品間最決定性的不同就是「意圖」。《資治通鑑綱目》企圖以精準的用字讚美以及批評，另一方面，《三國志演義》的作者傾向於不明確地陳述自己的評斷，而質疑歷史學家在評斷時所根據的道德原則。小說家用兩種方式質疑道德原則的意義，也就是說，透過敘事技巧的對比，反襯小說中兩個相似的人物。在這兩種情形中，相近人物的並列可用來引出我們對於每個人物的讚美跟非難，並且建立絕對的道德批評。另一方面，藉由給予機會去正確判斷，小說家成功地質疑了道德原則的意義。

第一章大部分關注於小說中這些敘事技巧的研究以及漢朝建立的相關參考資料的使用。在敘事技巧的研究中，盧氏主要採用十六及十七世紀的小說評論文章；在漢朝建立的相關參考資料的研究中，引用的是《三國志平話》、《史記》中劉邦及項羽的傳記、清初毛宗崗所寫的小說評論等材料，以及其他歷史學家實際比較三國時代及漢朝建立後所寫的文章。

最後，進展到傳統歷史學家所寫關於三國時代的文章時，史料編纂及小說間的對比會更加明顯。這些不同歷史學家的立場可能會也可能不會與朱熹在他的《資治通鑑綱目》中所表現的有差異，但是，他們關注的主題是非常相近的。舉例來說，他們可能爭論曹操、劉備或孫權究竟誰是正統的君主，

或者如果諸葛亮沒有不切實際的想要試著統一中國。然而，只有一件事是確定的，那就是他們全都對於小說家所稱的道德原則這個概念感到興趣。再一次，我們在這些文章中看到這個重大的差異，那就是，歷史學家會站在道德原則的基礎上做評論，而小說家傾向讓讀者自己來評斷。界定歷史學家與小說家間對於意圖的重大差異之後，盧氏藉由繼續闡述《三國志演義》的作者是有意識的表現出對於道德原則不同分支的探究來結束這章節。盧氏接著評斷關於劉備的道德原則；他認為劉備可作為一個例子，說明作者如何達到他的目的。然後，盧氏提出結論，說明「演義」這個詞作為小說的標題是當作一個小說的基礎概念，也是道德原則本身意義的多樣性的分支。

在第二章，盧氏探討了《水滸傳》和史料編纂的關係，由於《水滸傳》不在本論文的研究範圍之內，故從略。

在第三章，盧氏論證這兩部小說相同的地方。他認為，即使歷史文本、劇情結構以及描述細節的程度在兩個作品中可能不同，但是，它們的觀察基本上是類似的。在兩本小說中有類似的場景描寫，例如，分裂的背景結構以及對照中秋節或元宵節時的滅亡或衰落，這可能只是單純的藝術上的設計，但是，角色的名字、章節名稱以及提及三國時代和漢朝建立的場景，有太多的例子不能被忽視。最後，在論證兩部小說類似的觀點中，盧氏將兩部作品的文本放在以遊俠及派系鬥爭為主題，並且論證這些主題提供了兩部小說的主要連結，而主宰了遊俠行為的道德原則可能有利於理解這兩部小說的架構。

在第四章，盧氏討論了明末兩本小說的綜合版本——《英雄譜》。為了正式的論證，盧氏將《英雄譜》放在本文中關於「譜」這個形式的發展，強化評價的判斷與追溯家譜兩個主要的組織原則。盧氏企圖將這兩個原則和「演義」這個詞的詮釋放在一起，作為評價判斷的基礎以及這兩部小說中的英雄判斷的一致性。最後，盧氏做出結論，就是《三國演義》及《水滸傳》中英雄的共同點在於一個單一的英雄類型。在本章中，盧氏，表示在明末這二本小說的命運密切地綁在一起。《水滸傳》的作者被連接到羅貫中身上，最後，《水滸傳》與《三國志演義》一起在《英雄譜》的格式下被印刷出來。

盧氏以重新審視元、明的歷史小說以及企圖為歷史小說家的觀察下定義來作結論。盧氏發現，歷史小說家重疊使用如，《史略》般的形式與歷史中的敘事詩，有時更伴隨著散文的人物傳記。從本文對於官方及非官方形式的歷史傳記間的關係可以看出，盧氏認為，歷史小說對於史料編纂學的貢獻是

增廣了它的視野。盧氏接著說明，歷史學家及小說家的關注點在某種程度上是重疊的。然而，最主要的差別在於小說家會提出問題，然後用各種面向去檢驗它們，但不會提出一個最佳的答案。「演義」的形式，正如同我們所論證的，是道德原則多樣分支的一個表現。大事或小事、公眾或是私人（而對於讀者，以小說的架構去檢視）在這兩本小說的任何角色中找不到真正的英雄，但是，如同《英雄譜》這個標題所暗示的，真正的英雄是反映在所有角色各種面向中。

　　另外，關於《三國演義》的版本和成書年代，盧氏首先指出，三國的故事以及當今重新印刷的 1522 年版本在 1975 年被稱為《三國志通俗演義》，還有相同版本的重印本，但在 1980 年重編成現代的型態。編輯者對在 1522 年版本找到的地名和註釋付出特別的關注。他們發現，在這些註釋裡，地名的使用，除了些許例外之外，都屬於元朝時期的。例如，郎琊，今益都路沂州；桂陽郡，今屬林州；荊州，古之荊州及今峽州。如編輯者註釋，三個地方的名字，都在明代被改成不同名稱。進一步說，編輯者注意到三個地方的名字，潭州、江陵、建康，在 1329 年的註釋裡都被更改成天臨、中興、及集慶。羅貫中對兩浙和淮南地區很熟悉，編輯者繼續假設羅氏應該知道建康已改成集慶。因此，編輯者設定最低限度在 1329 年，當羅貫中 30 歲時他完成了小說。

　　此外，盧氏也從小說裡使用的政府機關的名稱，修正了小說編撰最接近的日期。如同小川環樹所紀錄的，小說的第 80 章中，「太常院」這個名稱是元代的稱謂，原本稱作「太常寺」，後來在 1308 年後改稱「太常院」，明代時期再改回「太常寺」。因此，盧氏認為，從小說中的地名及政府機關的名稱看來，小說似乎是由羅貫中所編撰，而完成日期則介於 1308～1329 年之間。〔註84〕

　　最後，盧氏提到，他對這兩本小說成書的日期的主張是試驗性的，而且

〔註84〕此段文字之原文如下：

Again, if we turn to the presence of a Yuan period　government title in the novel, we may also be able to fix an upper limit for the date of compilation of the novel.As Ogawa Tamaki has noted, the term t'ai-ch'ang-yuan（太常院 Bureau of Ceremonial Affairs）in chapter eighty of the novel is a Yuan period term. It was originally referred to as t'ai-ch'anq-ssu（太常寺），and was changed to t'ai-ch'anq yuan 太常院 after 1308. The name reverted back to t'ai-ch'anq-ssu in the Ming period.From the dating of place names and a government title in the novel, it would seem likely that the novel as compiled by Lo Kuan-chung was completed between the years 1308-1329.見 Lo, pp.253-254.

沒有結論。本論文希望見到的主要是歷史編撰的貢獻對這兩部作品的構想及評價，而小說成書的確實日期則必須期待新的證據及進一步的調查。

二十二、楊力宇：〈從歷史到小說——關羽的通俗形象〉〔註85〕

楊力宇指出，在中國，許多歷史人物的行為和言語都已被改變。很多英雄已經被崇拜為神明，人們特別為他們建造廟宇，而壞人更進一步地被誹謗。英雄崇拜總是在中國人的生活中扮演一個重要的角色。在受歡迎的中國英雄中，少數已經被強烈的理想化，例如，岳飛和關羽，他們兩者已經被視為忠誠和正義的象徵來崇拜，他們長時間被認為是最著名的儒家美德的代表。

南宋的岳飛已經被小說化，成為一位愛國者和英雄；而三國時期的關羽直到今日都被民眾認為是一位最忠誠、正義、神聖和勇猛的人。他們兩位已經成為英雄美德的典範。然而，就某方面來說，他們兩位都是悲劇英雄，都沒有完成他們的歷史任務就死了；楊氏認為，就他們的歷史現實而論，他們絕不應有這樣高的榮譽。

幾世紀以來，關羽和岳飛的形象，已經被人們由歷史現實逐漸改變成完全不同的文學圖像。楊氏指出，這樣的轉變首先被大眾文學完成，特別是口語的小說。兩者的文學圖像並不是通俗作家瞬間的創作；相反的，它們是經過長時間逐步形成的。楊氏在本文裡，提議去審查關羽在他死後好幾個世紀裡所發展出的各式各樣的歷史和文學圖像，以作為中國文學裡歷史人物的文學轉變的個案研究。

楊氏指出，關於關羽的傳記資料非常缺乏。最早而可靠的歷史來源當然是陳壽在《三國志》裡的傳記。陳壽關於關羽的傳記非常簡短，只有不到一千五百個字。它從陳述關羽的出生地開始，簡短地描述關羽對劉備的情誼和奉獻。

不過，陳壽大量描述關羽的自負，對諸葛亮策略的無知以及過分自大和傲慢，這引來關羽的自我毀滅。陳壽對關羽的概念或許最好用「剛而自矜」來描述。陳壽在其他三國人物的傳記裡，提到關羽的次數很多，但是，關羽的圖像呈現在其他人的傳記裡卻十分一致。更多後期關於三國的歷史資料基本上是根據陳壽的《三國志》，即使是司馬光的《資治通鑑》，都提出相似的

〔註85〕見 Yang, Winston L.Y., "From History to Fiction——the Popular Image of Kuan Yu," *Renditions* 15（Spring 1981）, pp. 67-79.

描述。實際上，關羽像是一位傲慢而輕率的武夫，從司馬光的記事裡，更清楚地呈現。

楊氏以為，關羽形象的文學轉化或許在司馬光的《資治通鑑》出現後開始。即使在劉義慶的《世說新語》裡，儘管有許多其他三國英雄的有趣故事，如，曹操和諸葛亮，但是，裡面卻沒有關於關羽的軼事。而在現存的駢文或早期的話本選集中，也沒有關羽的資料。

楊氏指出，直到元代，我們才發現關羽的文學轉化的開始，首先是在幾部雜劇中，之後在《三國志平話》裡。在許多現存的有關三國人物和事件的雜劇中，只有三部是完全致力於描寫關羽的，包括，《關雲長千里獨行俠》、《關雲長白河放水》，都是由不知名的作者所寫的，還有關漢卿的《關大王獨赴單刀會》、鄭光祖的《虎牢關三戰呂布》，關漢卿的《關張雙赴西蜀夢》。另外，早期還有一部不知名作者所寫的雜劇，標題為《關雲長義勇自盡》，至今仍存在。

楊氏以為，雖然，這些戲劇提出關羽的生命和性格的不同觀點，他們卻還是傾向于讚美他。他的忠誠、正義和英勇被強調。而且，很多缺乏可靠歷史真實性的戲劇細節被創作來提高他的地位，因此，他傲慢、過度驕傲、過度自信而愚昧的莽夫的歷史形像就完全不見了。

楊氏接著介紹關羽在《三國志平話》裡的形象。儘管《三國志平話》在風格和敘述形式上都很拙劣，在很多領域也偏離了史實，它還是繼續讚美關羽，但是，並沒有將他崇拜為神。他悲劇的死亡被描述成一個真正的事實。作者既不描述關羽的傲慢和自大，也不描述他的過度驕傲和自信，所以，關羽在《三國志平話》裡的形象基本上和在現存的元雜劇裡是相同的。

接著，楊氏提到了毛宗崗的《三國演義》，楊氏認為，本書無疑的是關羽文學演變的最重要來源。關羽在小說內的形象比《三國志平話》和雜劇裡提及的更加複雜。楊氏以為，無疑的，羅貫中對關羽有高度的關心和讚賞。羅貫中用許多篇幅來形容關羽令人印象深刻的外表、超人的英勇和戰爭的技能。雖然他的死亡是由於他的過度自負和無視諸葛亮偉大的戰略所引起的，不過，羅氏也將其描述成英雄的死亡而不是他自己失算的結果。

楊氏認為，關羽在小說裡已經被描繪成一個莊嚴、正義、有極端能力和非常英勇的人。他舉出關羽降曹後，仍保持對劉備的忠誠。而他在華容道釋放曹操，也顯示了他的慷慨和正直。Roy Andrew Miller 也說道，相信在中國，虛構的關羽已經代替了歷史上的關羽。

　　不過楊氏提到，因爲《三國演義》透過關羽的讚賞者對他的讚美，所以，一些對他不利的的意見經常被忽略。而諸葛亮對他的評價應是最公正的。例如，諸葛亮極其不願意將荆州託付給關羽，因爲，他對關羽缺乏信心。諸葛亮最終如此做，只是因爲關羽是劉備的選擇。諸葛亮對關羽的評價，在不久之後也得到證明，關羽違背了聯合東吳的政策，最終導致孫權決心和曹操結盟，且在孫曹聯合攻擊下，關羽失去戰略要地荆州，而由於過於自負和粗心，他連在突圍前都無視於東吳的埋伏，而造成了他被俘和死亡。

　　關羽的驕傲和虛榮，也在劉備策封五虎上將時顯露出來，他不願與老將黃忠並列。而在馬超被封爲平西將軍之後，關羽又欲與之比武，之後，在諸葛亮的勸阻下，他才打消念頭。以上二例提供了關羽極端虛榮和幼稚的更進一步的證據。而諸葛亮對關羽「剛而自矜」的評語，不僅是關羽人格最好的寫照，也提供了他垮台的合理解釋。

　　如同之前的描述，羅貫中在小說裡創造許多事件來讚美關羽是一個英雄。這樣的相互矛盾使學者迷惑，但楊氏認爲，羅貫中這樣做是有原因的。在宋代，或者甚至早在唐代時，歷史上的關羽已經逐漸被大肆誇張到神話般的地位。在現存的元雜劇裡，他已經成爲受歡迎的英雄。在明朝初年他更進一步被神化爲一個忠誠、正義的最高象徵。十九世紀初期，有幾部描繪關羽爲聖人或是神明的國劇，已經被創作出來。不過，將關羽崇拜爲神的最高峰是在十七世紀中葉，1652 年清朝賜予他最高的榮譽，封爲「忠義神武關聖大帝」。〔註86〕

　　從羅貫中對關羽的描述來看，似乎羅貫中自相矛盾。然而，楊氏認爲，這是可以理解的。羅氏因受大眾文學的影響，在他寫作時，關羽已經是國家尊敬和崇拜的對象，他不得不把國家情感考慮進去，並且將大眾傳奇和神話裡對他過度的讚美加以調和。因此，羅氏創造了許多關羽過人的英勇，忠誠和高貴的人格的許多情節，與這個英雄受歡迎的形像一致。不過，楊氏又指出，羅氏只有偶爾讓關羽看起來像一個聖人或是神。另一方面，羅氏依據正史《三國志》，透過關羽違背諸葛亮的戰略來顯示他的幼稚、自大、傲慢、愚蠢、虛榮、自負和過於自信。羅氏將關羽描寫爲眞正的人，他有著普通人的弱點和特別的力量。楊氏以爲，羅氏絲毫不想神化關羽或是讓他具有非凡的神勇，相反的，他用過度的驕傲和自信的瑕疵將關羽描繪爲一位不平常的武士，這也帶來他自己的悲劇的死亡。

〔註86〕見 Yang, p.78.

二十三、Kimlicka：《作爲文學的「三國志通俗演義」小說：其作者羅貫中對反諷的使用》〔註87〕

本文乃是 Kimlicka 的博士論文。Kimlicka 是浦安迪的學生，他繼承浦氏對《三國演義》的看法，亦認爲全書充滿反諷的意味。Kimlicka 一開始就指出，「反諷」是《三國演義》這部作品現存最早版本的一個重要特色，但不幸地，現在我們所認定的「標準」版本裡，這個特色已經在校訂過程中被去除一大半。這提供了我們一個新的反面解釋，這些表面上被描述爲「品德高尚」的角色，實際上是自以爲是的；而邪惡的機會主義者爲了追求權力，則掠奪、分裂並削弱國家。

Kimlicka 指出，敘述中的譏諷，本身似乎不是目的，而是讀者們爲了因應作者把各種層次的文學組織都包含進去所形成的錯綜複雜的謎團，用來使其變得清晰可見的方法。Kimlicka 指出，在最低的層面中，仔細注意不同的上下文，就可以看出嘲諷的意味。各種片段就像是「隱喻」一樣，透過精細的語言形成一個個謎團。而在最高的層次，當敘事結構被擺在一起時，會引起預期外的重要意義，雖然，它們乍看似乎是沒有關聯性的事件。

在第一章中，Kimlicka 介紹《三國演義》的流變、作者及宗旨。第二章則介紹作爲文學作品的《三國演義》。第三章討論了劉備的虛僞。第四章敘述劉備的變節。第五章舉姜維的孝順及赤壁之戰爲例，敘述角色特性及文學結構中的反諷修辭。以下略述各章的要點。

第一章　《三國演義》的流變

Kimlick 在本章中，介紹《三國演義》的流傳及演變，他以四個部分來作說明。

（一）作者背景與小說主旨

Kimlicka 引用 Ch'en Ming-sheng 及楊力宇的說法，認爲，《三國演義》一般假定是羅貫中於十四世紀時所作，但對其人之生平則知之甚微，認爲他極可能是官場失意的知識份子，因而，在作品中顯現對當時社會的失望，也因此羅貫中詳盡且敏銳地批評及描述當世的舞弊及惡事。

〔註87〕 見 Kimlicka,Paul Francis. *"The Novel 'San kuo chih tung-su yen-i' As Literature : Uses of Irony by Its Author Lo Kuan-chung,"* Ph.D.dissertation（University of Michigan, 1986）.

　　Kimlicka 提到柳存仁的說法，柳氏曾說道：在王圻的《續文獻通考》中記述著羅貫中曾加入反元義軍，該組織最終仍被消滅，之後，羅氏便將遽變的心靈投射於創作歷史故事。不論王圻的說法是否可信，此觀點仍與其餘早期的紀錄相吻合。

　　Kimlicka 也引用魯迅的說法，認爲，羅貫中確實是《三國演義》的作者，約生活於 1330～1400 年，他曾有許多深獲好評之作，但若非亡佚，便遭後人大加刪改，以致他的原始風格難以重現，不過，大概可以看出羅氏於青年時期致力於詩詞創作，在晚期才轉爲撰寫小說。

　　楊力宇曾提到，賈仲明在《錄鬼簿續編》中的敘述，暗示著，羅貫中是個孤獨而奇異之人，居無定所且鮮少與人往來。Kimlicka 綜合以上學者的說法，認爲，羅貫中確爲《三國演義》之作者，並且推測，書中的嘲弄明顯地呈現出書中主人翁們在道德價值的僞善。

　　關於《三國演義》的主旨，Kimlicka 提到 Roy Andrew Miller 的說法，Miller 認爲，書中主要的議題在於呈現人類野心的特性，亦是忠實、完整地敘述人性。Kimlicka 則認爲，冷酷無情的雄心壯志是所有主角的共通點，但許多評論者，包含 Miller 等皆相信書中某些英雄人物的抱負是道德之典範，有別於反派（如：曹操）之野心。Kimlicka 舉太史慈這一英雄人物傷重垂危之際之例，來說明英雄對無法完成其志而懊惱不已的情景。

> 太史慈病重。權使張昭等問安，太史慈大叫曰：『大丈夫生於亂世，
> 當帶三尺劍立不世之功；今所志未遂，奈何死乎！』言訖而亡，年
> 四十一歲。〔註88〕

此段給予我們一個明確的概念，作者將書中所有人物的志向歸結於「志」字，「志」在中文裡並非僅有一種含意，而在書中主要呈現個人利己主義的志向—登王稱帝，由此可以明白太史慈臨終之言即指此而言。

　　Miller 舉例說明「志向」之例十分有趣，因爲，這牽涉作者運用嘲諷手法的認知。曹丕登基，放逐獻帝，曹丕相較於古代明君的節操即是諷刺文學中的僞善。

（二）書中情節

　　Kimlicka 指出，《三國演義》的故事由西元前 187 年到 280 年，起自「桃

〔註88〕見羅貫中：《三國演義》，頁 458。

園三結義」，終於司馬炎統一天下。Kimlicka 認為，許多讀者對於關羽受害之後的故事興趣缺缺，讀者通常僅對故事的前三分之二有興趣，即三國鼎立局勢的形成。讀者多不關心其後三分之一的發展。不過，Kimlicka 指出，後三分之一的章節其實並未減少其趣味，與前三分之一相比毫不遜色。他並指出，羅貫中選擇三國時期廣為人知且爾虞我詐的現實作為題材，有助於啟蒙中國的虛構小說。

（三）版本之說

關於《三國演義》的版本，Kimlicka 引用楊力宇及陳守義的研究，認為其最早的版本應是印刷於 1522 年的嘉靖版，其中含有兩篇序，分別是 1522 年及 1494 年所作，而學者們多同意 1522 年的版本即為目前所見之原作。

嘉靖版與原始版本甚為相近，不過，這個版本是否真為羅貫中之原作，確有一份不確定性。《三國演義》曾經過刪改，所幸今日廣為流傳的版本鮮少訛誤，毛版中所刪改的部份即是大眾所知的錯誤。此版即為毛宗崗評本，之前於十六世紀初時，李贄（1527～1602）修訂其章節架構，原本每卷十回，計二十四卷，共二百四十回，後每二回合為一章，而後十六世紀中期，毛宗崗與其父進一步修訂此書。雖然，有些學者對於原作因修訂版而湮沒為之扼腕，但奇特的是，此書卻因為修訂版的盛行而備受推崇，毛本不僅在華人世界大獲好評，在中國文學上亦獲得極高的評價，Kimlicka 認為，毛本是極富魅力又能忠實呈現原味之佳作。

Kimlicka 指出，毛本乃是傳統中國文學之第一部長篇小說，其出色的交錯情節，鮮明的人物性格皆開創中國小說之先河。而評論家證明毛版確實為羅貫中《三國演義》的最佳評本，因為，毛本具有適當的宗旨並校勘此文，且此版本集一連串版本演變及彙整之大成。雖然學者多同意羅貫中為《三國演義》之原作者，但因現今版本已經過多人所編輯，雖然，此作確實是羅貫中所編，但若將貢獻歸於單一作者便顯得不公平。Kimlicka 認為，羅貫中僅是對正史作一重述，以較通俗的語言令讀者輕易明瞭這一段歷史。其所作歷史人物主要在表現作者之意志，並不足以被視為虛構歷史的創作小說，不過，依其書中虛構的橋段，可視其為改編的小說作品。Kimlicka 認為，羅貫中並沒有文學或藝術上的意圖，從書中並不嚴謹的詩文即可得知。羅貫中並未自命為小說家，他有時會挑戰虛構情節的難度，但通常習慣以通俗史家的觀點營造於人物之中，他展現了一些創作人物以及虛構事件的天賦。Kimlicka 以為，

羅貫中的藝術成就源自於將廣大的題材投射於清晰、奇趣的事件中，並將引人入勝的虛構敘述交織於歷史之中。

此外，Kimlicka 也說明了毛宗崗對嘉靖本的修改之處，包括整理回目、刪除論贊、修改詩文、增刪瑣事、改訂文辭等，此修訂的篇幅受限於眞實史事，將章回前的題詞改爲七言對句，增補詩贊，刪改對人物的贅述，致力於修辭的提升。

Kimlicka 並提到魯迅致力於研究並分析毛宗崗的評點，他更解釋魯迅的結論並加以補充說明：

1、修正文辭：以第八十回爲例，毛本中，獻帝即將被迫遜位之時，立於身旁的是曹皇后而非其族兄曹丕，在 1522 年版中，當獻帝有所埋怨時，皇后大聲斥責，而非給予支持。

　　說明：毛本中，曹氏一族看似歹人，而皇后來自曹氏（曹操強迫獻帝所娶），但似乎曹丕在家族中並未獲得完全的擁戴。

2、增補瑣事：如第八十四回所提，劉備之妻因聞其死訊不勝悲傷，投湖而亡。

　　說明：此事更加美化劉備的形象，孫夫人是劉備喪妻不久後，藉諸葛亮之計所娶，毛氏的修改強調其情感部份。

3、刪改其文：以下兩例，

（1）1522 年版的第一〇三回，魏延破壞火燒司馬懿於上方谷之計後，諸葛亮欲置魏延於死地。

　　說明：諸葛亮之眞實性格隱藏於計謀之中，欲除去麾下將領。

（2）1522 年版中的第一一七回，諸葛瞻（諸葛亮之子）考慮投降鄧艾，直至其子諸葛尚叱責之。

　　說明：投降是諸葛氏最不幸的投影，因諸葛瞻之貞操令人生疑，所以必須更改。

4、整理回目，更改評註，修訂文辭，沿革文體，增刪瑣事。

　　說明：Kimlicka 相信每一處的修訂是爲避免讀者看穿作者的對於三國豪傑的嘲諷心態，原作美感也因修訂而漸減。

（四）重申要點

最後，Kimlicka 重申幾處重點：

第一、毛本增強了作者意念，既然文學作品的定義不容改變，顯示 1522

年版的《三國演義》亦非藝術文學之作。

第二、毛本的研究對探究作者原意具有相當的意義，事實上，在探索羅貫中所要表達之意象上，Kimlicka 認為，研究毛本是最有助益的，甚至唯有在 1522 年版本的研究發現才是最為可靠的，若非對於 1522 年版細部研討，否則，難以辨別羅貫中原作與毛評本之間的差異。

第三、一般認為 1522 年版為與原作最相似之評本，並且相較於原作，難得的獲得相同的注意力。

此外，Kimlicka 也作了以下兩個結論：

第一、與其說 1522 年版讚揚了英雄之節操，不如說是挖苦，並描述主要人物缺乏操守，因利己的權力慾望而削弱國勢，此版徹底地塑造出書中的英雄人物。

第二、Kimlicka 相信作者致力於創作完美的藝術作品，仰賴各層次的文學結構表達對於書中英雄們的悲觀論調、無神論及憤世嫉俗，特別是諷刺結構的運用，修訂版雖達到文體的改進，同時也大篇幅的刪改與隱藏原作的結構。

第二章　作為文學作品的《三國演義》

在第二章中，Kimlicka 介紹了作為一部文學作品的《三國演義》，他將《三國演義》分為四大部分來探討。

（一）為「文學小說」下定義及辯護

Kimlicka 以為，羅貫中想要使受較少教育的人容易接觸歷史知識的這個概念是站不住腳的。1522 年的版本在形式上是非常標準的，是毛宗崗的重編版才使得這個形式更通俗，也因此使受較少教育的人也可以接受。

此外，Kimlicka 亦提出夏志清的說法。夏氏傾向於同意中國小說相對於西方小說的劣勢。夏氏相信，毛宗崗的重編版是一個「學者版本」，用以區別某些今日中國大陸散佈的「刪除過不適宜部份的版本」。但是 Kimlicka 指出，正如他前一章所提過的，學者跟評論者都同意 1522 年的版本是最接近羅貫中的原始版本，因此，最具「學術性」。毛宗崗的評論是以他自己所修訂的小說所作的評論，而不是針對原來的小說。他不向讀者說明他做了什麼改變。通常，雖然他的觀點是以對於羅貫中小說的評論形式顯現，他卻隱藏改變的正

當藉口，因此，評論並不是那麼真實。對此，Kimlicka 認為，毛宗崗的改編版只是一個文學小說中沒有良心的變更。

（二）中國小說的缺陷

關於此一問題，Kimlicka 首先提到金聖嘆的說法。金聖嘆並不太看重《三國演義》，因為，《三國演義》並沒有達到他所謂優質文學的標準，而且《三國演義》中有太多的角色、事件以及對話，因此，作者在下筆時是受限的。羅貫中只是一個追隨者，不敢增加或刪減任何一個字，以避免改變原作中所要傳遞的訊息，他不敢為了更好的文學價值而擅改歷史事實。雖然，金聖嘆首創可適用於小說的中國評論原則，但一直到了現代，受到了西方的影響，散文小說才被確認在文學上佔有一席之地。

羅貫中小說文體的瑕疵因此被評論家批評及視為是「可改進的」，對這個瑕疵，評論家認為是大量的史實資料抑制了羅貫中的描述能力。這也被認為是何以中國文學比西方文學劣勢的另一個原因。Kimlicka 也提出楊力宇的看法，楊氏曾說：

> 西方的歷史小說家在創作小說時享受著幾乎不受限制的自由，而羅貫中必須接受歷史作為他作品中的主要基礎而不只是作為背景……
> 他的天份跟想像力會沒有辦法在作品中被充分使用。〔註89〕

同樣的，《三國志平話》也被認為是羅貫中小說中的文體缺陷，這是因為《三國志平話》是「原始的、口語文學」的結果，它的「口語」元素恐怕不利後世的作品。正如同羅貫中的創造想像力被他努力去遵循歷史而受到阻礙，他的風格被認為因為「基本的敘述對話」的影響而有缺陷，這些對話被認定是「口語傳統」的殘餘要素，這些要素停止了小說中競賽的功能，而變成了「不重要的文學陳腔濫調」，妨礙真實敘事的發展。

（三）小說與歷史

Kimlicka 認為，雖然，羅貫中在他的作品中沒有大量依賴歷史資料，一般的評論仍然強調小說中的歷史基礎，這樣一來，使得任何人想要去做這部作品的分析變得困難。夏志清提到，小說應該被視為承載著司馬遷及司馬光的史料編纂學的傳統。浦安迪也提到，我們沒有能力去理解三國如何在表面上看來是部「通俗歷史」，而實際上是一部藝術作品，我們不應該將歷史與小

〔註89〕 Yang, Winston L.Y., "The Literary Transformation of Historical Figures in the San-kuo-chih yen-i," , p.78.

說兩者相提並論。〔註90〕

羅貫中的主要歷史來源包含了許多編年體例的元素。有人說，包含了太多不可置信的歷史軼事是羅貫中的「疏忽」，羅貫中有時太強調「使事實通俗化」。Kimlicka 相信，羅貫中還是有注意到他作品的文學架構。在材料的選擇上，他也有考慮藝術的價值。換句話說，他並不只是在寫歷史，他也不是企圖使歷史通俗化。Kimlicka 認為，倒不如說，羅氏企圖去創造一個新的文學形式，他稱這個形式為「演義」。

羅貫中體認到史料編纂學及小說的歷史模糊性，並且為了諷刺的價值而努力去發揮這個關係。這就可以解釋為什麼羅貫中不完全「緩和」或消除難以相信或不可思議的「民間」要素，他似乎保留它們使得互相矛盾的情況可以相互交織，而羅貫中似乎透過「編纂」已經存在的作品，找到一個方式去融合他們，這個編輯物更像一個精緻的歷史模仿作品，而非真誠的歷史作品。Kimlicka 認為，羅貫中的整個作品是一個反諷的觀點，這個觀點是一致且是有理的。

（四）歷史人物與小說人物

Kimlicka 指出，交錯的情節可以看出羅貫中由通俗神話與歷史之中，謹慎的創造角色人物。相較之下，傳統觀點所敘述的豪傑、奸雄的性格特質，在作者通俗歷史的範圍之內，很明顯地並沒有羅貫中所言表面上矛盾的人格特質。

對於劉備的描述，Kimlicka 認為，羅貫中或許強調他與部屬的密切關係，特別是與諸葛亮。而諸葛亮應是亂世中治世之士，雖然，其不可思議之造詣多屬誇大，但對於單純的讀者而言，諸葛亮之神力實是令人愉悅之事。只是對嚴謹的讀者而言，並不是那麼令人信服。

劉備是仁慈開明之主，他致力於平定亂世。當然，在這方面，作者深受傳統史學觀點之影響，劉備是漢室後裔，極力保存漢王室，因而，成為正義的一方。楊力宇曾將劉備的故作姿態與作者的心態相提並論，說明劉備之言論即是作者立場的象徵。

Kimlicka 推想，羅貫中以強化及誇大的手法塑造人物，但是，也不致到達無法令人相信的程度，但對此書的評論者而言，無法令人信服的是那上下文中看似合理的歷史事件，意即羅氏加入過多的民間傳說。因此，人物描述

〔註90〕見 Kimlicka, p.32.

中無法令人信服的部份（如提及諸葛亮之處）便是此書缺失之處。

此外，Kimlicka 提到，另一個傳統觀點上的疑點是：有如此多的人物敘述令人無法信服，意即，並非屬於正史所記。在許多事例中（包含劉備與諸葛亮），羅貫中似乎給予讀者與歷史相反之觀點，儘管，羅氏已對諸葛亮之超能力減少著墨，但此角色仍是不可置信之人物。諸葛亮與其他人物的描述使人物言行失真且矛盾，而不論其情節之歷史根據。

Kimlicka 提到，他寧願假定羅貫中傾向於使劉備成為一個偽善者及不合理地誇張諸葛亮的才智。此諷刺性手法極為西方文學評論家所熟悉。Kimlicka 指出，羅貫中謹慎地帶出每個角色，而非僅止於使其出現，他不只致力於人物的寫實，更促使其成為小說架構中不可或缺的部份。羅貫中不僅結合古典與通俗的敘事，亦兼具矛盾意向。羅貫中創作出西方文學亦廣泛使用的嘲諷特性，經由嚴謹又巧妙的言詞，融入不同傳說，而達到兼具直言闡明與含蓄曖昧的兩種相異性質。

以上對人物描寫有所懷疑之部份的論述即是羅貫中不同於西方文學作家著重的「一致性的意象」。Kimlicka 相信，這就是評論家無法理解羅貫中顯示高度一致性之創作技巧與風格。若能同意羅貫中是為了完成一部嘲諷的作品，那麼，所有的「不一致」便使得整部作品有了意義。

在人物的描寫上，Kimlicka 指出，對描述劉備人物特質的史料上，羅貫中對劉備的描述偏離了史書記載。偏離之處在於小說與史書中，對劉備身為皇室後裔的正統性有所不同。正史上，劉備的先人不明，故劉備可能是偽稱皇族後裔，但小說中漢獻帝卻視其為王室親屬。

在小說中即對劉備如此描繪，在偽善的修飾下，劉備的敵手則成為卑劣的人物，此負面的歷史評價是根據一系列的歷史事件而來。劉備登基前，曾投靠多人，首先是曹操，接著是袁紹，而後同宗劉表、劉璋收留他，他又從他們手中奪取荊州及益州。

羅貫中並未改變上述任何史實，而讀者與評論者未能解釋或接受劉備在書中所扮演偽善的角色，而傾向於著重小說中作者似乎偏離史實的細節。羅貫中創作的許多虛構的橋段中，呈現劉備多次不情願地取得權勢，但根據正史所記，劉備並沒有一絲的不情願。Kimlicka 認為，小說中劉備不情願地接受權力是矯情，也是一種計謀。

同樣的，雖然，劉備堅持進攻吳國是為了替結義兄弟關羽之死復仇，對

讀者而言,並不需要去相信此舉是不計後果的。但司馬光所言正好相反,劉備襲吳是經過深思之後的行動,復仇之動機反為次要,羅貫中再次脫離了史實嗎?是的,他改變了司馬光對史實的著重之處。

Kimlicka 認為,襲擊吳國是劉備遭遇政治上窘境的合理反應,而此窘境便是諸葛亮權力增加的徵兆。劉備藉由征吳的行動鞏固他所擁有的權力,但在征吳失敗後亦喪失其權力。這暗示了諸葛亮促使劉備挫敗,劉備在無法鞏固自身勢力之後,羞愧地回到成都,即諸葛亮勢力匯聚之處。在劉備臨死前的著名場景中,諸葛亮婉拒劉備所給予權位的提議,而這提議卻未曾再被提及,此即是評論者所言劉備「偽善」與「言行不一」的象徵。

第三章　劉備的虛偽

Kimlicka 在三、四兩章中,節錄小說中關於劉備自私、有野心的片段,然後,分析它。Kimlicka 認為,「謀略」似乎是小說中所有角色實現他們野心的工具。若我們注意書中對劉備的描述,作者輕微的表現他是個英雄而還沒露出他偽善和背叛的一面。換句話說,羅貫中是想讓大家埋下角色是狡詐的想法。Kimlicka 從四個方面來說明劉備的虛偽。

第一點是劉備帝王後裔的「正當性」。Kimlicka 首先對這一點提出質疑。他認為,劉備假裝他是帝王後裔(中山靖王之後、漢景帝玄孫),而這個身分最後給了他稱帝的權利。在可以稱帝之前,他可以正當地到處佔有領地,把這種權利當成是帝王給他的。Kimlicka 甚至認為,諸葛亮也不重視劉備漢室後裔的身份,他舉例說,諸葛亮曾說,「即使劉備不是帝王後裔,他也比曹操的仁德好多了」。Kimlicka 由此下結論,認為,諸葛亮也不太重視劉備以「皇裔」的身份稱帝的訴求。

在毛宗崗的版本裡,諸葛亮提出了劉備「皇裔」的證據,就是皇帝曾親口說出劉備和他的親戚關係。Kimlicka 指出,劉備提出了「皇叔」的要求,而這只是他尋求權力的方法,也說明為何皇帝會承認他和劉備的關係,皇帝只是想在劉備這個藉口下得點好處而已。Kimlicka 認為,皇帝認劉備為皇叔,很明顯的是別有用心,因為,他找到一個可以給他希望的英雄。這個舉動被曹操的謀士注意到,並警告曹操,皇帝這麼對待劉備,對曹操是很危險的。

第二是劉備的兩難。Kimlicka 指出,我們不能天真地相信劉備,我們應該注意的是,劉備真正關心的是什麼?剝去他虛假的外殼後剩下的會是什麼?綜觀全書,劉備的內心是時時煩惱的,他常被困難的處境困擾。Kimlicka 認為,

劉備的舉動都有一個動機，就是把自己從困境中解救出來。Kimlicka 以劉備娶孫權之妹為例，證明劉備在政治上進退兩難的特質。劉備新婚後，馬上陷入一個兩難的情況，他迷戀吳國奢華的生活，卻又怕失去荊州。當他知道有可能被殺時，迫切地想離開他妻子，他哀號著請求孫夫人在他死後不要再婚，這是作者嘲諷劉備在甘夫人死後馬上再婚。Kimlicka 指出，最重要的是，只要沒人知道，劉備就敢隱瞞任何事。此外，故事表面上是個諷刺的詭計：劉備是害怕離開吳國，而不是不願離開妻子；他是害怕失去荊州，而不是怕被世人責難。事實是，劉備被諸葛亮操縱，諸葛亮希望劉備暫時待在吳國，而不是繼續留在吳國。根據故事的情節，諸葛亮的作為都是為了劉備的利益著想。

第三點是劉備的情感，Kimlicka 指出，通常劉備流露出的情感和他真正的情感並沒有任何關係。Kimlicka 也提到，劉備最初被介紹給讀者時，是用「喜怒不形於色」來形容他。作者告訴我們，劉備的內在情感是不會表現出來的。我們可以發現他在情緒上的作假，他的「不能表達出感情」似乎是說明了他「能不被干擾」的優點，但卻是真正地指出了他的「欺騙」和「偽善」。中國讀者常說劉備是「靠著眼淚成了皇帝」，這種說法則是從劉備頻頻落淚而來，而這時候通常都是在他想擴張權力的時候。羅貫中則用這種冷嘲的方法強調劉備的虛偽。

第四章　劉備的變節（treachery）

Kimlicka 在本章中，以四個段落來分析劉備和關羽的個性。

（一）劉　備

Kimlicka 首先說明劉備的複雜個性。他指出，曹操喜歡打獵，而劉備時常如犬馬般（或者是鷹犬）隨侍在旁。這兩個名詞各自代表著「諂媚」及「兇殘」的意思。羅貫中似乎在暗示，劉備是一個卑賤且追求私利的人，Kimlicka 指出，劉備雖然似乎被寫成是一個很窩囊的人，但是，卻仍然可以像一個奸詐的梟雄般的背叛自己的「結拜兄弟」，或者是尾隨在曹操身邊當一隻稱職的鷹犬。〔註91〕

雖然，羅貫中描寫劉備年少時胸懷大志，常在桑樹下玩著「假扮皇帝」的遊戲，而他叔父的反應像極了史記中關於項羽的叔父對於項羽抒發自己的遠大抱負後的反應。因此，Kimlicka 認為，劉備應該是作者仿效殘暴的項羽所

〔註91〕見 Kimlicka, p.64.

創造出來的人物；羅貫中也間接暗示，劉備想要建立自己的帝國（而非振興漢室）。從劉備巧遇張飛時的對話中，更可以證實劉備是不愛國的。

Kimlicka 首先提到張飛關於結拜的話語。張飛說：他「特別」喜愛跟人結拜，Kimlicka 認爲這意味著張飛曾跟很多人結拜過。因此，義結金蘭的誓言對他來說並無多大意義，其實，張飛是這種誓言的箇中老手。而劉備對張飛說，他想要一展抱負，他要等待天下大亂時，再以扶持漢室的名義來揭竿起義。Kimlicka 認爲，這是一種虛僞的說詞，因爲，當時漢朝已經亂到不行了。就如正史所記載的一樣，他只是個詭稱要拯救漢室，卻趁亂來撈油水的投機者罷了。Kimlicka 接著提到關羽。當時，關羽坐在桑樹下的長凳上，Kimlicka 指出，桑樹是一種用來表達奪取政權的象徵，而劉備將桑樹想像成一輛皇帝的馬車。出人意料的，誓言的最後結局是三人都被殺，而這也似乎印證了「背信而忘恩負義」的悽慘下場，而非「好人沒好報」。事實證明：在他的「結拜兄弟」死後，劉備他違背了三人的誓言。

Kimlicka 認爲，劉備爲了結拜兄弟被殺而想去尋仇來履行結義誓言是荒謬的，而這也再次告訴我們：討伐吳國的軍事舉動並非爲了尋仇，而只是想要鞏固劉備自己的權力地位罷了。

（一）曹　操

接著，Kimlicka 介紹曹操。他指出，在 1522 年的版本裡，曹操被塑造成一位英勇、果敢的人物，他的祖先可追溯到曹參（劉邦時代的功臣），他的曾祖父是曹節、祖父是曹騰，而父親是曹嵩（曹家的養子）。在文中，有相當大的篇幅在介紹他曾祖父是個仁慈而慷慨的人；而在毛宗崗的修訂版中，這些都被刪減殆盡。在 1522 年版的原著中，作者對曹操的祖父是一個宦官並無輕蔑之意，而修訂版中則輕蔑地用「冒姓」來暗示曹操不應該姓曹。

Kimlicka 接著用正史的原文來討論曹操的個性。正史中記載曹操「少機警，有權數，遊蕩無度，叔父怪之」。Kimlicka 認爲，在 1522 年的版本中，曹操的叔父對他既褒又貶，他並非眞的責備曹操，反而是認爲他「詭計多端」，是個不可多得的另類天才。〔註92〕再來看「少」這個字，「少」有「只有一丁點」或「年幼」的意思，毛宗崗將這段文字改成「有權謀，多機變」，把這兩句話的意思改成「詭譎多變」的意思；毛宗崗明顯地想要避免讀者將「少」

〔註92〕見 Kimlicka, p.70.

字當成「年幼」的意思,而將「少」字,改成相反意思的「多」字,這清楚地告訴我們,毛宗崗在此強烈地表達他對曹操的厭惡。〔註93〕

另外,Kimlicka 指出,在歷史記載中,曹操的叔父向曹操的父親投訴曹操的輕率魯莽(告知于曹嵩)。羅貫中認為,曹操的叔父不認同曹操輕率魯莽的行為(叔父怪之),而向曹操的父親說了一些話(言于曹嵩),但卻未明確指出,曹操的叔父向曹嵩說過什麼話,也就是說:歷史記載中,並未指出曹操的叔父是否有向他的父親投訴曹操的輕率魯莽行為。而在毛宗崗的修訂版中,毛氏將這段情節改成「叔父氣曹遊蕩無度,怒之,言于曹嵩」,用「氣」這個字來指出曹操的叔父對於他的魯莽輕率行為感到生氣(而非告誡)。

此外,Kimlicka 也提出「怪」這個字的用法。在歷史記載中,這個字是用來描寫曹操的叔父對於曹操假裝生病時的反應(怪而問之),但在小說中卻被用來描述曹操的叔父對曹操的態度(怪之)。Kimlicka 認為,也許毛宗崗認為,羅貫中根本不知道這段故事的情節,甚至認為,羅貫中是一個非常差勁的作家,且對於真正的中文文法一竅不通。但實際上,將羅貫中的文章仔細地與歷史記載做比較,我們可以發現,羅貫中應該很清楚這些改編的地方,而且運用得很好。

當羅貫中經常將這些文字做變相的解讀,常導致某些情節變得粗略且文意含糊不清,但這絕非表示羅貫中是一個不入流或者是粗心的作家,反而是展現羅氏的寫作風格,其中包括用特殊的寫作手法來模糊字義,以達到嘲諷的真正用意。

(三)曹操任用劉備

Kimlicka 認為,小說中的劉備就跟歷史所記載的一樣,是一個背信不忠的人,他不管時機是否恰當,都密謀要消滅自己投效的人,而曹操就是那個劉備所背叛的人。更重要的是,根據小說記載,曹操最著名的事情是他因為仰慕劉備的才能而任用他。前文曾提及:曹操喜歡飛鷹走犬,而小說中所描寫的劉備就是在曹操打獵或者是消滅政敵時,扮演類似鷹犬的角色。Kimlicka 以為,劉備是為了壯大自己而屈就於曹操的麾下,但為何像曹操這麼強勢的人,會順從皇帝的要求去扶植劉備呢?Kimlicka 認為,曹操雖然知道劉備是一個不忠誠的人,但他仍然相信劉備會效忠於自己。這個例子清楚地告訴我們:

〔註93〕同上註,p.71。

即使曹操與劉備彼此互不喜歡對方，且相互利用對方，羅貫中仍然將他們兩人用反諷的手法塑造出如手足情深一般的關係。

總之，在曹操手握朝政實權的時候，劉備藉由投靠曹操來壯大自己的勢力，而曹操也深信劉備將會效忠自己。而作者營造出兩人情同兄弟的情節，來反諷這種互相利用的實質關係。

（四）劉備密謀陷害關羽

Kimlicka 指出，在 1522 年的版本中，劉備和關羽密謀陷害袁紹，而這個謀反事件是一個很好的例子來說明修訂版（毛版）如何將劉備塑造成一個英雄人物，而將原版用以反諷劉備卑劣品行的本意消滅殆盡。

在這個例子中，袁紹不僅愚蠢到去相信劉備的清白，更相信能夠重用變節的劉備，不久之後，袁紹真的被劉備矇騙過去了。劉備被誤認為唆使關羽去斬了顏良，但仍宣稱自己不知道關羽的下落。Kimlicka 指出，在 1522 年的版本中，這是一個很明顯的例子，說明了劉備變節意圖謀殺袁紹，但表面上卻顯得很忠心。

另外關於關羽死後冤魂不散，最後在玉泉山被普靜和尚感化的事件，Kimlicka 認為，這件事點破了關羽被過度神話的英勇事蹟，並且，反諷他的行為其實跟呂蒙一樣都是十惡不赦的，而這種寫作手法正是羅貫中慣用的反諷技巧。

Kimlicka 認為，關羽在道德上的卑劣事蹟，其實跟劉備的所作所為不分軒輊。當普靜老和尚看見關羽手提青龍刀來到玉泉山時，首先聽到關羽說的是「主人何在」，而不是修訂版中的「還我頭來」這句話；也就是說，他是在呼喊他的大哥——劉備。普淨禪師用另一個問題「顏良何在？」來回答「主人何在」這個問題。普靜的回答是要告誡關羽：你怎能抱怨劉備和呂蒙陰謀對付你，你不也陰謀陷害顏良嗎？關羽英魂頓悟自己罪孽深重，於是普靜又開導關羽說：關於呂蒙暗算你那件事情，他只不過是佯裝不攻擊你而已，而你和劉備早先卻密謀要背叛且暗殺一個對你們深信不疑的人（顏良）。因此，我們可以瞭解這兩個情節正在作對比：劉備和關羽，以及劉備和呂蒙。普靜的話意味著：「和你自己相比，你怎能說呂蒙惡毒呢？」以及「你怎能抱怨劉備和呂蒙陰謀對付你，你不也陰謀陷害顏良嗎？」顯然地，關羽受到啟發而原諒了劉備，然而還是允許謀殺呂蒙作為復仇。

Kimlicka 在此指出，對關羽畢生所作所為的討論竟然是一個令人掃興的

結尾，他更提出關羽最著名的英勇事蹟「刮骨療傷」來作說明。Kimlicka 先舉華陀要為曹操剖開頭顱治病一事，說明華佗高超的麻醉技術，也就是說：關羽在華陀手術時，依然能夠若無其事的下棋所展現的英雄氣概是假象；而華佗也大為讚賞關羽在手術時，展現從容不迫的氣度。這也許是作者刻意安排的情節，使關羽能夠維持先前的英勇氣度。但 Kimlicka 在此卻指出，這裡隻字未提關羽事實上是被麻醉了，反而大肆讚揚他的從容氣度。很顯然的，為了進行關羽的手術，華佗確實有幫他麻醉，而華佗也配合地讚揚關羽的勇敢，以凸顯曹操在華佗要幫他開腦治病時所出現的猜忌行為。〔註94〕

因此，曹操懷疑華佗要替他開腦的用心，而曹操所面臨的開腦恐懼大於關羽的刮骨療傷是有道理的，因為，曹操第一次被暗殺就是一個醫者所為。正因如此，我們經常讀到曹操有著莫名的過度猜忌心態，完全被關羽的超人表現給比了下去。而這也再一次讓我們見識到羅貫中在文章結構中所呈現的反諷手法，而這需要讀者看完整本小說之後才能夠體會得到。

Kimlicka 最後作結論說：劉備為了實現自己抱負，不斷地反叛自己所投靠的人；同時，也指出曹操以惜才的氣度去任用奸詐的劉備；最後，劉備與關羽密謀要暗殺袁紹及其將領，以及野心勃勃的關羽如何淪落到要劉備幫他報仇的地步；而這也讓我們明白關羽的「英勇」與劉備的「仁慈」是多麼的不真實。

第五章 敘述角色特性及文學結構中的反諷修辭

在本章中，Kimlicka 提出了兩個例子來說明《三國演義》中人物刻畫和文學結構中的反諷修辭，第一個是作者用反諷修辭來描繪姜維的孝順，第二個是將領們的特質以及赤壁之戰。

在第一個例子中，Kimlicka 指出，《演義》中姜維獲得了諸葛亮的賞識並且成為諸葛亮的接班人，因此，姜維道德上的特性某種程度上也反映出諸葛亮的道德特性。姜維被側寫為不孝的、偽善的、好欺騙的、狡猾的，羅貫中其實是相反地暗示道：就是這些特徵讓姜維適合當諸葛亮的接班人。Kimlicka認為，從姜維的例子中，可以看到作者不只經常地以反諷修辭來陳述他的故事，而且他還巧妙地在一系列的故事情節中建構這種修辭方式。因此，我們

〔註94〕此段文字之原文如下：

Clearly, Kuan Yu had been anesthetized for his operation, as this procedure is the doctor's claim to fame. The doctor's likely complicity in fabricating Kuan Yu's brave fortitude in turn strengthens the credibility of Ts'ao's suspicion that the doctor does have loyalties which could lead him to harm Ts'ao. 見 Kimlicka, p.87.

可以知道，羅貫中最基本的文學結構就是建構在反諷的修辭上。

姜維剛出場就以「孝順」爲人所敬重，但後來的發展並不是如此。諸葛亮利用姜維的孝心這項弱點，用計抓住姜維，使其投降。Kimlicka 在此提出質疑，他認爲諸葛亮和姜維早就見過面，否則，諸葛亮怎麼可能在這麼短的時間就答應要將生平所學盡傳姜維？後來姜維又寫信詐降，欲殺曹眞，而曹眞之所以中計，Kimlicka 認爲，是曹眞被姜維的孝心所騙，曹眞認爲姜維不會騙他，因爲，姜維的母親仍在魏國手中，姜維若寫信詐降，勢必害了母親。

因此，Kimlicka 下了結論，他以爲姜維的孝順是個騙局，姜維以此來欺騙魏國兩次。一次是爲了要尋求加入諸葛亮陣營的機會，一次則是要幫諸葛亮擊敗曹眞。姜維的孝順只是個幌子，不僅瞞過了敵人，也瞞過了讀者。因爲，一開始很明確地表示姜維是個孝順的人，但是後來的事件接連證明羅貫中的說法和眞正情況有出入，如果這不是一個諷刺的寫法，那會是什麼呢？〔註95〕

在第二個例子中，Kimlicka 用赤壁之戰這一段來介紹將領們必須具有的特質。首先，他重新解讀諸葛亮的草船借箭，一個普遍被認爲是表現諸葛亮聰明才智的經典案例。不過 Kimlicka 也指出，其實，孫堅也使用過幾近相同的手法，諸葛亮只是比孫堅的方法多加了草人和擊鼓助威。Kimlicka 認爲，最關鍵的是諸葛亮完全是借重濃霧造成的低可見度，讓敵軍無法觀察到船隻是慢慢航行而且全插滿了草人。因此，諸葛亮謀略的特色就是他會利用天氣。Kimlicka 也指出，曹操和諸葛亮最不同的地方，在於他們對最重要的元素認知上有出入。諸葛亮認爲是星象最重要，而曹操認爲是節氣。例如，諸葛亮喚起星辰的力量來祈求東南風，而曹操則參考冬季裡常見天氣的現象來預測冬至的時候會吹起哪一種風。曹操認爲武將應具有的特質是觀察節氣而非觀察星象，所以，他駁斥了東南風會發生的可能性。Kimlicka 接著指出，東南風吹起後，曹操的一連串反應是充滿矛盾的。

Kimlicka 指出，當曹操的謀士第一次警告有可能會發生東南風時，曹操大笑並說：東南風在冬至是不可能發生的。之後，當東南風吹起時，曹操卻又說這種風是預料之中的事。Kimlicka 對此提出疑問：爲什麼一位熟知節氣並

〔註95〕此段文字之原文如下：

Chiang Wei's "filial piety" is a deception used against both the enemy, and the reader as well. For it is the narrative voice that first unequivocally states that Chiang Wei is "filial". Later events then show the narrator's statement to have been ironic, if not sarcastic. 見 Kimlicka, pp.94-95.

且目睹過諸葛亮火計厲害的將領，會輕易地喪失了**警覺性**而讓諸葛亮和周瑜的火計奏效？

Kimlicka 指出，如果曹操知道這東南風是無可避免的，那麼諸葛亮很有可能也清楚這一點而只是在假裝求東南風罷了。作者可能是把法術作為其細膩的文學結構的一部份。Kimlicka 認為，諸葛亮一直宣稱他夜觀星象可以得到很多資訊，但是，實際上似乎是他的軍事情報網在提供他這方面的訊息。另外，他的占星術似乎是個藉口，例如，他不在乎赤壁之戰時關羽私放曹操一事，他說星象顯示曹操命不該絕。事實上，諸葛亮只是利用關羽讓曹操繼續活下去。

Kimlicka 用以上兩個例子指出，在羅貫中的小說裡，存在著除了純粹只是想幫歷史加上傳奇性色彩以外，更多的超自然的故事元素。這似乎是作者想用超自然的說法來造成反諷的修辭，就像之前提到的：正直、忠誠、孝道和其他美德造成的效果一樣。

結 論

Kimlicka 指出，歷來對《三國演義》的評論多是以通俗歷史的角度來描述，鮮少依其文學特質而論。為了扭轉羅貫中的諷刺手法，毛宗崗刻意改變此書的文章結構，而不單只是補強書中的歷史情節。綜觀毛宗崗之註解，基本上仍屬仿作，例如，羅貫中呈現於作品中的完美橋段與機智謀略，在毛宗崗修訂版中並未見到不同之處，不過，毛宗崗在文學張力的看法上的確與羅貫中是迥然不同的。

羅貫中的《三國演義》實屬一部經典的諷刺文學作品。他批判在動盪戰火中，儒家倫理價值的式微以及偽善，書中熟悉的傳統典故讓人了解羅貫中所追求的精神，且更對為其文學素養讚賞不已，在李贄評論羅貫中對曹操主導田獵競射之描述時，讀者可以察覺儀式上的射藝顯示出權力的僭越。書中毫不隱藏的文學歷練實在令人折服，不可謂不獨特，只因在此書之前，小說在經典傳統文學之中並不被重視，相信此書是以經典名作所擁有的詩文結構與文學深度貫穿全文。

Kimlicka 認為，羅貫中同時融合正史與前人所建立之儒家倫理（如：《三國演義》的前身，《三國志平話》）而著作，可說是結合典故、正統歷史及史學，由此，不難看出作者慎重地鋪張架構於此作之中，為的是強調凸顯情義、孝道等精神，羅貫中之作亦先於西方諷刺文學的興起許久，在艱難晦澀的諷刺行字間，建立線性的史事脈絡（如同編年史的形式），而非參考具有時間連

續性的事件。此議題中的論述看似有理，但就某種程度而言僅爲推測，在未來的研究中將更能顯示此書的價值與深度。

第三節 《三國演義》研究在美國述要（三）

二十四、盧慶濱：〈三國志演義〉〔註96〕

《三國志演義》以往一直被認爲是羅貫中的作品。然而，據推斷，最早的版本出版於 1522 年，或是 1494 年。該版近代的編輯者認爲這部小說是元朝的作品，因爲這個版本的行間評注用的是元朝地名。

盧氏指出，與推斷這本小說的出書年代有關的問題是，人們設想此作品是由《三國志平話》開始，經由一個詞話的階段而發展出來的。然而，沒有證據可以顯示有一本《三國志詞話》眞實存在。但是，因爲這部小說是以歷史事件爲基礎，又因爲歷史編纂學代表著中國小說的重要部分，《三國志演義》這部小說必須置於宋元口頭文學形式之前的文人創作傳統之中。因此，學者與其在《三國志平話》中尋找該小說的根源，倒不如應把該小說與朱熹的《資治通鑑綱目》中相關的部份作比較，在形式以及內容上都可以發現相當多的相似之處。然而，對三國時期的事件，歷史編纂作品的敘述與小說形式的處理在創作意圖上有著重要的區別。《資治通鑑綱目》是以所謂的春秋筆法寫成，試圖以精準的字彙來對歷史做讚揚或譴責，而小說家則對比整個三國的情況與人物，讓讀者做出孰是孰非的道德結論。

盧氏又指出，若把這部小說與傳統文人的史論作比較，歷史編纂學與該小說的對比則更加明顯。例如，關於「義」的問題，傳統文人所寫的史論在評判三國人物時，是依照是否堅持或背離正義這一標準來衡量。而在小說中，作者對於用絕對「義」的標準來評斷人物並沒有興趣。反而，他比較專注是探討「義」的各種意義。要證實上述論點，可以通過分析小說中出現的由「義」這個字組成的不同的詞來找到證據，例如：大義、中義、小義等。

盧氏接著提到這部小說的版本，他指出許多版本出現在十六、十七世紀。

〔註96〕見 Lo, Andrew Hing-bun, "San-kuo-chih yen-i," in **William H. Nienhauser, Jr., ed.,** *The Indian Campanion to Traditional Literature*（Bloomington :Indiana University Press, 1986）, pp.668-671.

現存第二個最早的版本在序言中寫於 1549 年，目前被保存於西班牙馬德里的
皇家圖書館。柳存仁主張以「志傳」爲題的版本比 1522 年的版本來得更早，
不過，盧氏以爲柳氏所提出的證據是可疑的。一般來說，除了卷回安排與章
回的統一有所不同，明代諸版本之間少有差異。原文方面的不同較小，只是
有的版本包含關索的故事。（近來發現一個關於花關索的詞話本，出書年代註
明是 1478 年，該本比小說中關索的輪廓形象更爲生動）。從早於 1549 年的版
本起，有的明代版本包含了一些周禮（靜軒）的詩，周禮是十五世紀的歷史
學家。然而整體來看，這些差異是微不足道的，與清代初期毛綸和毛宗崗對
這部小說所做的改動相比較，更是如此。。

　　毛氏父子精鍊與改善整部小說的語言，他們省略官方文件中絮絮叨叨的
部份，而爲了文獻的眞實性，他們又添加了另外一些文獻。他們對詩的部份
作了精簡、省略或是替代，而增加軼事的部份。蜀國英雄人物比起魏、吳兩
國顯得更討人喜歡，雖然，對人物的褒貶從來不是黑白分明的。毛版最主要
的價值在於他們對小說的評點。這一評點展現出毛氏對於小說中原文與結構
的批評眼光與見識，其價值類似於金聖嘆於 1641 年針對《水滸傳》所做的評
論。其它對《三國志演義》所做的評論包括李贄、鍾惺、李漁，但從現存的
收集到的清代版本數量來看，還是毛氏的版本最暢銷。

　　這本小說受歡迎的程度及對通俗文化的影響可以從現存按年代或是地理
學的角度來觀察，三國故事不管是在戲院或是表演藝術上都已經廣泛的以不
同形式或是風格被採用，這些英雄人物也被象徵化與神話。（例如：諸葛亮爲
智慧之化身，華陀是專業技術的完美代表，曹操爲權謀政治家之化身，周瑜
是不幸才子的象徵，關羽爲戰爭之神）。這部小說及其後來改編的版本對傳統
行爲標準的崇拜讚美（例如：兄弟情誼、忠誠），對至今仍普遍的秘密結社及
黨派組織有極大的影響。在現代，雖然它不像《紅樓夢》一樣普遍流行，但
撇開《水滸傳》不談，《三國志演義》是對傳統中國影響最深的小說。

二十五、馬幼垣：〈羅貫中〉〔註97〕

　　本文乃馬幼垣所寫的有關羅貫中的介紹。馬幼垣指出，關於羅貫中的一

〔註97〕見 Ma,Y.W., "Lo Kuan-chung,"in **William H. Nienhauser, Jr., ed.,** *The Indiana Companion to Traditional Literature*（Bloomington :Indiana University Press,1986）, pp.594-596.

生，我們知道得極少。他的名字、年代、籍貫和活動全都不確定。太原和杭州都曾被認爲是他的籍貫。只有和羅貫中同時代的賈仲明，在其著作《錄鬼簿續編》裡，簡單地提到羅貫中。賈氏在文中提到，羅貫中，號湖海散人，太原人，是一個知名的劇作家，沈默寡言，他和羅氏最後一次見面是在 1364 年。之後，羅氏創作三部戲劇——《宋太祖龍虎風雲會》、《中正孝子連環諫》以及《三平章死哭蜚虎子》。馬幼垣指出，其他的資料來源並不可信，甚至連《錄鬼簿續編》這份相當可靠的紀錄也引起許多臆測。一些現代學人錯把這本書的作者認爲是賈仲明，並且，用已知最小的年齡差距，在羅氏和作者之間，以及他們最後一次見面的日期，努力地推斷羅貫中生平可能的日期。不過，馬氏認爲，賈仲明不可能是《錄鬼簿續編》的作者。

馬氏指出，羅貫中和《隋唐兩朝志》、《大唐秦王詞話》、《殘唐五代史演義》以及二十卷版本的《平妖傳》等小說之間的關係，是不確定的。這些應該被認爲是可能的寫作線索，而不是證據。因此，就算我們在這些作品中發現某些主題和上下文的相似點，也不值得驚訝。這些線索對於解開作者的身份，並沒有什麼用處。

雖然，羅貫中是《三國志演義》的作者，這個說法被廣泛地接受，但是，馬幼垣認爲這並沒有根據。因爲，如果要將這些偉大的著作通通歸功於羅氏，那麼，他的朋友（賈仲明）爲什麼只選擇提及三部戲劇而已？這唯一的倖存的片段似乎不值得注意。假設羅貫中是一位多產的小說家，是《三國志演義》或者《水滸傳》（如果並非兩者都是）的主筆，而賈仲明竟對於這個事實會秘而不宣，則眞是令人無法想像。

《三國志演義》最早的現存版本在羅貫中死後的一百多年以後才出版，即使有人主張所有現存的版本都列舉他是作者，但馬氏認爲，這缺少確切的資料來源，這樣的說法一點說服力都沒有。《三國志演義》和《水滸傳》的演化的歷史尚未被有系統地研究。馬氏認爲，如果硬要任何人對這些小說中的任一部負主要或全部責任的想法，顯然是過於天眞。

馬氏以爲，即使最終顯示羅貫中對兩者中任何一部或者這兩部作品負責是可能的，它還是需要更多研究。

二十六、浦安迪：〈三國志演義：勇氣的侷限〉〔註98〕

（一）《三國演義》的成書年代和版本

浦安迪認爲，《三國演義》基本上是作者將其用來創作小說的各種原始素材，以反諷的筆法加以修改和加工，因而成爲一部具有反諷意味的作品。

關於《三國演義》的成書年代，浦氏認爲，由於現有文獻的不足，這個問題很難找到確定的答案。但他認爲，《三國演義》與《水滸傳》是十六世紀的文人小說。浦安迪提到，孫楷第等學者曾把《三國志平話》和《三國演義》的相應章節做過詳盡的校勘，試圖證明《三國演義》的作者是以《三國志平話》做爲藍本推衍而成，但這一目標並未達成，孫氏最後還是退而強調《三國演義》對《三國志平話》來說，已經大改舊觀。浦氏認爲，要論證兩者之間版本的聯繫並不是問題，因爲，正是對原先故事題材的改造，才使《三國演義》顯得出類拔萃。在版本方面，浦氏認爲許多明末清初的版本如「李卓吾」評本、「李漁」評本、《三國志傳》、《三國全傳》、《三國志傳評林》和《聯輝堂赤帝余編》，以及刻在《英雄譜》裡的崇禎刊本，都直接來自於 1522 年刊本。而唯一與 1522 年刊本有重大差異的，是清初的毛宗崗評本。不過，浦氏認爲，儘管有差異，但就文學分析的角度而言，無論 1522 年刊本、毛宗崗評本或是其他更通俗的版本，都代表了同一種底本。

關於《三國演義》取材於早先三國戲曲的說法，浦氏也不贊同。他認爲現存的元雜劇的劇本中，很少有重複的選文能指明小說直接取材於這些劇本，甚至連故事的基本內容也常常與《三國演義》故事情節完全不一樣。

浦氏認爲，學者們如此強調《三國志平話》和元雜劇中的小說題材，主要理由是認爲，《三國演義》是通俗文化的產物。不過，浦氏反駁這個觀點，他反對的一個重要理由就是《三國演義》採用了大量史書文獻資料。不過，他也另外說明，是小說駕馭史料，將它們加以「虛寫」，使之符合連續敘事形式的結構需要。

浦氏通過將《三國志平話》、元雜劇及同題材的歷史記載加以對照，對小說的結構、意義進行詳細分析之後，認爲，《三國演義》不應被看作是一本普通的通俗敘事文，而是修改各種素材而成的一部帶有反諷意味的嚴肅作品。

另外，浦氏也提到毛宗崗，稱許他的〈讀三國志法〉，在探討文人小說形

〔註98〕見 Plaks, Andrew. H., "San-kuo chih yen-i :Limitations of Valor ",in *The Four Masterworks of Ming Novel Ssu ta ch'i-shu*, p.361.

式上特有的錯綜複雜的結構方面甚至超過了金聖嘆和張竹坡。毛氏在這篇文章中進一步發展了金聖嘆的結構分析方法，他最驚人的貢獻是在於他對各篇回前的總評和逐行批註，浦氏認為，他的評語有助於我們加深對該作品的理解以及為何《三國演義》是一部寫作手法嫻熟、藝術技巧高超的十六世紀小說體裁的早期範例。

（二）《三國演義》的結構

浦安迪發現，《三國演義》全書的結構有幾個特徵：

1、百回定型結構

浦氏認為，中國古典小說的定型長度是一百回，這是文人小說形式的標準特徵。而《三國演義》全書雖是一百二十回，但也和其他一百回奇書一樣，呈現審美對稱感和淵博性。百回的結構大概以十回為一個單元結構，每個單元有一個中心人物，而特別重要的故事情節總穿插於每個十回的第九與第十回間。例如，貫穿第一個十回的中心人物是董卓，而他在第九回結束生命。第二個十回（十一到二十）則是以呂布為中心，而他也在第十九回中於白門樓殞命。第三個十回（二十一到三十）是曹操，他在第三十一回大破袁紹。第四個十回（三十一到四十）則是劉備，他在第三十八回得到諸葛亮的輔佐。第五個十回則是諸葛亮（四十一到五十），從博望坡初用兵到赤壁之戰這一段期間，他扮演了最重要的人物。浦氏認為，《三國演義》的十回單元的節奏雖然不如《金瓶梅》中那麼的明顯和連貫，但他相信，《三國演義》也是以這個結構框架為樞紐來設計的。

2、主結構中有次結構

亦即每個十回的單元裡，都有小型的內在起伏，如，每十回中的第九、第十回在佈局結構中都有特定的功能，而在每十回的中間，即第五回的前後往往是另一個關鍵，經常孕育著一個情節的高峰。此外，《三國演義》也採用三、四回寫成一大情節的敘事方法來介紹較長的情節。如，第二十五回到二十七回是敘述關羽降曹和脫逃，第七十三到七十六回則敘述他的勝利和敗亡。另外，還有運用計數的序列來描寫事件。浦氏指出，羅貫中喜歡運用計數的序列來描寫事件，例如，「三氣周瑜」、「七擒孟獲」、「六出祁山」、「九伐中原」等，這是《三國演義》的一個特色，從此處可看出作者很喜歡運用充滿懸念的延緩敘述來渲染個別情節的美學效果，而「三」是《三國演義》最

常用的數列基數，如，「三讓徐州」、「三出小沛」、「三顧茅廬」等。這種寫法又分「連寫」和「斷寫」，前者如「七擒孟獲」，後者如「三氣周瑜」。〔註99〕

3、整體結構是「40－40－40」的佈局

從第一回桃園三結義到第四十回諸葛亮火燒新野，所有的主要人物都已登場，是為開端。第四十一到八十回是小說的核心部分，在這一部份的尾端，主要人物相繼去世，尤以曹操之死是劃分小說結構的主要標記。最後四十回，小說則開始由「合久必分」走向「三分歸晉」的結局。

4、正文被劃分為前後兩部分：

浦氏又發現，《三國演義》的結構和《金瓶梅》、《水滸傳》、《西遊記》三部作品總體上有大致相似的結構，就是作者都把正文劃分為前後兩部分，《金瓶梅》和《水滸傳》以第四十九及五十回為前半段劇情的最高潮；而《三國演義》則是以第六十回為最高潮，此時曹操的聲威到達頂點而開始顯露疲相，劉備則奪取了益州而鼎足三分。不過，浦氏也補充說，《三國演義》雖因篇幅較長使中心點往後移動，但在第四十九和五十回的「赤壁大戰」中也拉開了中間點的序幕。浦氏又發現，羅貫中意識到此處是小說的另一個開始，所以，他也添入了一些和小說開頭類似的情節，例如，張魯起事恰好在第五十九回，讓人回想起首回的黃巾作亂，而隨後不久對桃園結義的回憶也蓄意要把讀者的思緒轉移到小說開頭的部分。

5、故事的高潮在正文約三分之二或四分之三處

浦氏認為，《金瓶梅》和《西遊記》特別突出第五十回的作法是取法於《三國演義》的結構，因為《三國演義》情節的最高潮「赤壁之戰」剛好是在第四十九和五十回。而另一個模仿的例子就是《金瓶梅》中西門慶死亡的那一回（七十九回）也與《三國演義》中曹操死亡的那一回（第七十八回）類似。浦氏認為，這樣的模仿特別值得注意，因為它揭示了《三國演義》中引人注目的一種中國小說結構的常用模式，即小說隨著情節的各個階段發展，到正文的中點左右越過一個分界線，並在正文約三分之二或四分之三處進入故事的最高潮，此後，這一過程就發生逆轉，注意力移向舞台的拆除和主要演員的退場。如，《三國演義》中第七十八回曹操之死是一個階段的重心，而一些主要人物在這個階段裡相繼去世，如，關羽在第七十七回，張飛在第八十一

〔註99〕見 Plaks, p.382.

回，劉備在第八十五回。

6、小說的回目受到《資治通鑑綱目》的影響

浦氏認爲，《三國演義》單一敘事單元的構造受到《資治通鑑綱目》的影響。浦氏比較《資治通鑑綱目》中，三國時期的條目以及1522年《三國志演義》刊本的回目，發現了小說的回目與史籍有許多相近的例子。浦氏指出，雖然這種例子僅限於少數場合，但由此仍可看出小說的大部分敘事骨架確實模仿了《資治通鑑綱目》的大事綱要。浦安迪認爲，《三國演義》以上下聯形式的相稱對句作爲每回的標題，強調每一回都由兩個部分組成，這樣的敘事內容潛存對稱感的概念，且這一概念對以後中國小說美學的發展具有重大的意義。

7、小說的開頭與結尾代表重要的意義

浦氏指出，《金瓶梅》、《水滸傳》和《西遊記》這些作品的開頭和結尾在結構上都有特別重要的意義。而《三國演義》由於編年的歷史框架已劃定了小說的開始和結束，所以，這一功能被消弱了。雖然如此，《三國演義》開頭的敘述就已經解釋了整部作品大體的含意，即是王朝興衰循環的道理，以及連結了漢代的衰亡與漢代歷史的特定問題，如，宦官及外戚敗壞朝政、朋黨之爭等。此外，《三國演義》開頭的十回和《金瓶梅》、《水滸傳》、《西遊記》的開頭十回一樣，都有著開場白的作用，如，前十回對董卓的描寫顯然是爲曹操及後來的篡位者提供一個鮮明的跳板。浦氏認爲，《三國演義》開篇的結構功能並沒有像其它三部作品一樣的緊湊連貫。

8、時空模式的運用

（1）「時間循環論」的佈局

《三國演義》在開端和結尾部分形成時間結構上的對應。浦氏認爲，羅貫中用來標明這部小說的結構即將完成的手法，是在作品結尾部分經常提到遠在許多章回之前小說開頭的細節，如，第一回劉備幼時說過的話與第一百一十四回曹髦大喝「吾乃天子也」相呼應。第一回提到十常侍，在第一百一十五回又提到。第一回桃園結義與一百一十八回姜維與鍾會結義相呼應。第一百一十九回出現黃巾賊也與第一回相呼應，使歷史的循環繞了一圈。第一百二十回鐵鍊鎖船也重演了「赤壁之戰」裡用過的計策。

浦氏認爲，羅貫中操縱小說時間結構的能力比運用空間安排更勝一籌。一般認爲，小說既源自日期明確的正史，故作者沒有任意取捨與改動的空間，

但這種想法在《三國演義》裡正好相反。浦氏提到一個小說時間結構的大致方案：頭十回和最後兩個十回都覆蓋了二十多年的歷史，之後，每十回僅佔幾年，到了小說的中心部分，每十回只寫一兩年間的大事，直到接近結尾時才又加快了速度。〔註100〕

（2）小說關鍵場景與四季中富有意義的時節聯繫起來

這種手法多用於虛構的情節，如，劉備在隆冬二顧茅廬，在春光明媚時作第三次訪問。而第七十四回關羽敗死則是在蕭瑟的秋天，諸葛亮也在秋天病逝於五丈原。浦氏認為，作者慣用中秋節此一主題，包括，把渾圓而又寒冷的滿月這一象徵寫進正文的作法，不免令人想起《水滸傳》中魯智深圓寂的情景。浦氏又指出，駕馭時令最突出的例子是對元宵節這個特殊日子的使用。在小說中一共有三件大事發生在元宵節，且都是聳人聽聞的事件。第一是第二十三回吉平與董承圖謀毒死曹操，第二是第六十九回吉平的兒子們暗殺曹操未遂，第三是在接近結尾的第一百一十九回，鍾會和姜維密謀叛變。

（3）空間佈局

浦氏認為，在《三國演義》裡，天下三分的事實早在三國鼎立局面真正形成前就支配著小說的空間佈局。前三十回故事的中心活動場所在中原地區，接下來的三十回舞台轉移到長江流域，之後三十回合情節則圍繞在西蜀一帶。另外有某些地方，三國鼎立的大格局偶而會糾纏在一起，所以，敘述的焦點會一一游移于三個關鍵地區之間，這樣的手法表明了作者駕馭地理背景的能力。如，曹操掃平袁紹後，揮軍深入東北方以鞏固後方。浦氏認為這一幕是後來諸葛亮南征，深入西南，解除後顧之憂的縮影。

9、形象迭用（形象重現 figural recurrence）

浦氏認為，羅貫中常特意重複各種篇幅不同的敘述單元，使之在正文的總體結構框架內具有一種緊密連貫之感。浦氏指出，每一位讀者遲早會意識到這部宏偉的作品原來是由少數重現的單元組成，而會對這種常見模式永無休止的重複感到不耐煩。胡適和李卓吾就譴責這一特點是作家缺乏想像力的明證。不過，浦氏認為，這種明顯的重複，與其說是作者在敘事方面智窮力竭，倒不如說，這是它成為不朽文學名著的關鍵手法。浦氏以為，許多人物的重現是因為小說題材的實質所規定的現象。由於歷史情景和事件本身頻繁

〔註100〕見 Plaks, p.389.

重複的發生，因而，在小說中幾乎無法避免同類場景的重現。浦氏指出，令人印象深刻的重現場景是忠臣冒死苦諫，而君主卻猶豫不決，以致貽誤時機，無法挽救。

《三國演義》中的形象迭用，浦氏首先提出的是各種「計謀」的使用，如，詐降計、美人計、反間計、苦肉計，數量之多到了喪失任何作用的地步。其次是許多有趣場面的迭用，如，每逢宮廷議論時，總有一人「挺身而出」，引起一場唇槍舌劍。再其次還有許多老套情節的重複使用，如，攻城必「智取」，俘虜了敵將常「義釋」等。而在戰場上，每一場惡戰似乎總少不了一支奇兵突然到來，而引出這支奇兵的套語，照例是「忽見一彪人馬」。

在戰場上的種種描寫通常是可以預見的固定模式，如，常是兩軍對陣，互相辱罵，兩方大將出陣交鋒，接著兩軍廝殺。浦氏也指出，有些特定的兵法是要表現個別英雄人物的獨特標誌，如，諸葛亮慣用錦囊密計、常安坐土山上激怒敵人、身穿道袍，頭戴綸巾等，常給人同題屢作的現象。

主題重現也可用來說明小說在人物塑造上反覆選用的寫法，浦氏指出，小說中數百個人物除了少數主角外，都能輕易歸納為一批重複出現的人物形象，而與其說是固定的人物臉譜，不如說是人類行止的重現模式。

浦氏認為，運用這種套語並不完全是沒有原因的，它們穿插於小說正文中似乎常常達到一種特殊的結構功能，用來劃分敘事文中的重要段落。

《三國演義》裡常見的場景也屢見於其它小說中，尤其是在《水滸傳》裡。例如，兄弟結義、義釋俘虜或是智取敵城等，另外，還有超人體力的事蹟，如，劉備劈開大石及躍馬過檀溪，或是帶有預兆性的「狂風」常引出許多戲劇性的場景。

重現模式使作品本身的結構首尾連貫，如，第一百一十一回帝王被迫遷都的場景在第六回時已初次出現，而第六十八回左慈戲弄曹操一幕也是模仿第二十九回于吉的鬼魂向孫策索命，這些都造成結構上的呼應，使正文整體一氣呵成。

（三）《三國演義》的人物形象

1、關　羽

浦安迪認為，小說中的關羽並沒有民間傳說中的天神本相，他後來為何會成為許多中國人崇敬的神明，很難在小說中找到答案。小說刻畫關羽時並

沒有誇張他的身材和武藝，只有在第一回裡有一段抄自《三國志》中的寥寥數語描寫他威嚴的體型和出色的相貌，但這些特點在之後的情節中就很少再強調。小說中大力著墨的是關羽較難捉摸的精神面貌，如，斬華雄時的無比自信與身在曹營心在漢等。浦氏又指出，關羽性格中最明顯的問題是「剛而自矜」，他的剛愎傲慢最後也招致自身的滅亡。

浦氏也提到，關羽無敵的外表下存在的弱點，他英雄無敵的形象在「三英戰呂布」無法獲勝時，已受到了損害。此外，在「單刀赴會」時，他英勇形象也不是完美無缺的，他必須仔細安排好救應的部隊以防自己發生意外。〔註101〕關羽也常與同僚鬧彆扭，例如，他與張飛及諸葛亮都存在著緊張關係，他也不屑與老將黃忠為伍。

浦氏也提到年紀對關羽的影響，他認為，演義中劉備進位漢中王，是關羽的聲威及體力由強轉弱的轉折點。《三國演義》中雖未正面描寫關羽日益年邁的過程，但從第七十四回關平要求代父迎戰龐德，讀者就可以意識到這一點，而之後關羽刮骨療傷、談笑自若，雖顯示了他堅強的意志力，但同時也是他末日來臨的前兆。

浦氏指出，關羽總是因固執地要維護「義士」的形象，而陷入道德的兩難或是戰敗的代價。此外，小說中的某些細節，也給他的英雄姿態蒙上模稜兩可的陰影，如，第二十五回「屯土山關公約三事」裡，究竟關羽是真投降還是假投降？又如，第二十七回「漢壽侯五關斬六將」裡，許多善良的人由於關羽信守結義的誓約而成為他的刀下之鬼，而他冷酷的殺死蔡陽也只是為了要表明心迹，維護自己義士的名聲。他過份顧全個人重義的英名產生最大的危害就是在華容道「義釋」曹操，這一事件對三國的歷史進程產生了致命的後果。

2、張　飛

浦安迪認為，張飛在小說中的形象與說書及戲曲中的通俗形象有驚人的差異。張飛在《三國志平話》和一些現存雜劇中的正面形象，在《三國志演義》裡遭到嚴重的毀損。在各種民間文化傳統的資料裡，張飛都被描繪成一個個性莽撞、有無窮精力的粗漢，這些描寫都是正面的。而浦氏卻認為，小說中的張飛儘管憨直粗莽，但他對小說中其他的英雄人物卻是充滿敵意，很少有兄弟情誼。〔註102〕如，他對關羽早就不服、不加敬重，他在第二十八回

〔註101〕見 Plaks, p.409.
〔註102〕見 Plaks, p.415.

裡，痛斥關羽背叛劉備，一直到關羽斬了蔡陽才盡釋前嫌。而後，當劉備奪取益州時，張飛又與關羽為了謀求權力地位而展開競爭。

而對於諸葛亮，浦氏認為，張飛對他的怨恨始終未能消釋，如，他屢次對劉備探訪諸葛亮表示不悅，甚至要燒掉諸葛亮的草廬。之後，博望坡孔明初用兵時，張飛更持激烈的反對態度，而此後諸葛亮指揮的軍事行動，他每每要先立下軍令狀才獲准參加，由此可知，他們的關係始終是緊張的。

浦氏又指出，張飛對蜀軍許多同僚，尤其是趙雲，明顯地表現出敵對的情緒，例如，在第四十一回和第五十二回，都可看出張飛對趙雲的不滿。另外，對劉備的另一謀士龐統，張飛更曾經想殺了他。

浦氏更指出，張飛與劉備的結交並非十全十美，張飛曾為刺殺董卓一事與劉備意見相左，他怒鞭督郵更是因為對劉備心有反感。〔註103〕而劉備也不把張飛視為愛將，反而是看做一種累贅，他經常出面斥責張飛，說他為人暴躁、酗酒過度。

浦氏認為，羅貫中並不是正面書寫張飛的英雄氣概，而是更有興趣地探討他固有的侷限性和最後的失敗。《三國演義》常描寫他連吃敗仗，也說他的武藝遠不及呂布，而羅貫中也刻意描述張飛因酗酒而打敗仗，如，第十四回他因醉酒而被呂布奪去徐州；第七十回又寫他酗酒的情景（雖然，這次因諸葛亮的用計把他的酗酒變得有利於蜀方）。

3、劉　備

浦氏認為，評論界對於《三國演義》中劉備形象的評價，一直是認定小說的作者同情他是漢朝的合法繼承人。而浦氏則指出，羅貫中並不偏袒劉備，而是游移在頌揚劉備的民間傳統看法和古來史論中出現的批判觀點這兩者之間，浦氏認為，作者在這一點採取曖昧的態度，完全合乎十六世紀小說的反諷修辭章法。

浦氏指出，小說中關於劉備的描寫有幾個前後矛盾之處。如，關於他善於克制自己、「喜怒不形於色」的說法，常因他的感情脆弱而落空。例如，他在「煮酒論英雄」這一回，因為驚慌失措而「失箸」，在三十四回他也因一次「失言」而幾乎喪生，在六十二回他亦因酒後失言而悔恨不已。此外，雖然在小說的某些事例中，搬用了民間傳統的觀點，把劉備寫成一位有天神色彩

〔註103〕同上註，p.416.

的眞命天子，如，三十四回他躍馬過檀溪、五十四回他用配劍劈開大石，但這些英勇事蹟比起劉備經常敗北爲主的形象仍大爲遜色。而作爲一位想要開國立業的英雄，作者卻也在許多片段中有意強調劉備迷戀女色的弱點。

　　浦氏認爲，《三國演義》的作者雖然對劉備事業的正確性採取肯定的立場，但對他一生中某些不光彩的描述也毫不留情。讀者也許可以把劉備性格中暴露的種種弱點解釋爲他爲人隨和且富於同情心，但小說中的許多片段都否定了這種觀點，對他的善良提出嚴重的懷疑。許多評論家也經常對劉備提出嚴厲的責難，甚至把他與曹操並列，稱他爲「奸雄」或「梟雄」。

　　浦氏對劉備「皇叔」的身份以及他的目標也提出看法。他認爲，羅貫中雖然對劉備「皇叔」的身份從未表示懷疑，但小說中對劉備主要的目標是恢復漢室還是自己稱帝這一點隱約地提出疑問。浦氏認爲，小說一開始寫劉備在孩提時代就有作皇帝的野心，第二回寫他不安心於卑微的職位，而前三十多回更都是描寫他東奔西投、想方設法謀取權位，劉備早在曹氏家族篡漢之前就有圖謀皇位的意圖。

　　關於劉備稱帝的過程，浦氏認爲，是極不光彩的，因爲，劉備從取徐州、借荊州、奪益州、自封漢中王，到最後稱帝，都是運用相同的模式——先故做姿態的推讓三次，埋怨下屬陷他於「不義」，最後，才鬆口表示願意「權領」職位。而對照陶謙和劉表眞心地要把領土讓給他，劉備的「三讓」稱帝反而帶有極大的反諷。總之，浦氏認爲，劉備的作爲總是在矛盾中來來去去，他有機會奪取地盤時，總是擔心被世人視爲不忠不義，有悖於他以信義爲本的宗旨；而當他強「借」荊州不還時，卻又口口聲聲說「天下者，非一人之天下」，且近乎無賴地把不還荊州的責任推給關羽，由此可知，他的「僞善」。

　　此外，對劉備「仁義」的形象，浦安迪也有不同的看法。他認爲，小說雖在許多情節中刻意刻畫劉備仁慈的形象，但在某些情節中他對待俘虜卻毫不留情，如，在八十三回他以令人毛骨悚然的「水滸」方式，親手殺死糜芳和傅士仁。〔註104〕

　　在與結義兄弟的情誼上，浦安迪指出，劉備與兩位兄弟的關係中，夾雜著不信任，甚至是仇視，使他們的結義之情受到貶損。〔註105〕例如，劉備屢

〔註104〕見 Plaks, p.415.
〔註105〕此段文字之原文如下：

　　I have already mentioned some of the tensions and hostilities lying beneath the
　　surface of brotherly devoton joining Kuan Yuand Chang Fei and in the relationship

次對張飛的暴躁性格感到震驚，兩人也曾經產生齟齬，在第六十五回和七十回中，劉備竟宣稱不再信任張飛。而對於關羽，劉備也在第二十六回關羽對他表現最大忠誠之時，宣布他不再信任關羽。

在劉備與諸葛亮的關係中，浦氏也指出，其中富有反諷的意味。小說中一方面描寫劉備對諸葛亮言聽計從；一方面卻也寫他不再聽從諸葛亮的勸誡。而劉備「三顧茅廬」這一段，浦氏更認爲，是劉備過度裝腔作勢硬要扮聖君訪求賢士，而他自高自大的模樣倒像是一齣滑稽的鬧劇，例如，他不止一次錯認別人爲諸葛亮而自報姓名頭銜，又在諸葛亮的小道童前碰了釘子，小道童說：「我記不得許多名字。」〔註106〕

在劉備與家人的關係上，浦安迪提到，劉備爲了事業而置妻子不顧的次數多得出奇，甚至將親兒擲于地上，而他斬義子劉封一事，更使他作爲賢明仁慈君主的形象受到嚴重的污損。

4、諸葛亮

浦氏認爲，《三國演義》裡羅貫中對諸葛亮形象的描寫，也出現了民間的想像與正史的資料勉強結合在一起的情形。民間對諸葛亮是無比的崇敬；而正史中卻是客觀地對他加以褒貶。浦氏將諸葛亮作爲十六世紀文人小說反諷影射原理的範例，他不談有關諸葛亮正面的描寫，而投入較多的關注在諸葛亮形象塑造中令人困惑的一些因素。

浦氏首先指出，小說中有損諸葛亮形象的是他極端的高傲自大，他未出山前，徐庶就過份誇張地吹捧他，他也「自比管仲樂毅」。而劉備「三顧茅廬」時，他更是有意地侮慢戲弄劉關張三人。〔註107〕

成爲劉備首席謀士之後，諸葛亮依然鋒芒畢露、傲慢無比。浦氏指出，在朝議事時，諸葛亮經常自誇能憑「三寸不爛之舌」駁倒對手；在戰場上，他老是擺出一副悠閒自得的姿態，不是羽扇綸巾乘小車，就是安坐在土山之上。不過，赤壁之戰後，諸葛亮反覆出現的傲然形象開始引出越來越嚴重的問題，後來成爲他失敗的主要因素。

浦安迪亦批評諸葛亮對待同僚的態度。例如，他嫉妒龐統，將他看成競

---

of each of them to Liu Pei. Now we may go on to observe that Liu Bei's feelings toward other two are undercut in equal measure in the novel by hints of mistrust and even hostility. 見 Plaks, p.435.

〔註106〕同上註。

〔註107〕同上註，p.442。

爭對手，他與魏延也幾乎達到公開衝突的地步。他利用職務之便壓抑張飛，他也操縱關羽，讓他在華容道放走曹操，事後，卻嚴厲地責備關羽，事實上，他早就算出曹操命不該絕，這就更顯出他的狡猾奸詐。他也經常用「錦囊」密令操縱他的部將，且更依靠侮辱和詭計激將上陣。對黃忠這樣的老將，也常鄙視他們的年邁。浦氏認為，諸葛亮出茅廬時畢竟是個年輕人，不應該冒犯老年人。在中國這個敬老尊賢的國度裡，諸葛亮冒犯長者的行為，竟然還能得到受人景仰的賢相形象，浦安迪覺得非常震驚。〔註108〕

浦安迪指出，諸葛亮除了用激將法和冷朝熱諷來驅使武將外，他也常用公開競爭的方法，激勵將軍上陣。如，第七十一回挑起趙雲和黃忠，第六十五回關羽和馬超。另外，諸葛亮也常責成部下立下軍令狀，用這種殘忍無情的計策，使部下用生命做賭注來保證完成使命。

在對付敵人時，諸葛亮同樣的也施展狡詐的權術，如，著名的「三氣周瑜」，等到周瑜死後，他卻馬上嚎啕大哭，此處似乎是羅貫中刻意刻畫他的偽善心態。而後來龐統死時，他的痛哭只是重演了一幕滑稽戲。

浦氏提到，在某些場合，諸葛亮的作為冷酷凶險到了極點。如，第六十四回下令斬張任「以全其名」，第五十二回以屠殺零陵全城軍民脅迫其投降，浦氏也提出毛宗崗對他燒死籐甲兵的行動，也說「毋乃太酷乎」。

浦氏指出，由於小說中把諸葛亮的輝煌形象渲染過了頭，反諷意味就開始流露，也因此，他的形象就適得其反。例如，他能呼風喚雨、善用火攻、神機妙算，但反覆使用後，就不靈驗了，如，九十七回用火攻仍攻不下陳倉，「空城計」一再使用也成了濫調俗套，連炫耀他神通廣大的八陣圖也被攻破，反而，表明了陸遜的沈著英明。而小說中因渲染過度而效果適得其反的最妙的例子是南征孟獲之役。諸葛亮宣稱，安定後方後才能北伐中原，不過，這一戰略最後卻破產，因為，在第一百一十八回蜀漢即將滅亡前夕，朝廷曾苦苦哀求孟獲部落前來救援，不過，這一希望卻完全落空，浦氏因此懷疑諸葛亮南征是否明智。而一向為人津津樂道的「七擒七縱」故事，在浦氏眼中看來卻是十分反感，因為，他認為這段敘述表現的都是諸葛亮的猙獰微笑和傲慢面孔，他早就把這場戰事該採取的戰略（攻心為上）忘得一乾二淨了。〔註109〕

關於諸葛亮與劉備的關係，浦氏也指出，其實他們並沒有「君臣之至公」

〔註108〕同上註。
〔註109〕Plaks, p.450.

的那種理想。他認為，劉備的每一個重要的決策大多受到諸葛亮的掣肘，如，七十三回他勸劉備進位漢中王，八十回他裝病求劉備稱帝，而劉備處死劉封一事他也扮演了重要的角色。

最後，浦氏認為，諸葛亮在一般人心中雖然是個料事如神的軍師，但是，羅貫中卻也把他因判斷錯誤而遭到慘敗的事例寫進小說之中（如馬謖街亭之敗），這是意味深長的。浦氏認為，諸葛亮先是「識人不明」，接著殺了與他「義同兄弟」的馬謖，最後，又象徵性的自行貶降，這件事情把他的偽善、忌才與易犯錯誤一下子都匯聚在一起。所以，儘管民間傳統把諸葛亮看成是智慧的化身，但由於他在小說中總是一副傲慢和偽善的形象，浦氏認為，這是很有反諷意義的。

5、曹　操

所有的中國小說評論家幾乎都曾指出，《三國演義》裡的曹操和通俗戲劇舞台上那個只要一失敗，就能逗樂兒童的曹操有很大的差距。浦氏也認同這個觀點，他指出，《三國演義》儘管公開同情蜀漢，但它對曹操的描寫，還是採用不抑不揚的手法，比起通俗文學更接近史實。浦氏認為，《三國演義》刻畫曹操最有意義的是，它把曹操和劉備兩人的經歷描繪地非常相似。他在文章中論證了曹劉兩人間的大體對稱的寫法，是因為兩位人物處於針鋒相對的地位，且提供了一個由反諷對照，轉變為互相印證對方人品的例子。浦氏特別提出曹操優於劉備之處，或是曹操的醜態也可用來反諷劉備的地方。

其中之一是，浦氏認為，曹操比劉備有知人之明、比較惜才且能正確的加以使用，更能公開接受批評，而劉備往往只聽一二親信之言。第二是兩人面對挫折和失敗的反應也具有強烈的對比。劉備動輒痛哭流涕、灰心喪志，而曹操總是用一陣哈哈大笑帶過。第三是兩人面臨危險時的表現。曹操總是臨危不亂，而劉備老是驚慌失措。另外，關於民間長久以來對於劉備仁德、曹操殘暴的觀念，浦氏認為，兩人反而是半斤八兩。劉備十分注意自己的人君形象，倒是曹操不像劉備那樣慣於矯揉造作，例如，第二十七回他不追捕關羽，第四十一回他不許軍士對趙雲放冷箭等。

此外，浦氏也指出曹操的兩個弱點，一是好色，一是格外容易受到鬼怪的困擾。對於好色這點，浦氏指出，小說中有許多情節觸及這方面。而他最嚴重的弱點是小說中反覆的描述他易受鬼怪困擾，如，在第六十八回遇道人

左慈，以及臨終時見群鬼索命。〔註110〕

6、周　瑜

浦氏認為，羅貫中大大貶低周瑜的英雄氣概。史籍上明明記載他是當時的一個風雲人物，小說中卻竭力渲染他那致命的嫉妒心理，也隱約暗示他與小喬過份耽溺於閨房之樂。

浦氏認為，作者把周瑜寫成一個容易受騙上當、出奇善妒和目中無人的笨蛋，有幾個理由值得一提。首先，周瑜的失敗除了可以凸顯諸葛亮本人的無比聰明和過人膽識之外，它也反映出初出茅廬的諸葛亮行事太過份了，羅貫中用輕鬆詼諧的筆調敘述周瑜一再笨拙地想要擊垮諸葛亮而徒勞無功，卻也把諸葛亮的過度傲慢和自信變得令人生厭。所以，浦氏認為羅貫中貶低了周瑜，卻也反諷了諸葛亮。

7、趙　雲

對於趙雲這個近乎完美的武將，浦氏也認為，小說中對於他的描寫也注入了某種程度的反諷意味，浦氏認為，作者對他的完美形象也有投下懷疑的陰影。首先是在第五十二回，趙雲宣布佔領荊州城時，那股歡天喜地的高興勁，實令人反感。第二是他拒絕娶趙範的兄嫂，有《水滸》好漢那種極端厭惡婦人的味道。第三是他嫉妒戰友，如，第五十二回與張飛賭賽，第七十回與黃忠競爭。最後是當他年老時，雖然英勇如昔，但也愈顯得不勝年邁和衰弱之累。〔註111〕

8、司馬懿

浦氏認為，《三國演義》裡司馬懿的描寫完全是曹操再世的模樣，他有曹操的殘忍和縱情，也有曹操的矛盾性格特徵。此外，他是諸葛亮勢均力敵的對手，也是諸葛亮真正的知音。

（四）「反諷」在《三國演義》裡的運用

浦氏認為《三國演義》基本上是作者將其用來創作小說的各種原始素材，用反諷的筆法加以修改和加工，因而成為一部具有反諷意味的作品。我們從其中許多地方可以看出作者的反諷之意。

1、三結義、五虎將等群像中，他們的表現實際上深深掩蓋著彼此之間的

〔註110〕見 Plaks, p.464.
〔註111〕見 Plaks, p.472.

不睦與摩擦。「桃園結義」中手足的不合也轉嫁到小說中一連串同胞兄弟的描寫，如，袁譚和袁尚、諸葛亮和諸葛謹、劉琦和劉琮、曹丕和曹植以及司馬師和司馬昭，這些同胞兄弟不睦的重現模式，給不少情節增添一層含意深遠的反諷意味。

2、英雄人物與其後代子孫的對照，第二代比起第一代似乎大為遜色。

3、小說中類比明代政治形勢之處，屢見不鮮，且含意深遠。黃巾起義與白蓮教、黨錮之禍與明末政治鬥爭的黨社、宦官以及嚴刑竣罰如同明代的政治概論、正統問題與永樂朝之後的政治現實。

（五）結　論

浦氏在本文中集中論述小說對主要人物的通俗形象進行反諷修改的現象。但確實有幾位人物，作者對其描繪完全集中在英勇氣概上，絲毫未帶任何反諷貶損。如陸遜、呂蒙、羊祜、姜維等。而每一個女性角色，如，貂蟬、甘夫人、糜夫人、孫夫人、徐庶之母等，作者都是用正面手法描繪她們。

小說中沒有出現理想英雄的氣概典型，並不意味著作品以反諷為主的角度不含有另一層正面意義來抵銷它。事實上，小說中不少關鍵段落是特地為高尚行為而設計的。例如，常見的「知人」的主題。

二十七、Berry：《中國古典小說》 〔註112〕

本文乃是 Berry 對《三國演義》的介紹。Berry 首先提到，在清初的修訂本中，一開始提到的「天下大勢，分久必合，合久必分」，並非是小說的中心主題。有些人把它當作野心過度擴展的研究，有些人則認為是政治化反諷的反映，儒家的美德「仁」的毀壞。還有人鑑定小說的核心，認為是對冷酷統治的道德報應的觀察，或者是作為普遍的陳腔濫調和浪漫看法的反諷。

Berry 接著提到，《三國志演義》被它的作者（通常但從未決定性的被認定是羅貫中）歸類為「演義」，幾乎普遍地被承認為中國第一部偉大的小說，值得與更著名的世界經典並列。Berry 解釋「演義」的意思，認為其通俗的形式以及涉及史實或虛構的故事，是獨一無二的。不止一位批評家暗示，關於將描述歷史的焦點集中於偉大的歷史人物和決定性的歷史事件，《三國志演

〔註112〕見 Berry,Margaret,*The Chinese Classic Novels:An Annotated Bibliography of Chiefly English-language Studies*（New York:Garland Publishing,Inc.,1988）．

義》的作者，和英國的歷史浪漫主義作家 Walter Scott（1771～1832）有顯著的不同，但羅氏非常類似劇作家 William Shakespeare（1564～1616）。

接著，Berry 比較了《三國志演義》及《水滸傳》與西方騎士小說的不同。這兩本小說都利用武士的俠義理想，爲一個偉大的領導人和他的事業效勞。不像西方的騎士制度建立在宗教、浪漫的愛情以及理想化的描述婦女氣質。中國的武士追尋的是現實和理性的行爲，結義之情是主要的情感，尋找的是人而不是上天的報酬。

Berry 認爲，小說的演化並不容易追溯。其中一個來源是一部令人驚豔的元代平話。另一個則是當時描寫三國事件的戲劇和更早期的皮影戲、木偶戲和民間傳說故事。Berry 認爲，《三國演義》的起源最可信的是起源於元末明初的單一作者。他刪去了不受歡迎的添加故事，並且提供一致而眞實的事件，用剛好的虛構細節，來使事件復活，並使歷史隨著人性的熱情和英雄的功業跳動。在簡約的古典和高貴的口語結合的寫作過程中，原始的小說，可能在元末或明初誕生，在它 1522 年第一個爲人知的版本（帶有一篇 1494 年的序，被稱爲弘治版）之前，似乎被多次重寫。這部作品已知有超過二十種相異的版本，在下一個世紀中迅速的出現。

Berry 接著提到，清初毛綸和毛宗崗對弘治版的修改。包括（一）讓故事更接近歷史事實（當不公平的讚揚劉備或貶低曹操時）。（二）增加一些有趣的並刪除重複或枯燥的故事情節。（三）重新安排章節，選擇一百二十回而不是兩百四十回。（四）去掉多餘的語詞，使語言更加洗鍊。除了修訂外，毛宗崗也提供了很有價值的註釋以及行間註解。Berry 認爲，羅氏的貢獻如同金聖嘆對《水滸傳》以及張竹坡對《金瓶梅》一樣。

Berry 接著指出，《三國演義》的特徵：它是中國文學一個新穎以及成功的形式。如同浦安迪所下的定義，這個文類，在人物和事件的描寫上，捲入了結構和文本形式的自我意識，並且受到反諷的基本立場支配。它的結構，包含了：（一）支配這部小說抽象原則的象徵性開場白；（二）十至十二章重要的劃分；（三）追溯人物的逐漸增多和集合，以及跟隨活動的最高點（赤壁之戰）的拋物線結構，任務的取消和參與者的消散；（四）一個指向空虛、無用，或者無意義的結局；（五）對比性的搭檔或群組；（六）事件的編號次序；（七）空間和時間組織複雜的結構，經常涉及二元的兩極（陰/陽）和複合的週期性（五行理論以及一致的系統）以及（八）有意識人爲的創作手段，像

是敘事細節的交織、"形象的密度"（重複敘事單元的重疊形式），以及加速和減速的技巧。

然而，Berry 認為，根據浦安迪的說法，十六世紀的明朝小說基本且必要的，而且比結構和原文的複雜性更重要的是，它對人生的反諷。讀者的刻板印象，因為受到當時超人氣的說書與戲劇影響，而期盼出現的人物和事件，與真實人生和人性往往是有衝突的。

Berry 提到「事物的表裡並不一致」。例如，劉備看來友好、溫和、高貴，但他也是一個報仇心重、犯下大錯的傻瓜。在民間的想像中令人厭惡的曹操，卻是一個權謀政治家，他有著野心、殘忍，奸詐、口是心非等缺點，但他也是一個沈思的學者和一位有人道和雅量的詩人。諸葛亮在民間的想像中，是智慧和正直的化身，像是儒家的法家。莊嚴英勇的關羽展現自大、天真的自負，甚至愚笨的行為。

Berry 以為，作者反諷觀點的結果，既不是盲目地接受不能被改變的，也不是帶有苦味的譏笑。相反的，是一個關於結義兄弟的深切問題，關於人類的行為，關於「義」的美德本身，例如，正義。如何在正確和錯誤的混合複雜的情勢內實現？當職責衝突時如何實踐？怎樣容納結義兄弟的忠誠和職責給家庭、君主和國家？

Berry 指出，當大多數學者認為《三國演義》基本上是表現儒家世界的觀點，其實，書中也存在道家和法家的觀點。例如道家，當諸葛亮抗拒劉備的壓力，離開他的田園並且捲入公眾鬥爭時（我們會想到尤利西斯反對為特洛依戰爭徵兵）。另一方面則是法家，因為帶有集權控制的務實觀念和倚賴法律的約束力，諸葛亮像是一個法家行政者。

關於《三國演義》對後世的影響，Berry 認為，幾世紀以來，只有《水滸傳》能與它相比。《三國演義》教導成年人和孩子關於他們歷史的遺產，它也在紛亂的時期，提供愛國者和陰謀者的靈感。而結義兄弟們則用此模式，使祕密結社和幫派組織永存不朽，直到今日。

另外，《三國演義》對文學世界是一件可讚頌的事物，不過，並沒有完全被察覺，直到最近幾世紀，評論家才讚揚它首先打破學術陳規的形式，它把通俗的語言從粗鄙中提煉得更精純。它儉樸平易但是仍有差別的用語，它嚴格地消減超自然迷信元素，對其它的大眾娛樂是如此的重要。最後，是它那種創新的、獨一無二的歷史體裁：「演義」之創作。

最後，Berry 提到了《三國演義》的翻譯本。他提到 C.H Brewitt-Taylor 的貢獻，Brewitt-Taylor 最先勇於翻譯，直到六十年後還沒有完全被取代。〔註113〕另外，紐約大學的 Moss Roberts 在 1976 年的部分翻譯，標題是：《三國：中國的敘事戲劇》，包含了四分之一的《三國演義》。〔註114〕學者和讀者都一致讚賞。除了翻譯外，Berry 認爲《三國演義》需要更多英語方面的研究。他也提到了一些學者，包括，浦安迪、馬幼垣、夏志清、Kroll、楊力宇、Buote Edward、盧慶濱等，他們已經開啓了一條路徑，例如，陰陽和五行如何進入架構的設計？Berry 也提到幾個問題，如，西方沒有像《三國演義》一樣描寫的重要作品是眞實的嗎？這部小說對婦女的立場是什麼？這個立場對於那個時代和作者又是如何呢？《三國演義》的主題、角色、事件、美學的方法論在二十世紀中國文學裡有什麼程度的迴響呢？

二十八、Rolston：〈毛宗崗及其著作：讀三國志法〉〔註115〕

本文乃是 Rolston 所著《如何閱讀中國小說》一書中的第三章，〈讀三國志法〉譯文之前的介紹。譯文乃是芮效衛（David T.Roy）所譯，而 Rolston 則爲文介紹了毛宗崗及他的著作〈讀三國志法〉。毛綸與毛宗崗父子合作研究文學，一如司馬談與司馬遷合作寫出《史記》。《史記》一般普遍認爲是由司馬遷獨自寫成，而毛宗崗也常被認爲比其父毛綸更爲卓越。而《琵琶記》及《三國志》的兩部評論也常被認爲由毛宗崗獨自寫成。

Rolston 指出，《琵琶記》與《三國志》中的傳統道德觀也許飽受爭議，但都是清楚可見的，相反的，《水滸傳》和《西廂記》中則無疑違反自然。前者偏向支持人民反對政府；而後者則贊成浪漫的愛情，毛家父子在其文章中強調道德正義。毛綸在《琵琶記》的總論中說道：

> 羅貫中先生作通俗三國志，共一百二十卷，其紀事之妙，不讓史遷，
> 卻被村學究改壞，予甚惜之。前歲得讀其原本，因爲校正，復不揣

〔註113〕C.H.Brewitt-Taylor, tr. *The Romance of the Three Kingdoms*,（Taipei :Ch'eng-wen publishing company,1977）.

〔註114〕Moss Robert,tr. *Three Kingdoms:China's Epic Drama*,（ New York : Pantheon Books, 1976）.

〔註115〕見 Rolston, David L.,"Mao Tsung-kang on How to Read the San-kuo yen-i," in *How to Read the Chinese Novel*（Princeton: Princeton University Press, 1990）, pp.146-151.

愚陋，爲之條分節解，而每卷之前，又各綴以總評數段。且許兒輩
亦得參附末論，共贊其成。書即成，有白門快友，見而稱善，將取
以付梓，不意忽遭背師之徒，欲竊冒此書爲己有，遂使刻事中擱，
殊爲可恨。今特先以《琵琶》呈教，其《三國》一書，容當嗣出。

　　Rolston 指出，署名毛宗崗所寫的評論究竟是父子何人所寫很難判斷。最早
的毛版《三國演義》有李漁於 1679 年所寫的序言，在李漁自家芥子園出版的另
一個版本，則曾提及他曾爲毛版《三國演義》寫序，因此，李漁曾在 1679 年寫
下的醉耕堂版《三國志演義》的序言，也許沒有理由懷疑此事之眞實性，之後
的再版都收錄了 1679 年序言的修訂版。當時，金聖嘆爲當代版本的小說所做的
序言，以及署名毛宗崗的評論廣爲流行。李漁所作的序言百分之九十保留了最
新修訂的版本，但金聖嘆的名字以及 1644 年的創作日期仍掛在序言結尾。最新
的段落也有所改變，變成金聖嘆如何了解毛氏及其評論。有些版本也在標題頁
加上金聖嘆的名字，或是將內容評論註明爲金聖嘆所寫。之後的學者，如，魯
迅，就常說金聖嘆有如《三國志演義》評論的作者。另一個常出現在標題頁或
毛版《三國志演義》評論起首的名字是杭永年，他也是蘇州人，有時會被視爲
《三國志演義》評論的作者。在有他名字的版本中，評論署名爲毛宗崗，而一
些沒有屬名的著作則被認爲是杭永年所寫。黃霖特別指出杭永年曾在《琵琶記》
之前就出版評論，而印行的版本有他的名字，可能是源自他的權利與影響力。

　　毛版的《三國志演義》同時也包含有用的凡例（目錄），概述新版的小說
中許多編輯上的改變。毛的凡例列舉的寫作風格的改進、史料增減、段落分
隔、章節名稱重定，並移除署名李贄所寫的評論，還有使用的標點符號，刪
除的俚俗詩歌、加入更優美的唐詩。Rolston 指出，上述改變都證明了原始文
本與當代版本小說差異很大。也許，事實上，文本基礎是使用李贄所寫的評
論，該評論已經點出毛版與原始版小說《三國志通俗演義》的差異。

　　毛版對《三國志》的評論成了〈讀三國志法〉的前身和對照本，其中，
毛版評論是原本小說篇幅的三分之二。如同金聖嘆版本的《水滸傳》，毛版的
《三國志演義》是精密審定後的版本，變成廣爲流傳的小說版本。毛版小說
在原始文本後的注釋，使毛家父子評論更完整。如同這個版本，〈讀三國志法〉
的譯文也以文本爲基礎，並在附註中寫明修訂。英文的全譯本於 1925 年出版，
由 C. H. Brewitt-Taylor 翻譯。如同賽珍珠翻譯的《水滸傳》，Brewitt-Taylor 的
版本在理解與翻譯上也有許多錯誤，但譯者無疑地已盡力翻譯出整部小說，

甚至包含了大部分中文小說譯者多半跳過不譯的俚俗詩歌。

二十九、Yao Yao：《文學分析：三國演義裡的交錯結構》〔註116〕

　　本文乃是美國漢學界第一本深入討論《三國演義》敘事結構的博士論文，內容共分四章。作者 Yao 氏發現這部小說每章的標題都用對句，且各章的內容都包含了兩個（或以上）相互關連的故事，因此，認爲全書的結構是用「二元對立」的方法組成整體。Yao 氏並認爲，《三國演義》是以「交錯模式」將整個三國故事複雜的循環統合成爲一件協調的作品。以下敘述各章的重點。

第一章　序論

（一）敘述文的交錯結構

　　Yao 氏首先介紹何謂「敘述文的交錯結構」。他指出，假如三條或數條線編織成一條線，交叉的基本設計就是每一條線橫跨過其他線。更複雜一點來說，每條線有可能再轉回頭和自己或其他線形成一個結。不管任何情況下，直線連貫就如同規則般一直被干擾著，這種干擾會一直持續到線將結解開。而交錯的設計可以在所有文明的藝術裡找到。

　　Yao 氏指出，第一位發現敘述文中的這種交錯設計，並且爲其命名的當代學者是 Ferdinand Lot。〔註117〕Lot 在他關於法國散文作品《藍斯洛》（Lancelot）的研究裡提到，主題的交織就像繡帷的結構一樣，無法從中移除一股線段而不拆散整體的設計。這個在結構上並不是一致的，而是由很多不同的主題組成，所有主題都有區別但無法彼此分離。

　　在歐洲傳統裡，有大量含有交錯結構的文學。中世紀時期的故事，尤其是有寓意內容的，如，Le Roman de la Rose 及 Piers Plowman，通常如騎士故事一樣，加入交錯的結構，騎士故事的循環亦由同樣結構來表現。〔註118〕

　　Yao 氏接著指出，在中國，甚至在文字出現前，交錯模式已經存在於主要社會中。繩結的製造開始於文明的初期，《易經》曾記載，太古時期統治者以打結治國；在晚期，賢人及智者則以書寫及雕刻取代此種系統。鄭玄在《易經》的註解中指出，如果這件事情很重要，就打一個大結，反之，就打個小

〔註116〕見 Yao Yao, "*A Literary Analysis: The Interlace Structure in The Romance of ‵The Three Kingdoms′*," Ph. D. dissertation（University of California, Berkeley, 1990）.
〔註117〕同上註，p.3.
〔註118〕同上註，p.4.

結。因爲，我們可以得知，一個由線交錯而成的複雜系統，曾經是一個重要的紀錄方法並曾被使用在書寫文字出現前後。在中國，最少一直到第六世紀後，結的使用模式才被書寫所取代。

大量的中國文字也是由交錯的模式形成。《易經》描述古代的中國人如何及何時發現對特殊物體及概念符號的需要，他們在自然界中尋找交叉模式。許愼在《說文解字》中採用了最初中文字體的原理。他指出，文字是人們看到動物遺留下來的足跡所形成的錯綜線路而發明的。黃帝的史官倉頡在看到鳥獸遺留下來的足跡後，發明中文的書寫及雕刻，並了解到這些線路及模式可以製成獨立的標誌符號. 許愼給「文」如此解釋:「文，錯畫也，象交文。」早期，在獸骨及青銅器發現「文」的最早形式，證明許愼對於文的交錯模式的論點是正確的。

Yao 氏最後指出，宋朝的朱熹在關於寫作的討論上，也強調「文」只有當兩件事相互對立時才存在。如果這兩件事從他們相對的關係中去除，「文」就無法被表示出來。清朝的阮元認爲，沒有交織就不叫文。阮元熱衷提倡散文樣式的對應，而朱熹並不是。事實就是他們一致指出，在中國傳統文學內容及結構上，交織的強烈傾向。

（二）《三國演義》的誕生

Yao 氏提到，在以文字記錄口述故事的轉變過程中，《三國演義》與《亞瑟王之死》（Le Morte D'Arthur）有許多共同點。包括，因爲口述故事的來源眾多而產生重複的情節循環，吸收不同的故事版本以成爲單一的架構，才會形成這種多層次的敘事法。

在亞瑟王傳奇的故事演變中可辨認出三個階段。第一階段的口述故事來源是從第五世紀延續到第十二世紀。第二階段是文學萌芽期，從蒙茅斯的喬佛瑞（Geoffrey of Monmouth）寫作的《不列顚諸王史》（Historia Regum Brittaniae）（1139）開始算起。在此時期，所有亞瑟王傳奇的故事循環發展達到顚峰。第三階段即是漫長的轉化與改寫，延續了整個第十五世紀，直到文藝復興時期與印刷術發明後，才改變了故事欣賞的品味，並且結束於中古世紀。《三國演義》的故事循環也歷經類似的轉變過程，才成爲如今我們所熟悉的版本。

Yao 氏指出，除了口述傳說外，喬佛瑞也自其他文學作品中摘取資料，他更加入自己的想像，而塑造出現代熟悉的著作。中古世紀作家爲亞瑟王傳說添加了許多自己的想像，因而，產生了循環敘述方式。他們尤其樂意更改口

述傳說中的故事順序，以及爲舊的故事主題加入更多新的關連。結果，便產生了一個龐大的、多人合成的故事循環架構。

由上可知，《三國演義》與亞瑟王的故事在演變上有著相當類似的歷程。三國故事有許多的來源，其中，以宋元時期職業說書人口中的三國故事爲主。自晉朝統一天下至中唐時期，三國故事流傳於許多史書中，特別是陳壽的《三國志》。其他著作，如，《世說新語》也保留了許多軼事秘辛。《世說新語》中的故事，有 27 則發生在三國時期，也幾乎全部收錄於《三國演義》之中。

到了北宋，就有職業說書人專門講述三國故事。早期的文字記載爲接下來出現的《三國志平話》以及後來的《三國演義》提供了豐富的題材。當時的說書人與小說家從陳壽與其他史學家承繼了歷史敘事的散文體裁與道德批判，卻不囿於傳統。而在《三國志平話》與《三國演義》中有許多證據都顯示，聽衆才是訴求的目標，而非讀者。例如：

1、直接指稱聽衆，

2、提到「說」與「聽」的字句，

3、各章節都相對較短，

4、有情節轉折以連結兩個故事，

5、故事主旨、警句等不斷重複，

6、詩歌融於散文之中。

Yao 氏指出，這些證據，說明說書人口述故事與敘事方式以線性爲主，對演義造成深遠影響。敘事者是以時間來排列各事件。類似的架構手法在早期的章回小說中處處可見，甚至有些比三國故事更爲徹底。例如，《水滸傳》即是記錄各個好漢的境遇。這些中心人物個人的故事也形成整個大架構。例如，敘述武松的十回，敘述宋江的十回，都明白顯示整本《水滸傳》中的單一人物敘事框架。同樣的，早期三國故事也以中心主角展開，例如，諸葛亮、張飛等。

接著，Yao 氏提到，這兩本演化過程相近的歷史故事《三國演義》與《亞瑟王之死》，招致兩派截然不同的評論。有些人認爲，這些歷史作品無法說明何爲歷史眞相，何爲人爲創作，自然無法呈現歷史眞貌。其他批評家則回應，正因爲歷史與創作界線模糊，才造就了文學藝術。Yao 氏接著引用夏志清與楊力宇的說法，夏氏認爲，《三國演義》是歷史敘事而非歷史小說，這個說法西方世界也是認同的。夏氏並指出，演義的作者以正史爲本而處處受限，無法自由發揮。楊力宇也對《三國演義》的文學價值提出質疑，在他的博士論文中說道：「《三

國志》之為《三國志演義》的緣起，即是因為忠於史實，並以顯明的文字重述歷史，而《三國志演義》則應該是一部通俗歷史。」的確，作者加上「演義」二字，即是要重述正史，而以更淺顯的語言說明歷史之寓意。

（三）「演義」之名

Yao 氏在這一小節中，解釋了「演義」一詞的起源及意義。《三國志通俗演義》是第一本首先採用「演義」一詞的小說。但「演義」一詞在三國時代的百年前就已出現。「演」為開展、闡釋、或是擴大。《三國志演義》用為書名，即是指欲開展陳壽《三國志》中的歷史記載。「演義」是多個文學作品的集合，很快的成為一種獨特的文體。即使作者強調並未修改原來出處的資料，但是比較之後，演義與其作品的來源確有很大的出入。

Yao 氏認為，要評論《三國演義》，其文學藝術價值與故事內容是否符合史實應分開來看。當史書中的角色或情節在故事中出現時，我們應該想到，作者在講述這「真實」的故事時，是以寫作藝術作品的概念為出發點。於是，要評論《三國演義》的敘事藝術，必須要以比較三國本文與其引用出處為基礎。作者採用大量的早期口述與文字資料，融合真實與虛構，才能創造一個單獨的故事。這些歷史人物的言行，有些是真實的，有些則是作者想像出來的，以符合人物個性與故事情節。加諸一些真正發生過的成分，能讓創作人物更生動。作者交織著引用來的人物、情境、情節，並加以擴大，因此，故事與故事間環環相扣，具有整體感，這在早期分散的史料來源中是不可能的。

Yao 氏也提到，《三國演義》中的敘事機制，令人想起《亞瑟王之死》一書中，曲線、弧線、交織錯綜，纏繞不休的循環手法。歷史小說無法用歷史寫作上簡潔直入的敘事方式，所以，改為交錯縱橫的形式。故事同時或者交錯進行。然而，《三國演義》的誕生，並不是由口述傳說到文字記錄，或是從獨立的片段交織成整本故事般的單線進行。探究這部作品，可從這樣的交織寫作形式如何貢獻整部作品的藝術價值開始著手。

第二章　《三國演義》中形式上的交錯

第二章中，Yao 氏介紹並闡釋《三國演義》中形式上的交錯，主要目的是用分析和歷史的角度來闡明《三國演義》的某些形式上的特色。

（一）「章回」的形式

Yao 氏首先介紹「章回小說」的特色：

1、整篇故事分成特定數量的回、卷或節。

2、每一回都有它的標題。早期，標題是限制在一行，但從明末開始，段落標題常常以多行的方式出現。

3、每一回的開始和結束都是用傳統的話語。斷章通常是在事件高潮時，而不是在結束時。

4、整體來說，章回小說是一種散文故事，但韻文常常被用來描述角色、場景或對於一個行動或事件。

在嘉靖版中，《三國演義》全文分為二十四卷，每一卷包含十回。因此，整部小說共有二百四十回。Yao 氏也發現，大部分偶數章節結束是以類似「性命如何？」或「試看怎生取勝？」結束，而有許多奇數章節是以「且聽下回分解」結束。Yao 氏指出，這種成對的章節形態給予章節一種概要的品質，成對的章節提供一種維持小說模式的機制。這種機制透過複雜的流程，重視在故事中的單一性和整體性的問題，並融合不同的元素。因此，《三國演義》呈現一種多重的總合，看起來很容易被分解成數百個無相關的章節。

接著，Yao 氏提到章節結束的模式，他指出，任何危機幾乎都在章節結束時發生。說書者都是以公式化的「未知性命如何」、「且聽下回分解」等來結束章節。這種結束達成一種延續性，維持延續往事的氛圍並發展和讀者的興緻。在《三國演義》中，在章節結尾時的危機是最重要的重複手法。它凍結了危機並將所有的角色和讀者置於等待中。Yao 氏舉出一個例子來說明，就是簡單計算有多少角色的生命在章節最後陷入危機，而真的被殺害，顯示整件危機只是一個方法，是一個說書家用來控制故事節奏的姿態。也因此，故事的結論變成不是結論，但在一個幾乎隱藏的方式中，引入一個新的角色或新的主題，因此，一回的結束，實際上是另一個開始。

（二）「回目」或平行的章節標題

接著，Yao 氏說明了《三國演義》章節標題的演變及作用。它們是在文本寫下許多年後才發展出來，是由短標題發展為長標題，從單行到多行，從沒有對仗到嚴謹的對仗。《三國演義》的嘉靖版本只有單行的標題，儘管在故事情節中有明顯的對應關係。但在晚明時期，對句標題變成章回小說的標準特色。清初的毛宗崗則修改和給予每章對稱的標題，每一章的標題都有章節編號和二行的章節標題。這個創新處的重要性並不只是在於毛氏的標題比嘉靖的版本更易讀，而是對稱式的標題引領讀者依每章的對稱結構來和整篇小說

的交織結構解讀。

在《三國演義》中對稱的章節標題表示對立。每一章可以依據對稱標題分成二節。對稱標題本身是很平衡的二元結構。當一個章節被放置在這種標題下時，它們就處在相反的二端。毛宗崗的版本強調章節的對立和重覆。

以《三國演義》的章節為規則，在人物有危機或情節轉折點時分段。因此對稱標題可做為章節轉換焦點的槓桿，一個章節分成二個交錯或幾乎同步的故事。Yao 氏指出，這些故事的來源，幾乎沒有明顯的相關性。因此，《三國演義》的作者是刻意以對比的方式來連結章節和組織意義。結果就是交錯的結構：二個或更多變化的交織。

（三）詩與散文的交織

Yao 氏介紹了另一種《三國演義》故事的編排，就是以韻文鑲嵌在散文體的形式出現。在平話版裡面的詩，會打斷了散文描述的連續性，雖然這些詩詞的文學特質拙劣，但是它們在說書的傳統裡扮演著重要角色。當嘉靖版的三國故事印行之時，三國的故事早就不只是利用口耳相傳的了。已經印行出來的版本鎖定的是讀者而非聽眾，而從讀者的角度來看，既然是散文體小說，為什麼一定要把詩詞放在每個章節的重要位置呢？除了要提醒讀者嘉靖版的前身是平話版之外，這些詩詞還有什麼樣的功能呢？

Yao 氏首先介紹三國裡的詩詞，大概可以分為兩大類：一是描寫某些人物特徵的詩，二是由一些史官或者是後人所寫的，然後，被作者加註或者是引用的詩。Yao 氏認為，第一類的詩，通常是用來描寫角色的心境，例如，曹操的短歌行，點出了曹操過於自負。相同的例子還有曹植寫的關於豆萁的詩。Yao 氏認為，這首詩不僅點出了曹丕殘酷地對待手足，詩中兩頭牛互相爭鬥，其中一頭牛墜井而死的情景更代表這一回中，劉備起兵征吳為關羽復仇，最後卻失敗了，他的命運恰如跌入枯井的牛一般。Yao 氏指出，如此諷刺的對比手法，加強了兩線劇情的連結，劉備在所不惜地為了他的義弟報仇，襯托出曹丕欲置曹植於死地的惡毒。

第二種類的詩作更加普遍。這些在三國故事裡穿插的詩詞常是絕句的形式，被用來當作一個公式化的單位。這三百多首詩詞必須真正提供一些實質的功能來合理化他們在故事敘述中突兀的出現。

Yao 氏接著介紹這些詩作的目的及功用：

1、作為評論：作者用詩詞的方式來表達個人的觀感。

2、作為一回內兩個以上的主要劇情的連接：詩詞在說書的習慣裡是作為結束一個篇章時，最為人所好的一種方式。而三國故事同樣地也經常使用詩來作為一個段落的結尾。詩詞削弱了正文的連續性來替劇情的轉折或者是高潮做個結束的效果。這樣子造成了正文分段的效果，也把交錯的結構分得更明顯了。

3、分割劇情：為了加深故事的效果，作者也把詩文編入連續的故事敘述當中，以營造出中斷的感覺。例如，諸葛亮七擒七縱降孟獲的故事，正史中只有簡短的敘述，但羅貫中為了強調諸葛亮的功績，就把這件事分成七段，用詩文將其分割。

4、連接不同篇章的劇情：例如同樣英雄人物在不同篇章的持續出現（例如趙雲），維持著構成這個傳奇故事的一系列劇情，詩詞的持續出現也增加了三國故事的整體性，整體言之，通篇小說的詩詞交織非常有規律。

5、回憶過去及瞥見未來：如，趙雲單騎救主的英勇形象，一再地以韻文的形式，在小說後段不斷地被提及，趙雲英勇的形象卻是成功地以交錯詩詞與散文的方式創造出來的。當諸葛亮決定輔佐劉備時，插入的詩則預示諸葛亮在第一百零四回的死亡。

6、帶出作者的觀點：主述者需要靠讀者良好的記憶以及補述者的介入來讓自己安排的相同情節被人發現，因此，當曹丕強迫獻帝退位時，一首詩就被引入其中，哀悼著漢朝的墜落並警告曹氏，他們已經為司馬家族，開了一個惡例。而當司馬炎篡魏時，一首詩也讓我們回想起曹丕即位時的情況。詩詞在此強調了歷史的循環以及正文敘述相似的設計。

7、強調某件事的初次發生來顯示某些情節的特質：如，在第一回裡，關羽和張飛首次擊敗黃巾賊後，作者用一首詩預測關和張會因為他們的英勇而聞名。這些詩用來處理那些人物特型還沒被深度描寫的主要角色。

8、凸顯人物的死亡：即便是微不足道的角色，也會以詩詞來凸顯，像是袁術、孫策、郭嘉等人的死亡場景，都是以這種手法來處理。

9、驗證散文的部分：韻文可以給整個情形一個總覽、或者是做出一個道德上的評論，詩重複了散文中已經講過的東西，這種單純地一再重複的作法讓詩好像變得比較可信，就好像詩詞站在一個比較高的層次上評析散文一般。例如，《西遊記》裡的「怎見得？有詩為證」，Yao 氏認為，這意味著詩是比散文更權威的語言。如果有疑義，散文必須向詩詞尋找支持。

簡言之，三國的正文不僅被詩詞切開分爲章回，而且還進一步地被鑲嵌於單一回中的詩所中斷。在每一章之中，詩都顯現在一個合適的分割地位上，正文敘述的線性關係於是被口語的不連續性以及不完整性所取代，這種貫穿全書的不連續性，但卻並置的展現，Yao 氏認爲就是交錯技法的典範。

此外，作者可藉由韻文，用不同的聲音來呈現整個故事。而不同的觀點會形成一個交錯的模式，這模式會提醒讀者要往他們表面所看到的裡面做更深一層的思考。Yao 氏舉了許多例子做說明，一是官渡之戰時，補述者問到：「如果袁紹接受了許攸的計畫，他的領土又怎麼會落入曹操的手中呢？」藉由交疊兩種敘述方式，三國故事得以讓我們以兩種不同的眼光來看待三國的歷史。我們可以是隨著主述者的腳步，和故事角色站在同一個層次上，也可以隨著補述者和詩人的指引，站在較高的層次上，看著故事角色爲了漢朝的復興而努力。這雙重的觀點表現出現實世界的眞相。它表明了歷史就是混雜著巧合以及因果、事物是如何相關聯以及如何各自獨立的、如何有個模式以及如何隨機的以及同時是自由的也是命定的。Yao 氏指出，創作的複雜性和散文與韻文的交互並列模式的運用，造就了三國故事成爲非凡的原創性作品。

書中的補述者通常將自己設定爲是以道德或者是哲學的觀點來看故事的人。大部分三國故事裡的詩詞，不僅對人物作道德評斷，也常爲故事中人物的無知、盲目哀悼。當散文部份訴說著成千成百的英雄爲了他們各自不同的理想拼搏時，韻文的部份則藉由指出他們的無知來貶抑這些令人驚訝的努力。在詩詞中一再見到的詞彙就是「誰知？」這個辭彙被使用的頻率非常高。Yao 氏提出幾個例子，其一爲董卓爲了確保自己可以登上王位，他命令手下在他的根據地『眉塢』的四周築起城牆，不過，他最後還是被呂布所殺。此處的詩聽起來對這個令人討厭的角色充滿著憐憫之情，詩中說道：「誰知天意無私曲，郿塢方成已滅亡。」〔註119〕

此外，主述者的語氣毫無疑問的是維護漢朝的，但是韻文則不然。例如，五個官員試圖暗殺曹操卻失敗，五人及其家族都被處死。散文的部份讚揚他們這種直到最後一刻都那麼有勇氣的舉動。但是，韻文則採取一個較遠，甚至是有點貶抑的態度，詩中說道：「各持空手欲扶天」以及「誰知漢祚相將盡」。〔註120〕這些韻文似乎在訴說著，人們的努力是好的，但是和時間、歷史、命

〔註119〕見羅貫中：《三國演義》，頁 74。
〔註120〕同上註，頁 603。

運的巨輪一比較起來，人們的成就似乎就變得不那麼重要了。Yao 氏認為，這就是三國故事中補述者的標準語氣。

此外，不同的詩作間，看法也會有歧異。例如，「轅門射戟」一事，當呂布的箭射中目標時，主述者暫停了他的劇情發展而讓四首詩闖了進來。前兩首詩讚揚呂布的神射，第三首詩則說到：要是呂布知道劉備是這麼不可靠，他可能會後悔只站在外門射箭（而會站得更遠）。第四首詩則反駁道：後代或許會永遠驚訝於呂布的箭術，但是誰當時又知道天意會保護劉備呢？這兩首詩從兩個完全相反的極端來評斷同一個故事以互相補遺。另外，在「劉備躍馬過檀溪」及「趙子龍單騎救主」之段落也可以看見這樣的例子。Yao 氏指出，在這些例子中，不只是敘述者和讀者交換訊息，敘述者和敘述者之間也透過此機制交換訊息，詩詞給予敘述者兩種以上的解讀。

另外一個存在於散文和韻文之間的張力，表現於一再地凸顯現在與過去的差異。散文部分的描述傾向於匯集過去，並隨三國而發展。另一方面，韻文部分並沒有完全地把焦點從現在移開。例如，散文部分說到劉備和孫權砍劈的那塊石頭，之後的韻文告訴我們那塊石頭到現在一直還在那裡。例如，「至今」這兩個字在詩詞裡常常被用到，好讓讀者知道他們是處在現在這個時間點上，看著遙遠的過去。由韻文造成的漫長時間感更進一步分離了三國故事裡的兩個層次。散文部份精確地描述時間、地點、人物，給歷史事件一點真的發生過的質感。韻文則帶出某些新意和價值。韻文部份藉由他人之口說出來的話來加強事情確實發生過的印象，但是他們實際上要做的是歸納出一些特殊的特色、給他們一個原始的特質。韻文將故事提升到某種歷史哲學概念的展現，觸發了一種想法：這個故事只是人類生活亙古不變的生活模式的縮影罷了。同樣的思想，在毛宗崗版的開頭被進一步地揭示，即「話說天下大勢，分久必合，合久必分」。

第三章　《三國演義》裡主題的交錯

Yao 氏指出，交錯的組織只是訴說插曲式故事一個高明的方法，而交錯手法在《三國演義》的構成裡有幾個目的。基本上它是一個擴展的工具，也可以是主題重現的原則，或是平衡故事與故事之間的方式。

Yao 氏指出，一「回」通常分成兩個主要部份，每一部分詮釋一個完整的主題。故事也許按照一個事件接著一個事件進行，在每一個事件裡發現前一個故事的影響以及後續故事的原因。但每一個故事的思路幾乎互不影響。相

反的,它們的設定是對立或相似的。整個故事是單元們的集合,是彼此緊密連結的故事單元的集合,而這些口述故事之間的整體性則存於讀者的心中。讀者本身必須要從場景之間去理解故事的發展。為了引起並維持讀者的興趣,必須要建立並操縱時間順序。

其中之一的組織原則就是中心思想與主題的交織。在小說裡隨處可見這個用來連結事件以及個別故事手法的正式功能。幾乎可以確定的是,這些是說故事者用來將作品裡所刻畫的不相關、不協調元素,加以協調、統一的過程。整體上,他們的著作是一個富有技巧及目的的程序,用以連結並安排大量的情節擴展。

（一）章節裡交錯的主題

如前一章所討論的,《三國演義》的菁華在於串連兩個小故事到同一個故事裡。《三國演義》的作者使用這樣的交錯來敘述這個延伸的故事。就像一本環繞在一個架構下最簡單的故事書。《三國演義》由原本獨立的故事所組成,它們關係鬆散地與一個角色或一個團體串在一起,而角色們的經歷即為這部作品的特色。在一個章節中,該敘述者將事件的順序帶到一個時間點之後,他會突然地將它擱置一旁,然後,開始述說另外一個故事,在接下來的章節前半段既不影射也不直接提起。因而,產生兩個並列且合理發展的敘事情節交錯在一起的結構。暫時沒有人注意情節一,但它在讀者都在注意情節二的時候已經在進行。在情節二得到滿意的結論之前,情節一會出現在最吸引人注意的地方而打斷情節二的發展。因此這個故事清楚地被區分為兩個部分,交替地產生一個雙邊形式(bipartite form)。

很多評論家發現雙邊形式是一個常見的「演義」形式。如同章回標題(chapter-titles)所指出,敘事二元性確是《三國演義》裡的最重要的成分。

Yao 氏指出,《三國演義》裡有很多章回都有這種雙邊形式。舉例來說,第十九回有兩個部份。在前半部裡,呂布得到劉備的領土;而在後半部,呂布的領土被曹操所佔領,且呂布被曹操俘虜並處死。對於曹操與呂布最後戰役的故事主線來說,這裡有很多離題的部份。然而,這些離題的部份並沒有混淆劉備與呂布之間的對比。劉備與呂布處於相當類似的情境中。他們不同的反應說明了為什麼一個後來可以成功,另一個卻失敗了(劉備不顧家小,呂布只顧妻妾的安危)。呂布的失敗是理所當然的,但劉備的形象也不好。但是《三國演義》的敘述者手法高超,讓我們無法將他的角色歸類為「壞人」或「好人」。作者將

很多情節交織在一起來顯示出劉備其實是跟曹操一樣的殘酷無情。

接著，Yao 氏介紹「重複」這個交錯的手法。他指出，主題的交錯是讓敘事裡產生順序最有力的方法。主題交錯裡最重要的元素就是加以改變的「重複」。三國作者藉由情境與角色的複製來產生重複。他呈現出不同角色陷入相似的活動中，或相似的人遭遇不同的問題。這兩種稍加改變的重複在《三國演義》的敘述裡發揮很大的效果。重複雖是主要的方法，但是，情境與角色從來沒有複製彼此，而細微的變動部份則是《三國演義》達成的效果裡最重要的因素。

例如，第二十三回曹操的形象大損。該回有兩個故事，一開始是互不相關。第一個故事是彌衡公然指控曹操欺君。第二個故事是御醫吉平企圖向曹操下毒。這兩個故事在這章回的邏輯架構裡並不需要提到，它們的出現只是為了形成一種重複。在早期的版本裡，吉平計畫毒死曹操的時間點早很多，《三國演義》的作者延到第二十三回才與彌衡的故事一起述說吉平的故事。這兩個故事彼此並列，它們加強共同的中心思想：由兩個局外人，而非對手，來揭露曹操邪惡的一面。重複的手法加強這個觀點或感覺，讓它更有力地產生共鳴。

「重複」是一種文學手法，不只是給予作品更多力量，更加強它的一致性。重複可以產生一致性是因為它可以形成加諸故事上的一種模式統一的順序。在敘事裡導入簡短的趣事軼聞是產生主題重複的一個方式。

（二）嵌入的故事

Yao 氏指出，簡短的趣事軼聞打斷故事的發展。有時候，他們好像是獨立的單元，對他們所插入的故事本身並沒有多大的貢獻，但他們有自己的意義與重要性。這些獨立的單元與整個作品所不同的地方並不是他們內容或型式上的長處，事實上，只是單純因為它不能適當地成為某些較大故事的一部份。此外，有時候，這些故事的確可以分割成一連串獨立的單元。

與主要的故事發展沒有緊密關係的小故事，又有什麼用途？Yao 氏作以下的說明。在第十八回，有人為曹操分析曹操與袁紹的長處與弱點，結論是曹操有十個勝利的理由，而袁紹有十個失敗的理由。曹操深信這個分析，已經準備好對抗袁紹。但是敘述者插入呂布殞命、許田圍獵、煮酒論英雄等小故事來讓讀者等待。這些故事沒有一個是承續第十八回的邏輯發展。直到第二十二回之前，我們看不到曹操與袁紹開始作戰，因此，插曲故事的長度是很令人吃驚的。另外，諸葛亮答應輔佐劉備後，讀者都預期諸葛亮到底能為劉

備做些什麼？然而，敘事者馬上將劉備與諸葛亮放到一邊，只有稍後在第四十回諸葛亮才證明他用兵的價值。

這些插入的故事就因果上來看，與主要的故事情節並不相關，比較像藉由共同的主題而連結起來。劉備尋求諸葛亮協助，同樣地，孫權獲得周瑜相佐。之後，章回裡周瑜與諸葛亮之間的對立在這裡已經藉由並列的故事予以暗示。

Yao 氏指出，這些循環不斷的插曲故事，除了在讀者最想知道後續發展的時候終止故事的敘述而產生懸疑感之外，在小說裡還提供一些功能。事實上，能夠在書中發現它們並了解其功能，對於閱讀這本書的滿足感是很重要的。

（三）人物與國家的興衰

《三國演義》完成後，距今已近五世紀，但是，我們仍可以看到當初作者想要探討的主題，包括，貴族的興起、衝突與掙扎、英雄與王朝悲劇性的衰敗等。

三國時代起於漢朝滅亡，終於晉朝統一全國，簡單來說，《三國演義》的結構仍不脫離「衰亡——中興——衰亡」的節奏。毛宗崗發現《三國演義》中有「六起六結」，即：

1、第四到八十回：敘述獻帝，則以董卓廢立為一起，以曹丕篡奪為一結。

2、第八十到一百一十八回：敘述西蜀，則以成都稱帝為一起，而以綿竹出降為一結。

3、第一到八十五回：敘述劉關張三人，則以桃源結義為一起，而以白帝托孤為一結。

4、第三十七到一百零四回：敘述諸葛亮，則以三顧茅廬為一起，而以六出祁山為一結。

5、第八十到一百一十九回：敘述魏國，則以黃初改元為一起，而以司馬受禪為一結。

6、第六到一百二十回：敘述東吳，則以孫堅匿璽為一起，而以孫皓銜璧為一結。

故事六個段落的每個部分都有開始的背景、危機、高潮、以及結局，互相交錯、互相影響，結果是個非常複雜的組合。整體結構和三國時代分分合合的故事搭配得非常精彩，每個或多或少可以獨立的部分，連成一線、貫穿整部小說。

　　《三國演義》中的每個人物都有其興衰的故事，有些故事線相互重疊，桃園三結義說明了這三個人雖非同年同月同日生，但願同年同月同日死，所以，關羽的死導致其他兩人的死亡。周瑜在死前問天，也是好例子，他說：「既生瑜，何生亮？」諸葛亮發跡，意味周瑜衰亡。

　　但是，總體看來，《三國演義》所有的人物都有共同的興衰。Yao 氏指出，在《三國演義》的前半部，每位英雄人物都有重要的情節，他們所做的努力超越國家和社會的比重，這些英雄人物勾勒出整部歷史，在後半部則反之，國家的比重加倍，個人的固執反而讓國家走向滅亡，例如，劉備試圖為關羽復仇，賠上整個國家。

　　《三國演義》的前半部在談漢朝的瓦解與三國的興起。桃園三結義出現在第一回，並引出前半部的主要主題，如，手足之情、相互信任、忠心愛國以及英雄主義。後半部則充滿憂鬱、悲慟。貴族逐漸沒落，想要一統天下的英雄志氣消退。對《三國演義》的作者而言，這個故事是個悲劇，這並不單指關羽或諸葛亮的死，重點是所有人出於崇高理想的努力，全都衰敗毀壞殆盡。小說中提到中國分裂與再統一的過程，在此過程中每個主要人物都有他的角色，沒有一個主要人物完成統一的夢想，部分原因是每個人都死守自己的計畫與希望，但 Yao 氏指出，另外一部分原因是沒有一個主要人物足以打敗共同的敵人—時間。

（四）第一代與第二代

　　Yao 氏指出，第一代人物的衰亡給予第二代興起的機會。從第 76 回至第 85 回，就可以看出第二代如何接替第一代。第一代的許多重要角色，如，劉備、曹操以及重要的追隨者都是在這幾章過世。例如關羽（76 回）、曹操（78 回）、張飛（81 回）、黃忠（83 回）、劉備（85 回），而依然活著的，也感到時間以及統一大業未竟的壓力。以往的諸葛亮總是沈穩地迎戰敵人；現在的諸葛亮變得老成、陰鬱。另一方面，年輕一輩如馬謖、關興、張苞出現在舞台上，很快就出名。年少與年老的壓力相互對照，Yao 氏認為，《三國演義》有幾回是根據這種交錯的結構作用，有系統的呈現。如，劉備征吳時，年輕的關興、張苞崛起，老將黃忠卻因不服老而貪功躁進，最後身亡。

　　此外，Yao 氏也提到，第一代英雄人物在戰爭時多一對一進行，例如，孫策與太史慈、關羽與黃忠之間的戰鬥，而許多章節都出現「單騎」一詞，如，美髯公千里走單騎、趙子龍單騎救主，以強調個人英雄主義。但是，書中後

期戰爭的場景全都不一樣了，司馬炎對戰蜀國及吳國時，交戰的軍隊數量遠超過先前時代的任何一場戰爭。

就像個人命運的興衰，國家的興衰也有自己的佈局。三國領土由赤壁之戰決定，但王朝建立的題材則早在第 17 回出現，劉備、曹操、孫策同時捲入戰火，因為他們都很有野心。三國滅亡時，重複的意味更加明顯。當漢朝滅亡時，宦官亂政、強國環伺、幼子繼位，這樣的亡國原因同樣也發生在魏、蜀、吳三國。只有蜀國最後一任的皇帝劉禪不是孩童，但是趙雲兩次搭救劉禪，讀者心中的劉禪就是無助的嬰兒，這樣的因素重複了一遍又一遍，這樣的場景一直出現在歷史中，但是，這種重複的場景卻是歷史中不變的排序。此外，曹丕篡漢以及司馬炎篡魏的過程，更是如出一轍。

交錯的結構發展出重複的佈局與更迭，當一個故事，甚至只是故事的一部份有所重複，這表示故事或是相關的章節又回到起始的地方。《三國演義》的作者愉快地描寫這一連串的故事，之後許多章節，又回到原來的狀況、發生同樣的事情。不過，作者避免重複的情節僵化為一成不變的程式，他知道如何結合重複與變化。交錯的結構和突出的目的運用自如，讓人覺得先前的情節和現在發生的事情緊緊相扣，看似不相干的故事線都串在一起，交錯的結構同時提供了《三國演義》的人物更交錯難解的呈現方式。

（五）交錯結構下的人物個性

Yao 氏指出，雖然，魯迅和胡適對《三國演義》諸多議題意見相歧，但在人物個性方面，兩人都曾發表過非常相似的意見。魯迅認為，《三國演義》中的角色個性有嚴重的瑕疵，那就是「寫好的人，簡直一點壞處都沒有；而寫不好的人，又是一點好處都沒有。」〔註121〕魯迅同時評道：「作者所表現的和作者所想像的，不能一致。如他要寫曹操的奸，而結果倒好像是豪爽多智的；要寫孔明之智，而結果倒像狡猾。」〔註122〕常有人引述魯迅這段話，在此之前卻沒有人指出其中明顯的矛盾。如果《三國演義》可以確實標明誰是好人？誰是壞人？為何曹操這種頭號壞人，會給讀者一種印象，覺得他同時也是有雅量的英雄，同樣的問題也發生在諸葛亮、劉備、關羽及其他重要人物身上，這些人比扁平人物更加複雜。

當《三國演義》的作者自歷史取得人物，在史料散文作品上，他塑造了

〔註121〕見魯迅：《魯迅全集》（北京：人民文學出版社，1998 年），卷 9，頁 323。
〔註122〕同上註。

大部分的故事。但是史料寫作上全然的第三者觀點，無法呈現複雜的人物心理，當史料提供的印象不夠故事發展，作者開始混雜舞台人物和歷史人物，小說中的主要人物開始變得比歷史上的真人還要複雜，表面上這些人物是交錯的人物性格，但同時，《三國演義》複雜人物個性的藝術成就，是來自本身的故事媒介與戲劇技巧。

　　另一方面，《三國演義》研究傾向特別針對人物的道德操守，比如「正統」問題。這樣的討論會發現，《三國演義》這本小說非常矛盾且對立，矛盾點包括仁慈的劉備與邪惡的篡位者曹操之間的鬥爭。仁慈、忠誠、公正的品德，當然是《三國演義》最重要的主題。但是，我們會發現書中很少提到小說情節的蓄意描述的道德操守。Yao 氏認為，事實上，作者對三國時代故事的詮釋，在道德操守上非常世故，他的主角在道德涵義上不是扁平人物，而是像所有人一樣，在現實與道德的選擇上非常掙扎。《三國演義》的作者描述三國時代歷史所用的手法，就像一般的探討人物個性的研究報告，這些角色就像小說本身，在複雜的個體上有很多層次，融入真實人生，有時候很難辨識，人物個性非常複雜，不可能縮減成單一模式、彼此迥異的人物個性。

（六）主要人物的描寫

　　Yao 氏指出，幾個世紀以來，在白話文學中，取自《三國演義》的人物描述越來越生動，卻也越來越扁平，元雜劇和平話的觀眾，已經習慣每個重要人物只賦予一種品德操守，曹操這個名字是詐騙的代名詞，劉備則是仁慈，而諸葛亮，則是忠心耿耿與足智多謀。

　　《三國演義》是部歷史小說，而非任何一個人的傳記小說，作者的目的在於歷史事件的發展與轉捩點，只有在這些人物捲入作者要說的故事中，他們才會出現，一旦角色脫離了事件的連貫性，作者會把這個人物拋下不管，所以，讀者只會看到角色公開的一面，比如說他們陷入政治難題或是戰役等等，從未看見角色的內心世界。上述的限制加強了《三國演義》中的角色都是扁平人物這個印象。

1、劉　備

　　Yao 氏提到，《三國演義》描述劉備的重點在於他的仁慈，但是，有幾個主要的故事卻認為他有一部分很虛偽。

　　魯迅相信，在《三國演義》中，劉備這個角色是失敗的，因為，這個角色前後矛盾。就像《三國演義》其他人物一樣，劉備也是取自不同的史料，

作者並沒有試圖融合不同的版本，結果，創造出一個前後矛盾、互相牴觸的印象。但是，在這個人物互相交錯的情節中，主題一致性的程度卻一直很高。

最初，作者描述劉備是誠實的、仁慈的統治者，他對自己的部下很公平、對自己的敵人很寬大。然而，在某些時候，他卻變得無情、表裡不一。劉備很容易受傷，卻有能力完成遠大的夢想；當他面對困難時，他也會坐下來掩面痛哭、不知所措。事實上，劉備同時是強者也是懦夫，全視史料及劇情之需要而定。

歷史上的劉備雖不若關羽和張飛般英勇，卻也是很強的統治者，特別是軍事行動上的成功。有趣的是，《三國演義》將劉備塑造成理想的統治者，而省略他大部分的軍事成就。小說中，劉備有如木偶，聽從諸葛亮的建議行事，依賴關羽和張飛的英勇。直到關羽死後，他才開始親手去做每件事情。諷刺的是，在遭逢劇變時，他的行動並非為了國家的利益，而是因為個人感情的猶豫不決，而他的行動卻造成悲劇收場。

儘管，來自不同版本史料的章節賦予劉備的角色特徵是一位理想的君王，這都是為了讓劉備最後失敗時，可以喚起讀者的同情。但這樣交錯的情節卻證明劉備個性中悲劇性的軟弱部分，他的行動也帶來最後的悲劇。

Yao 氏指出，作者描述劉備是個誠實、仁慈的統治者，不過，必要時他會顯露出虛偽。例如，趙雲救出阿斗後，劉備卻把小孩摔在地上。Yao 氏認為，這是經過精密計算的呈現，如果情況允許，劉備願意做任何事來確保屬下為他更無私地效命。此外，當魯肅要劉備歸還荊州時，劉備「搥胸頓足、嚎啕大哭」，這樣滑稽的場景，讓讀者看到劉備複雜人格的另一面。再者，當諸葛亮為他規劃復興漢室，必先取得荊州和益州的計畫時，劉備興奮莫名。但當他有機會逼劉璋離開益州時，他又宣稱他不會這麼做，因為，劉璋同是漢室宗親。此時，劉備變得非常虛偽，因為拿下益州是劉備一輩子的夢想。但他雖屢次表示不會佔宗室劉璋的便宜，卻繼續進行奪取益州的計畫。Yao 氏指出，劉備從劉璋手中奪走益州和袁紹從韓馥手中奪走冀州，這兩個場景幾乎一模一樣。不過，劉備這位優秀的統治者、漢室合法的繼位人，並沒有公開被批評；而袁紹卻為自己的作為，陷入負面的處境。作者利用袁紹的章節來評論劉備出征益州，卻沒有將劉備本人推入不同的處境，作者並沒有直接損害劉備的聲望。

2、曹　操

在曹操的性格描述中，作者使用的史料題材不僅和其他人物不同，而且

有極大的矛盾。《三國演義》的作者沒有、也沒有意願使這些歧異的情節完全地協調。

　　毛宗崗在四個不相干的章節中，謹慎地摘述曹操的人格。曹操的行為似乎很忠誠，但是，事實則否；似乎很恭順，但是，事實則不然；似乎很寬大，但是事實亦非如此；似乎很公正，當然事實上也不是。曹操的行為準則是對權力的慾望，而他會以狡獪的方式來達成目的。Yao 氏提到，《三國演義》中曹操這個人物描述之所以成功，亦是因為交錯的情節。

　　作者如何在交織的結構中介紹曹操複雜的人格呢？Yao 氏指出幾件事例，一是曹操第一次出現在小說中，即將與黃巾賊作戰時，作者突然暫停描述，轉而敘述曹操祖父曹節的故事，曹節的鄰居丟了一頭豬，鄰居認為曹節的豬是他的，曹節並沒有和鄰居爭論，反而讓鄰居帶走了豬，兩天後，走丟的豬自己回來了，鄰居覺得很丟臉，把豬送回給曹節，曹節也很有禮貌的接受了。在《三國演義》中，跳躍的寫作方式中交纏了很多主題，這個小故事有畫龍點睛的作用，一個慈祥大方的祖父，對照天性多疑的曹操。第二個例子是曹操殺呂伯奢一家一事，在此，曹操的個性描寫已經確立了主要的基調。第三例是曹操試圖暗殺董卓，這件事與殺呂伯奢一事來自不同的史料，這兩章交錯在一起，凸顯曹操是英雄也是反派角色。

　　曹操是小說中的焦點人物，劉備也是，兩人之間的張力與精采，讓小說的情節可以在複雜的故事中凸顯出來。複雜來自曹操和劉備之間的對立、彼此競爭的事實。為了讓人物輪廓鮮明，每個環節都是必須的，劉備平衡了曹操的重要與出場次數。另一方面，曹操負面人格的描繪，並不是因為曹操是惡魔的化身，而是因為，劉備宣示捍衛合法正統、復興漢室，需要曹操這種邪惡的角色呼應，在交錯的故事情節中，這兩個人物是互依互補的。

3、關　羽

　　Yao 氏指出，在平話中，關羽並不像張飛一樣活躍，但在元朝，關羽的故事如同《三國演義》中一樣完整。在《三國演義》中，關羽是最勇猛的戰士，在數場戰役中，他殺了華雄、車冑、顏良、文醜、蔡陽等人。但在史實中，關羽僅殺了顏良，其他則是作者虛構，用來美化他的英勇。美化的部分不只這些，作者也將「義」這個字和關羽的名字緊緊相連。

　　Yao 氏也指出，早在《三國演義》完成以前，關羽在民間信仰中就被當成神一樣崇拜，宗教因素必然是混雜了關羽的小說個性。關羽可以在沒有麻醉

的情況下，割開手臂進行手術，這點就使他優於小說中的其他戰士。而為了描寫這樣的人物的死亡，作者交錯了許多關羽的光榮時刻，關羽在衝動下做的決定，帶來他個人的滅亡，同時也是王朝的滅亡。

在第 73 回與第 76 回之間，作者描述關羽是一個強大的將領，讓他的敵人聞之膽寒，關羽似乎掌控了每件事情，但在同樣的章節中，作者編入一些情節，提到關羽如何回拒孫權的提親，輕視老將黃忠，並使兩個屬下叛逃。作者交錯述說關羽的勝利與犯錯，重複修飾兩者的差異，成功地凸顯目的。交錯的主題互相衝突，讓人注意到關羽的動向，最後導致王國的滅亡。

關於關羽本人與他迷人的個性，史實中的印象和民間的觀點不同，交織的形式讓人物個性混合兩者，這樣重新塑造人物不只讓角色更鮮明，同時也讓人物個性比史料更複雜，舉例來說，當作者重點描述關羽的英雄人格，同時也描述了關羽的弱點和個性上的缺失。

4、諸葛亮

Yao 氏指出，從以往研究對重要人物角色的分析來看，《三國演義》寫好人，簡直一點缺點也沒有，而寫壞人，又一點長處都沒有。〔註 123〕不過，Yao 氏認為，實則不然。作者是以迂迴的利害關係將人物性格精準地投射於角色之上，需要的是揣測人物間的互動，作者將各種資料對同時期歷史人物的不同評論加以融合，構築書中人物於章節之中，而非直接敘述。

然而，諸葛亮是個特例，其態度與作為不受限制且不具爭議，是理想化的；相較於曹操與劉備的敘述，諸葛亮在書中則是缺少諷刺性的。然而，諸葛亮在三國中的形象是多元的，既是民間傳說中的道家術士，也是三國時期的政治家。

Yao 氏以為，就像口語文學中的其他重要人物一樣，諸葛亮吸引各種素材圍繞身邊，在書中諸葛亮具有三種明顯的性格，最早出現在陳壽與裴松之的作品時，是位有治國長才的政治家，這是歷史裡的諸葛亮；而後，民間傳說與地方戲曲中的諸葛亮則是具有超能力，顯現出截然不同的智慧，而非統治者或軍事天才；最後，《三國演義》中的諸葛亮以先前兩種形象作基礎，此雙重性質所發展的人格特質對我們的分析則別有深意。

某些評論家是反對此雙重性論調的，然而，這樣的性格融合對《三國演義》

〔註 123〕見魯迅：《魯迅全集》，卷 9，頁 323。

的敘事發展具有相當重要的功能。在書中，諸葛亮身爲一個理性的統馭者，深
具計策與謀略，並且相信謀略可以塑造歷史的發展，諸葛亮便以此信念抵抗歷
史，這樣的結果稍屬混沌不明。換言之，這不過是證實天命的不可違抗，不過，
若換一個角度來說，諸葛亮人格中的責任感及高風亮節亦不爲時勢所屈。

　　Yao 氏指出，諸葛亮的神力類似西方的梅林（Merlin），但梅林爲魔鬼之
子，而諸葛亮卻能夠不爲外物所支配，我們應該分辨出其驚人神力的兩個階
段：前半部中，三國鼎立逐漸形成時，其神力即清楚呈現，諸葛亮不時地運
用絕妙計策操縱各股勢力，利用適時的霧氣向曹營借箭，再借東風令周瑜得
以火燒連環船，如此的成果在故事中堪稱奇蹟。不過，Yao 氏也提到，若對諸
葛亮如何在適當的時機之下智取敵人加以邏輯上的解釋，諸葛亮是對區域性
氣候了解甚多呢？抑或是先對手早一步察覺呢？

　　而在書中的後半部，諸葛亮的博學多聞顯得超乎常人，在魯迅的描述之
下更是顯得神通廣大，如同高人術士一般；而諸葛亮征戰南方時的神力即類
似《水滸傳》中的公孫勝，在寫實與超自然事件的交錯裡，塑造出帶有驚人
能力的英雄，一種不爲時勢所屈的象徵。

　　諸葛亮的重要在平話中已可得知，張飛是平話中鮮明的人物，但當諸葛
亮出現後，諸葛亮便取而代之成爲主角，且在諸葛亮死後即加速故事的發展。
在嘉靖版本中 24 卷涵蓋 113 年，諸葛亮活躍的 28 年即佔有篇幅計 14 卷，其
餘 85 個年頭不過是 10 卷而已。此外，諸葛亮在《三國演義》中，也取代了
早期的地方文學中，劉備許多重要文臣的地位，如糜竺、簡雍及孫乾。諸葛
亮於是成爲劉備的主要軍師，書中將諸葛亮置於故事的核心主軸，在眾多的
三國人物之中，諸葛亮顯然是最晚加入戰局的，而故事在其死後僅延續 16 回。

　　Yao 氏也介紹了徐庶、龐統、姜維等與諸葛亮相似者。《三國演義》巧妙
地安排徐庶爲搭救母親而前往曹營前，劉備並不識諸葛亮，目的是爲了讓徐
庶在動身前推薦諸葛亮，使其成爲劉備的主要參謀，諸葛取代徐庶之事亦讓
徐庶成爲與諸葛相似的角色。龐統亦爲另一個相似者，以輔助劉備而言，龐
與諸葛二人是相似的，可相互取代，因此，龐統被視爲另一個諸葛亮。當龐
統的死訊傳回，諸葛亮必須接手龐統所負之職責，別無選擇的將荊州託付與
關羽，此亦爲劉備的蜀漢王朝以悲劇收場的直接原因。姜維則是諸葛亮的繼
承者，相較於諸葛亮而言，其影響或許不是那麼大，但仍不失爲一才智之士；
諸葛亮是劉備及其子劉禪的主要參謀，徐庶則是諸葛亮未加入漢營時的重要

幕僚，而姜維則是輔佐劉禪的重臣，在諸葛亮死後，依然遵循其策略佈署。Yao 氏也指出，徐庶因母親為曹操所擄獲，被迫離開劉備，此種擄獲其母之計也為諸葛亮所用，諸葛亮為招降姜維，派兵攻打其母所在的冀縣。此相似事件連結了徐庶、姜維及諸葛亮，作者謹慎地發展重複性的情節。

　　Yao 氏也指出，關羽與諸葛亮呈現的對立，是讀者容易忽略的。Yao 氏提到，關羽與諸葛亮僅在四個事件中同時出現，其中明顯地感受到二人之間強烈的張力。四個場景是劉備三顧茅廬、關羽義釋曹操、關羽攬用魏延和諸葛亮將荊州託付予關羽。在這四個場景中，諸葛亮與關羽皆有衝突產生。在關羽攬用魏延一事中，書中敘述魏延貌似關羽，其「面若重棗，目若朗星」，因「面若重棗」乃是《三國演義》中關羽的一大特徵。至於魏延與關羽，在某種程度上，魏延可算是關羽的另一化身，當魏延變節降蜀時，關羽顯得十分高興，這是十分不尋常的，因為，關羽通常非常輕視降將。換言之，諸葛亮初次面對魏延時，是懷有特殊敵意的，喝令刀斧手推出斬首，因其叛變且殺害其主。然而，同一回中的鞏志亦是殺其主而投效張飛，卻不見諸葛亮提出異議。

　　孔明的機智與魯肅的才智相同，而魯肅等同於東吳的諸葛亮一般，對聯合蜀吳一同抵抗曹魏具有相同的看法。在魯肅給予孫權的忠告中，可以看出與諸葛亮相同之觀點，此與諸葛亮的「隆中對」所分析的天下局勢幾乎全盤相同。魯肅邀請諸葛亮前往商議荊州歸屬之時，關羽單刀赴會而能無傷而返。Yao 氏認為，此橋段並非讚揚關羽的勇猛，而是顯現關羽及諸葛亮之間的緊張關係，關羽之勇實一助益，卻也是孔明大計與蜀漢崩解之因。

　　在諸葛亮與關羽及關羽與曹操之間的錯綜複雜，交織出許多繁複的情節，此種微妙的架構並非單線架構之作品所能達成。

（七）透過重複的交錯

　　章節場景的結束常常帶給讀者一個錯誤的危機意識，或者說書人會抓住一小部分的資訊，並宣佈下回分曉。章節的結束通常有四種方法：
1、某角色處於危險當中。
2、故事停留在一個危機的時刻，一個新角色進場。
3、章節以一個僵局結束。所有角色的出現是讓人困惑且不知所措的，某人（通常是新角色）將會提出一個計畫來破解僵局。
4、戰爭僵持不下，說書人暗示某件事情會打破僵局。
　　這四種方法經常重複地被用來結束章節，使故事有節奏及變化。當故事

繼續後又可以再度被拉回，並再次被推往以後的劇情。故事本身在節奏之中產生摺疊，停止後又快速開始，這種互動在單一主軸中並不會發生。但是，兩個或兩個以上的故事互相刺激產生交錯的結構。

接著，Yao 氏介紹了《三國演義》中經常重現的場景。在《三國演義》中，大部分重現的是戰爭場景，此場景的定律是兩個人物搏鬥，一方受重傷或是被殺，另一方則聲稱勝利。除了搏鬥，許多其他的場景也會交互出現，在交互關係中重複及變化。重現可能被作家用在不同場合所定義的文字和片語限制住。段落間可能在一種以上的方面相似或是相似於事件的結果，重複的部份可大可小，但他們都與上下文的連續意義有關，它們延續了重現的美感跟力量。

較小的事件或角色，大部分是用來映襯主角，所以，說書者在讀者進入主要章節時可以準備，那時主要的章節是較小段落預兆的重現。例如毛宗崗以在第 35 回當劉備發現自己在司馬徽的屋子裡，例證這種類型的重現。爲了介紹諸葛亮這位隱居者，作者首先安排劉備與司馬徽見面。

此外，「復仇」也是小說中不斷出現的主題，例如，曹操和孫權都是爲了報家族被殺害之仇而出兵，劉備則是爲了報關羽被害之仇。不過，Yao 氏也指出，其實這三件復仇的理由都是爲了擴大版圖。

交錯的結構依賴著戲劇性的多變化重演，從最簡單的部份開始重現，由不複雜衍爲多變化，最後由複雜的變化成爲豐富的重演。這樣的重現章節並不會反覆提示要旨，但是，還是由說書者來自由發揮的。《三國演義》的說書者具有一個非常重要的特點，他會經由三方重現的角色不斷地改進故事。三方面的故事和組織成功地變成最後擴大版圖的慾望。劉備是如何說服諸葛亮成爲他的助手，是一個很好的例子。就陳壽來說，是注重「三顧茅廬」這個場景，就「平話」的轉變來說，是更加推敲這個部份，但在《三國演義》中，「三顧茅廬」是非常被強調的。而結果如同我們在平話中所見的一樣，不過，它是被更加強調且詳述其冗長的細節。

相似的三個元素的重複還有「陶謙三讓徐州」、「周瑜三次陷害諸葛亮」、「諸葛亮三氣周瑜」等。在小說後段部份，大規模的重現可能是六重或九重的重現。如，「諸葛亮六出祁山」、「姜維九伐中原」，就歷史上來說並不精確，但這卻是作者的安排。只是，蜀國最後努力統一中國的重現，達到了什麼呢？

首先，這個故事藉由重現被擴展。可以簡單地看出，六出祁山就是一種形式上的重現。第一次出祁山時所具有的元素，在接下來五次都存在著。從

第 91 回到第 105 回文章的準則不只是戰爭場景多變的重現，也是努力不懈的人們嘗試扭轉歷史的過程。

第二，如同結構的準則，這些重複的特色（也就是所謂的重現）起了統一的修正作用。說書者可以得到聽眾的注意而且更加深刻地使每個章節比前面一個章節更為嚴肅和緊張。當一系列的章節發展成增量的重演，這個影響是相當驚人的。它對於簡單章節的重演擁有一般文學上的作用。但是，它最主要的影響是結構的建造。重複大量的故事製造出特別的押韻節奏，所以說，《三國演義》是被不同區塊所組成的，至少，最淺薄的部份也會最令人印象深刻。

在第 106 回諸葛亮死後，《三國演義》的重點轉變成為姜維，姜維九伐中原，這九次分別代表不同的意義。但在交錯的文章中，它們構成了《三國演義》這部小說的最後部份。諸葛亮和姜維的軍事動作擴展出非常長的故事，由於諸葛亮跟姜維更明顯的對立，它們製造出三國鼎立故事的押韻和結構。特別是姜維，最後由魯莽的變為守勢的，這項改變意味著蜀國的衰弱與晉國的強大，並成為小說最終的結局

三十、魏安：《探索原典：「三國演義」的文本考掘》〔註124〕

本文乃是魏安的博士論文，也是美國學界研究《三國演義》版本最完整而重要的專著。魏安列出三十三種現存的版本，並用新的比較版本研究方法，將其流傳歷史分為三個階段：鈔本階段、早期版本階段和毛（宗崗）評本階段。魏氏根據流傳過程中的傳鈔錯誤，用科學、客觀的方法把眾多版本分類，並且斷定各版本之間的來源關係，進而探討《三國演義》的演化歷史。以下擇其要點並做介紹。

（一）《三國演義》的文本研究

魏安指出，雖然一般公認的作者羅貫中於元末或明初完成《三國演義》，而且目前尚存最早的版本出自明朝嘉靖（1522～1566）年間，但是，除了學者與古物收藏家以外，這三百年來人們所閱讀的，卻是經過清初毛宗崗（1632～1709）與其父毛綸大幅修改的 120 回修訂本。如果，羅貫中真是《三國演義》的作者，那麼，毛宗崗的修訂本便晚了三百年，而毛本自清初出版後，

〔註124〕West, Andrew Christopher, "*Quest for the Urtext: The Textual Archaeology of The Three Kingdoms*'," Ph. D. dissertation（Princeton University , 1993）.

便廣泛流傳，成為《三國演義》的標準版本，凌駕其他修訂版之上。直到清代中葉，所有先前的三國修訂版都消失了，且一直到了 1920 與 30 年代，多位著名的中國學者如，孫楷第（1898～1986）、馬廉（1893～1935）、鄭振鐸（1898～1958）等人才重新發現了許多失傳已久的，早於毛宗崗的三國版本。後來的學者如劉修業（1910～）、柳存仁（1917～）或更近代的日本學者如，上田望（1965～）等人加入研究後，約有三十部自明末清初（約從十六世紀中葉至十七世紀中葉）以來，非毛宗崗版本的修訂本重見天日。

魏安指出，大體而言，嘉靖版吸引了絕大多數研究人員的目光，多位學者都認同此版較其他現存版本都要古老，甚至可能是羅貫中的作者版本。此版本可能是在北京或南京印刷。而其他的版本則出自中國南方的多個商業印刷中心，例如南京、蘇州、杭州、徽州與建陽，其中，以建陽最為活躍，出版了三國現存版本中約三分之二的作品。這些版本通稱為「閩本」，為因應市井小民的閱讀喜好，在文本每頁上方均有插畫，此漫畫型式的《三國演義》可稱「全像」（均有插畫）。雖然，頁面空間不大，文字糾纏在一起，文字粗俗或是圖像簡陋，但是，魏安認為，這就是中國傳統印刷書籍之美的絕佳代表作品。可惜的是，十六與十七世紀的中國文人卻不了解這些傳統印刷的價值。也因為如此，閩本從未進入中國學者的藏書清單中，在現代中國圖書館的善本珍藏中也無法見到，極少數流傳的版本都是在當年印刷的鄉間發掘出來的。

但是，這些插圖版本卻吸引了許多從日本與歐洲來的外國旅客，因此，這些國家的圖書館便收集有多數現存的閩版三國。例如，《三國演義》最早可確定年代的版本是 1548 年出版的葉逢春版，但也只是一個單一（幾乎完整的）範例，保存於西班牙馬德里外的艾斯柯里亞修道院皇家圖書館（Royal Library of the Escorial Monastery），而中國與日本的研究學者對本版的存在幾乎一無所知。

魏安發現，這些《三國演義》的版本，文字上都不盡相同，而早於毛宗崗的多種版本也有差異。《三國演義》的確未曾像《水滸傳》那樣被「攔腰斬斷」（金聖嘆版第七十回），或者在多種修訂版中有文本長短不一的狀況（如同《水滸傳》），但是，《三國演義》多種版本的確有顯著的差異（如編排、敘事方式、與敘事以外的細節），正反映出《三國演義》悠久的印刷歷史與前印刷史（即手抄本階段）。包括，將 240 個文本項目區隔為 24，20，12 或是 10 卷，或是 120 回，或有無近七十首周靜軒（即周禮，約存於 1488～1505）的歷史詩，或有無引自呂祖謙（1137～1181）編撰的《東漢詳節》中的頌詞與人

物評價，或有無引自王幼學（1254～1346）編撰的《資治通鑑綱目集覽》中的註釋，或有無敘事資料以補充原有文本的不足。

其中一個顯著的差異是，一個或其他兩個不同的敘事傳統，關於一個通俗（非歷史有之）且模糊不顯的角色，即關索，已引起許多爭論；在某些版本中，提到此一準歷史英雄關索，爲三國英雄關羽之子；而另外一些版本項則記載了草莽英雄花關索；又有某些版本未曾提到這號人物。關索之名未出現在任何正史之中，但文本中，歷史英雄關索的起源時代，最起碼可上溯至元朝，於一本廣爲流傳的白話《三國志平話》中有簡短但憾人的故事，出現於兩種閩版：《三國志平話》於至治（1321～1323）22 年由晉陽游氏家族出版，以及至元 31 年間（1294）建安書堂出版的《三分事略》。而民間傳說的草莽英雄花關索，則在一本眾所皆知的《花關索傳》中出現，此爲散文體韻文格式的英雄事蹟「詞話」，只有單一閩版，由北京的永順書堂於成化 14 年（1478）印行。

由此可知，《三國演義》於一段很長時間內，衍生出眾多文本，因此，文本之間差異頗大。研讀這些文本時，我們面臨許多關鍵性的問題，不只是在研究中國小說時才有，且是研究各國傳統文學必會碰到的問題，亦即：

最初的文本由誰著作？於何時著作？

文本在手抄本與印刷階段時，經歷過哪些演變過程？

我們如何詮釋不同印刷版本或手抄版本中文本或敘事手法上的差異？

哪一個現存版本最接近原始作者的文本？

魏安認爲，要解答這些疑惑，勢必要進行一場冗長且艱難的探索，而最終目標則是重建原始的作者文本，他稱之爲「原始文本」（urtext）。這種追尋所帶來的刺激與回饋，類似考古學家挖掘出一座古城，或是古生物學家找到絕跡已久的生物化石。正如同人類需要考古證據來瞭解現在的文明，以及生物化石來瞭解今日的地球生命，我們也需要原始文本以瞭解與詮釋現存的眾多三國版本。然而，這種西方世界研究經典（包括聖經）與鄉土文學的方法論手法，卻很少人應用在中國文學研究上，也未臻廣泛。魏安希望採用與研究早期西方文學同樣嚴格的比較文本研究標準，來研究《三國演義》文本，以彌補這種文學研究上的不平衡狀況。

魏安指出，本篇博士論文的主要目的，即是就《三國演義》諸多版本，來作一完整而深入的文本研究，並且應用其開發出來的比較文本研究方法，盡可能重建《三國演義》原始文本的形式與內容。這是文學史上首次可以清楚看見

這部文學作品演進與發展過程之分支，以及毛宗崗的最終修訂版與原始作者文本有何差異。這個觀點的重要性，不只在於幫助我們瞭解在悠久的印刷傳播過程中，印刷工業如何形塑《三國演義》文本，也只有在徹底瞭解原始文本與其演進過程後，我們才能試圖解讀原作者羅貫中與修訂者毛宗崗的意念。因此，魏安的研究將以詮釋與批評作者原始版本與毛宗崗修訂版為基礎。

（二）文本研究的方法

魏安接著提到《三國演義》版本的系統，他指出，幾乎所有學者都將其分為兩大系統：一為通俗演義（popular elaboration），一為志傳（historical chronicle）。在通俗演義系統中（魏安分類的 A 到 C）廣泛的包含了一些學者們的版本，如，1522 年序文本和李卓吾評論本；而志傳系統裡（魏安分類的 D 到 F）則只專門針對二十卷從福建建陽所出版的版本，目標對象為非主流讀者。很多對於《三國演義》的研究不加懷疑的接受了這種二分法，並認為 1522 年序文本為其他演義版本之祖（至少為其他演義版本的代表作），而視志傳本在根本上保留了相同的本文。但是，魏安認為，演義和志傳確實有些不同，一些日本學者已經試圖從原文特徵來將其分類，例如，西野貞治及小川環樹（1910～1993），不過，魏安認為最詳細的分類，是上田望最近提出的，他將這些史料分為六部份：

1、嘉靖本

2、12 卷本

2a、120 回本

3、舊福建本

4、新福建本

5、英雄譜

6、毛宗崗本

不過，魏安指出，即使上田望的分類相較於之前的是大有改進，但他卻沒有把所有的現存版本都算在內（尤其，他似乎不知道葉逢春本現存在 Escorial），他需要有個更精細的分類。魏安指出，依照書中內文的特徵來分類，是比較研究重要的第一步，但這些特色只表現出表象而已，若要有個廣泛、無所不包的分類，就必須更深一層去看，去觀察它們的傳承關係。首先，魏安將版本的基本分類建立在明確的關鍵特徵上（卷或回、關索有無出現、周靜軒的詩，《東漢詳節》的頌詞和評價、《綱目集覽》的註解和補充敘述）。

　　魏安根據這些關鍵的特徵，把現存版本分為六個基本型，每種都以一個代表性的版本來表示，〔註125〕這六個基本設定是用來分析它們的傳承關係，然後在六型之間建構一個網狀關係。〔註126〕

　　魏安指出，鄭振鐸曾提出的一個理論：一直以來，《三國演義》原文進化的基本模型，就是從1522年序文本而來，而在這眾多版本中有些無關緊要的差異，無論是明福建本或是清代毛宗崗的修訂本。然而，魏安也提到，近年來一些學者們對於傳統的解釋產生懷疑，他們認為，《三國演義》的現存本是一種內文的轉換和出版過程下的產物。結果是，沒有一本（包括1522年序文本）可以精確地保存羅貫中的原本。尤其一些學者，像柳存仁和 Anne McLaren，他們強調福建版在《三國演義》演進歷史的角色，且提出在這些版本中關索表現出的價值，比早期版本豐富許多，這也是版本的一種進化。

　　今日我們所知道的《三國演義》，是幾個作者和編輯所做的。最早的《三國演義》，也就是十四世紀羅貫中現已不復存的作品，被詞話摻入了許多直接或間接的史料。晚期的版本則刪除一些傳說，並加入一些證明文件和華麗的評論。

　　也有可能羅氏出版作品時，是比較偏向平話和說唱文學，所以，在每頁上方提供圖畫給（據推測沒受過良好教育的）讀者看。較晚的版本則決定讓《三國演義》遵照史料的特徵模式。據推測，一些高等教育的精英出版了「嘉靖」精裝本，決定讓（花）關索和真實歷史上不一致。

　　魏安認為，對《三國演義》的進化有兩種完全不同而只能擇其一的模式假設：

一、《三國演義》是由一個作者在一個時間內寫出，而1522年的序文本，是所有其他版本的元祖。其它稍微變動的版本，如，周靜軒的詩和關索的的故事，可被解釋為在當時出版眾多的競爭下，為了迎合市場訴求所做的改進。

二、由羅貫中所作《三國演義》最初的原文，比較接近「大眾的口語文學」，就如同說歷史故事一般，平話和說唱文學（詞話），是針對一些普通的讀者（甚至是半文盲）。

　　我們如何測試哪種假設是對的呢？事實上，這個問題即是如何解釋關於

〔註125〕請參見頁254，表2。
〔註126〕見 West, p.19.

關索的敘述。我們比較它在一些版本出場的情況。

　　在許多測試中，我們可以依靠語言學上的標準去揭開不同版本的基礎，因此，能證明一個敘事組成部分是否語言上與其餘部分一致（換言之，是否爲後來所篡改）。不幸的是，《三國演義》的作者避免成爲一個如同《水滸傳》、《西遊記》、《金瓶梅》一樣的白話小說，且似乎謹慎地用一種易懂但些許溫和的半古典型態去寫成。此外，一些作者引用的外來內容（因爲史料的編輯和大眾化而來的內容），《三國演義》書中的白話部份的極少例子，僅指出它是原作而不是後來的篡改版。

　　在缺少清楚的證明或否定是否爲後來所改寫，學者們藉由解釋原文的證據，爲使它滿足自己對《三國演義》的預測，自由地重建了《三國演義》原文的演進（無論是從史實走向大眾化，或是從大眾走向史實）。例如，鄭振鐸認爲，1522 年序文本爲所有版本的源頭，在其他版本裏沒有發現它包含了周靜軒的詩。同樣的，AnneMcLaren 根據它的版本根源說，《三國演義》乃是從一個包含稗官野史的大眾化原型，被轉化而成符合史實的作品，而花關索或關索的敘述，必定早在之前就已保留。

　　不過，魏安認爲，她並沒有提出有形的證據證實她的論點，而她的論點也等同於去爭論爲何福建版會演進成歷史的原型。她對於「花關索傳說」的陳述，緊湊地編進一個牽強的敘事，這對於她認爲此版本爲沒經過竄改的版本，沒什麼說服力，但卻也並沒有說一個質詢者必須引入他自己的新看法。

　　若要客觀的處理這些文本歷史的問題，我們必須從完全不同的角度來逼近它。與其試著查詢巨大的文本特徵來將版本分類（例如情節或次要情節的變化），不如從微小的文本特徵來建立分類的關係，將會更有助益。（例如在圖表、字、句的層次中，個別語言學單位的誤用）。以這種方法建立它們的關係之後，我們便可從各種的巨大文本（macrotextual）變化去追蹤版本間演變的痕跡。〔註127〕

〔註127〕此段文字之原文如下：

　　　　To deal objectively with the question of textual history we need to approach the problem from a completely different angle. Instead of trying to filiate editions by reference to their macrotextual features（e.g. plot and subplot variations）, it would be far more constructive to establish filiation relationships by reference to microtextual features（e.g. textual corruption of individual linguistic units at the "graph", "word", or "sentence" level）. Having thus established filiation relationships, we would then be in a position to trace the various macrotextual changes made to

　　上田望最近在幾乎採用了所有的版本後，引用許多版本間微小變化的例子，去證明版本間的關係。他的方法是非常值得讚揚的。他對於他所提出的論點都提出具體的例子，他的取樣超過二十幾種。然而，魏安認為上田望研究中最主要的缺陷，是他只指出九個內文中的變異，而每個論點僅僅對應一個例子。若在 240 項內，只單純用這九種不同去做例子，是備受爭議的。

　　因此，魏安提出他對於《三國演義》版本的分類法，即是以『串句脫文』來分類。在一本書流傳的過程中，經常會發生一種很特殊的鈔寫錯誤，那就是，如果在幾行之內兩次出現相同的（或略同的）詞（或詞組），鈔寫者在鈔寫的時候很容易鈔到第一次出現的詞（或詞組），然後在原文裡看錯地方，而從相同的詞（或詞組）第二次出現的地方鈔下去，結果是新鈔的本子裡脫漏一段文字。因為，鈔寫者是讀串了句子，這種鈔寫錯誤，魏安稱之為「串句脫文」（homoeoteleuton）。〔註128〕以下是一個具體的例子：

　　孔明曰：「博望離此九十里，左有山，名曰豫山；右有林，名曰安林；可以埋伏軍馬。<u>雲長可引一千五百軍往豫山埋伏，只等彼軍來到，放過休敵。其輜重糧草必在後面，但看南面火起，可縱兵出擊，就焚其糧草。益德可引一千五百軍</u>，去安林背後，山峪中埋伏，但看南面火起便可出向博望城舊存糧草處縱火掩之。」〔版本 A（嘉靖本 8：59b－60a）〕

　　孔明曰：「博望離此九十里，左有山，名曰豫山；右有林，名曰安林；可以埋伏軍馬。雲長<u>可引一千五百軍</u>去安林背後，山谷埋伏，只看南面火起便可出望舊城屯糧草處縱火掩之。」〔版本 B（楊閩齋本 7：17a）〕

　　可見，版本 B 抄寫了祖本的描述，而且包括了第一句"可引一千五百軍"的句子，後來抄寫者弄錯了它在原版中的位置，於是從第二次"可引一千五百軍"的位置抄下去，因此，便在原始版本到他鈔寫版本的過程中，意外地刪除了底下有劃線的部份。

　　串句脫文的省略在兩方面是非常重要的。首先，因為用抄寫的複製方式非常不可靠，這種錯誤在《三國演義》裡發生的頻率非常高：逐句比對三種版本（1522 序文本【版本 A】、李卓吾評論本【版本 C】、楊閩齋本【版本 E】），魏安發現了上百個這樣的例子。第二，串句脫文的省略可以建立一個文本間確定性的傳承關係。簡單來說，只有一種一對一的演變（即單一源頭），若一

the text during the course of its textual transmission. 見 West, p.26.

〔註128〕見 West, p.33.

個版本中有串句脫文的例子，它便不會是其他本的源頭（這是文本演變的黃金定則）。如果，有一版本是由兩個或更多版本（如喬山堂本和英雄譜）組合成的源頭，串句脫文的特徵都一樣的話，則串句脫文的資料就會令人搞混。事實上，串句脫文的不規則警告我們，這個版本非常有可能是從多個版中衍生出來的。還好在《三國演義》的例子中，絕大多數的版本似乎都是從單一個版本中演化，而串句脫文的資料是前後一致的。因此，用串句脫文的省略來推論《三國演義》眾多版本的演進關係，是有可能的。〔註129〕

（三）版本的起源與分類法

針對六個版本的經典版本（A版至F版）做比較之後，可以得到六套串句脫文，也就是每個版本都各有遺漏，但每個版本都是獨一無二的，這可能因為六部版本的來歷都不一樣。比較主要版本和其它文本後，（也就是B版、D版、F版和A版、C版、E版），魏安確認106處的串句脫文，再與其他版本交叉比對，可以將這106個串句脫文分類，這六個版本至少有一版會出現串句脫文。應用出處的簡單規則，即能分類各版本的串句脫文，辨別下列六個版本的串句脫文彼此關係。例如，版本D、E、F和版本A、B、C相比，可找出24到36處串句脫文，因此，可以推論版本D、E、F和版本A、B、C出處不同。

魏安以上述的方法，將A至F的版本分成十二進位卷數系統與十進位卷數兩大系統，並可分出許多子分類。〔註130〕從表格可以看到分類系統、文本群組的子分類以及修訂的流程。例如，《三國演義》的章節包含了十二進位與十進位兩個系統，十二進位卷數系統指的是廿四卷與十二卷之分。如果我們用兩種分類系統來分類假定的古文本起源（即文本原型），我們也可以讀到文本的起源系譜，舉例來說，《三國演義》的原型是所有十進位與十二進位卷數系統的古文本，十二進位卷數系統則是所有廿四卷版本與十二卷版本的古文本。

串句脫文可以讓我們找出各版本之間詳細的起源關係，之後並可以追溯每個版本改編原典的過程。〔註131〕

（四）《三國演義》的作者

魏安指出，早期資料來源以及許多現存版本正文前的說明，都將《三國

〔註129〕見 West, p.35.
〔註130〕請參見頁 255，表3。
〔註131〕見 West, p.46.

演義》的作者歸於羅貫中（羅本，字貫中），而在卷首以下列三種形式（或與此略有差異）的其中之一作為呈現：

　　1、題作「後學羅本貫中編次」

　　2、題作「東原羅本貫中編次」

　　3、題作「元東原羅貫中演義」

　　原始的《三國演義》文中所顯示是否表示羅貫中即為東原人（一個含糊古音的地名，元東平府，今山東省東平及泰安縣市附近）？收錄庸愚子所作序言之 1494 年的版本，其序中提及「東原羅貫中」，魏安認為，可以作為支持羅貫中為東原人之文獻（因為並無第二個資料來源顯示羅貫中為東原人，而庸愚子不大可能由他處得知東原）；原始的《三國演義》內文附注，作者是羅貫中，且是東原人，這是十分重要的，即使並非承襲自原始文獻（魏安認為是出自原文）。唯一一份描述羅貫中並與之同期之古代文獻是《續編錄鬼簿》，其對羅氏的生平稍有記載：

> 羅貫中，太原人，號湖海散人，與人寡合。樂府、隱語極為清新。與余為忘年交，遭時多故，各天一方。至正甲辰復會，別來又六十餘年，竟不知其所終。

　　依據賈仲明永樂 20 年（西元 1422 年）為此書作序所言，羅貫中年歲長其一個世代，魏安估計，羅貫中生平約在西元 1330～1400 年間，而此書作於元末明初時期；羅本於南宋晚期至正 26 年間（西元 1366 年）位於趙寶峰（趙偕）門下食客之列，此與《續編錄鬼簿》所述時期相符，然迄今仍未有足夠證據確立羅本即為作者羅貫中。

　　魏安指出，《錄鬼簿續編》中有兩點描述極具趣味，其一，羅貫中為山西太原人士。魏安認為，地名「東原」及「太原」在書寫上相當接近，極可能是抄複上的訛誤，而《錄鬼簿續編》是唯一與羅貫中同代且有所描述之文獻，其可信度是相當高的，但太原是極知名的地名，不太可能會與地名—「東原」有所訛誤，反倒是如「東原」這般默默無名的地名較容易異動為相似的「太原」（特別是當複刷不良的時候）。魏安認為，由於並無證據證明「太原」是羅貫中之故里，故現存版《三國演義》中之「東原」地名或許是可信的。然而，許多明末儒士所提關於羅貫中的文獻，包含，胡應麟（1551～1602）及郎瑛（1487～1566）以及田汝成（1500～1563）均描述羅氏為杭州人，既非「東原」，亦非「太原」，魏安認為，會有羅貫中為杭州人的訛誤，起因於

其與施耐庵的關係，胡應麟言及羅貫中爲杭州施耐庵的學生，其作《三國演義》蓄積了施耐庵的《水滸傳》以及高儒於嘉靖年間所作《百川史志》中的書志記載，出身錢塘（即杭州）的施耐庵是《水滸傳》的最原始作者，而羅貫中則爲最後寫定者，由於施耐庵是杭州人，很自然的引起對有師生關係的羅貫中亦爲杭州人的誤解。魏安認爲，其所支持的關係或許是不成立的，或者其爲東原人而在杭州完成其作，而且明末清初的各方學者所提供關於羅貫中之資料多是不可信，因其已歷經南宋、元代而至明代洪武年間（1368～1398）。

其二，《錄鬼簿續編》的作者只知道羅貫中是位戲劇及詩文的作家，並非敘事小說創作者，依其生平所述，羅貫中亦有三部雜劇作品：《宋太祖龍虎風雲會》、《三平章哭蚩虎子》以及《忠正孝子連環諫》。然而，魏安認爲並不能由於《錄鬼簿續編》中僅紀錄關於雜劇的作品便推論羅貫中無法創作敘事小說，或許其小說作品僅完成於西元 1364 之後，而其傳記的寫作者並不熟悉。

雖然在羅貫中的生平記述中，對於其使用多種方式編撰散文小說並無著墨，然而經由明代具體性歷史散文小說及類似史學的敘事中，魏安認爲可歸屬其作者身分且完成其作於嘉靖年間，田汝成亦言羅貫中編撰小說數十種，除《三國演義》外，羅貫中亦具有一些通俗小說的原始作者或部分作者之身份，特別是《水滸傳》、《三遂平妖傳》、《隋唐兩朝志傳》和《殘唐五代史演義》。

（五）《三國演義》的創作年代

魏安提到，可確定《三國演義》年代版本的最近的原始文獻似乎存在於胡三省的《資治通鑑》注本，其中給予一個原文創作的時間起始點—至元 22 年（1285 年），魏安認爲，我們可以將年代稍加追溯，如同聯輝堂版本中提到的"太常院"，其首次運用於至大元年（1308 年）。沒有原文上的地理標註顯示其確實出現在元朝之後，因此，至今原文創作的起始點便是 1308 年。魏安認爲要從原始文本的元素中，去確定原始文本編輯的終止期是不可能的，此正如某些學者所曾經試圖去做的。例如，大陸學者章培恒認爲，因爲元代的地名建康、江陵及潭州，在原始文本的註解上是稱作「今地名」，所以，羅貫中必然是在天歷二年（1329）之前創作《三國演義》，因爲，此時建康、江陵及潭州三處地名已各自變更爲集慶、中興及天臨。魏安認爲這樣的說法是無法令人接受的，因爲，作者仍然可以繼續使用建康、江陵及潭州這些爲人所

熟知的地名，即使他們在多年之後已變成過時的地名。〔註 132〕

　　另外，魏安認為，我們只能試著從最早可確定日期的文本要素中去建立原始文本寫作的終止期，這些文本並不包括在原始《三國演義》的文本中（只在十二進位或十進位系統其中之一出現），這個文本應是弘治七年（1494 年）愚庸子的序，這是唯一出現在以十二進位系統編輯的文章。它給了《三國演義》的原始文本一個有可能的寫作日期（這個序很有可能曾出現在三國演義的原始資料裡頭，但之後在早期十進系統裡的文本轉換中被刪掉）。因此，提供一個原本作品完成的時期：1494 年。不過，尚不能確定創作於元朝或明初時期。〔註 133〕

（六）結　論

　　在結論方面，魏安提到幾點。第一、《三國演義》似乎較傾向於正統史學而非大眾傳說，因為，作者不僅採用如《三國志》及《資治通鑑》等歷史文獻來源，且更嚴謹地藉著大規模節錄來自《三國志》中之註解、評價及頌詞，賦予其作品深厚的歷史根據，作者似乎刻意賦予《三國演義》較其它眾多小說更具史實的性質。不過，我們也不能忽略作者取自民間流傳的素材，例如，

〔註 132〕此段文字之原文如下：

It is not possible to assign a terminus ad quem for urtext composition based on archetypal textual elements, as some scholars have attempted to do. For instance, it has been suggested that because the Yuan place-names of Jiankang 建康, Jiangling 江陵 and Tanzhou 潭州 are used as "modem" glosses in the archetypal text, "Luo Guanzhong" must have composed The Three Kingdoms prior to Tianli 2 （1329）when these three place-names were changed to Jiqing 集慶 Zhongxing 中興 and Tianlin 天臨 respectively. This is not acceptable, as an author could continue to use the well-known names of Jiankang 建康, Jiangling 江陵 and Tanzhou 潭州 many years after they had become officially anachronous. 見 West, p.415.

〔註 133〕此段文字之原文如下：

We can only attempt to establish a terminus ad quern for the urtext composition from the earliest dateable textual element which is not included in the archetypal Three Kingdoms text（i.e. present only in one or other of the duodecimal or the decimal system）, which appears to be the "Vulgar and Foolish" preface of Hongzhi 7（1494）, which is only found in the duodecimal system editions. This gives the latest possible date for the Three Kingdoms urtext（this preface could conceivably have been present in the archetypal Three Kingdoms text, and omitted during the early textual transmission of the decimal system）, and so provides a terminus ad quern for urtext composition of 1494. 見 West, p.415.

諸多例證證實《三國演義》取材自《三國志平話》，且作者絕非只是抄寫，更是採用適合其舖陳目的之部分。《平話》的影響性呈現於敘事內文的借用與詩文的運用。魏安指出，《三國演義》作者結合史料與民間傳說，創作出一部不能單純歸屬於何者的作品，卻是獨特地融合正史與傳說，具有特殊創作的偉大作品。〔註134〕

　　第二，《三國演義》的原本可能是羅貫中在明初洪武年間（1368～1398）所編輯，之後發展延伸出兩個版本：十二進位卷數系統與十進位卷數系統。十二進位卷數系統版本多是精緻的版本，必是針對較高層次的讀者群眾，此本編輯者增添更多歷史性及註解的素材，全盛時期即是毛宗崗版本《三國演義》。十進位卷數系統版本多刊行於福建建陽，此版本的特色是其難辨與粗糙的印刷，並在對頁附上粗糙的草圖圖示，此版本必然是鎖定較低階層的讀者。福建刻本的編輯者添加許多普及的資料，如周靜軒淺顯易懂的詩評以及傳說中關索的相關故事，此校訂版本集大成於萬曆年間（約 1580～1590）的朱鼎臣，是爲一般讀者的標準版本。然而，福建印刷工業於清初時期便逐漸沒落，十進位卷數系統版本亦隨之亡佚。清朝時期，廣東印刷業者取代福建出版者，成爲普及且低價版本的出版業者，而廣東業者則是採用毛本作爲刊行，因此毛本成爲普及的標準版本。魏安認爲，倘若福建出版業得以延續至清朝，或許將發展出雙重標準版本。

三十一、柳無忌：〈作爲民間史詩的小說〉〔註135〕

　　柳氏首先提到，中國小說在元明兩朝，逐漸從民間的說話藝術發展而繁茂。一些有趣的歷史題材，經由說書人處理以後，遂擴展成爲完整的故事，同時也加上許多細節與生動的描述。這種口語藝術的傳說，也被元代的劇作家在他們的作品中做了更進一步的剪裁與修飾。因此，兩個膾炙人口的故事也就逐漸萌芽。此即我們極爲熟知的《三國演義》與《水滸傳》。

　　柳氏指出，因爲，以往的中國學者常常漠視通俗小說，所以，小說始終無法受到像詩歌或是史書一樣份量的重視。而長久以來的忽視，也使得要整理小說作者生平，或是追溯其小說演變的工作，成爲極爲艱辛的挑戰。關於

〔註134〕同上註，p.421.
〔註135〕見 Liu ,Wu-chi, "The Novel as Folk Epic,"in *An Introduction to Chinese Literature*, pp.195-212.

《三國演義》的作者羅貫中，現有的資料少如鳳毛麟角。只知道他大約是西元 1330 至 1400 年間，跨越元、明兩季的一位文人。雖然，他原籍乃山西太原，然而，羅氏就像許多南渡的作家一樣，似乎在元末經歷一段飄泊生涯後，最後落腳在杭州（錢塘），這也足以解釋為何有些學者認為他是錢塘人了。如果從署名「羅貫中」的歷史小說來看，他應寫有多部作品，可惜，其中大多數已經亡失，即使有少數倖存下來的也已經過後人的修改，難以得知作品的原貌。而《三國演義》也經歷了許多重大的更動。羅氏也曾撰寫幾齣雜劇，其中《宋太祖龍虎風雲會》一齣迄今尚存。

接著，柳氏指出，《三國演義》一書的起源有兩種，一是《三國志平話》，另一則是元代的戲劇文學。有關三國故事的早期資料實是不勝枚舉，不過，現存最古的三國故事的話本當是西元 1321 至 1323 年間，元代至治年間新安虞氏所刊行的《三國志平話》。許多人都相信，這只是說話人其中之一的底稿罷了，其他相似的手稿應該早在宋朝就存在了。

柳氏以為，《三國志平話》故事的內容，與後來的長篇小說，實際說來，並無不同，但在篇幅上簡短許多。而唯一在小說裡沒有出現的重要一段是司馬仲相陰間斷獄一事。這段陰間斷獄的插曲，只是平話卷首的引子，故事的正文則是起自東漢末年黃巾之亂、朝廷的內亂、宦官與外戚的鬥爭以及軍閥的崛起，然後，在一連串的混戰以後，故事結束於三國的建立與晉朝的統一。

明顯的，早在十四世紀，三國的故事已略具雛形，除了遵循史實的框架外，它又逐漸加入大量文人的想像與民間的傳說。為了順應宋元作家間的普遍興情，《三國志平話》也是採尊劉反曹、揚蜀抑魏的態度，以劉備所建的蜀漢為正統，是東漢合法的繼承者；而曹操建立的魏國，只是篡逆的僭偽政權。之後，劉備及其追隨者在廣大群眾的心中，即提昇成為英雄人物；至於曹操，則變成奸臣。

柳氏以為，從許多實例可以看出，《三國志平話》的作者是當時一位教育程度不高的通俗作家；譬如說粗糙的行文，地理名稱的錯誤，史實的曲解；然而，儘管有這些瑕疵，《三國志平話》在三國故事演變的過程中仍居於承先啓後、繼往開來的位置，因為，它將正史《三國志》與《三國演義》長篇鉅作聯繫起來。

小說的另一源流是元代的戲劇文學。早在宋朝，三國的人物首次在「影戲」中出現時，就揭開這段歷史故事舞臺化與戲劇化之序幕。雖然，早期影

戲的紀錄已亡失，但是現今至少還有二十齣與三國故事有關的元明劇本，其中一些甚至與小說成書的年代相當或者略遲一些。不論是劇劇裡的故事，或是小說裡的故事，這兩者都顯現出一點相似之處，那就是在當時有關三國故事的主要框架已經存在，而這個框架遂成為說話人或是劇作家取材之處。總而言之，《三國演義》最重要的貢獻是因為經過一番去蕪存菁，增減修飾的工夫以後，三國故事才具備較為完美的藝術形式，並且流傳至今。

接著，柳氏解釋《三國演義》版本的幾個問題。據今所知最早的一部是卷首有愚庸子於明弘治甲寅年（1494 年）寫的序文，而於嘉靖壬午年（1522 年）左右發行的版本，此時距羅貫中死後已有一百多年了。想像中，手鈔本的《三國演義》應該早已普遍流行，但是，似乎並沒有任何較弘治本還要早的刊本出現。柳氏認為，原因是出版商在決定發行這部小說之前，必定會深思熟慮一番，另一方面，一般有能力出版此書的士大夫，對這樣一部不可能贏取任何清譽的小說的印行工作是不屑一顧的，難怪這部小說最後的成書年代要遲至明朝中葉。由於當時民間經濟繁榮，尤其是在蘇杭一帶，再加上印刷術的低廉與普及，當時的文風逐漸轉向平民的通俗文學，這些因素無形中都鼓舞了出版商去蒐求新的素材以供應市場需要，因而也激勵了小說、話本及雜劇的出版工作。

接著，柳氏提到毛宗崗的修改本。在明代後半期，《三國演義》一書至少有不下二十種版本發行；然而，其中最值得一提的，就是清初的毛宗崗改本。毛宗崗仿效金聖歎評改《水滸傳》與《西廂記》的方式，也將羅本的《三國演義》加以批注，並修正其中的文詞，使語意更為清晰流暢。毛氏的編訂工作不僅是修飾了文詞，更重要的是他辨正了史實；也因為改本的高度可讀性與忠於史實，這部改本超越了之前的眾多版本，一直流傳至今，且仍然最受一般讀者喜愛。

在人物塑造方面，柳氏以為，羅貫中同時把握與利用正史的素材與說書人的渲染，使二者的特性得以發揮得淋漓盡致。為了達成寫作目的，他甚至運用大量的誇張手法，只是沒有過份到讓人物失真罷了。而在人物之中，柳氏認為，曹操是一個典型奸邪的代表，比他實際在正史上的角色歪曲、卑劣了許多。他的師心自用、偽善、假仁假義、奸詐狡猾與殘忍惡毒一統他奸邪的本質。他的人生觀可以一句話表示──「寧教我負天下人，休教天下人負我」。既然貶抑了曹魏，小說自然就支持也讚揚了蜀漢人物──劉備、關羽、

張飛。柳氏認為，劉備作為漢帝國合法繼承者，雖然，不免於平庸，但仍被刻劃成一位寬宏大量、仁民愛物的明主。而在所有人物中，最受到大家鍾愛的就是關羽了。這位忠義的化身被描繪為面如重棗、丹鳳眼、臥蠶眉、身長九尺、臂長三尺、聲若洪鐘的壯漢。關羽無比的勇氣與磊落的胸襟結合得天衣無縫。不過，關羽也有性格上的缺點，他頑強的固執正是控制他命運的主宰。至於張飛則是以其有勇無謀、直率討喜的特質，成為一位最受廣大群眾喜愛的人物。

柳氏接著介紹諸葛亮。他認為諸葛亮是書中智慧與英才的化身，他集合了飽學之士、精明的政治家、靈活機敏的外交家與足智多謀的戰略家於一身。不過，柳氏認為，雖然諸葛亮有雄才大略，以及「鞠躬盡瘁，死而後已」的忠誠，然而，或多或少，他超乎常人的神蹟不免有過份之嫌，有時竟像一位施弄小聰明的術士。不過，柳氏也為此提出解釋，指出，這是為了遷就並愉悅當時較為膚淺的民眾，不過對那些態度莊嚴的讀者而言，卻是沒有說服力的。

接著，柳氏提到，不論在人物塑造或是敘述故事方面，羅貫中都表現出他敏銳的戲劇感。他舉出三個以描述個人英勇為主題的故事為例，其中的本質雖不相同，然而，其動人的戲劇效果不分軒輊。首先是第四十二回中一種屬於「武士」的勇氣，即張飛據水斷橋一事。其次是彌衡「擊鼓罵曹」一事，顯現了偉大的「文士」之勇。最後是關羽「刮骨療傷」時談笑自若、不懼痛苦之勇。

柳氏以為，全書最令人喝采之處往往在於諸葛亮用兵的神機妙算上，尤其是「草船借箭」與「空城計」兩個故事。

柳氏在文章最後，提到了《三國演義》的價值與影響，他認為不論就情節的構造、敘述的方式或人物塑造方面而論，羅貫中的《三國演義》都遠遠超越了早期說話人的話本，也為後來的中國長篇歷史小說開了先河，確立了一個模式。柳氏也比較了西方文學裡的歷史小說和《三國演義》，他認為兩者是大相逕庭的。西方歷史小說往往集中於單一英雄人物的刻畫，譬如說 Walter Scott 小說裡的 Ivanhoe 或是 Thackeray 小說裡的 Henry Esmond，相形之下，書裡的其他人物只是居於附屬的地位。而中國歷史小說則不然，它展現一個時代中各式各樣的人物及故事，如此一來，對提供一個完整人物的探討或許不夠完整，但卻大大成就了生生不息的歷史圖像。柳氏認為，對歷史的堅持，多少阻礙了想像力與藝術的進展，但是不可否認的，它確實使歷史知識在廣

大民間普及起來，否則，老百姓或許永遠無緣叩訪中國歷史的大門。

　　柳氏認為，《三國演義》的影響既廣且深，例如，「空城計」，是婦孺皆知的故事，甚至傳說在明末崛起的亂民中，此書還成為當時梟雄們的兵書。而桃園三結義的義氣與誓言，仍被清代許多秘密幫派奉為準則。另一個明顯的例子就是關羽，上至君王下至庶民，無不對他有無限的心儀與景仰，更尊其為「武聖」，祀奉於武廟中。這部書對中國廣大民間無遠弗屆的影響，也充分說明了它舉足輕重的地位。

第四章　《三國演義》之作者及背景研究述論

　　根據前一章美國漢學界有關《三國演義》研究的述要中，可以得知，學者在某些議題上之觀點頗為分歧，本章試將《三國演義》之作者及背景研究，分為四個相關議題，分別為作者、版本及成書年代、戰爭描寫以及價值，而每一議題以一小節來加以述論。而在第五章，則將《三國演義》之文本研究，分為主題思想、敘事結構以及人物形象等三個議題，加以述論。

第一節　《三國演義》之作者研究述論

一、關於作者的問題

　　賽珍珠認為，《三國演義》和《水滸傳》一樣，其作者是誰，仍頗受質疑。最後由一個名為羅貫中的人重新編寫而定稿。羅貫中生於元朝末年而活躍於明朝文壇。他寫過許多戲劇，但是卻以小說成名，《三國演義》顯然是他最為人稱道的鉅著。

　　Ch'en 氏提到小說的作者羅貫中，除了他的生卒年代在是西元 1330 年和 1400 年之間以外，世人對於他的生平所知並不多。吾人只能從文獻中知道，他來自於山西太原，是一個寡言少友的人。他曾參加企圖推翻元朝的義軍，在元朝衰亡之後，他致力於寫作歷史小說和戲劇。

　　韓南以為，《三國演義》與《水滸傳》兩部偉大的英雄小說都出自於羅貫

中之手。羅氏是十四世紀有名的劇作家，據說《三國演義》就是由他親手編纂而成；但是，另外一部小說《水滸傳》則只是羅氏根據與他同一時代的施耐庵的手稿略加修改而已。

楊力宇在其多篇有關《三國演義》的著作裡，提到多數學人同意，羅貫中應該被認為是原始的作者，因為，無論在這部作品的最初版與最新版中，都不難發現羅貫中此一名字的蹤跡。然而，楊力宇也提到，《三國演義》或許是透過許多作者之手和一個緩慢演化過程才成書的，如果把整部作品歸諸單一的作者是相當不公平的，雖然，這部作品通常被視為是羅貫中所編纂，但在作品的創作和編輯過程中，羅貫中所扮演的角色更可能是編輯者、修訂者，或是重製者，而不是原始的作者。

柳存仁指出，羅貫中的稱號及別名多到令人眼花撩亂，而他的出生地也有各種不同的說法：山西的太原、山東的東原（現今的東平），以及江西的盧陵（現今的吉安）等地都曾被認為是他的出生地，另外有少數人認為，他來自越（浙江）、錢塘（舊名杭州）或者是杭州。柳氏認為，羅氏應該是北方人，但曾居住在南方，且居住的時間很久。柳氏也舉出《續文獻通考》的編輯——王圻對羅貫中的描述：羅氏曾參加反元的義軍，但卻沒有成功，於是藉由撰寫歷史故事來抒發他的革命情操。柳氏指出，王圻的說法與賈仲明在《錄鬼簿續編》裡的說法相符合。柳氏認為，由賈仲明的敘述，足以證明羅貫中是元末明初的人，他更提到羅就是《宋太祖龍虎風雲會》一書的作者。柳氏以這部雜劇來印證他對羅貫中作家身份的看法，並確認他在歷史小說上的卓越地位。〔註1〕

Kroll 指出，《三國演義》所有後世修訂本所依據的最早版本即羅貫中所作。羅氏在中國文學中是一隱晦不明的人物，儘管《三國演義》出自其筆下的事實僅止於傳說，且傳言至少有十七部歷史故事及著名劇作為其所作，而現存且與其同時代之人對羅氏有相關記載之文件可見於賈仲明的《錄鬼簿續編》。因此，僅知羅貫中主要活動於元末明初，而現存最早修訂本距其年代晚了一百餘年，並且可合理地認為其間修訂本已經歷多次修改，而基本上，並沒有令人信服的理由可以懷疑其文並非出自羅貫中之手。

Kimlicka 引用 Ch'en Ming-sheng 及楊力宇的說法，認為《三國演義》一般假定是由羅貫中於十四世紀時間所撰，Kimlicka 也引用魯迅的說法，認為羅

〔註1〕 見 Liu Ts'un Yan ,pp .85-114.

貫中確實是《三國演義》的作者，約生活於 1330～1400 年之間。雖然，學者大多同意羅貫中為《三國演義》之原作者，但因現今版本已經過多人所編輯，雖然，此作確實是羅貫中所編，但若將本書歸於單一作者的貢獻，便顯得不公平了。Kimlicka 認為，羅貫中僅是對正史作一重述，以較通俗的語言使讀者更容易明瞭這一段歷史。

馬幼垣以為，雖然，羅貫中是《三國志演義》的作者這個說法被廣泛地接受，但是，馬氏認為，這並沒有根據。馬氏認為羅貫中並非《三國演義》的作者，理由有四：第一，他認為《錄鬼簿續編》中的紀載並不可靠，甚至賈仲明根本不是《錄鬼簿續編》的作者。第二、《錄鬼簿續編》的作者自言與羅貫中為忘年交，然而，何以作者在介紹羅貫中的作品時，卻沒有提到羅貫中最為人知的大作《三國演義》呢？這是令人無法想像的。第三，《三國演義》最早的現存版本在羅貫中死後一百多年以後才出版，即使有人主張所有現存的版本都指出他是作者；但因缺少確切的資料來源，因此，這樣的說法一點說服力也沒有。第四、《三國演義》演化的歷史尚未被有系統研究，馬氏認為如果硬要任何人對這部小說的創作負責的話，顯然過於天真。馬氏以為，即使最終顯示羅貫中有可能是《三國演義》的作者，這個議題還是需要更多的研究。在這同時，馬氏以為，羅貫中只是一個寫了三部雜劇而並不出名的劇作家。

Berry 以為，《三國志演義》的作者通常但從未決定性的被認定是羅貫中。

魏安以為，大多數現存《三國演義》的版本及其他早期資料，都把作者歸於羅貫中。

柳無忌以為，關於《三國演義》的作者羅貫中，現有的資料可謂一鱗半爪，非常有限。只知道他大約是西元 1330 至 1400 年間，跨越元、明兩朝的一位文人。雖然，原籍山西太原人氏，然而，羅貫中就像那些南渡的作家一樣，似乎在元末歷經一段飄泊生涯以後，終於在（錢塘）杭州定居下來，這適足以解釋為什麼有些學者堅持他是錢塘人了。

由上可知，關於《三國演義》的作者是誰這個問題，美國漢學界包括韓南、楊力宇、Ch'en Ming-sheng、柳存仁、魏安等學者，都以為是羅貫中。不過，他們大多是引用兩岸學界目前最普遍的說法，或是賈仲明在《錄鬼簿續編》中的敘述，並沒有做更深入的研究來求證。而持不同意見的有楊力宇及馬幼垣，楊氏以為，把整個作品的完成歸諸於單一的作者是不公平的，羅貫中扮演的角色更可能是編輯者、修訂者，或是重製者，而不是原始的作者。筆者則認為，三

國的故事的確流傳已久，包括正史、詩文、話本、戲劇等，都常引用這個時期的故事作爲題材，而直到羅貫中才集其大成，編成一書。羅氏對《三國演義》一書的貢獻，除了楊氏所說的編輯、修訂以外，還運用自己豐富的想像力，虛構出許多膾炙人口的情節，使故事精彩紛陳。職是之故，筆者認爲，羅貫中對此書的貢獻，足以令人將他視爲《三國演義》的作者。

此外，馬幼垣提出四點來論證羅貫中並非是《三國演義》的作者。筆者以爲，第一，目前並沒有明確的資料足以證明《錄鬼簿續編》中的紀錄並不可靠，也無法證明賈仲明並不是《錄鬼簿續編》的作者。第二、馬氏以爲，賈仲明在介紹羅貫中的作品時，並沒有提到《三國演義》，故羅貫中並非《三國演義》的作者。馬氏的論點與大陸學者杜貴晨不謀而合，〔註2〕但這只是推測之詞。魏安亦認爲，並不能由於《錄鬼簿續編》中僅紀錄關於雜劇的作品便推論羅貫中無法創作小說，或許《三國演義》完成於賈氏與羅氏至正甲辰復會（西元 1364 年）之後，所以，賈氏並不熟悉。第三，《三國演義》大部分的版本皆列舉作者爲「東原羅貫中」，此乃事實，並非馬氏所言的「缺少確切的資料來源」。第四、《三國演義》演化的歷史已經過多人有系統的研究，筆者認爲，將其著作權歸諸羅貫中是合理且可被接受的。

筆者認爲，關於《三國演義》的作者是誰這個問題，除非有更新、更明確的資料出土，足以證明《三國演義》的作者另有其人，否則，仍應將《三國演義》的作者歸於羅貫中。

二、羅貫中的籍貫

關於羅貫中的籍貫，學者多引用古籍上的記載，列舉出羅氏可能是太原、東原、錢塘、盧陵等地人士，只有魏安認爲羅貫中是山東東平人。魏安以爲，因爲在庸愚子 1494 年所寫的序中，明確提到「東原羅貫中」，魏安認爲，可以作爲支持羅貫中爲東原人之文獻。而《錄鬼簿續編》中提到羅貫中爲山西太原人，魏安認爲地名「東原」及「太原」在書寫上相當接近，極可能是抄寫上的訛誤，另外，太原是極知名的地名，不太可能會錯寫成「東原」，反倒是「東原」這般默默無名的地名較容易寫成較爲人知的「太原」。魏安認爲，由於並無證據證明「太原」是羅貫中之故里，故現存版《三國演義》中之「東

〔註2〕 見杜貴晨：〈近百年《三國演義》研究學術失範的一個顯例〉，《北京大學學報》2002 年第 2 期。

原」此一地名或許是可信的。

關於羅貫中的籍貫，兩岸學界至今尚無定論。明清以降可見的資料，包括：

（一）賈仲明《錄鬼簿續編》：「羅貫中，太原人，號湖海散人⋯⋯」

（二）郎瑛〔明〕《七修類稿》：「《三國》、《宋江》二書，乃杭人羅本貫中所編⋯⋯」

（三）高儒〔明〕《百川書志》：「《三國志通俗演義》二百四卷，晉平陽侯陳壽史傳，明羅本貫中編次⋯⋯」

（四）田汝成〔明〕《西湖遊覽志餘》：「錢塘羅貫中本者，南宋時人，編撰小說數十種⋯⋯」

（五）王圻〔明〕《續文獻通考》：「《水滸傳》，羅貫著。貫字本中，杭州人，編撰小說數十種⋯⋯」

（六）胡應麟〔明〕《少室山房筆叢》：「⋯⋯然元人武林施某所編《水滸傳》，特為盛行⋯⋯其門人羅本亦效之為《三國志演義》，絕淺陋可嗤也。」

（七）周亮工（清）《書影》：「《水滸傳》相傳為洪武初越人羅貫中作，又傳為元人施耐庵作⋯⋯」

此外，當代大陸學者亦有人指出，羅貫中為慈溪人或廬陵人（今江西吉安），因此，綜合以上資料，關於羅貫中的籍貫，大概有五種說法：太原（今山西太原）、東原（今山東東平及附近）、錢塘（包括杭人、越人）、慈溪、廬陵（今江西吉安）。後三者由於資料較不可靠，或僅是羅貫中流寓之所，故近年來大陸學者們的看法逐漸集中於太原及東原的爭論中。

「太原」說的主要根據是《錄鬼簿續編》中有關羅貫中的記載。

羅貫中，太原人，號湖海散人。與人寡合。樂府、隱語極為清新。與余為忘年交，遭時多故，各天一方。至正甲辰復會，別來又六十餘年，竟不知其所終。《風雲會》（趙太祖龍虎風雲會）《連環諫》（忠正孝子連環諫）《蜚虎子》（三平章死哭蜚虎子）

由於歷來有關羅貫中的資料少之又少，也因此，《錄鬼簿續編》中的記載就成為最權威的資料。魯迅、孫楷第、劉大杰、孟繁仁、劉世德等均主此說。劉世德並反駁「東原說」。他以為「太原」不可能是「東原」的訛誤，而十六種題署作者為「東原羅貫中」的版本與羅氏並無任何瓜葛，完全是後世書商的手筆。

「東原」說的主要根據是《三國演義》現存最早版本嘉靖元年（1522）刊本卷首庸愚子（蔣大器）於弘治七年（1494）所作「序」和萬曆及其後眾多《三國志傳》刊本及其他署名為「羅貫中」的小說的題署。劉知漸、王利器、沈伯俊、杜貴晨等，均主此說。劉知漸認為，《錄鬼簿續編》出於俗手所抄，「太」字有可能是「東」字草書之誤。王利器以為，由於《錄鬼簿》傳鈔者，少見東原，習知太原，故爾致誤。王利器更說，「《水滸全傳》有一個東平太守陳文昭，是這個話本中唯一精心描寫的好官。東平既然是羅貫中的父母之邦，而陳文昭是趙寶峰的門人，也即是羅貫中本的同學，把這個好官陳文昭說成是東平太守，我看也是出於羅貫中精心安排的。」〔註3〕沈伯俊亦對《錄鬼簿續編》記載的權威性提出質疑。杜貴晨更指出，《錄鬼簿續編》並沒記載「太原人」羅貫中寫了《三國演義》一書，這位「太原人」羅貫中可能與真正的作者「東原人」羅貫中同名同姓。杜氏更以為，《三國演義》一書的風格與《錄鬼簿續編》中記載的「太原人」羅貫中的作品極為不符。「太原人」羅貫中的詩人氣質很重，而《三國演義》作者「東原人」羅貫中則是一位史家作風很重的人。

由此可見，羅貫中的籍貫仍莫衷一是，「太原」、「東原」兩地皆有可能是羅貫中的原籍。也由於可資參考的資料實在太少，因此，不論兩岸學界或是美國漢學界，對於這個問題仍尚無定論。筆者認為，要解決這個問題，一方面要對《錄鬼簿續編》的真偽、作者及內容作更深入的研究，另一方面則有待發掘新的材料，如此，方能做出更正確而合理的判斷。

第二節　《三國演義》之版本及成書年代研究述論

美國學界對於《三國演義》之版本及成書年代的研究，大多僅止於簡略的說明，只有柳存仁、魏安以及盧慶濱等人的看法較具獨創性。以下列舉學者們的看法，並作一述論。

夏志清指出，早在羅貫中於元末明初編撰《三國演義》前，三國的主要人物和事件早已被詩人、說書人和戲曲作家以浪漫的手法描述。從唐末起，三國故事一直是說書人的主題，而故事經過誇張的渲染以及大量的想像後，

〔註3〕見王利器：〈羅貫中與《三國志通俗演義》〉，《三國演義研究集》（四川：社會科學院出版社，1983年），頁246。

已面目全非。現存一個元代的本子，稱為《三國志平話》，內容非常粗劣，常把人名地名搞錯。書中將漢朝分為三國的原因，歸因於漢高祖屈殺韓信、英布、彭越三位大將，故三人轉世為曹操、孫權、劉備來報仇，將漢朝一分為三；而高祖和呂后則轉世為獻帝和伏皇后，在曹操手中受盡折磨。

楊力宇指出《三國演義》的演變可以區分為三個時期。第一個時期開始於唐朝（618～907），此一時期有關三國時期重要的口述故事受到大家的歡迎，這個風氣結束於明朝（1368～1644）初期，這個時期的主要作品是《三國志平話》。第二個時期起自明初，名為《三國志通俗演義》的版本，在嘉靖（1522～1567）時期就已經發行。明末所發行的許多版本都是起源於嘉靖版。大部分的學者相信，嘉靖版並不是根據或起源於《三國志平話》，而是完全不同的創作，此一階段結束於明末。第三個時期起自清初毛宗崗修訂本的出現，直到今日毛本仍廣泛流傳。楊氏亦以為，《三國志演義》，其現存最早版本出現於《三國志平話》完成後約二百年，嘉靖版至少在推定的編者或修訂者羅貫中死後一百年才出現。

柳存仁指出，福建出版的大部分三國版本都帶有「三國志傳」這個相同的標題。《三國志傳》裡的主要內容和 1522 年的版本，並沒有很大的差異。而根據柳氏的判斷，作為這些《三國志傳》版的原始版本，可能比 1522 年《三國志通俗演義》的版本還要早。然而，要說這些版本中最粗糙的部分是否就是《三國演義》最早的版本，且完成於羅貫中的時代，甚至由他本人完成，則是很困難的。但是，柳氏認為，有一件事是肯定的，就是「志傳版」的版畫是基於一種版本的雛形，而這個版本比 1522 年的《三國志演義》版還早。

關於《三國演義》演進的歷史，柳氏將其分為三個階段。首先，在 1321 到 1323 年間，有一本《三國志平話》在福建出版發行。接著，大約四十年後，羅貫中開始著手寫作《三國志傳》，後來成為多種版本的雛形，其中有一稍微修改的版本《三國志通俗演義》在 1522 年發行。之後，毛宗崗修訂的版本，在 1662 年出現，而「志傳版」的地位就降低了。接著，柳氏比較喬山堂版《三國志傳》與毛版《三國志演義》。他舉出了四十六個相異處來作觀察，之後得到以下的結論：《三國志傳》一定是在 1522 年之前很多年就出現了，雖然它有很多版本，並且很久之後才發行，但它幾乎完整保存原始的形式。而在一些福建的版本裡，增加了一些地域性的風格，柳氏認為是商業的動機，不過，這些插入的語言或文字是無法逃過讀者敏銳的觀察的。例如，曹操派人到溫

州去取橘子,「並且到福建取荔枝和龍肝」,這句話可以確定是後來才插入的,因爲,福建以生產這些水果聞名,但是這樣的例子相當稀少。

盧慶濱則指出,三國的故事以及當今重新印刷的 1522 年版在 1975 年被稱爲《三國志通俗演義》,還有相同版本的重印本,但在 1980 年重新編成現代的型態。編輯者對在 1522 版找到的地名和評論付出特別的關注。他們發現,在這些評論裡,地名的使用,除了些許例外,都屬於元朝時期。例如:郎琊,今益都路沂州;桂陽郡,今屬林州;荊州,古之荊州及今峽州。如編輯者所註釋的,有三個地名,都在明代被改成不同名稱。進一步說,編輯者注意到三個地名:潭州、江陵、建康,在 1329 年的註釋裡都被更改成天臨、中興、及集慶。羅貫中對兩浙和淮南地區很熟悉,編輯者繼續假設羅氏應該知道有關建康改名爲集慶。因此,編輯者設定最低限度在 1329 年,當羅貫中 30 歲時他已完成了小說。

此外,盧氏也從小說裡使用的政府機關的名稱,修正了小說編撰最接近的日期。如同小川環樹所紀錄的,小說的第 80 回中,「太常院」這個名稱是元代的稱謂,原本稱作「太常寺」,後來在 1308 年後改稱「太常院」,明代時再改回「太常寺」。因此,盧氏認爲,從小說中的地名及政府機關的名稱看來,小說似乎由羅貫中編撰,在 1308 到 1329 年之間完成。不過,小說成書的確實日期則有待新的證據及進一步的調查。

Kimlicka 引用楊力宇及陳守義的研究,認爲,《三國演義》最早的版本應是印刷於 1522 年的嘉靖版,其中含有兩篇序,分別是 1522 年及 1494 年所作,而學者大多同意 1522 年的版本即爲目前所見之原作。嘉靖版與原始版本甚爲相近,不過,這個版本是否眞是爲羅貫中之原作,確有一份不確定性。《三國演義》曾經過刪改,所幸今日廣爲流傳的版本鮮少訛誤,毛版中所刪改的部份即是大眾所知的錯誤,此版本即爲毛宗崗評本。

浦安迪認爲,由於現有文獻不足,所以,關於《三國演義》成書年代的問題很難有確定的答案。但他認爲,《三國演義》與《水滸傳》是十六世紀的文人小說。

在版本方面,浦氏認爲,許多明末清初的版本如「李卓吾」評本、「李漁」評本、《三國志傳》、《三國全傳》、《三國志傳評林》和《聯輝堂赤帝余編》以及刻在《英雄譜》裡的崇禎刊本,都直接來自於 1522 年刊本。而唯一與 1522 年刊本有重大差異的是清初的毛宗崗評本。不過,浦氏認爲,儘管有差異,

但就文學分析的角度而言，無論 1522 年刊本、毛宗崗評本或是其他更通俗的版本，都代表了同一種底本。浦氏也反駁柳存仁等人提出的「志傳本經過直接或一些中間的階段，顯得像是更接近羅貫中的原著」的看法。浦氏認為，這是一種揣測，因為，除了版式和印工都不甚精緻以外，「志傳本」就基本的內容而言與 1522 年刊本並沒有太大的差異，所以，不能把「志傳本」看成是另一種獨立的版本系統。

Berry 認為，《三國演義》的演化並不容易追溯。一個來源是一部令人驚豔的元平話。另一個則是當時描寫三國事件的戲劇和更早期的皮影戲、木偶戲和民間傳說故事。在簡約的古典和高貴的口語結合的寫作過程中，原始的小說，可能在元末或明初誕生，也被重寫許多次，在它 1522 年第一個為人所知的版本前（包含一篇 1494 年的序），被稱為是弘治版。這部作品已知有超過二十種相異的版本，在下一個世紀迅速的一系列的出現。

柳無忌指出，《三國演義》一書的起源有兩種，一是《三國志平話》，另一則是元代的戲劇文學。現存最古的三國故事的話本當是元至治 1321～1323 年間新安虞氏所刊的《三國志平話》。其他不相上下的話本應該早在大宋年間就已經存在了。小說的另一源流是元代戲劇文學。早在大宋年間，當三國時代的英雄人物首次在「影戲」中出現時，就揭開了這段歷史故事舞臺化與戲劇化的序幕。現今至少還保留二十齣有關三國故事的元明劇本，其中有些甚至與小說成書的年代相當或稍晚。

關於《三國演義》的版本，柳氏指出，現今所知最古的一部是卷首有愚庸子、明弘治甲寅（西元一四九四年）的序文，而於嘉靖壬午（1522）左右發行的本子，此時距羅貫中死後已有百餘年了。手鈔本的《三國演義》應該早已普遍流行了，但是，似乎並沒有任何較弘治本更早的刊本出現。柳氏認為，原因是出版商在決定發行這部章回小說之前，免不了深思熟慮一番，另一方面，一般有能力出版此書的士大夫們，對這樣一部不可能贏得任何清譽美名的小說閒書的印行工作是不屑一顧的，無怪乎這部小說的最後成書年代要遲至明朝中葉了。

魏安在其博士論文中，首先指出，「閩本」（多為「志傳本」）的印刷形式及重要性，接著指出，《三國演義》最早可確定年代的版本是 1548 年出版的葉逢春版，但也只是一個單一的範例，目前保存於西班牙馬德里外的艾斯柯里亞修道院皇家圖書館（Royal Library of the Escorial Monastery），而中國與日

本的學者對本版的存在幾乎一無所知。魏安也指出，各版本中一個顯著的差異是關索故事的有無。魏安將《三國演義》的流傳歷史分為三個階段：鈔本階段、早期版本階段、毛（宗崗）評本階段。魏氏根據流傳過程中的傳鈔錯誤，用科學、客觀的方法將眾多版本分類，並且斷定各版本之間的來源關係，並進而探討《三國演義》的演化歷史。

魏安根據各版本中關鍵的特徵，把現存版本分為六個基本型（A 至 F）。接著，魏安找出了 106 處『串句脫文』，再與其他版本交叉比對。以上述的方法，可將 A 至 F 的版本分成十二進位卷數系統與十進位卷數兩大系統，並可分出許多子分類。十二進位卷數系統版本多是精緻的版本，必是針對較高層次的讀者群，全盛時期即是毛宗崗版本《三國演義》。十進位卷數系統版本多刊行於福建建陽，此版本的特色是其粗糙的印刷以及圖示，此版本必是鎖定較低階層的讀者。福建刻本的編輯者添加許多通俗的資料，如，周靜軒淺顯易懂的詩評以及傳說中關索的相關故事，此校訂版本集大成於萬曆年間（約 1580～1590）的朱鼎臣，是為一般讀者所作的標準版本。魏安對版本的掌握相當全面，其研究方法具有創新意義，因而，其論述具有很強的說服力。

魏安提到，可確定《三國演義》年代版本的最近的原始文獻似乎存在於胡三省的《資治通鑑》注本，其中，說明一個原文創作的時間起始點—至元 22 年（1285），魏安認為，我們可以將年代稍加追溯，如同聯輝堂版本中提到的「太常院」，其首次運用於至大元年（1308）。沒有原文上的地理標註顯示其確實出現在元朝之後，因此，至今原文創作的起始點便是 1308 年。

另外，魏安認為我們可以試著從最早可確定日期的文本要素，即 1494 年庸愚子寫的序，去建立原始文本寫作的終止期，亦即 1494 年。不過，尚不能確定創作於元朝或明初時期。

最後，魏安認為，《三國演義》的原本可能是羅貫中在明初洪武年間（1368～1398）所編輯，之後延伸發展出兩個版本：十二進位卷數系統與十進位卷數系統。然而，福建印刷工業於清初時期便逐漸沒落，十進位卷數系統版本亦隨之亡佚。清朝時期，廣東印刷業者取代福建出版者，成為普及且低價版本的出版業者，而廣東業者則是採用毛本作為刊行，因此，毛本成為普及的標準版本。魏安認為，倘若福建出版業得以延續至清朝，或許將發展出雙重標準版本。

由上可知，美國漢學界對於《三國演義》版本研究比較有成就的是浦安

迪、柳存仁以及魏安。然而，學者對於《三國演義》最早的版本爲何，以及
「志傳本」的地位，也有很大的歧見。楊力宇、浦安迪、Kimlicka 皆以爲 1522
年版是最早的版本，其後的諸多版本皆源自於此。柳存仁則以爲「志傳版」
早於 1522 年版。筆者傾向支持柳存仁的看法，因柳存仁對於「志傳本」的研
究與發現，已經得到許多大陸學者的贊同，包括，陳翔華、周兆新、沈伯俊
等都認爲：一、《三國演義》的各種明刊本並非「都是以嘉靖本爲底本」，諸
本《三國志傳》是自成體系的。二、「志傳本」的祖本比較接近羅貫中的原作，
甚至可能就是羅氏原作。三、嘉靖元年本是一個修飾得更多的加工整理本。
魏安的研究也指出，「十進位」及「十二進位」兩大系統都是從羅貫中的原本
所衍生出的，而十進位卷數系統版本則多是「志傳本」。

　　此外，魏安的主要貢獻在於整理《三國演義》的版本系統。魏安以「串
句脫文」來整理並考證《三國演義》各版本之間的演變關係，這個研究方法
極具科學的創新意義，很有說服力。以「串句脫文」將版本歸納爲六個基本
型後，魏安再將《三國演義》版本分爲「十進位」及「十二進位」兩大系統，
此乃另一創舉。因爲，大陸學界多依正文內容來作分類。例如，張穎、陳速
認爲，《三國演義》的現存版本，按正文內容可分爲三大系統：一是《三國志
通俗演義》系統，嘉靖本、周曰校本、夏振宇本屬之；二是《三國志傳》系
統，餘氏雙峰堂本、朱鼎臣本、喬山堂本、聯輝堂本、雄飛館《英雄譜》本
屬之；三是《三國志演義》系統，毛宗崗本屬之。《三國志傳》不僅是《三國
演義》最早的版本，而且是毛本所依之眞正「古本」。

　　大陸學者以回數來作版本分類的有劉世德。劉氏以爲，《三國演義》的版
本可以分爲甲、、乙、丙、丁四大系統：甲系統和乙系統是二百四十則本。
丙系統和丁系統則是一百二十回本。二百四十則本產生在先，而一百二十回
本則產生在後。所謂二百四十「則」，其實就是一百二十「回」的一分爲二。
甲系統的版本（尤其是嘉靖本），文字最接近羅貫中的原本。乙系統不妨統稱
爲「閩刊本」，它們都以《三國志傳》爲書名，刊刻的地點都在福建建陽一地，
其內容大多有關索的故事。乙系統各版本的產生，晚於甲系統的嘉靖本、周
曰校刊本。丙系統從分卷上說，又有不分卷本和二十四卷本的區別。不分卷
本刊行於明末，可以統稱爲李卓吾評本。二十四卷本刊行於清初，可以統稱
爲李笠翁評本。丁系統則是由毛評本以及其種種派生本所組成。

　　根據以上的研究可知，美國學界對《三國演義》版本的研究，投入的心

力並不多，其中只有魏安的研究較爲可觀。魏安遍訪歐美、中、日諸國圖書館，對《三國演義》的版本進行了全面性的訪查，考察了世界各地迄今存世的《三國演義》版本三十五種，其中幾個版本更是相當罕見。魏安除了將調查結果寫成博士論文《探索原典：「三國演義」的文本考掘》之外，1996 年又出版專著《三國演義版本考》一書，其中詳細記錄每種版本的刊行概況、扉頁、序目、卷回、行款、字數、卷端版心題記、碑記、圖像、評語及藏本情況，此書稱得上是《三國演義》版本研究集大成之作，代表了二十世紀《三國演義》版本目錄學的最高成就。至此，《三國演義》版本存世情況終於有了一個較爲全面的敘述。之後，他更仔細對照各版本，找出 106 處「串句脫文」，作爲版本分類的依據，他的方法極具系統化及科學性，相當具有可靠性。而其工作之精細及艱難，是可想而知的；而其投入的精神與心血，更是值得所有研究者效法。此外，美國學界對《三國演義》版本的研究亦已超越大陸學者鄭振鐸當年提出的「三國原文進化的基本模型，就是從 1522 序文本而來的。」這種說法，雖然，浦安迪仍主此說，但學者們已開始重視《三國志傳》此一版本在《三國演義》版本中所佔的重要地位，而魏安及柳存仁皆以爲如此。

關於《三國演義》的成書年代，學者的看法亦很分歧。魏安認爲原文創作的起始點是 1308 年，完成的時期是 1494 年。盧慶濱以爲羅貫中應在 1308 到 1329 年之間完成小說。盧氏以地名的改變推論羅氏應該在 1329 年之前完成小說，此說與大陸學者章培恒一致，但魏安則反駁這樣的說法。魏安認爲羅氏仍然可以在地名改變之後，繼續使用舊的地名。筆者認爲，魏安的說法似乎較爲合理。然而，關於《三國演義》成書年代此一問題，由於年代久遠，可資佐證的資料亦不多，故仍難以推論。

第三節　《三國演義》之戰爭描寫研究述論

美國漢學界對於《三國演義》中的戰爭描寫，並沒有太多相關的研究，以下試就此一議題，將學者曾提出的說法列舉於下，並加以述論。

Ch'en 氏認爲，《在三國演義》的一百二十回中，總計超過 70 萬字，在處理各式各樣的戰役、戰鬥和衝突；而這些爭戰，是用不同手法描述而成且沒有任何的重複。其中，Ch'en 氏認爲，赤壁之戰是書中大小戰役中，使用最深奧而複雜的筆觸寫成，除了深刻地描繪出戰爭本質的尖銳與矛盾外，也對諸

葛亮的機智和智慧多有著墨，在整個戰役期間，諸葛亮扮演著決定性的角色。Ch'en 氏以為，在運用這些章節描繪角色之時，更能展現出作者的寫作技巧。諸葛亮對整個情勢瞭然於胸、孫權猶豫不決、周瑜對整個情勢胸有成竹，但是面對諸葛亮時，就顯出其有限的才智以及過於自信的缺點。此外，曹操又再次被描繪成一個輕敵的人，他反覆墜入敵人的陷阱。Ch'en 氏認為，赤壁之戰的描寫，讓書中所有人物都似乎有了生命且活了起來。

夏志清指出，羅貫中在描寫戰爭的場面時，常常只滿足於總結性的敘述，告訴我們兩位將軍戰了幾個回合，直到一方逃跑或被殺。當然有時也有令人難忘的戰鬥畫面，夏氏以「關羽溫酒斬華雄」、「夏侯惇拔矢啖睛」兩段武將間的戰鬥以及赤壁之戰為例，說明《三國演義》中的戰鬥之所以有趣，只是其中蘊含了人的企圖而已。在關羽斬華雄的這一場戰鬥，作者並未描寫兩位武將間的一刀一槍，是為了讓關羽的大話能迅速兌現，給聚在帳中的諸侯們深刻的印象。而夏侯惇和高順間的戰鬥，本來是按常規方式進行的，但當曹性一箭射中夏侯惇的眼睛時，夏侯惇卻不再只是一個戰士，而是一個挺身迎接巨大挑戰的勇士。他隨後的話語：「父精母血，不可棄也！」和行動——「拔矢啖睛」，有力地表現出他大無畏的英雄氣概。

而羅貫中對赤壁之戰的描寫，夏氏以為，就像在中國第一部詳細描寫戰爭的《左傳》一樣，人們感興趣的是戰爭的準備工作而不是戰爭本身。戰爭一開始，孫權陣營瀰漫著投降的言論，而諸葛亮的雄辯和周瑜、魯肅遠大的眼光和堅毅的決心，改變了吳國朝廷內失敗論者的態度。接著，曹操得意洋洋地鎖上戰船，讓不諳水性的北方士兵能更加穩便。而周瑜接連使出反間計（讓蔣幹盜書）、苦肉計（打黃蓋並命闞澤詐降）並準備火攻，諸葛亮則在草船借箭跟借東風這兩段精彩的情節中，展現了他的機警跟智慧。

楊力宇指出，羅貫中在《三國志演義》中對官渡之戰的描寫，並未杜撰或矯飾過多的正史，但又能顯得生動有趣。楊氏以袁紹為例，指出羅氏的敘述雖然貼近史實，但其所描寫亦是生動且極富想像力，且更進一步地顯示出袁紹性格之特質、田豐之遠見及深明其主。而對袁紹之死的描述，羅氏展現無比的創作技巧，在其杜撰之下，不僅完整的保留袁紹性格及對么兒的偏愛，更使文章顯得鮮活、感人且具有想像力。因此，在描寫袁紹時，羅氏並未完全訴諸於過多的杜撰，但袁紹缺乏領導能力又優柔寡斷，無法遵從睿智的建言及善用人才，皆為史實。作者僅是偶爾詳述描寫某些事件，不過卻使其更

生動有趣、豐富且令人印象深刻。

至於赤壁之戰，楊氏則指出，雖然羅氏試圖依循正史來敘述赤壁之戰，不過在小說中，羅氏仍引述許多史書中未見之事，來顯現張飛的威猛、曹操的怯懦、以及趙雲的勇氣。此外，楊氏指出，諸葛亮舌戰江東群儒、諸葛亮建議周瑜將美人大小喬送予曹操、曹操大宴文武百官等，皆是羅貫中爲增添可信度而設計之情節，此舉不僅讓他的虛構更加可信，並且可以使情節更加生動有趣。

此外，楊氏亦指出，《三國志》中並未記載周瑜預謀殺害劉備，以及兩國間的猜疑與對峙，此必爲羅氏故意編造，以對映出劉備的善意及心胸寬大與周瑜的妒嫉與詭詐。羅氏意欲稱揚蜀漢及劉備，並視其爲漢朝正統繼承者。

再者，楊氏指出，著名的「草船借箭」、龐統建議曹操用鐵鎖將船艦相連、黃蓋施用「苦肉計」、曹操於宴會中刺死劉馥等情節皆是虛構。而曹操於宴會中作的詩亦爲眞實作品，但亦無證據表示是完成於宴席之間。不過，至少可說羅貫中善用此著名之作促成一個動人場景，以顯示曹操複雜性格的另一面。

關於孔明借東風一事，正史並未記載。楊氏指出，羅貫中創造此事是爲描繪諸葛亮之神力與智慧，強調其爲勝利的構築者，因爲這場風是這場戰役之關鍵。關於此風，陳壽並未提供任何資料，而裴松之引用的《江表傳》卻記載此風得以對抗曹軍，由此可知，羅貫中善用史料，使得杜撰之事更具可信度並且更加生動。

之後，羅貫中虛構諸葛亮派遣關羽駐守華容道以攔阻曹操，然而關羽卻放走曹操，羅氏在此刻意突顯關羽的心懷感恩及善良。而羅氏將曹操的竄逃形容得相當生動，無疑地，羅貫中意欲誇大曹操的挫敗及殘酷，而關羽於華容道上義釋曹操則是用來呈現諸葛亮之先見之明以及關羽之氣度、威嚴與榮譽心。不若陳壽，羅貫中未對曹操的挫敗有所保留，相較於魏、吳之人物，羅氏於描寫蜀國人物時，給予較多的稱揚，對蜀漢的描述使得其個人觀感清晰可見，即視劉備爲漢室正統繼承者，而視曹操爲反賊。

楊氏指出，赤壁之戰無疑是《三國志演義》最具戲劇張力之情節，完整地敘述戰事的複雜與歧見，橫跨的篇幅超過八回，始於諸葛亮舌戰群儒，止於關羽華容道義釋曹操。羅貫中不僅描寫戰爭，亦呈現人性的勇氣、詭詐及睿智。雖是曹操攻打孫權與劉備，但羅氏卻著眼於孫權與劉備，強調諸葛亮的足智多謀及其關鍵性角色，他與周瑜改變東吳投降之心，將即將來臨的命運轉爲光榮的勝利，連串微妙且有趣的情節造就出諸葛亮的超凡智慧與先見之明。

　　楊氏以爲，不似描述官渡之戰那般貼近史實，羅氏在赤壁之戰的敘述中衍生出許多虛構情節，然而，羅貫中還是將史實作爲主要架構，再添入許多杜撰部份用以編作事件或顯示人物之意志或弱點。楊氏指出，將眞實的歷史人物適當地用於虛構事件之中，可營造出眞實感。

　　對於這兩場主要戰事，楊氏以爲，由於與歷史的相近，羅氏受到許多限制，使其創作無法表現個人主張，儘管在人物描述上有著超群技巧，不過，在歷史架構下，很少有空間能創造出不顧史實的情節。儘管如此，在諸多的限制中，羅氏仍能以三國時代重要歷史事件創作出卓越又迷人的作品，如此，使得歷史能令讀者們更加喜愛。

　　浦安迪認爲，《三國演義》在戰場上的種種描寫通常是可以預見的固定模式，常是兩軍對陣，互相辱罵，兩方大將出陣交鋒，接著兩軍廝殺。浦氏也指出，有些特定的兵法是要表現出個別英雄人物的獨特標誌，如，諸葛亮慣用錦囊密計、常安坐土山上激怒敵人、身穿道袍，頭戴綸巾等，常給人同題屢作的現象。而在戰場上，每一場惡戰似乎總少不了一支奇兵突然到來，而引出這支奇兵的套語照例是「忽見一彪人馬」。浦氏指出，每一位讀者遲早會意識到這部宏大的作品原來是由少數重現的單元組成，而會對這種常見模式永無休止的重複感到不耐煩。胡適和李卓吾就譴責這一特點是作家缺乏想像力的明證。不過，浦氏認爲，這種明顯的重複，與其說是作者在敘事方面智窮力竭，倒不如說這是它成爲不朽文學名著的關鍵手法。浦氏以爲，很多人物的重現是因爲小說題材的實質所規定的現象。由於歷史情景和事件本身重複而頻繁的發生，因而，在小說中幾乎無法避免同類場景的重現。

　　關於戰爭的描寫，美國學者對此議題的研究並不多，只有 Ch'en 氏、夏志清、楊力宇、浦安迪等，而賽珍珠等人雖提到《三國演義》傳授了後世戰爭的技巧，卻未曾提到書中是如何描寫戰爭。夏氏以爲，《三國演義》中的戰鬥之所以有趣，只是其中蘊含了人的企圖而已，在「關羽溫酒斬華雄」這一段敘述中，作者沒有描寫雙方的一刀一槍，是關羽要給帳中的諸侯們深刻的印象。但筆者認爲並不是如此，因爲，關羽斬了華雄，而回營之後，曹操爲他斟的酒還有溫度，乃是作者要極力描寫關羽武藝之高，轉瞬之間即能取上將之首。整段敘述沒有用到一個「快」或「迅速」的字眼，也沒有描寫兩人交戰的情形，卻使讀者對關羽的武藝產生深刻的印象，筆者認爲，這乃是羅貫中敘述技巧高明的地方。另外，關羽自願出戰，筆者認爲乃是他對自己的

武藝有無比信心，而且願意爲討伐董卓盡一份心力，並不是爲了要留給帳中的諸侯們深刻的印象。

　　而夏氏與浦氏都認爲，《三國演義》在戰場上的種種描寫通常是可以預見的固定模式。浦氏對這種模式亦貶亦褒，他說，這種模式常給人同題屢作的現象，又說這是因爲歷史情景和事件本身頻繁重複的發生，因而，同類場景的重現無法避免。浦氏的解釋是中肯的，但筆者也要補充兩點，第一，《三國演義》對戰場的描寫時有重複的情景出現，乃是爲了表現出人物的特徵，例如，諸葛亮總是羽扇綸巾、乘坐小車，張飛總是圓睜環眼、喝聲如雷等等。第二，筆者認爲，《三國演義》中的戰爭描寫，極少有重複或單調的敘述，有的話也是因爲該場戰爭或戰鬥較無關緊要。但是，只要是重要的戰役或主要武將間的戰鬥，羅氏寫來都是千姿百態，毫無雷同。如，官渡、赤壁、夷陵三大戰役，其過程各有特點以及豐富複雜的一面，每次戰爭的寫法也隨戰爭的特點而發生變化。在寫戰爭的同時，兼寫其他活動，作爲戰爭的前奏、餘波或者戰爭的輔助手段，使緊張激烈、驚心動魄的戰爭表現得有張有弛，疾緩相間；而戰爭時各種戰術的運用，例如，火攻、水淹、埋伏、陣法、等等，或是謀略的運用，例如，反間計、詐降計、苦肉計、空城計等，更是依其戰爭的需要而各有不同，作家以其生花妙筆將一場場的戰爭描繪得真實且生動。而武將間的戰鬥，從武將的裝扮、兵器、坐騎、招式、戰術，到武將的性情、武藝、膽量、鬥智等，皆不相同，不但將武將的個性表現得淋漓盡致，其交戰的型態更是變化多端，有三人戰一人（三英戰呂布）、裸衣上陣（許褚裸衣鬥馬超）、點火把夜戰（張飛夜戰馬超）等，過程精彩紛呈，少有重複，一點也不雷同。

　　楊力宇的研究主要著重在分析《三國志》與《三國演義》中對兩場戰事描寫的異同。楊氏指出，羅氏對於「官渡之戰」的描寫，主要是依循正史，並沒有增加太多的虛構，然而，羅氏依然能使其更生動有趣、豐富且令人印象深刻。反之，羅氏對於「赤壁之戰」的描寫，則虛構了許多正史上未曾記載之事，簡而言之，羅氏虛構這些情節的目的，都是爲了貶抑曹操、周瑜，使其成爲負面的人物。另外，則是讚揚蜀漢人物的智慧、忠義、勇敢、仁慈等特質，並宣揚劉備才是漢朝真正的繼承人。不過，楊氏此文的貢獻，在於詳細地整理出羅貫中如何將正史上簡略的記載，以個人豐富的想像力，創造出膾炙人口的情節。並沒有深入探討羅貫中是如何處理關於戰爭的描寫。

　　由上可知，美國漢學界對《三國演義》的戰爭描寫之研究，學者們除了

零星的提供了一些看法，或是提到「赤壁之戰」是小說中描寫得最精彩的一場戰役，卻沒有深入的研究作者描繪這場戰爭的筆法。除此之外，並沒有比較重要的論著出現，筆者認為相當可惜。原因有二，第一，從文學價值觀之，《三國演義》無論是對戰爭過程描寫的細微與深刻，出場人物扮演的角色及心理的刻畫，戰爭場面的寫實與刺激，都可說是自古以來最善於鋪陳戰事的文學作品。讀者在閱讀每一場戰爭的敘述時，不僅是在瞭解一件史事，更像是在仔細閱讀一篇篇結構縝密、文字優美的文章。而每一場戰役當中，從策略的擬訂，到人性的描寫，都能夠引領讀者跟著故事情節的推演，一步步參與了分析、策劃，好似在不知不覺之間走進了那個風雲迭盪的歷史舞台。以「赤壁之戰」為例，作者從群英會蔣幹中計、孔明草船借箭、黃蓋用苦肉計、闞澤獻詐降書、龐統獻連環計、曹操橫槊賦詩、孔明借東風、三江口周瑜縱火等情節一路寫來，情節環環相扣，缺一不可，而不可一世的曹操則慢慢地墮入周瑜及諸葛亮設下的陷阱中。此外，戰爭其間還交錯著周瑜與諸葛亮的鬥智，諸葛亮屢屢將周瑜的奸計化解於輕描淡寫之間，使讀者感受到大戰之中另有兩人演出精彩的對決，而諸葛亮在赤壁之戰中精彩的演出，也奠定了他在書中智慧、冷靜的形象。此外，作者並未正面描寫赤壁之戰的戰爭場面，戰爭共用了八回的篇幅，但兩軍正面交鋒的篇幅則不到四分之一，筆者認為，「描寫戰爭而不直接寫戰爭」，卻將大量筆墨用在介紹戰爭前的準備及雙方鬥智上，而能將戰爭描寫得井然有序、波瀾壯闊，這正是作者建構戰爭場面及情節的高明之處。

　　第二，由實用價值來看，《三國演義》就像是一本包羅萬象的兵書。「赤壁之戰」中，諸葛亮說：「為將而不通天文，不識地理，不知奇門，不曉陰陽，不看陣圖，不明兵勢，是庸才也。」諸葛亮由此說明了身為一位將領，必須具備以上能力，否則只是庸才。明末的李自成、張獻忠及太平天國洪秀全等人，都曾以《三國演義》一書為「玉帳唯一之秘本」。《郎潛記聞》中提到：『太宗（清）崇德四年，命大學士達海譯孟子、六韜、兼及是書（《三國演義》），未竣。順至四年，《演義》告竣。大學士范文肅公文程等，蒙賞鞍馬銀幣有差。國初滿州武將不識漢文者，類多得力於此。嘉慶間，毅公額勒登保初以侍衛從海超勇公帳下。每戰輒陷陣。超勇曰：「爾將才可造，須略識古兵法。」因以翻清《三國演義》授之。卒為經略。三省教匪平，論功第一。』可見，《三國演義》稱得上是我國古代戰爭的百科全書，可惜的是，美國漢學界不管在

戰爭的文學或是實用價值上，都沒有深入的研究。

筆者以為，戰爭描寫是《三國演義》書中極為重要的部分，整部《三國演義》就像是一部精彩的戰爭史，或是一部相當實用的「兵書」。而研究《三國演義》的戰爭描寫，對於整部小說的研究，可以有相當多的助益。例如，第一、可以對書中人物的才能、個性有更深一層的認識。第二、書中四場主要戰爭，關係著三國之間的和與戰，李培德即認為這四場戰爭構成了書中的「衝突——解決」的結構模式。因此，研究戰爭，亦有助於研究小說的敘事結構。第三、研究戰爭的描寫，可以體會作者駕馭虛、實之間描寫的技巧，例如，「赤壁之戰」中，作者將虛構的情節（如蔣幹盜書、草船借箭、借東風等）與史實巧妙地揉合在一起，也讓這場戰爭生色不少。也因此，筆者認為，「戰爭描寫」是一個相當值得研究的領域，也盼望美國漢學界能多多投入研究的心力。

第四節　《三國演義》之價值研究述論

由上述有關美國學界對《三國演義》價值之述要，可知學者們多指出《三國演義》之價值，在於歷史知識的傳授與對後世社會的影響，而較忽略《三國演義》在文學上的價值。以下列舉學者們的看法，並加以述論。

賽珍珠以為，如果《三國演義》在小說史上佔有一席之地，那麼，其重要性是在於它對戰爭生態與技巧的鉅細靡遺的描述。對中國人來說，戰爭的生態與技巧與西方人的看法完全不同。游擊隊是中國抗日的最佳利器，它是由一群對《三國演義》可以倒背如流的平民所組成，他們雖然未必是從閱讀中認識《三國演義》這部著作，但至少在寒冬或是漫長的仲夏夜裡，靜坐聆聽說書人的描述，來熟稔三國的故事，從中學習到應戰的技巧。抗日時的游擊隊，最仰賴的就是這古老的應戰技巧。一位戰士該如何攻擊和撤退以及敵人敗退時，該如何乘勝追擊。凡此種種，在小說中處處可見，中國的一般成年男子及未成年男孩都是耳熟能詳的。

Ch'en 氏認為，《三國演義》對後世的影響在於人們總是將《三國演義》視為啟發人生智慧的寶典，許多人都非常仰慕小說中的英雄，並以小說中人物的言行，作為他們生活行事的標竿。此外，此書對小說和小說家都產生巨大的影響，小說家寫作時都以它當作範本；而這部作品也為其他的文學形式與戲劇提供了主題。在《三國演義》中，所有的計謀和策略、進攻與防衛戰

略的運用、隱含的帝國興亡的原因與歷史經驗，對後世的影響極大。據說 17
世紀明朝末年，李自成與張獻忠所策動的農民暴動的靈感，也是來自於此；
太平之亂的領導者與將領也不例外。因此，若說《三國演義》是一本生命的
教科書，一點也不為過。

夏志清指出，雖然章學誠和胡適，都抱怨《三國演義》既不是很信實的
史書，也不是一部精心結構的文學作品。不過，夏氏認為，這樣的抱怨是忽
視了《三國演義》作為「演義」類型小說所特有的力量和侷限。《三國演義》
是這類小說第一個也是最偉大的範例。它之所以優秀，是因為它在歷史中略
微加入一些虛構成分，從而為我們恢復了歷史的現實性。它嚴謹而簡潔地使
用超自然主義及民間材料。概括言之，它是一部毫無誇張的關於近百年間各
種敵對力量爭奪中原的政治、軍事鬥爭的戲劇。

楊力宇指出，《三國演義》並不是急就章的將冗長、雜亂無章的章節或虛構
的傳記胡亂拼湊集結而成，而是一部前後連貫、結構化的敘述著作。它成功地
將歷史知識帶入中國人民的心中，對促進民眾歷史知識的普及化，有很大的功
勞，否則他們很可能永遠都沒有機會了解三國時代的歷史。有些學者甚至認為，
羅貫中的作品是傳播有關三國時代資訊最重要的媒介。楊氏認為，精心設計後
的文章，將原本的歷史注入新的活力與生氣，並將歷史人物人性化，這就是《三
國志演義》真正的力量。在文學價值方面，楊氏認為，羅貫中為中國小說創造
了新的文章類型，即敘述通俗歷史的「演義」型態，他的作品也為後代建立了
以「演義」來寫歷史的方式，而這種手法也在世界文學中建立了獨一無二的地
位。總之，《三國演義》是中國人對世界文學獨一無二的創舉。

Berry 指出，關於《三國演義》對後世的影響，幾世紀以來只有《水滸傳》
能與它相比。《三國演義》教導成年人和孩子關於他們歷史的遺產，它也在紛
亂的時期，提供愛國者和陰謀者的靈感。並且結義兄弟用這模式，使祕密結
社和幫派組織永存不朽，直到今日。

另外，《三國演義》對文學世界是一件可讚頌的事物，但這並沒有完全被
察覺，直到最近幾世紀，評論家才讚揚它首先打破學術陳規的形式，它把通
俗的語言從粗鄙中提煉得更精純。它儉樸平易但是仍有差別的用語，它嚴格
的消滅神奇的超自然迷信元素，對其它的大眾娛樂是如此的重要。最後，是
它那種創新的，獨一無二的歷史體裁：「演義」的創作。

柳無忌以為，《三國演義》的影響是廣大且深遠的，例如，「空城計」是

婦孺皆知的故事，甚至傳說在明末的農民流寇中，此書還成為當時賊首們的兵書。而桃園三結義「但求同年同月同日死」的誓言，仍被清季許多秘密幫派奉為圭臬。另一個明顯的例子就是關羽，上至君主下至庶民，無不對他有無限的心儀與仰慕，更尊其為「武聖」，祀奉於各地的武廟中。這部書對中國廣大民間無遠弗屆的影響，也充分說明了它的價值。

此外，柳氏認為，不論就情節的構造、敘述的方式或人物塑造方面而論，羅貫中的《三國演義》都遠遠超越了早期說話人的話本。羅氏削刪了荒誕不經的部分並增添許多歷史真事的事件後，使其更忠於歷史。從這些觀點來看，《三國演義》的確替後繼的中國長篇歷史小說開了先河，確定了一個模式。中國歷史小說展現單純一段年代裡各式各樣的故事，其間有英雄豪傑，也有奸臣敗類，還有各種盪氣迴腸的事件，如此一來，對提供一個完整人物的探討或許不夠稱職，卻是大大成就了生生不息的歷史圖像，使歷史常識在廣大民間普及起來，否則，這些老百姓或許永遠無緣叩訪中國歷史的大門。

根據以上論述，可以得知，學者們認為《三國演義》一書的價值有五：

一、教導平民歷史知識：Ch'en 氏、楊氏、Berry、柳無忌等，都指出，因為此書以通俗的語言及生動的描繪寫成，故使得一般平民老百姓更容易親近這段歷史，且獲得關於這段歷史的相關知識。

二、傳授戰爭技巧：Ch'en 氏與賽珍珠都指出，《三國演義》中對戰爭過程鉅細靡遺的描寫，各種計謀、進攻、撤退、戰術的運用，使得熟稔這部小說的中國人，也從中習得了戰爭的策略與技巧，包括，明末李自成等流寇，或是抗日戰爭時的中國游擊隊，都把《三國演義》當成一部兵書來看待。

三、秘密結社：Berry 與柳無忌都提到，《三國演義》中，劉、關、張桃園三結義被視為異姓結拜兄弟的濫觴，而他們「不求同年同月同日生，但求同年同月同日死」的誓言，被清末許多秘密結社的幫派奉為圭臬。

四、對關羽的崇拜：柳無忌指出，由於《三國演義》對關羽「義薄雲天」的描寫，因此，使他成為上至君主下至庶民景仰的對象，且更尊其為「武聖」，祀奉於各地的武廟中。

五、文學價值：Ch'en 氏、Berry、楊氏、柳氏均指出，《三國演義》一書對後世的文學有巨大的影響，它以通俗但精鍊的語言陳述歷史故

事，它將原本的歷史注入新的活力與生氣，它刪除了「平話」中荒誕不經的故事，它更爲中國小說創造了新的文章類型，即敘述通俗歷史的「演義」型態。楊氏更指出，《三國演義》是中國人對世界文學獨一無二的創舉。

此外，筆者要進一步的說明《三國演義》的文學價值。胡適曾批評《三國演義》不能算是一部有文學價值的書。他認爲，第一，《三國演義》拘守歷史的故事太嚴，而想像力太少，創造力太薄弱。第二，《三國演義》的作者，修改者，最後寫定者，都是平凡的陋儒，不是有天才的文學家，也不是高超的思想家。不過，隨著學者們對《三國演義》更深入的研究，胡適的觀念已漸漸式微了。美國漢學界對於《三國演義》的文學價值，已多持肯定的態度。此外，筆者認爲，《三國演義》尚有下列價值：

一、胡適雖對《三國演義》有諸多批評，但他仍承認此書在教育上的價值，他說道：

> 《三國演義》究竟是一部絕好的通俗歷史，在幾千年的通俗教育上，
> 從沒有一部比得上它的魔力。五百年來，無數的失學國民從這部書
> 裡，得著了無數的常識與智慧；從這部書裡，學會了看書、寫信、
> 作文的技能；從這部書裡，學得了做人與應世的本領。〔註4〕

可見，《三國演義》除了教導百姓歷史及戰爭的知識外，還讓百姓習得語言溝通及做人應世的本領。不過，筆者認爲《三國演義》的價值不僅止於此，作者更藉由「擁劉反曹」的過程，教育人們應當效法有著仁慈、忠義、勇敢、忠貞等美德的蜀漢人物，而唾棄奸邪、篡逆、殘暴的無恥之徒，因此，忠貞的孔明、重義的關羽、勇敢的趙雲等人物千百年來皆爲人所景仰；而殘暴的董卓、奸邪的曹操、反覆無常的呂布等，則受到人們的唾棄。因此，《三國演義》讓讀者在潛移默化之中汲取忠孝節義的觀念，達到品德教育的目的。但在歷史知識的教育方面，其「七實三虛」的內容，使百姓誤把小說當正史，對某些虛構的情節信以爲真，則是小小的缺陷。

二、《三國演義》的文學價值，不僅是因爲它使用精鍊的語言來陳述歷史故事，也不僅是因爲它創造了「演義」這一種新文體，筆者認爲，它還具有下列開文學史先河的特色：

〔註4〕　胡適：〈三國志演義序〉，《西遊記考證》，頁160。

（一）人物眾多且各有鮮明的特色

根據大陸學者沈伯俊的統計，《三國演義》一共寫了 1200 多個人物，其中，有姓有名的大約 1000 多位，[註5] 且許多人物的形象直到今日仍令人印象深刻。毛宗崗在〈讀三國志法〉中，曾將人物依特性分類，如，運籌帷幄、行軍用兵、料人料事、武功將略，邁等越倫、衝鋒陷陣，驍銳莫當等。但同一特性的人物彼此之間又有不同，如，武功將略，邁等越倫者有張飛、趙雲、黃忠、嚴顏等，但張飛莽撞豪爽、趙雲一身是膽、黃忠老當益壯、嚴顏寧斷頭而不降，羅貫中以其生花妙筆，刻畫每位人物的語言、外表、性格、衣著、兵器等不同之處，使讀者一看到「豹頭環眼」便知是張飛，「羽扇綸巾」便是諸葛亮，「方天畫戟」是呂布，「青龍刀、赤兔馬」是關羽。因此，書中描寫人物之多，刻畫人物之細，乃是一大特色。

（二）敘事眾多但井井有條

《三國演義》雖「陳敘百年，該括萬事」，但讀來卻不覺紛繁雜亂，反而是精彩紛呈，高潮迭起。以敘述戰爭的場面來看，常有學者指出，《三國演義》中的戰爭雖多，但其描寫都是千篇一律，但筆者以為，這樣的說法是因為沒有仔細閱讀文本。以諸葛亮「七擒孟獲」為例來作分析，七次戰鬥的過程、諸葛亮用的計謀、參戰的人物都不盡相同，作者等於刻畫了七場各具特色的戰役。此外，《三國演義》敘事雖多，但該斷則斷，該連則連，關鍵大事以三、四回來處理，卻不會拖泥帶水，蠅頭小事以數語帶過，卻也不覺簡略。故作者建構文章架構之功力，可謂爐火純青。

（三）根據歷史而不拘泥於歷史

作者主要依據正史來編寫小說，但有時為了需要，會作些許更動，如，「張飛怒鞭督郵」一事，正史上鞭督郵的卻是劉備。羅貫中作了更動之後，讓張飛疾惡如仇但粗魯莽撞的個性更栩栩如生，也符合了劉備仁德但怯懦的個性。諸如此類的更動，並不影響情節及正史的發展，但卻更符合人物的個性，且讓人物更栩栩如生。羅氏巧妙利用並改寫歷史事件的能力，古往今來，亦無出其右者。

（四）大膽創作「演義」文體：

筆者認為，羅貫中寫作《三國演義》，在文學史上最重要的意義是，在八

[註5] 見沈伯俊：《三國演義辭典》（成都：巴蜀書社，1989 年）。

股和文言盛行的時代，在小說被視爲雕蟲小技的時代，羅貫中大膽地使用「演義」這種文體，不啻是一種跨時代的創造。他蒐羅各種相關資料，取其精華、去其糟粕，辯證史實、刪除怪誕，使歷來流傳的三國故事，人物更加鮮活生動，情節更加緊湊合理，文辭更加通順優美。羅氏能嘔心瀝血、窮盡心思，撰寫一般文人所不爲之作品，其苦心孤詣，實在值得我們讚賞。

第五章 《三國演義》之文本研究述論

第一節 《三國演義》之主題思想研究述論

　　根據上述美國漢學界有關《三國演義》之主題思想的研究，可以發現，學者的看法極爲分歧，而且似乎未能確切指出《三國演義》之主題思想爲何。底下列出他們的看法並加以述論。

　　夏志清認爲，書中人物關心的是名譽的獲得而不是抱負，他們最大的滿足是取得和他能力、才幹相稱的名譽。而一旦選定了主公，名譽就迫使他不得不忠誠地服務到底，不管結局如何，而他們的命運往往也取決於最初的選擇。夏氏並舉陳宮和趙雲爲例，說明不論是文官或武將，在尋找明主時，都屢歷磨難。夏氏指出，《三國演義》中這些有才能的人物的命運，遭到天意安排的終極觀念更爲明顯。許多重大的，極少虛構的事件，都使我們得到這樣一個印象：天意是難以捉摸的，但同時也是人們有意識努力的總和。從在戰場上稍一露面就喪失性命的無名末將，到長期以來試圖改變天意而以失敗告終的諸葛亮，《三國演義》擁擠的舞台都被他們竭心盡力地點燃出火光。

　　楊力宇認爲，「雄心」（ambition）是這本小說中最重要的主題，幾乎所有的主角在某一方面都是野心勃勃的。有些人例如曹操，夢想統一全國，劉備希望匡復漢室。不管什麼將領、大臣、軍師、謀士，甚或地方小官員都不例外，他們一心一意各爲其主，忠心地扮演重要的角色。但是，他們大都無法實現生平大志，而且大多是「壯志未酬身先死」，羅氏藉由凸顯這些人的雄心大志、失敗和死亡，戲劇性地呈現：人垂死之時，無法改變命運和他們命中

注定的失敗時，所流露出的無奈。

馬幼垣將講史小說的主題歸納爲三類：開國建朝、國家安危以及歷朝紀事的主題。中國歷史上許多重要的改朝換代的時期，幾乎都成爲講史小說家最喜愛的題材。《三國志演義》根據第三世紀三國鼎立的壯觀史實寫成，是「開朝建國主題」最知名的例子。

Roy Andrew Miller 認爲，這本書其實是本通俗傳奇故事，一本以人性野心爲主題的精采小說。

浦安迪指出，《三國演義》中關心的是「正統」這個核心問題，它可以看做是對永樂朝之後的政治現實做出的特別反響。浦氏認爲，小說就是在這一時期成文的。毫無疑問，沒有一位敏感的嘉靖和萬曆年間讀者會忽視這類話題對當時尖刻的繼位爭權的影射暗示。不過，浦氏亦指出，作者與其它作家不同，他似乎對帝政問題本身不太感興趣，他只是把它們當作他寫作題材的基本題綱。他所關注的似乎是在廣泛歷史背景下探究個人言行的動機及本意。在回顧小說對幾位關鍵人物的刻畫時，我們看到它總是強調過份簡單化的通俗形象和複雜現實之間的差異。其中一個最明顯的例子，就是英雄們所反覆申述的理想與「英雄」氣概受到現實制約而出現的侷限性兩者之間的尖銳對比所產生的「反諷意味」。

王靖宇認爲，雖然《三國演義》一書以「天下大勢，分久必合，合久必分」作爲開頭，書中內容似乎完全從這個公式推演出來，但這本書並不是公式化的作品，書中其實也觸及了「正義」的問題。作者羅貫中及後來的修改者對劉備及其追隨者傾注了無限的同情，但是作爲正義的代表，他們卻最先被惡勢力的代表「魏國」消滅。而後魏國被司馬氏篡奪，司馬氏建立晉朝，然後消滅了吳國。然而，王氏以爲晉朝僅僅是短期內的的勝利者，遲早也會爲其他帝國所取代。故嚴格來說，王氏認爲眞正的勝利者不是人本身，而是「時間」。在所向無敵的時間長河裡，善與惡同樣都會被大浪掏盡，這也就是人生的眞諦，王氏以爲羅貫中似乎要表達出這一點。

王氏以爲，在表達這樣的人生觀念時，《三國演義》含有明顯的宿命論因素。漢朝經過四百年的統治後，該輪到崩潰和讓位的時候了，即使像劉備這樣正直的領袖，有著才智出眾的軍師和驍勇的武將輔佐，也不能改變漢朝的命運。然而，王氏以爲我們並不能從這裡作出《三國演義》是一本宣揚宿命論的小說之結論。王氏以爲，儘管書中有宿命論的因素，但是這部小說對人

生所持的基本態度，毫無疑問是儒家的。因為作為正面力量的代表，劉備及其追隨者動人地表現出堅持正義而不惜赴湯蹈火的崇高的儒家品德，從諸葛亮輝煌而又受挫的一生把這一點表現得更為強烈。

然而，王氏以為，需要指出的並不是諸葛亮的努力如何徒勞無功，而是儘管他已經充分意識到一切努力都是徒然的，他還是竭盡力量來從事他認為是正義的事業。王氏以為這就如同孔子堅定不移地立志拯救天下，哪怕是面臨狂瀾也勇往直前。因此，在把諸葛亮塑造成為超群的英雄人物的時候，羅貫中明顯地強調了這種積極入世的儒家哲學。

Berry 認為，《三國演義》的中心主題並非「天下大勢，分久必合，合久必分」。有些人把它作為超越野心的研究，有些人則認為是政治化反諷的反映，儒家的美德「仁」的毀滅。還有人認為小說的核心是它的不屈不撓地治理人的事理的報應法則的觀察，或者是作為普遍的陳腔濫調和浪漫看法的反諷。

Kimlicka 認為，羅貫中的《三國演義》實屬一部經典的諷刺文學作品，他批判在動盪戰火中，儒家倫理價值的式微以及偽善。書中對擁有某些美德特徵的人物的描寫，其實是在諷刺其人，如，劉備的偽善與姜維的不孝。

由上可知，楊氏與 Miller 都認為，《三國演義》的主題是人們的「雄心」。楊氏與夏氏更指出，《三國演義》中人物的命運，遭到天意安排的終極觀念非常明顯，許多人物都「壯志未酬身先死」，由此可知，兩人皆以為「天意」是主宰書中人物命運的最大力量。不過王靖宇卻指出，書中雖然含有明顯的宿命論因素，但這部小說對人生所持的基本態度，毫無疑問是儒家積極入世的精神，筆者以為王氏除了注意到小說中的「天意」及「宿命論」以外，更能指出書中真正主角諸葛亮一生奮鬥的作為，其實是與儒家積極入世的態度相契合的，其說法則更勝一籌。

馬幼垣以為，《三國演義》的主題是開朝建國，似乎太簡略且未切中要旨，因《三國演義》並非單純地只述說三國建立之事。浦氏與 Kimlicka 皆認為，「反諷」是《三國演義》的主題。浦氏以為，作者在諷刺書中英雄人物的勇氣皆有其侷限，Kimlicka 則以為，作者在譏諷人物在道德上的偽善。筆者以為兩者的說法都嫌武斷，他們舉了許多人物的言行試圖證明其說，但皆是臆測之詞，有些更誤讀文本或是太過牽強，理由已如筆者在《三國演義》的人物形象述論此一章節中所分析的。

筆者認為，《三國演義》的主題思想，可歸納為以下四點：

一、講述歷史

明代高儒在《百川書志》裡提到：「《三國志通俗演義》據正史，採小說，證文辭，通好尚。非俗非虛，易觀易入；非史氏蒼古之文，去瞽傳詼諧之氣。陳敘百年，該括萬事。」〔註1〕故此書即在陳述三國時代將近一百年的史事。

二、嚮往聖君賢相

大陸學界曾有不少學者認為，《三國演義》的主題是「擁劉反曹」，是一種封建思想，認為，只有姓「劉」的才可以作皇帝，其餘曹操、孫權之流都是篡逆者，故這種思想是不可取的。筆者認為，此說有失偏頗，因為，書中百姓擁護劉備的主要原因並不是因為他「皇叔」的身份（雖然這個身份對劉備更有利），而是因為他「仁義布於四海」。因此，筆者認為，羅貫中在政治上傾向於期盼國家能出現仁德的君王與賢明的丞相。筆者推測，元末明初，天下大亂，民不聊生，羅貫中便將本身及民眾期待聖君賢相出現的願望，寄託在《三國演義》一書中，他極力描繪劉備的仁德、愛民形象，也將諸葛亮塑造成古往今來第一賢相，希冀聖君賢相能解民於倒懸之中。

三、天命思想

小說中宣揚天命是不可捉摸且難以違抗的。且以兩例說明：第一、諸葛亮以火計欲燒司馬懿於上方谷，眼看計謀將成，即將除掉這個興復漢室的心腹大患，無奈一場大雨澆熄烈火，司馬懿父子逃脫。諸葛亮只能嘆道：「謀事在人，成事在天，不可強也」。第二、諸葛亮以「祈禳」之法欲延壽命，只要七日內主燈不滅，其法可成，豈料第六夜主燈被魏延一腳踢翻。諸葛亮只能嘆道：「生死有命，不可得而禳也！」

四、讚美英雄之美德

小說中只要是具有仁慈、忠義、孝順、信義等美德的英雄，無不得到作者的讚美，甚至溢美。如正史中，劉備被曹操擊敗於當陽長坂，趙雲保護劉備家小免於危難。由於他的盡忠職守，羅貫中即以生花妙筆，洋洋灑灑地編織出「趙子龍單騎救主」這一篇章，將其忠誠與勇氣描繪得淋漓盡致，更將趙雲塑造成近乎完美的武將。此外，忠貞的諸葛亮、重義的關羽、直爽的張飛、孝順的徐庶及姜維等，也都得到作者的讚美，作者甚至描繪關羽、張飛

〔註1〕 見〔明〕高儒：《百川書志》，頁361。

死後，上帝因其二人平生不失信義，皆敕命爲神。〔註2〕反之，奸邪的曹操、殘暴的孫策，作者皆描繪其死前受到冤魂的騷擾，甚至不得善終。故作者借歷史人物來臧否忠奸，宣揚美德、痛斥殘暴之思想，於書中處處可見。

　　筆者以爲，以上四點較能概括《三國演義》之主題思想，因爲由羅貫中所處的時代背景，以及他的生平際遇來推論，羅氏編纂此書的目的，除了講述歷史故事之外，尙包括對聖君賢相的期望，對天命無常的無奈，以及對忠義英雄的讚揚。

第二節　《三國演義》之敘事結構研究述論

　　美國漢學界對於《三國演義》敘事結構之研究，相關的文獻並不多，以下將較爲重要且具探討性之文獻列出，並作一述論。

　　韓南認爲，中國古典小說有單體佈局小說和聯合佈局小說之分，韓南以爲，那種「情節無論如何曲折離奇，佈局仍是完整一體，若把其中稍有份量的內容抽除，便要破壞整個故事」的類型，可以算是「單體佈局」，例如，《剪貼和尙》。反之，「佈局只是一個連結故事幾個部分的鬆散架子，其中，某些部分即使被刪除，對故事整體亦不足造成不可彌補的破壞」的類型，則可稱爲「聯合佈局」，例如，《水滸傳》中的武松故事，每段事蹟都包含一個差不多完備的單體佈局，而且若對原書稍加剪接，其中有些可從書中抽除而無大礙。於是很顯然的，屬於單體佈局類的通常是短篇小說；而通稱爲長篇小說的的作品則屬於聯合佈局，短至講武松的數回簡單故事，長至《水滸傳》皆是。但另一方面「短篇小說」也不能一律視爲單體佈局。不論哪一種都是具有自身規律的和諧整體。〔註3〕因此，以韓南的概念來說，屬於長篇小說的《三國演義》，其架構應該也是「聯合佈局」。

　　楊力宇談到，《三國演義》敘述故事進行的步調。《三國演義》嘉靖版覆蓋了歷史上的九十七年，小說始於三位主人翁劉備、關羽及張飛於 184 年的桃園三結義，其發展以緩慢但平穩的步調前進，而在漢獻帝 220 年遜位時，加快其步調。相同的手法亦用於關羽、張飛之死與劉備的崩逝，最後，諸葛亮之死將故事生動化及戲劇化，而後接近結局時，段落步調再次加快，在一

〔註2〕　見羅貫中：《三國演義》，頁 726。
〔註3〕　Hanan, "Early Chinese Short Story : A Critical Theory in Outline,", p.183.

連串瑣碎又無意義的戰役之後，三國時代最終由晉所統一。

李培德認爲《三國演義》的結構是「衝突—解決」模式，即四場主要戰爭，每次衝突都在尚未完全解決之前，就又醞釀著下一次的衝突。曹操、劉備、孫權三位主要人物一生中的重大事件又分爲三條主線，而這四場戰爭則橫亙其中，或曹、劉交戰，或曹、孫交戰，或孫、劉聯合以抗曹，這些事件或戰爭的重要性，構成《三國演義》緊密的組織架構。

浦安迪在《明代小說的四部名著：四大奇書》中指出，《三國演義》的敘事結構有以下幾個特點。一、百回定型結構。二、主結構中有次結構。三、整體結構是「40—40—40」的佈局。四、把正文劃分爲前後兩半截。五、故事的高潮在正文約三分之二或四分之三處。六、小說的回目受到《資治通鑑綱目》的影響。七、小說的開頭與結尾代表重要的意義。八、時空模式的運用，包括（一）「時間循環論」的佈局。（二）小說關鍵場景與四季循環中富有意義的時節聯繫起來（三）空間佈局。九、形象迭用。

此外，浦氏亦在〈中國長篇小說的結構問題〉一文中提到，在中國文學傳統上比較重視「空間性」的佈局，而不重視敘事統一的連貫性，故許多學者批評中國的長篇小說偏向於「綴段性」（episodic）的結構，缺乏顯著的藝術統一性，浦氏認爲，這是不恰當的。浦氏認爲，在中國古典小說中反覆出現的敘事型式，似乎外在於單一焦點，但在作品內，可以讓人聯想到人生經驗的整體結構。所以，浦氏指出，中國的長篇巨著也有其內在的聚合力。

浦氏指出，中國敘事文學是以「綿延交替」及「反覆循環」的概念來觀察宇宙的存在，是以呈現重複相疊的動靜交替爲原則，因此，其直線發展的藝術統一性就顯得薄弱。浦氏又指出，中國小說情節裡的「高潮」，往往遠在故事結局前就發生，例如，西門慶在《金瓶梅》的第七十九回過世，諸葛亮在《三國演義》的第一百零四回去世，而高潮發生後的後半部分，作者所描繪的主要精神就逐漸消失，所以，會給人一種無謂延續的印象。浦氏認爲，我們應當將其視爲一個不斷旋轉的輪狀物，其真意乃在於不斷迴轉。所以，我們應該將這種似無了局的中國小說結構視爲一種無止盡的週旋現象，因此，在小說後半段常出現的一些少年英雄，就是代表一種週旋不斷的動力。所以，浦安迪認爲，用「綴段」來形容中國小說的構造原則是不妥的，且在討論中國小說時，不應以西方所謂的「藝術統一性」爲準繩，因爲，中國小說的作者是以「反覆循環」的模式來表現人間經驗的細微關係。

　　浦氏認為，中國敘事文學的基本結構不外乎是中國傳統思想中的陰陽五行的基本模型——從《易經》到理學各種思潮的理論基礎的一個變相。他在近二十年前提出「二元補襯」（complementary bipolarity）和「多項週旋」（multiple periodicity）的觀念，討論的就是「綿延交替」及「反覆循環」情節所反映的陰陽五行概念是如何最終構成中國小說生長變化的模型。

　　Yao Yao 指出，《三國演義》具有完整的結構，只是整個結構奠基於非常廣大的領域，造成它的限制有的時候是無形的，而且結構是模糊不清的。帝國崩裂和重建的主題賦予本書一個架構，但是，這部作品的整體感卻更仰賴於在章節之中的「二元對立」，以及將整個三國故事複雜的循環統合成為一件協調作品的「交錯模式」。

　　何謂「二元對立」？Yao 氏指出，在《三國演義》中，每回的標題都用對句，且每回的內容都包含兩個（或以上）相互關連的故事，因此，認為全書的結構是用「二元對立」的方法組成整體。

　　此外，「交錯模式」即是《三國演義》中形式以及主題的交錯。形式上的交錯，包括一、以章回的形式。二、平行（parallel）的章節標題。三、詩與散文互相交錯。而主題的交錯，則包括一、章節內交錯的主題。二、嵌入的故事。三、國家與個人的興衰。四、第一代與第二代人物。五、交錯結構下的人物。六、主要人物的描寫。七、重複的交錯。

　　Yao 氏指出，交錯的結構，使人物的描寫更成功。而人物與人物之間，也交織出許多繁複的情節，此種微妙的架構並非單線架構之作品所能達成。而書中出現的詩作，除了有多種作用外，與散文的交錯能更成功地描繪人物。此外，重複事件的交錯，與上下文的連續意義有關，也延續了重現的美麗跟力量。

　　根據李培德的說法，可知，李氏認為，《三國演義》全書是以三位主人翁劉備、曹操、孫權為三條經線，每條線佔若干回，而以「衝突—解決」模式為緯線，就是在三位主人翁的三個陣營之間進行的鬥爭。此說乃一創舉，李氏以三位主角及四場戰爭，簡單扼要地闡明《三國演義》的敘事結構，此舉對無法記住三國時期眾多人物及戰役的讀者而言，實是一大助益。不過，李氏此文，亦有未臻完善之處。如，他並未注意到三位人物之故事在書中結構的非對等性。亦即，三位人物在《三國演義》中所佔的比重並不相同，甚至有極大差異，如，李氏列舉出劉備的重要事件有十四件，曹操有十一件，而

孫權只有七件，因此，雖然李氏認爲《三國演義》的敘事是以他們三位爲主，但其實還是以劉備爲重。此外，三位人物最後死亡的是孫權（西元 252 年），但距三國時代結束（西元 280 年）仍有 28 年，李氏的「衝突—解決」模式，似乎忽略了這段時期。

此外，筆者認爲，最重要的一點是，李氏忽略了《三國演義》的眞正主角——諸葛亮。毛宗崗在〈讀三國志法〉中指出，《三國演義》的敘事有「六起六結」，即包含敘述獻帝、西蜀、劉關張三人、諸葛亮、魏國、東吳等六段文字，可見，毛宗崗已發現諸葛亮在書中的重要地位。此外，諸葛亮在《三國演義》中，首次出現於 36 回，至 104 回病逝於五丈原，共跨了 69 回，其中以諸葛亮事蹟爲回目的共有 39 回，相較於劉備 25 回、曹操 26 回、孫權 4 回，可見，《三國演義》中的第一主角無疑是諸葛亮，而李氏卻完全將其忽略，殊爲可惜。

最後，李氏在翻譯《三國演義》文中的幾處地名時，出現幾處錯誤，例如，「猇亭」應譯爲「Hsiao-ting」，李氏誤植爲「Hu-ting」，「芒碭」應譯爲「Mang-dang」，李氏誤植爲「Wang-yang」，故在翻譯時，應該可以更精確。

楊力宇、浦安迪和 Yao Yao 都提到《三國演義》敘事的步調有快有慢，故事的開頭與結尾橫跨的時間較長，但進行的較快速。浦氏指出，故事的頭十回和最後兩個十回都覆蓋了二十多年的歷史，之後每十回僅佔幾年，到了小說的中心部分，每十回只寫一兩年間的大事，直到接近結尾時才又加快了速度。Yao 氏則指出，在嘉靖版本中 24 回涵蓋 113 年，諸葛亮活躍的 28 年即佔有篇幅計 14 回，其餘 85 個年頭不過 10 回而已。楊氏和 Yao 氏均發現，故事在諸葛亮死後即加速進行。以上三人都發現了《三國演義》這個結構上的特色，楊氏更指出，諸葛亮死後，故事在一連串瑣碎又無意義的戰役中結束。不過，他們並未進一步說明作者爲何作如此的安排，筆者認爲，這樣容易令人產生《三國演義》之結局是草草了事的誤解。筆者在此作一補充，《三國演義》既然敘述的是三國之事，就必須承受歷史背景及故事張力的限制，三國既然相繼滅亡，眞正的主角諸葛亮也已病逝，故事自然而然需要劃下休止符。不過，筆者也認爲，諸葛亮死後的其餘章節，羅貫中仍著力描寫許多動人的篇章，如姜維力挽狂瀾，諸葛瞻父子力戰殉國、陸抗、羊祜惺惺相惜等，因此，故事末端仍有可觀之處。

浦氏對《三國演義》的敘事結構分析得非常透徹，他整理出小說結構中

的幾個特色，其中也包括一些創見，例如，他發現百回定型的結構、以十回為一個單元結構，其中有一個中心人物、用三、四回寫成一大情節的敘事方法等，他的研究可謂鉅細靡遺且精闢入理。但筆者認為其中也有些許不足之處，例如，他指出「時空模式」的運用這一點，似乎稍嫌勉強。他提到「時間循環論」的佈局，指出《三國演義》中前後類似事件的互相呼應。如第一回劉備幼時說過的話與第一百一十四回曹髦大喝「吾乃天子也」相呼應。第一回桃園結義與一百一十八回姜維與鍾會結義相呼應。第一百二十回鐵鍊鎖船也重演了「赤壁之戰」裡用過的計策。浦氏之說，當是從毛宗崗〈讀三國志法〉而來，毛式指出：

> 《三國演義》有首尾大照應中間大關鎖處。如卷首以十常侍為起，而末卷有劉禪之寵中貴以結之，又有孫皓之寵中貴以雙結之；此一大照應也。又如卷首以黃巾妖術為起，而卷末有劉禪之信師婆以結之，又有孫皓之之信術士以雙結之：此又一大照應也。〔註4〕

由此可知，兩事要能互相呼應，必須事件的前因與後果皆有相似之處，且對故事的進展也必須有類似的影響，方能說二事前後呼應。如，十常侍與劉禪之黃皓、孫皓之岑昏，皆蒙蔽主上，致使國家滅亡。而黃巾賊以妖術蠱惑百姓、動搖帝國，師婆及術士則作法預言國家安如泰山，其後反使蜀、吳相繼滅亡，此乃稱得上是前後呼應。

　　然而，浦氏所提之劉備與曹髦皆曾自言是皇帝，桃園三結義與姜維、鍾會結義都互相呼應。但劉備乃幼時之戲語，曹髦卻是臨死前之掙扎，而劉關張三人乃真心結為兄弟，姜維則是為了復國而利用鍾會，才與鍾會結義，故二事不能混為一談。而第一百二十回東吳是用鐵索橫江，欲阻擋晉朝之艦隊，而赤壁之戰時曹操是用鐵索將船隻鎖住，此二事則完全不同。由此可知，浦氏似乎發現相似的情節，就認為其互相呼應，如此一來，故事中互相呼應之事，可就不勝枚舉了。

　　此外，浦氏也指出，小說關鍵場景與四季循環中富有意義的時節聯繫起來，如，許多事件都發生在元宵節或是秋天。不過，筆者亦覺得這只是巧合罷了，作者並沒有特意安排。

　　浦氏又指出，天下三分的事實在三國鼎立形成前就支配著小說的空間佈

〔註4〕　〔清〕毛宗崗：〈讀三國志法〉，見朱一玄、劉毓忱編：《三國演義資料匯編》（天津：百花文藝，1983年），頁266。

局。前三十回故事的中心活動場所在中原京畿地區，接下來的三十回舞台轉
移到長江流域，之後三十回合情節則圍繞在西蜀一帶。另外，有某些地方三
國鼎立的大格局偶而會糾纏在一起，所以，敘述的焦點會一一游移于三個關
鍵地區之間，這樣的手法表明了作者駕馭地理背景的能力。如，曹操掃平袁
紹後，深入東北大平原以鞏固其後方。浦氏認為，這一幕是後來諸葛亮南征，
深入西南解除後顧之憂的縮影。此說雖頗具新意，但筆者認為，這是故事發
展之下的結果。前三十回群雄仍競逐中原，故作者必須敘述中原地區發生之
事。第二個三十回中，曹操已佔據北方，意圖消滅孫、劉，所以，故事的地
點當然就在戰爭發生的長江流域。最後三十個回合，主要敘述諸葛亮北伐及
蜀漢滅亡之事，所以，情節則集中在西南一代。故天下三分是隨著時間逐漸
演變的，而不是在三分前就支配著小說的空間佈局。此外，三國中無論哪一
方要吞併對方，都必須先解除後顧之憂，故曹操平定北方亦不足為諸葛亮南
征之縮影。

　　浦氏與 Yao 氏皆指出，《三國演義》結構的特點，其中之一是數字序列的
運用，例如，「三氣周瑜」、「七擒孟獲」等。不過，浦氏認為，這是作者運用
充滿懸念的延緩敘述來渲染個別情節的美學效果，而 Yao 氏則認為，這是作
者運用重現的情景來強調且詳述冗長的細節。

　　浦氏與 Yao 氏亦指出，《三國演義》敘事結構上的「重現」模式，浦氏稱
之為「形象迭用」。胡適及李卓吾都認為此一特點是作家缺乏想像力的明證，
才會重複各種篇幅不同的敘事單元，使得這部小說只是由少數重現的單元組
成。浦氏則認為，這是因為小說題材的實質限制，由於歷史情景和事件本就
平凡的重複發生，所以，小說中同類場景的重現是不可避免的，這更是《三
國演義》之所以成為不朽名著的關鍵手法。Yao 氏也認為，「重現」的場景可
以連續上下文的意義，而且延續了美感跟力量。例如，戰爭場景的重現，是
在呈現努力不懈的人們嘗試扭轉歷史的過程。重複的故事更可以製造特別的
押韻節奏，連最淺薄的部份也會最令人印象深刻。

　　Yao 氏認為，《三國演義》的結構是由「二元對立」以及「交錯模式」組
成，前者由於可從兩兩成對的標題中發現，故不可謂是創新。而關於後者，
Yao 氏認為，小說中，包括章回的形式、章節標題、詩與散文、章節內的主題、
嵌入的故事、國家與個人的興衰、兩代之間、人物描寫、情節的重現等，處
處都充滿交錯的結構，而《三國演義》更是最早使用交織結構的「演義」小

說，此乃一獨特及創新之發現。此外，Yao 氏整理了《三國演義》一書中詩文的分類以及在結構上的各種功用，他應該是第一個深入研究《三國演義》中詩文的學者。一般人多認為章回小說中的詩詞的功用只是為了分開章節、評論人事，甚至會破壞內文的和諧，但經由 Yao 氏的研究，讓我們瞭解到詩文在小說中的重要功用，其對於小說結構的組成，更具有舉足輕重的地位，故Yao 氏的研究，可說是意義非凡。

　　由上可知，美國漢學家有關《三國演義》敘事結構的研究，已慢慢修正以往中國長篇小說的結構是鬆散、綴斷的觀念。浦氏以為，中國敘事文學是以「綿延交替」及「反覆循環」為原則，故直線發展的藝術統一性就顯得薄弱。Yao 氏則認為，《三國演義》的結構是以「二元對立」及「交錯模式」將整個三國故事複雜的循環統合成為一件協調的作品。不過，李培德的「衝突──解決」模式，似乎尚有不足之處。對浦氏、Yao 氏二位學者正面的看法，筆者非常認同，因為《三國演義》是歷史小說，而歷史是不斷前進的，作者在同一時間只能述說一件事情，但羅貫中卻能利用諸多敘事方法，如，毛宗崗在〈讀三國志法〉中所提到的追本窮源、巧收幻結、以賓襯主等方式，將事件一一述說，不僅在章回間緊密結合，整體結構更前後連貫，有如天造地設一般。

　　關於《三國演義》的結構，毛宗崗在〈讀三國志法〉業已指出，「《三國》敘事之佳，直與《史記》彷彿，而其敘事之難則有倍難於於《史記》者。」〔註5〕因《史記》將各國與個人分開記載，於是有本記、世家、列傳之別。而《三國演義》則是將本記、世家、列傳合成一篇。毛宗崗指出，分開記載則文章較短且工整，合而為一則篇幅長而難以寫好。毛氏又指出，「讀《三國》勝讀《列國志》」，〔註6〕《列國志》乃後人合《左傳》、《國語》寫成，兩者本就逐段各自成文，不相連屬，所以《列國志》因為國事多煩，所以段落亦不能貫串。而《三國演義》自首至尾讀之，沒有一個地方是可以將書中內容中斷的。所以，《三國演義》之首尾結構是相連的，因此又在《列國志》之上。

　　筆者以為，章回小說因源自說書人的底本，而說書人因演述的需要，故必須將故事分成若干章回。其故事的直線連貫性若因此顯得鬆散，乃是由於

〔註5〕　〔清〕毛宗崗：〈讀三國志法〉，見朱一玄、劉毓忱編：《三國演義資料匯編》，
　　　　頁266。
〔註6〕　同前註。

歷史背景的限制。因此，筆者認為，章回小說結構鬆散之處，乃是在於外在分章節的形式，而故事內容並不會顯得鬆散或綴段。例如，《三國演義》第三十六回到三十八回，敘述劉備三顧茅廬的故事，小說中雖分為三回來敘述，但卻是一個完整的情節。如韓南所指出的，章回小說中人物的每段事蹟都包含一個大致完整的故事；李培德亦提到，《三國演義》中個別故事之間的關係極為縝密；浦安迪亦認為，《三國演義》常採用三或四回來介紹一段較長的情節，如，第二十五回到二十七回敘述關羽降曹和脫逃的故事。職是之故，章回小說若因外在形式而使得結構顯得較為鬆散，此一限制，我們不妨將其視為是章回小說的特色。

再者，筆者認為，對於《三國演義》這一部宏偉的古典小說，美國漢學界對於其敘事結構的研究卻只有寥寥數篇，殊為可惜。筆者以為，章回小說雖有其形式上的限制，但從結構內部著手，或許能如同浦氏、Yao 氏一般，有獨特的創見。盼望美國漢學界能對小說結構這個領域，投入更多的研究。

第三節　《三國演義》之人物形象研究述論

根據上述美國漢學界有關《三國演義》之研究，可知學者們對「人物形象」此一領域，表現出高度的興趣以及豐碩的成果，但對某些人物的觀點卻極為分歧，底下試就九位人物加以述論。

一、關　羽

Ruhlmann 認為，關羽在忍受肉體的痛苦上，有無限的勇氣，如，刮骨療傷一事。Ruhlmann 也指出，關羽是一個「綜合型英雄」，他是武士、書生、並且有帝王之相。他傲慢但極驍勇，他的故事說明了民間傳說與宗教間的相互作用。關羽所代表的主要美德——忠義，事實上有多方面的含意，彼此很容易糾纏不清，成為解不開的死結。關羽的故事說明同時為父母、朋友、君王、國家和正義盡責是何等困難，他充分地表現出人生的複雜。

夏志清認為，羅貫中將傳說中以及歷史上關羽的性格，在演義中協調的交織在一起，以塑造一個生動的形象。關羽雖然傲慢、無謀，但如果沒有這些瑕疵，小說中的英雄就會令人難以接受。夏氏指出，關羽的力量和弱點都起源於他的過份驕傲和自信，最終也導致他的失敗。不過，夏氏也說，關羽

雖然失敗，但他在被俘和遇難時表現出的氣概，仍不失為一個悲壯而威武的英雄。

楊力宇認為，關羽集結了所有勇士必備的精神於一身，他是一位莊嚴、正義、有極端能力且非常英勇的人，他的「勇者無懼」使得他「視死如歸」，尤其他對劉備「至死不渝」的忠貞，使得他在《三國演義》中的地位，比一般武將更加崇高，而他在華容道釋放曹操，也顯示了他的慷慨和正直。

然而，楊氏也指出關羽的缺點。關羽並不瞭解自己的極限，他的自負和不妥協也導致他的死亡。許多例子顯示出他的驕傲、虛榮以及幼稚，而「剛而自矜」的評語，不僅是關羽人格最好的總結，也提供他垮台的解釋。由於過於自負和粗心，他被東吳擊敗後，連在突圍前都無視於東吳的埋伏，也造成了他被俘和死亡。不過，楊氏以為，作者將關羽的死描述成英雄的死亡而不是自己失算的結果。

總之，楊氏認為，關羽只有少數時候像是一個聖人或是神，事實上，他是一位真正的人，有著普通人的弱點，也有特別的力量。

Kimlicka 指出，關羽的許多行為是十惡不赦、道德卑劣的。他和劉備密謀暗殺顏良，而「刮骨療傷」一事所展現的英雄氣概也是假象。Kimlicka 指出，這裡隻字未提關羽事實上是被麻醉了，反而大肆讚揚他的從容氣度。很顯然的，為了進行關羽的手術，華佗確實有幫他麻醉，而華佗也配合地讚揚關羽的勇敢（可能關刀架在他的脖子上）。最後，野心勃勃的關羽卻淪落到要劉備幫他報仇的地步，這也表明關羽的「英勇」是多麼的不真實。另外，Kimlicka 認為，關羽的冤魂被普靜和尚感化一事，點破了關羽被過度神話的英勇事蹟，並且反諷他的行為是十惡不赦的，而這種寫作手法正是羅貫中慣用的反諷技巧。

浦安迪認為，小說刻畫出關羽較難捉摸的精神面貌，如，斬華雄時的無比自信與身在曹營心在漢等。浦氏也指出，關羽性格中最大的問題是「剛而自矜」，而他英雄的形象在「三英戰呂布」、「單刀赴會」及「屯土山關公約三事」時，都已受損或蒙上陰影。〔註7〕關羽與張飛及諸葛亮都存在著緊張關係，他也不屑與老將黃忠為伍。他為了維護義士的名聲而殺了許多善良的人，包括蔡陽。他過份顧全英名所產生的最大危害就是「義釋」曹操，此一事件對三國的歷史產生致命的影響。浦氏並指出關羽之老狀，他認為，在第七十四回關平要求代父迎戰龐德，讀者就可以意識到關羽已垂垂老矣。之後，關羽

〔註7〕　Plaks, , p.409.

刮骨療傷時談笑自若，雖然，顯示了他堅強的意志力，但同時也是他末日臨頭的前兆。

Yao 氏指出，在《三國演義》中，關羽是最勇猛的戰士，他的名字也和「義」字緊緊聯繫。此外，小說一開始，他以關某出現，但之後作者和敵人都稱他關公，這凸顯了關羽的優勢。關羽可以在沒有麻醉的情況下刮骨療傷，光憑這點就使他優於小說中的其他戰士。而爲了描寫這樣的人物的滅亡，作者交錯了許多關羽的光榮時刻，關羽在衝動下做的決定，帶來他個人的滅亡，同時也是王朝的滅亡。

Yao 氏指出，在第 73 章與第 76 章之間，關羽屢獲勝仗，但在同樣的章節中，作者編入了一些情節，提到關羽回拒孫權的提親、輕視老將黃忠、並使兩個屬下叛逃。作者交錯述說關羽的勝利與犯錯，重複修飾兩者的差異，作者成功地凸顯了目的。交錯的主題互相衝突，讓人注意到關羽的動向，最後導致王國的滅亡。

Yao 氏也指出，關羽與諸葛亮呈現的對立，是讀者容易忽略的。Yao 氏認爲，在劉備三顧茅廬、關羽義釋曹操、關羽攬用魏延、諸葛亮將荊州託付予關羽這四個事件中，可以明顯地感受到二人之間強烈的張力。在關羽攬用魏延一事中，書中敘述魏延貌似關羽，其「面若重棗，目若朗星」，因「面若重棗」乃是《三國演義》中關羽的一大特徵。至於魏延與關羽，在某種程度上，魏延可算是關羽的另一化身，當魏延變節降蜀時，關羽顯得十分高興，這是十分不尋常的，因爲，關羽通常非常輕視降將。但諸葛亮卻喝令刀斧手將魏延推出斬之，因其叛變且殺害其主。然而，在同一回中的鞏志亦是殺其主而投效張飛，卻不見諸葛亮提出異議。此外，Yao 氏也認爲「單刀赴會」一事，並非讚揚關羽的勇猛，而是顯現關羽及諸葛亮之間的緊張關係，關羽之勇實是蜀漢之助益，卻也是孔明大計與蜀漢崩解之因。

關於關羽本人與他迷人的個性，史實中的描寫和民間的觀點不同，Yao 氏以爲，交織的故事情節讓關羽的個性混合了兩者，讓角色更鮮明也更複雜。舉例來說，當作者重點描述關羽的英雄人格時，同時也描述了關羽的弱點和個性上的缺失。

柳無忌指出，在三國所有人物中，最贏得大家普遍與深厚鍾愛的應屬關羽了。這位忠義的化身被描繪爲身長九尺、臂長三尺，面如重棗、唇若塗脂，丹鳳眼、臥蠶眉，聲若洪鐘的相貌堂堂壯漢。關羽的武者之風與他坦坦蕩蕩

的胸懷、浩浩巍巍的勇氣結合得天衣無縫。不過，關羽也難免有性格上的缺點，他頑強的固執正是控制他命運的主宰。

針對以上美國漢學界對於關羽形象的研究，筆者認為可以分成下列議題來作討論：

（一）關羽的缺點

幾乎所有的學者都指出，關羽性格中最明顯的問題是「剛而自矜」，他的剛愎傲慢最後也招致滅亡，此說誠然可信。的確，關羽的確過份傲慢自大，他不屑與老將黃忠為伍，說明了他評價一個人只看重身份而不重視能力，他不知劉備取東川時，黃忠著實立了大功，他也忘記自己也是白身起家。而他聽說馬超英勇，便欲入川與其比試武藝，更說明了他為了個人的名望，可以丟下鎮守荊州的重任。之後諸葛亮以書信勸解，說馬超只能與張飛並驅爭先，「猶未及美髯公之絕倫超群也」，〔註8〕關羽才打消與馬超比試的念頭，由此可知，他已經被自己的自大沖昏了頭。然而，Kimlicka 以殺顏良及刮骨療傷二事，認為關羽是十惡不赦、道德卑劣的，此說就有待商榷。在《三國演義》中，顏良之死並非被關羽暗殺，「刮骨療傷」時也未見華陀為關羽麻醉的記載。Kimlicka 以推測之詞，認為關羽的英勇是羅貫中慣用的反諷技巧，此說並不足為信。

（二）忠義的形象

學者多肯定關羽「忠義」的形象，是無庸置疑的。但浦安迪卻指出，在小說中的某些細節，也使他「忠義」的形象蒙上陰影，如，第二十五回「屯土山關公約三事」裡，究竟關羽是真投降還是假投降？關於這點，筆者亦有相同的看法，「約三事」是指：1、降漢不降曹，2、給劉備二位夫人劉的俸祿，3、一旦知道劉備之去向便要辭去。關於後二事我們可以理解是關羽對劉備的忠義之心使然，無可厚非。但第一事「降漢不降曹」就顯得莫名其妙，蓋劉備既不是造反之徒，何須「降漢」呢？關羽若是真投降，那就是投降曹操了，「降漢」只是他顧全顏面的說法；他若是假投降，卻是欺騙了曹操，只是一時的權宜之計，對於他的英名的確有損。

不過，浦氏又說，關羽為了維護自己「義士」的名聲，他在「過五關斬六將」時，殺了許多善良的人，包括殺死蔡陽。關於這點個人認為不太正確。因為，關羽所斬之人，皆是奸險狡猾之徒，並無一善良之人，而蔡陽違背曹

〔註8〕見羅貫中：《三國演義》，頁569。

操將令，執意要殺關羽，他被斬了也是咎由自取。

（三）英雄的形象

浦氏舉出二例，說明關羽英雄無敵的形象其實有缺陷。1、在「三英戰呂布」時，合兄弟三人之力都無法戰勝呂布。2、在「單刀赴會」這一段，他必須仔細安排好救應的部隊以防意外。關於第一點的推論似嫌勉強，因為呂布的英勇眾所周知，「三英戰呂布」這一段主要是要描寫呂布的英勇無敵，且三人中劉備不以武力見長，關、張二人或許需分心保護劉備。而《演義》中對關羽英勇絕倫的描寫，如「溫酒斬華雄」、「斬顏良、誅文醜」等更是不勝枚舉，故浦氏的推論，其證據並不充分。且「單刀赴會」這一段，關羽不但展現了睥睨群雄的氣概，也顯示他的謹慎與仔細，這一例也不能證明關羽英勇的形象有虧。

而對於關羽的死亡，浦安迪仍是認為那是一個逐漸衰竭的過程，一點也不悲壯。〔註9〕而夏志清與楊力宇卻認為，關羽之死，仍不失悲壯及威武。〔註10〕個人認為，兩者看法之所以大相逕庭，乃是因為浦氏是從「年齡」著手，他只看到關羽衰老的表象，認為他的剛毅之心也隨著年齡逐漸萎靡。筆者認為，關羽當時雖已年邁，但在死前仍痛斥孫權，故年齡並不影響其英勇威武的形象。

（四）與同僚的關係

浦氏指關羽與張飛及諸葛亮都存在著緊張關係，Yao 氏也舉出四例，證明關羽與諸葛亮呈現對立。1、劉備三顧茅廬時，關羽表示不悅。但這是因為關羽擔心劉備太過辛勞。2、關羽義釋曹操。但筆者認為，這是關羽重義使然，並非與諸葛亮不合，諸葛亮也沒有當真要斬了他。3、關羽攬用魏延。Yao 氏認為，書中描述魏延貌似關羽，其「面若重棗，目若朗星」，因「面若重棗」乃是《三國演義》中關羽的一大特徵。至於魏延與關羽，在某種程度上，魏延可算是關羽的另一化身，當魏延投靠劉備時，關羽顯得十分高興，這是十分不尋常的，因為關羽通常非常輕視降將。但筆者認為，關羽引薦魏延，乃是因魏延有功，〔註11〕並非全憑相貌，而諸葛亮欲斬魏延，乃是見其腦後有反骨，擔心其日後必反，並非與關羽不合。而 Yao 氏又說，同一回中鞏志亦是殺其主而投降張飛，

〔註9〕 見 Plaks, p.411.
〔註10〕 見 Hsia, p.48.
〔註11〕 見羅貫中：《三國演義》，頁 454。

卻不見諸葛亮提出異議，筆者認爲諸葛亮之所以欲殺魏延，乃是因爲魏延腦後有反骨，且確實殺了他當時的主公韓玄。4、諸葛亮將荊州託付予關羽一事。筆者認爲，諸葛亮心中不悅，乃是因爲關羽提到「大丈夫既領重任，除死方休」的「死」字。由此觀之，Yao 氏所提四事，皆不能證明關羽與諸葛亮存在著衝突。而單刀赴會一事，筆者認爲，這顯示了關羽的膽大心細和極端自傲，他屢屢與東吳作對，不是故意要違背諸葛亮的命令，而是他目空一切。

由上所述，個人認爲夏志清與浦安迪都確切地指出關羽的缺點是「剛而自矜」，關羽「忠義」的形象也的確因「降漢不降曹」一事蒙上陰影，此乃兩岸學者所未曾發現的，似足以作爲我們的借鏡。但浦氏指關羽不夠英勇，Kimlicka 指關羽十惡不赦、道德卑劣，其立論或有不足、或只是推測，並不能動搖關羽的正面形象。

二、劉　備

Ruhlmann 指出，劉備不喜讀書或有用之學，卻愛犬馬和華服，且缺乏創造的精神；面臨危難時，主要的對策不是痛哭流涕，就是靠諸葛亮的計謀。他也不敢當面向曹操挑戰。而對於部下，劉備經常運用微妙的手腕，使部下之間相互牽制。他臨終前還故意考驗忠心耿耿的諸葛亮。Ruhlmann 認爲，此舉不過是要逼諸葛亮公開正式表示忠貞罷了。Ruhlmann 也提到劉備這類開國君王型的英雄，常被神異氣氛所籠罩或屢次獲得神靈庇佑，例如，他的坐騎能躍過急流躲過追殺。

夏志清認爲，劉備寬厚與仁德的形象，是爲了要彌補他政治上的不利。但一有機會奪取領地時，他又常爲了保持形象而躊躇不前。等到關羽被害時，他又變成一個衝動的人而出兵伐吳。可見，劉備總是在「仁德」與「擴張」間猶豫不決。夏氏指出，劉備政治上的失敗卻帶給他做人的成功，因爲，劉備爲成全桃園結義的誓言，雖伐吳失敗卻留下千古美名。至於白帝託孤一節，夏氏認爲，劉備展現了他虛假的一面，他連死前都要試探一下諸葛亮，實是虛假至極。

楊力宇認爲在劉備的個性及形象方面，羅貫中主要是使用兩種人與人間的關係，來描寫他的正直及義氣。第一是主上與臣下的關係，如，他和諸葛亮，第二則是異姓兄弟之間的關係，亦即關羽和張飛。〔註12〕他們之間的交

〔註12〕Yang, p.53.

往，都是作者為了增強劉備的仁慈以及受人愛戴所創造的。劉備非常看重結義之情，為了顧全兄弟之義，他可以捨棄家庭、甚至不要江山。為了私仇，一向沈著冷靜的他，卻變成一個盛怒而失去理智的人，最後也導致了他王朝夢的幻滅。楊氏也指出，《三國演義》中用「三顧茅廬」這段敘述來描寫劉備的求賢若渴以及禮賢下士。而劉備臨終時託孤的描寫，更顯示了臣下對他的愛戴及忠誠。不過，楊力宇也指出，在「託孤」一幕中，作者在無意中把劉備描寫成一個虛偽不實的政治家。〔註13〕最後，楊氏指出，羅貫中基於對蜀國的同情，認為，蜀漢應該承續漢的正統，所以，他將劉備形容地非常理想化：謙恭、仁慈、和善、渴望依照正道行事。

Kimlicka 指出劉備的複雜個性。他認為曹操打獵時，劉備時常如犬馬般的隨侍在旁。作者似乎暗示劉備是一個卑賤且追求私利的人。而劉備孩提時曾玩「假扮皇帝」的遊戲，因此，Kimlicka 認為，劉備應該是作者仿效殘暴的項羽所創造出來的人物；羅貫中也間接暗示劉備想要建立自己的帝國（而非振興漢室）。Kimlicka 以為，從劉備巧遇張飛時的對話中，更可以證實劉備是不愛國的。劉備對張飛說，他想要一展抱負，等待天下大亂時，再以扶持漢室的名義揭竿起義。Kimlicka 認為，這是一種虛偽的說詞，因為當時漢朝已經亂到不行了，劉備只是個詭稱要拯救漢室，卻趁亂來從中得利的投機者罷了。Kimlicka 接著指出，「桃園三結義」三人，最後都死亡，似乎印證了「背信而忘義」的悽慘下場，而非「好人沒好報」。Kimlicka 以為，劉備在他的「結義兄弟」死後，違背了三人的誓言，他想去尋仇來履行結義誓言是荒謬的，討伐吳國的軍事舉動並非為了尋仇，只是劉備想要鞏固自己的權力地位罷了。

浦安迪指出，小說中關於劉備的描寫有幾個前後矛盾之處，例如，他「喜怒不形於色」的說法，常因他的感情脆弱而落空。劉備稱帝的過程，也是極不光彩，他總是故作姿態的推讓三次，埋怨下屬陷他於「不義」，最後才願意「權領」新職。總之，浦氏認為，劉備總是在矛盾中來來去去，他有機會奪取地盤時，總是擔心被視為不忠不義，有悖於他以信義為本的宗旨；而當他強「借」荊州不還時，卻又口口聲聲說「天下者，非一人之天下」，他的「偽善」由此可知。

此外，對劉備「仁義」的形象，浦氏也有不同的看法，他認為，小說雖然刻意刻畫劉備仁慈的形象，但他對待俘虜卻毫不留情，例如，他曾親手殺

死麋芳和傅士仁。〔註14〕

在與結義兄弟的情誼上，浦氏指出，劉備與兩位兄弟的關係，夾雜著不信任以及仇視。例如，劉備屢次對張飛的暴躁性格感到震驚，兩人多次產生齟齬，劉備劉備甚至宣稱對張飛及關羽都不再信任。〔註15〕

在劉備與諸葛亮的關係中，浦氏也指出，其中富有反諷的意味，小說中一方面描寫劉備對諸葛亮言聽計從，一方面卻也寫他不顧諸葛亮的勸誡。而「三顧茅廬」一段，浦氏更認為，劉備的表現像是一齣滑稽的鬧劇，例如，他不止一次錯認別人為諸葛亮而自報姓名，又在諸葛亮的小道童前碰了釘子，小道童說：「我記不得許多名字。」〔註16〕

Yao 氏提到，《三國演義》描述劉備的重點在於他的仁慈，但是有幾個故事卻認為他很虛偽。例如，趙雲救出阿斗後，劉備卻把小孩摔在地上；當魯肅要討還荊州時，劉備「搥胸頓足、嚎啕大哭」，〔註17〕這些滑稽的場景，顯示劉備複雜人格的另一個層面。再者，當諸葛亮為他規劃復興漢室，必先取得荊、益兩州時，劉備興奮莫名。但當他有機會取得益州時，他又宣稱他不願奪取漢室宗親的領地。Yao 氏認為，劉備此時非常虛偽，因為拿下益州是劉備一輩子的夢想。他雖屢次表示不會佔宗室劉璋的便宜，卻繼續進行謀士給他奪取益州的計畫。Yao 氏指出，劉備從劉璋手中奪走益州，和袁紹從韓馥手中奪走冀州，這兩個場景幾乎一模一樣。不過 Yao 氏以為，作者對劉備這位漢室合法的繼位人、並沒有公開批評，也沒有損害劉備的聲望。Yao 氏以為，劉備的多種面貌，顯示出他同時是強者也是儒夫；他是個誠實、仁慈的統治者，但必要時也會顯露出虛偽，這兩種面貌在情節中互相交錯。

柳無忌認為，劉備作為漢帝國合法競爭者，他雖然不免於平庸，但仍被刻劃成一位弘毅寬厚、仁民愛物的賢明君主。

關於劉備形象的研究，筆者認為可以從下列幾點來作討論：

（一）矛盾及虛偽

幾乎每位學者都注意到劉備是一個處處充滿矛盾且虛偽不實的人。這點與魯迅所見相同，魯迅以為，作者「欲顯劉備之長厚而似偽」，筆者也有同感。

〔註14〕Plaks, p.415.
〔註15〕同上註，p.435.
〔註16〕同上註。
〔註17〕見羅貫中：《三國演義》，頁 479。

劉備多次爲了收買人心而做出不近情理的事，例如，把親生兒子摔到地上，或是要將天下讓諸葛亮「取而代之」。如同夏志清所言，對一個有建國雄心的人，怎會做出傷害子嗣或是將天下拱手讓人的舉動呢？然而，劉備確實做了。只是他刻意的作爲，令人看不到眞誠，反而感到虛僞。同樣的，他多次表示不願奪取同宗室的領地，也不願稱王稱帝，然而，最後他不但都做了，而且都將責任推給下屬，還埋怨下屬陷他於「不義」，劉備確實虛僞極了。

（二）仁德之心

浦安迪質疑劉備「仁義」的形象，認爲，他以令人毛骨悚然的「水滸」方式，親手將糜芳、傅士仁「用刀剮之」太過殘暴。筆者認爲，浦氏可能忽略了糜、傅二人是害死關羽的兇手，而劉備痛惜義弟之死，親自將其剮之並無可厚非，此一情節並不表示劉備不具仁義之心。而浦氏說，「用刀剮之」是令人毛骨悚然的「水滸」方式。然而，我們可以發現，浦安迪係用西方的「人道」思想來批評古代中國人戰時處理俘虜的方法，需知古時對俘虜殘忍之極，動輒坑之、殺之，《水滸傳》裡殺人的方式在西方可能令人覺得毛骨悚然，而在中國小說中復仇場景的出現卻是司空見慣的事。

（三）稱帝的野心

浦安迪和 Kimlicka 以爲，劉備在孩提時就有作皇帝的野心，Kimlicka 更直指劉備初遇張飛時的一番話，暗示劉備根本不忠於國家。不過，筆者認爲，從劉備幼時的一句戲言，推論其小時候就有作皇帝的野心，似乎太武斷。而且從 Ruhlmann〈中國通俗小說中的傳統英雄〉一文中可知，《三國演義》中有關劉備幼時的描寫，乃是通俗故事中對開國君王敘述的固定模式，並不能依此解釋劉備從小就有作皇帝的野心。〔註18〕此外，考察《三國演義》第一回，劉備與張飛的對話後，並沒有發現當中有任何稱帝或對國家不忠的話語，且後來三人結義時，誓言中也明言「上報國家，下安黎庶」。可見，當時劉備是希望破（黃巾）賊安民，並無稱帝的野心。

（四）兄弟之義

對劉備與關羽、張飛兩位結義兄弟的關係，上述幾位學者的看法卻大相逕庭。浦安迪指出，劉備與兩位兄弟的關係不睦，甚至最後對他們都不再信任。而楊力宇與夏志清則舉出許多例子，來證明劉備極度看重兄弟之情。筆者較贊

〔註18〕Ruhlmann, p.159.

同楊氏與夏氏的說法，而浦氏的說法則有待商榷，因為浦氏舉《三國演義》第六十五回和七十回中劉備的言語，說明劉備對張飛不再信任。而閱讀其中文字後，我們可以知道，在第六十五回中，劉備是關心張飛的安危，擔心他為馬超所傷，而並非不信任張飛的武藝。而第七十回劉備因不知張飛用「飲酒」之計欲取張郃，擔心他飲酒誤事，也不能說是他不信任張飛。而浦氏說第二十六回劉備在關羽對他表現最大忠誠之時，宣布他不再信任關羽，這點更是大有疑問，浦氏之說當是誤解了劉備給關羽的信中之意，信中說道：「備與足下，自桃園締盟，誓以同死；今何中道相違，割恩斷義？君必欲取功名，圖富貴，願獻備首級以成全功！書不盡言，死待來命！」〔註19〕浦氏因此推論劉備不再信任關羽。事實上，劉備深信關羽的忠心，他對袁紹說：「欲令一心腹人持密書去見雲長，使知劉備消息，彼必星夜來到。」〔註20〕而他在信中提到桃園之盟，乃是他深知關羽不會違背盟誓。由此可證，劉備從未懷疑過兩位義弟，浦氏的說法顯然與原文之意有所出入。

（五）君臣之情

關於劉備與諸葛亮的關係，上述幾位學者的看法頗為一致。對於「白帝託孤」一節，夏志清、楊力宇、Ruhlmann 都提到劉備有其虛假的一面。

浦安迪也指出，劉備與諸葛亮的關係並沒有「君臣之至公」那麼理想。他認為，劉備的每一個決策大多受到諸葛亮的掣肘。對此筆者卻有不同的看法，劉備這幾個重大的決策，諸葛亮只是扮演建議及推動的角色，其結果也是劉備想得到的（稱王、稱帝），故諸葛亮對劉備的決策並未有浦氏所稱的「掣肘」產生。

由上可見，美國學者並不認同中國傳統的看法，把劉備與諸葛亮的關係視為君臣相處「如魚得水」的典範。個人亦如此認為，因為諸葛亮對劉備的忠心無庸置疑，而劉備死前一席話對諸葛亮乃是莫大的侮辱，諸葛亮既然答應輔佐劉備，他早就把興復漢室當作是畢生的志業，無論劉禪如何蠢笨，他也會竭盡所能輔佐他。劉備這一番話，實是擺明了不相信諸葛亮，怕他廢掉劉禪自立為王，所以先把話說在前頭。

自古以來被認為是求賢典範的「三顧茅廬」一段，浦氏反而認為是一齣滑稽的鬧劇。例如，劉備多次錯認別人為諸葛亮而自報姓名。對此個人卻認

〔註19〕見羅貫中：《三國演義》，頁227。
〔註20〕同上註，頁227。

爲劉備一再認錯人，乃是他訪求諸葛亮的心意太過殷切所致，所以，雖然一再碰壁他仍不辭辛勞。雖然劉備常表現他的僞善與虛假，但「三顧茅廬」時的他，的確是十分眞誠的。

由上可知，學者多認爲劉備有其僞善的一面，他想要復興漢室，卻總是擔心奪人州郡會背上「不仁德」的罵名；他明知諸葛亮會竭盡所能輔佐劉禪，卻又故意試探諸葛亮，筆者也贊成這樣的看法。但浦安迪批評劉備殘忍、與關、張二弟不合；又認爲「三顧茅廬」是一場鬧劇，浦氏與 Kimlicka 又指出劉備早就有稱帝之心，這些說法，立論並不充分，實有待商榷，理由已如上所述。

三、張　飛

Ruhlmann 認爲，張飛生性慷慨寬大，〔註21〕是最可愛之處，例如，有次張飛怒罵俘虜嚴顏，要將他斬首，嚴顏喝道「要砍便砍，何怒也？」張飛見其面不改色，乃轉怒爲喜，親解其縛。

楊力宇指出，《三國演義》中很多角色，大多可以簡化的觀點表現出來，例如張飛是粗魯直率的。

Miller 以爲，《三國演義》中因爲有了張飛這位人物，使這部小說顯得容易親近、可信，因爲張飛像是一個完全眞實的人物。Miller 特別提到，以一個小說角色而言，張飛不僅在中國，也許在世界文學上也極具重要性。也許很難在早期的作品裡找到與眞實人物如此相似的小說角色。

Kimlicka 提到張飛關於結義的話語。張飛說：他「專好結交天下豪傑」，Kimlicka 認爲，這意味著張飛曾跟人結義過很多次。因此，義結金蘭的誓言對他來說並無多大意義，其實，張飛是這種誓言的箇中老手。

浦安迪認爲，張飛儘管憨直粗莽，他對小說中其他的人物卻是充滿敵意。〔註22〕例如，他不服關羽，並與其爭權奪利，他對諸葛亮的怨恨始終未能消除，他對許多戰友（例如趙雲），明顯地表現出敵意，他更曾經想殺掉劉備的另一謀士龐統。

他與劉備曾經意見相左，對劉備心有反感。浦氏認爲羅氏並不是正面發掘張飛的英雄氣概，而是探討他的侷限性和最後的失敗。《三國演義》常描寫他連吃敗仗，也說他的武藝遠不如呂布，且羅貫中也刻意把張飛的酗酒和打

〔註21〕Ruhlmann, p.105.
〔註22〕Plaks, p.415.

敗仗聯繫起來。

　　柳無忌認為，張飛是以其膽大勇敢而為人熟知，他英雄氣概裡有勇無謀、粗魯可喜的特質使他在說話藝術裡成為一名最受廣大群眾喜愛的人物。

　　由上可知，學者對於張飛形象的看法有些許歧異。楊氏指出，張飛的形象可以很簡略地用「粗魯」、「直率」來描述，不過，浦氏則認為，《三國演義》在很大的程度上把張飛的形象複雜化了，例如，「粗中有細」個性的加入。〔註23〕此說誠然有理，因為，我們在第四十二回「張翼德大鬧長坂橋」、第六十三回「張翼德義釋嚴顏」及第七十回「猛張飛智取瓦口隘」等章節中，都可以看見張飛用計的事例，由此顯示出他不只是一位莽夫而已。不過，浦氏對張飛的幾點批評，筆者並不贊同。首先，他提到張飛對於小說中其他的人物是「惡毒多於友愛」，但我們可以發現他斥責關羽是出於誤會，我們看到的反而是他的率直與天真。浦氏又說，關、張二人為謀求權力地位而展開競爭，但綜觀全書並未發現有此事例。當張飛知道關羽遇害時，他「旦夕號泣，血濕衣襟」、「每日望南切齒睜目怒恨，放聲痛哭不已」，〔註24〕可知，他是多麼看重結義之情。他對劉備的三顧茅廬感到不悅，乃因當時天寒地凍、恐劉備空勞神思，而他對諸葛亮的不服，也在諸葛亮博望坡用計燒了曹軍後消失殆盡，浦氏的說法顯然有待商榷。

　　浦氏又指出，張飛對許多戰友，尤其是趙雲，明顯的表現出敵意，例如，在第四十一回和第五十二回，都可看出張飛對趙雲的不滿。對劉備的另一謀士龐統，張飛更曾經想殺了他。關於這些說法，若我們仔細閱讀《三國演義》，會發現兩者都是出於誤會，前者乃劉備敗走江陵時，趙雲為尋劉備家小，故往西北（曹營方向）走，張飛才錯怪趙雲。而第五十二回張飛不服諸葛亮派趙雲取桂陽，乃是認為自己也有能力攻下桂陽，對趙雲並無絲毫敵意。而張飛欲殺龐統之事，乃是因為劉備命龐統當一小小縣宰，而龐統有「大材小用」之嘆，遂不理縣事。而對劉備忠心耿耿的張飛，豈能容許有人不遵從劉備的命令，故要擒之。而後，張飛見龐統不到半日便將百餘日之事剖斷完畢，對龐統的大才敬佩得五體投地，更要在劉備面前舉薦他。由此可知，張飛知錯能改且毫不做作。

　　此外，浦氏覺得張飛與劉備的結義不是美事，他們的衝突在結義後就趨於表面化了。他提出張飛為刺殺董卓與劉備意見相左，以及怒鞭督郵二事來

〔註23〕見浦安迪：《中國敘事學》（北京：北京大學出版社，1995年），頁153。
〔註24〕見羅貫中：《三國演義》，頁692。

說明張飛對劉備心有反感,而劉備也經常斥責他爲人暴躁、酗酒過度。其實,張飛欲殺董卓一事,羅貫中早就給張飛「安得快人如益德,盡誅世上負心人!」〔註25〕的評價,反而是劉備不敢擅殺朝廷命官,因而,兩人意見相左,並無衝突。而怒鞭督郵一事,更顯示出張飛嫉惡如仇的個性,怎會是對劉備心有反感呢?

浦氏又認爲,《演義》並沒有正面發掘張飛的英雄氣概,而是有興趣地探討他固有的侷限性和最後的失敗。浦氏認爲,《三國演義》常描寫張飛連吃敗仗,也說他的武藝遠不足呂布,羅貫中也刻意把張飛的酗酒和戰場上的敗績聯繫起來,如第十四回,他因醉酒而被呂布奪去徐州;第七十回又寫他酗酒的情景,說是因諸葛亮的用計把他的酗酒變得有利於蜀方。關於浦氏說張飛的武藝不如呂布和酗酒的批評,我們可以發現浦氏並未仔細閱讀小說,因爲《三國演義》第十四回是寫張飛「酒猶未醒,不能力戰」,〔註26〕若他酒醒,呂布是否能贏他也是未知數。而《三國演義》又寫「呂布素知飛勇,亦不敢相逼」〔註27〕所以,呂布對張飛也是心存忌憚,怎能說張飛武藝不如呂布呢?另外,浦氏舉上述二例說明張飛酗酒常導致敗仗,第一例張飛確實因爲酗酒而丟了徐州,不過第二例(七十回)浦氏卻有兩個地方弄錯了。首先,在第七十回張飛是故意飲酒要激張郃出戰,並不是酗酒;其次,這次用計的是張飛而不是諸葛亮。第七十回回目就是「猛張飛智取瓦口隘」,回目如此清楚說明了張飛能用計,而浦氏卻著眼於張飛的酗酒,他對張飛的批評顯然有待商榷。

柳無忌指出,張飛有勇無謀、粗魯討喜的特質使他在說話藝術裡成爲一名最受廣大群眾喜愛的人物。此說讚美了張飛的率直天眞,但卻也忽略了張飛其實也頗富智計。

另外,Ruhlmann 也提到張飛義釋嚴顏一事,證明他的慷慨寬大,也是他最可愛之處,張飛實不是浦氏所形容的對同僚「惡毒多於友愛」。所以,浦氏對張飛的批評實有失公允。

Kimlicka 指出,張飛曾自言「專好結交天下豪傑」,Kimlicka 就此推論張飛曾跟人結義過很多次,義結金蘭的誓言對他來說並無多大意義,張飛是這種誓言的箇中老手。此說實有未安,Kimlicka 可能誤以爲「結交」等同於「結

〔註25〕同上註,頁 9。
〔註26〕見羅貫中:《三國演義》,頁 124。
〔註27〕同上註。

義」，而張飛與劉備、關羽結義後，對二人重情重義，前文已申論過，怎能說義結金蘭的誓言對他來說並無多大意義呢？

由上可知，部分美國學者對張飛形象的研究確有不足及偏頗之處，只有Miller 認為羅氏對張飛的描寫，使此一角色在中國小說，甚至是世界文學上都有重要的地位。楊力宇對劉備、諸葛亮、關羽等人，都曾提出不可用太過簡略的看法來形容他們，但楊氏卻獨漏了張飛，認為他只是一個「粗魯」、「直率」的漢子。浦安迪雖提出張飛的個性「粗中有細」，但他對張飛的許多嚴厲批評，卻都是出於對原文的誤讀，所以，多有爭議之處。Ruhlmann 對張飛的研究則較客觀，認為「武士」型英雄雖然暴躁、衝動，但慷慨寬大也是其可愛之處，不過，他忽略了張飛也有其智慧的一面，這是比較可惜之處。而Kimlicka 對張飛的批評，也只是臆測之詞，甚至沒有注意到張飛重情重義的表現。此外，筆者也要指出美國學者對張飛的研究不足之處，就是他們多半忽略張飛的「天真」、「重義」和「智謀」，《三國演義》中張飛許多粗魯、莽撞的表現，其實是他天真、直爽的一面。例如，他想要放火燒掉諸葛亮的草蘆、他多次要義兄劉備稱帝等。而他對劉、關二人的感情，在《三國演義》中也表現得淋漓盡致。此外，學者多以為張飛「有勇無謀」，筆者卻認為，張飛並非無謀，只是莽撞的個性讓他常常想用武力解決問題，他若能收斂脾氣，也常能想出奇謀來克敵致勝，如，用計打敗嚴顏、張郃等。

四、諸葛亮

Ruhlmann 形容書生型英雄中，最精明、聰慧的無疑是諸葛亮。他不僅是運用軍事和外交上所有舊計謀之能手，並且也擅長創造新計謀。雖然他在統一中原大業上失敗了，但這並非其本人的過失。他用半讚半激的方法，使將士個個賣命。他七擒孟獲，而孟獲所折服者，與其說是諸葛亮的部隊，不如說是他的「心理攻勢」。諸葛亮不僅具有高超的智力，而且也有天賦的神力，他能解釋夢兆、對付鬼神、甚至有呼風喚雨的力量。Ruhlmann 指出，諸葛亮能借得東風，火攻敵人船隊，也能從星象中預知自己的死期，但運用另一種方法，幾乎逃過劫數。

Buote 認為，《三國演義》中所描繪的諸葛亮擁有軍事天才及超自然力量，羅貫中鮮少提及他治國的才能與功績。諸葛亮不用傳統的兵法，卻用道家的手法讓敵人措手不及。每場戰役他都披上道袍、羽扇綸巾、擺出八卦陣、搭

著四輪車輕鬆現身。他可以透過星辰看到未來的事、可以喚來東風，可以召來或驅散鬼神。他同時也是擁有驚人才幹的工匠，他建造許多奇異的設備及武器，例如木牛流馬，以及炸彈和「油車」，他用這些裝置來擊敗南蠻的藤甲兵。羅貫中描繪諸葛亮使用這些東西，的確使他的形象越顯重要，並凸顯他過人的機智。此外，諸葛亮也使用不同的詭計和策略，例如「空城計」。

不過，Buote 也指出，諸葛亮雖有超自然力量，但他仍是凡人，仍像一般人一樣有血肉，也仍舊難逃命運。他為屬下抗命、不才而苦，他像所有的凡人一樣終究死去。Buote 提到，諸葛亮的傳奇性來自道家的法術和靈活的奇異計謀，和我們所知的真實人格有所違背。因為，他的英勇事績，讓他成為百戰百勝的傳奇人物，為了傳奇故事中不凡的故事走向，一個擁有不凡天賦的凡人，會被描繪成有超乎尋常的力量，而他的故事就會更加有趣。

Buote 指出，小說中的諸葛亮和歷史記載上的諸葛亮兩者有根本上的分歧，原本保守、傳統、小心謹慎的諸葛亮，在小說中變成所向無敵的將軍，有超乎尋常的謀略能力、不尋常的兵法，以及道家法力。

夏志清用兩個方面來形容諸葛亮。第一，諸葛亮隱居在隆中時，像是道家的隱士。第二，當他出仕輔佐劉備後，他是一位明知不可為而為之的儒者政治家。夏氏也分析諸葛亮出仕前後的心路歷程，夏氏認為，諸葛亮原本是不願出仕的，因為他知道「不得其時」，但他最後同意輔佐劉備，很多人都認為是被劉備的誠摯所感動。不過，夏氏也提出三個原因來加以解釋。

楊力宇認為，在《三國演義》裡的所有人物中，羅氏對諸葛亮的描寫是最為詳盡的，他是美德、忠誠、以及智慧的象徵。楊氏認為，許多學者批評諸葛亮在小說中的前後不一致，例如，魯迅與胡適。楊氏認為，如果更仔細閱讀小說，會使人懷疑如此批評的正確性。楊氏指出，實際上這部小說被很多學者誤讀了，就像一般的讀者一樣。他指出，在分析諸葛亮這個人物時，必須考慮到的因素就是，羅貫中在寫諸葛亮時，諸葛亮已經成為一個受國家敬重的人物，羅氏必須接受某些通俗性的神話，所以，他或多或少必須提到諸葛亮的法術以及超自然的智慧。

小說中的諸葛亮是一個無與倫比的軍事家，他常用奇謀或法術來戰勝敵人。但許多事例幾乎都沒有歷史根據，楊氏認為，這都是羅貫中創造來增強諸葛亮無法被擊敗的形象。而這些情節只佔小說的一小部分，他的智慧和法術並沒有嚴重影響歷史的進程。諸葛亮強調的是人為的努力，否則，他也不

會「鞠躬盡瘁，死而後已」。此外，小說中描述諸葛亮的奇謀妙計和他發明的器械，實際上是從正史的線索中發展出來的。

　　楊氏提到，雖然諸葛亮在小說中是一個有超自然力量的人物，不過，作者大致上還是讓諸葛亮成為一個實在的凡人。他的智慧和法術幾乎能擊敗所有的對手，但他還是無法免除多變的機運；他被部下的不勝任和違令弄得精疲力盡，而且自己也曾失算或判斷錯誤。所以，羅貫中在描寫諸葛亮的高尚品德時，並沒有忽略他的缺點。因此，楊氏認為，像諸葛亮這樣複雜的人物，如果用過於簡化的觀點來看，就會導致和魯迅以及胡適相同的結論。

　　楊氏也指出，小說中諸葛亮勉為其難的接受了為劉備興復漢室的任務，顯示了他對儒家信仰的堅定，雖然他早期的生活像極了一個道家的隱士。而基於對劉備的忠誠，他盡了最大的努力要來完成興復漢室這個不可能的任務。楊氏提到，諸葛亮最終的失敗對於他對儒家的忠誠是一個極大的悲劇。

　　Kimlicka 以為，諸葛亮應是亂世中治世之士，然而，其不可思議之造詣多屬誇大，但對於單純的讀者而言，諸葛亮之神力實是令人愉悅之事。但對嚴謹的讀者而言，並不是那麼令人信服。Kimlicka 認為，襲擊吳國是劉備遭遇政治上窘境的合理反應，而此窘境便是諸葛亮權力增加的徵兆。劉備藉由征吳的行動鞏固他所擁有的權力，但在征吳失敗後亦喪失其權力。這暗示了諸葛亮促使劉備挫敗，劉備在無法鞏固自身勢力之後，羞愧地回到成都，諸葛亮勢力匯聚之處。在劉備臨死前的著名場景中，諸葛亮婉拒劉備所給予權位的提議，而這提議卻未曾再被提及，此即是評論者所言劉備「僞善」與「言行不一」的象徵。

　　浦安迪投入較多的關注在諸葛亮形象中令人困惑的一些方面。浦氏首先指出諸葛亮的高傲自大，他未出仕前，就「自比管仲樂毅」。出仕後，也常自誇自己的「三寸不爛之舌」；在戰場上，他老是擺出一副悠閒的姿態。

　　浦氏亦批評諸葛亮嫉妒龐統、壓抑張飛，也操縱關羽，讓他在華容道放走曹操，事後卻嚴厲責備關羽，事實上，他早就算出曹操命不該絕，這就更顯出他的狡猾奸詐。他也經常用「錦囊」密令操縱部將，他更用侮辱和詭計激將上陣。他也鄙視老將黃忠的年邁。浦氏認為，諸葛亮出茅廬時畢竟是個年輕人，不應該冒犯老年人。在中國這個敬老尊賢的國度裡，諸葛亮冒犯長者的作為，竟然還能得到「賢相」的形象，浦氏覺得非常震驚。〔註28〕

〔註28〕Plaks, p.444.

　　浦氏指出，諸葛亮也常責成部下立下軍令狀，用這種殘忍無情的計策，使部下用生命保證完成使命。

　　浦氏提到諸葛亮的某些作爲冷酷到了極點，如，第六十四回下令斬張任「以全其名」，第五十二回以屠殺零陵全城相脅迫使之投降，他也提出毛宗崗對他燒死籐甲兵的行動，也說「毋乃太酷乎」。

　　浦氏指出，由於小說把諸葛亮的輝煌形象渲染過頭，反諷意味就開始出現，也因此他的形象就適得其反。例如，他神機妙算、善用火攻，但反覆使用後就不靈驗了，如，九十七回用火攻仍攻不下陳倉，「空城計」一再使用也成了濫調俗套，連他神通廣大的八陣圖也被攻破，反而對照出陸遜的沈著冷靜。小說中反諷意味最妙的例子是南征之役，諸葛亮宣稱安定後方後才能北伐，不過，這一戰略最後卻破產，因爲在蜀漢滅亡前夕，曾哀求孟獲部落前來救援，不過這一希望完全落空，〔註29〕浦氏因此認爲諸葛亮南征是否明智，實有重大的疑問。而一向爲人津津樂道的「七擒七縱」故事，浦氏卻覺得十分反感，他認爲這段敘述表現的都是諸葛亮的猙獰微笑和傲慢面孔，他早就把這場戰事該採取的戰略（攻心爲上）忘得一乾二淨了。〔註30〕

　　關於諸葛亮與劉備的關係，浦氏也指出，他們並沒有「君臣之至公」那麼理想。他認爲，劉備的重要決策都受到諸葛亮的掣肘，如，七十三回他勸劉備進位漢中王、八十回他裝病求劉備稱帝。

　　最後，浦氏認爲，諸葛亮在一般人心中雖然是個料事如神的軍師，但是，羅貫中卻也把他遭到慘敗的事例也寫進小說之中（如街亭之敗），這是意味深長的。浦氏認爲，諸葛亮先是「識人不明」，接著殺了與他「義同兄弟」的馬謖，最後又象徵性的自行貶降，這件事情把他的僞善、忌才與容易犯錯都匯聚在一起。所以儘管民間傳統把諸葛亮看成是智慧的化身，但由於他在小說中總是一副傲慢和僞善的形象，浦氏認爲，這是很有反諷的意義的。

　　Yao 氏指出，相較於曹操與劉備的敘述，諸葛亮在《三國演義》中則是缺少諷刺性的。然而，諸葛亮的形象是多元化的，既是民間傳說中的道教術士，也是三國時期的政治家。

　　Yao 氏以爲，諸葛亮具有三種明顯的性格，政治家、道士，以及以這兩種形象作爲基礎，所發展的人格特質。諸葛亮是一個理性的統馭者，深具計策

〔註29〕同上註， p.450.
〔註30〕同上註。.

與謀略，並且相信謀略可以塑造歷史的發展，諸葛亮便以此信念抵抗歷史，但此舉不過證實天命之不可違抗。不過，若換一個角度來說，諸葛亮人格中的責任感及高風亮節亦不爲時勢所屈。

Yao 氏指出，諸葛亮的神力有兩個階段：前半部中，諸葛亮不時地運用的絕妙計策操縱著各股勢力，例如，利用適時的霧氣向曹營借箭，再借東風令周瑜得以火燒連環船，如此的成果堪稱奇蹟。不過，Yao 氏也提到，諸葛亮是對區域性氣候了解甚多呢？抑或是先對手早一步察覺呢？

而在書中的後半部，諸葛亮的博學多聞顯得超乎常人，在魯迅的描述之下更是顯得神通，如同道士一般，而諸葛亮征戰南方時的神力便相似於《水滸傳》中的公孫勝。作者在寫實與超自然事件的交錯裡，塑造出帶有驚人能力的英雄，是一種不爲時勢所屈的象徵。

諸葛亮的重要性可從他在小說內的篇幅得知，在嘉靖版本全部 24 卷涵蓋的 113 年中，諸葛亮活躍的 28 年即佔有 14 卷，其餘 85 年不過是 10 卷而已。而故事在其死後僅延續 16 回，且加速發展。

柳無忌認爲，諸葛亮是書中智慧與隽才的化身，他身兼飽學之士、幹練的政治家、靈活機敏的外交家與足智多謀的戰略家於一身。不過，柳氏認爲雖然諸葛亮有雄才大略，以及「鞠躬盡瘁，死而後已」的忠義之心，然而，或多或少，他近乎超人的神蹟不免有過份之嫌，有時竟像一位施弄小聰明的術士。不過，柳氏解釋說，這是爲了遷就當時一般較爲膚淺簡單民眾的一種娛悅作用，不過，對那些態度虔敬莊嚴的讀者而言，卻是沒有說服力的。

以下針對學者們對於諸葛亮的研究，分成下列議題作一評論。

（一）多智而近妖？

諸葛亮最爲學者們所批評的就是他常以道士的形象出現，《三國演義》中常描寫他「披鶴氅、帶綸巾、手搖羽扇」，他能召喚東南風來破敵，也能用祈禳之法，爲自己延壽。胡適、魯迅、章學誠就曾以此批評諸葛亮。

關於這樣的批評，美國學者也有不同的看法。楊力宇認爲，羅貫中之所以如此描寫諸葛亮，是因爲羅氏必須接受通俗性的某些神話，所以，他或多或少必須提到諸葛亮的法術以及超自然的能力。另外，小說中描述諸葛亮的奇謀妙計和他發明的器械，實際上是從正史的線索中發展出來的。楊力宇的說法，有力地批駁了胡適和章學誠的看法。YaoYao 也指出，諸葛亮的神力，有可能是他對於氣候瞭解甚多，也可能是有先見之明，並非眞的都是他的神

力使然。馬幼垣則指出，神怪可以給小說中的英雄一種力量，在需要的時候幫助他，來改變沒有希望的處境。著名的例子是諸葛亮借來東風，助孫、劉聯軍擊敗曹操。於此，神怪的功用並沒有削減歷史的真實性，反而有助於作品達到主題上的完整。因此，許多講史小說裡有神怪成分，是很合裡的。我們更可以發現，諸葛亮作道士裝扮，通常是在戰爭時，其用意有二，第一是誆騙敵人，令敵人認為他真的能「奪天地造化」，藉大自然的力量來擊敗對手，如「借東風」一事。第二則是以道士的裝扮來顯示他的胸有成竹，使敵人驚疑不定，如「空城計」一事。

此外，楊氏、柳無忌、Buote 也都指出，諸葛亮其實是一個有血有肉的平凡人，他有缺點，也會犯錯。他是個複雜的人物，不能用過於簡化的觀點來概括他的形象。

（二）儒家？道家？法家？

夏志清對諸葛亮的看法頗具新意，認為他是道家的隱士，也是一位儒者政治家。如此的說法，與楊力宇有異曲同工之妙，楊氏說，諸葛亮接受了為劉備興復漢室的任務，顯示他對儒家信仰的堅定，雖然他出仕前非常像道家的隱士。夏氏和楊氏也都提到在治國方面，諸葛亮像是儒家的政治家，而不是像正史上提到的法家。由此可知，夏氏和楊氏都認為，諸葛亮的思想由出世的道家轉變為入世的儒家，其分界點則是在劉備三顧茅廬之時。Yao 氏則指出，諸葛亮具有政治家、道士以及融合兩種身份的三種性格。Buote 則提到，諸葛亮是個軍事家，並且具有道家的法力，可見，學者們都認同諸葛亮具有兩種以上的面貌，不過，他們卻都忽略了諸葛亮是用法家的精神在治國。因此，個人認為，諸葛亮的學術思想應是雜揉儒、道、法三家，而能隨著時局的轉變而做變化。天下大亂時，他躬耕隴畝，雅愛道家清靜無為的生活。得明主知遇時，他謀國的忠貞以及「知其不可為而為」的精神，顯示他對儒家堅定的信仰。治理蜀地時，因蜀地「德政不舉、威刑不肅」，他擬定的治國條例，刑法頗重，可知，他以法家的精神在治國。

（三）完美的人格與智慧的象徵

楊力宇認為，諸葛亮是美德、忠誠以及智慧的象徵。柳無忌認為，諸葛亮是書中智慧與雋才的化身。Yao 氏認為，諸葛亮人格中的責任感及高風亮節是不為時勢所屈服的。Ruhlmann 也形容書生型英雄中，最精明、聰慧的無疑

是諸葛亮。可見，他們，對諸葛亮的人格跟智慧都持正面的看法。不過，浦安迪卻認為，諸葛亮的人格有許多缺陷，他的智慧也無法讓他百戰百勝。以下將浦氏之看法述之如下，並作評論。

1、極端的高傲自大

浦氏認為，劉備「三顧茅廬」時，諸葛亮有意侮慢劉關張三人，此說實有待商榷。須知三國時代君擇臣，臣亦擇君，諸葛亮胸懷大志，他必須選擇一位明君。因此，他對劉備的態度實是在試探劉備是否能成為他的「明主」。夏志清也認為，如果將諸葛亮的態度解釋成他是為了提高自己的身價以及為了贏得劉備的信賴，這樣的讀者在閱讀時實在是太過精細了。〔註31〕而浦氏又說，諸葛亮老是自誇能以「三寸不爛之舌」駁倒對手，作戰時又常擺出悠閒傲然的姿態，殊不知這乃是諸葛亮對自己的行動有充分的信心。如「舌戰群儒」時，江東豪傑被他一一駁倒；〔註32〕首次伐魏時，更以一席話罵死王朗，〔註33〕何自誇之有？而戰爭時，諸葛亮常乘小車安坐在土山上，更顯示出他能洞燭機先，佔據高處以制敵，我們只看到他的料敵如神，何來高傲之態呢？

2、與同僚間的衝突

關於諸葛亮嫉妒龐統一事，浦氏當是從《演義》第六十三回中，龐統隨劉備取西川時，諸葛亮曾致書提醒劉備注意將帥的吉凶一事推論而來。〔註34〕不過，這乃是龐統誤以為諸葛亮不欲見他成功所做的臆測，浦氏卻也相信龐統的想法。綜觀《三國演義》全文，我們看不到諸葛亮有任何嫉妒龐統之意，反而是諸葛亮曾舉薦龐統予劉備，〔註35〕他致書劉備亦是關心龐統的安危。之後，龐統果然中箭身亡，而諸葛亮也掩面痛哭不已。「諸葛亮痛哭龐統」正是這一回的回目，浦氏忽略了回目如此書寫，又做了錯誤的臆測，所以，他的論斷並不正確。

關於諸葛亮壓抑張飛、依靠侮辱和另施詭計激將上陣等說法，綜觀《三國演義》全文，我們並看不到諸葛亮曾經「侮辱」哪一位武將。而壓抑張飛、激將上陣等，浦氏有這種看法，可能是他不懂中國戰爭中常用的「譴將不如激將」

〔註31〕見 Hsia, p.56.
〔註32〕見羅貫中：《三國演義》，頁372～375。
〔註33〕同前註，頁804～805。
〔註34〕同前註，頁542。
〔註35〕同前註，頁487。

的作法，而諸葛亮常用這種方法來分派任務，更說明了他熟知每位武將的個性及能力而且能善用之，同時，每每能達到戰略目的。Ruhlmann 也說道：「諸葛亮用半讚半激的方法，使將士個個賣命」。〔註36〕而「錦囊」的使用，顯示了諸葛亮的神機妙算以及戰場上保密的作用，並不是操縱武將的工具。

浦氏對於諸葛亮鄙視老將的說法也有待商榷。首先，諸葛亮「賢相」的形象，乃是來自於他「鞠躬盡瘁、死而後已」的精神。他故意做出不信任老將的言行，如上所述乃是「激將」的方法，與敬不敬老沒有關係。而浦氏卻認為，諸葛亮「不敬老」，不應得到「賢相」的美名，這兩者之間似乎太牽強了。

關於操縱關羽放走曹操一事，浦氏說，諸葛亮顯得狡猾奸詐，魯迅也說「此敘孔明只見狡獪，而羽之氣概則凜然」。〔註37〕蓋兩人皆認為諸葛亮既知曹操命不該絕，欲把人情作給關羽，卻又要關羽立下軍令狀，而後又要殺關羽，故說諸葛亮狡獪。於此，個人有不同的看法，曹操既然命不該絕，故諸葛亮派誰守華容道都一樣，曹操一樣能逃脫，既然如此，諸葛亮認為何不把人情送與關羽？而後關羽果然放走曹操，諸葛亮欲斬他乃因「軍令如山」不得不從，故諸葛亮並無狡獪之處。

3、冷酷無情

浦氏指出，諸葛亮常命部下立下軍令狀，要部下用生命完成使命，此舉非常殘忍。他在第六十四回下令斬張任「以全其名」，第五十二回以屠殺零陵全城脅迫投降，也冷酷凶險到了極點。毛宗崗對他燒死籐甲兵的行動，也說「毋乃太酷乎」。

由此可知，浦氏對中國歷史上戰爭的形態與武將們的思想不甚了解。立「軍令狀」乃是武將們願意用性命擔保完成任務的表現，而《三國演義》中諸葛亮要部下立軍令狀時，諸將多是自願的，並非諸葛亮逼迫。而諸葛亮知道張任不願投降，故殺他「以全其名」，這點也不能說諸葛亮殘忍無情。第五十二回諸葛亮以屠殺零陵全城脅迫劉度投降，更是浦氏誤讀了文本的意思，原文是：

> 孔明令釋其（劉賢）縛，與衣穿了賜酒壓驚，教人送入城說父（劉度）投降；如期不降，打破城池，滿門盡誅。〔註38〕

〔註36〕見 Ruhlmann, p.163.
〔註37〕見魯迅：《魯迅全集》，卷9，頁323。
〔註38〕見羅貫中：《三國演義》，頁447。

可見，原文的意思是諸葛亮威脅劉度父子要投降，如不投降，城破之後，要殺劉度滿門，而不是要殺零陵全城軍民，這相差何只千里？

而諸葛亮燒籐甲兵一事，因籐甲刀槍不入，諸葛亮只能用火燒之。但當計謀成功，籐甲兵全被燒死時，諸葛亮也垂淚嘆道：「吾雖有功於社稷，必損壽矣！」〔註 39〕之後又說：「使烏戈國之人不留種類者，是吾之大罪也！」〔註 40〕諸葛亮計謀雖成但他反而自責不已，怎會是冷酷無情呢？

4、好用計而常遭失敗

浦氏指出，諸葛亮的法術以及智謀皆因他太常使用而失效，例如，諸葛亮好用「火攻」，卻在陳倉遭到大敗，在上方谷也燒不死司馬懿；他屢屢用「空城計」（第九十五回、九十八回、一百零一回、一百一十五回），到後來成了濫調俗套；他最有名的「八陣圖」也在黃丞彥的幫助下被攻破了，不但沒有炫耀他的神通廣大，反而表明了陸遜的「沈著冷靜」。以上三例，浦氏的舉證皆有誤。第一，諸葛亮攻陳倉時並未使用火攻，他屢攻不下是因魏將郝昭守城有方。第二，諸葛亮在第一百零四回就因積勞成疾而死，如何能在一百一十五回使「空城計」？經查證，在一百一十五回使「空城計」的是魏將鄧艾，並非諸葛亮。〔註 41〕第三，諸葛亮布下的「八陣圖」確實困住了陸遜，而陸遜見此陣先是笑說：「此乃惑人之術耳，有何益焉！」，而入陣發現被困，才大驚說：「吾中諸葛之計也！」。〔註 42〕陸遜的反應顯示了他的輕敵和震驚，怎麼會是浦氏說的「沈著冷靜」呢？

由上可知，浦氏或是誤解《三國演義》原文之義，或是以自己主觀的看法來批判諸葛亮，例如，他用西方「人道」的思想來考核諸葛亮，而不知中國古代戰爭的殘酷，也不知中國軍事家調兵譴將的方法，無怪乎他覺得劉備、諸葛亮都是虐待戰俘的殘暴之人了。

由上可知，夏志清與楊力宇對諸葛亮的研究實值得吾人借鏡。楊氏對羅貫中創造諸葛亮此一人物時融入的一些神怪與法術，提出了非常合理的見解；夏氏對諸葛亮出仕的心路歷程，也描寫得非常透徹。其餘學者也都認同諸葛亮是一位兼具智慧、美德、忠誠的偉大政治家。而令人比較不解的是浦

〔註 39〕同上註，頁 777。
〔註 40〕同上註，頁 778。
〔註 41〕同前註，頁 992。
〔註 42〕同前註，頁 722。

安迪和 Kimlicka 對諸葛亮的負面看法，如筆者上述所言，浦氏的看法其實是由於誤讀文本，或是以先入為主的觀念來評價諸葛亮，而 Kimlicka 指出諸葛亮與劉備爭奪權力，更促使劉備征吳失敗，此說筆者認為並不足信。其實，諸葛亮早就是智慧及忠貞的代名詞，他「鞠躬盡瘁，死而後已」的精神，相信永遠都是後世的典範。

五、曹　操

　　Ruhlmann 將曹操歸類於「書生型英雄」的「末代奸相」，小說中的他是混世魔王，經常大肆屠殺，而且陰謀篡位，也常侮辱皇帝。Ruhlmann 更指出，傳統小說對曹操有明顯的偏見，形容他「卑鄙狡猾」、「大逆不道」。不過，Ruhlmann 也提到，貶抑曹操的小說跟戲劇，也指出他有偉大之處。《三國演義》的開頭幾回，把曹操描寫成一個有眼光、負責任的政治家，當別的讀書人只是空談時，他已有所行動。Ruhlmann 也引用十七世紀毛宗崗的說法，認為曹操公開反抗傳統，在道德上有令人激賞之處。毛氏曾說道，曹操說出「寧使我負人，休叫人負我」之語，這正是曹操過人之處，試問天下人，誰不有此心者？誰復能開此口乎？而曹操猶不失為心口如一之小人。〔註43〕

　　Ch'en 氏認為，羅貫中經由成功的描述曹操的狼子野心，表明他對奸詐的陰謀家和地方軍閥的憎恨。曹操其實就是封建社會中所有邪惡又可恨的統治者的集合體。他偽善而狡猾，他的座右銘是：「寧可我負天下人，不可天下人負我」。不過，羅氏卻不將曹操描述為一個萬惡不赦的壞人，他雖然邪惡、凶殘，卻也擁有超人的能力和勇氣；也因此，曹操在他的筆下，似乎既複雜又真實。曹操這號人物的作為，恐將與中國文學史並存。

　　韓南以為，曹操是一個個性複雜陰沉的人物。這樣的人物在一般的英雄小說中鮮少出現，他非但野心勃勃、極為自負、令人不齒，而且患有病態的疑心病。極端無情的他，充滿嫉妒心，卻還有一點榮譽心。韓南認為，與其它角色不同的是，曹操仍然有自覺，但是，作者故意模糊地描述曹操深沉的性格，讓讀者如墜入五里迷霧之中，無法看清他的真面目。

　　夏志清指出，羅貫中早在《三國演義》第五回，藉著關羽溫酒斬華雄這一段，表現出曹操高人一等的見識。曹操建議不妨讓關羽出戰，不管其出身

〔註43〕Ruhlmann, p.165.

如何。而袁紹卻不信任關羽，袁術則表現出貴族對平民的輕蔑。所以，日後曹操接連擊敗袁術、袁紹，不是沒有原因的。另外，夏氏也用赤壁之戰前，曹操大宴文武百官這一段，提出觀察曹操的另一個面向。以往《三國演義》的讀者或評論家讀到這一段時，注意到的不外乎是曹操「橫槊賦詩」，睥睨天下的不可一世，或是欲「攬二喬於銅雀台」〔註44〕的好色，不然，就是一槊刺死劉馥的喜怒無常。而夏氏卻指出，當時曹操已五十四歲，同時也為年邁所困擾，流露出一絲悲觀及疲累。所以，夏氏認為，曹操是一個令人捉摸不定的詩人兼政治家，既豁達開朗，又兇狠暴虐。而那些一口咬定曹操是一個大奸大惡之人的讀者，只表明他們對這些精彩段落缺乏理解和欣賞。

楊力宇指出，曹操長久以來在中國人心中是邪惡和不忠的典型，而在某些方面，《三國演義》必須為他這樣的形象負責任。楊氏指出，羅貫中大大的背離了史書對曹操正面的描寫，反而大大的醜化及貶抑他，羅氏虛構許多情節來貶低曹操的形象，從中更可看出羅氏企圖提升劉備而詆毀曹操，使這兩個人物呈現尖銳的對比。

不過，楊氏也指出，《三國演義》裡曹操絕不只是個完全負面的人物，就像劉備也不完全是正面的，楊氏指出這就是魯迅沒有注意到的。〔註45〕楊氏指出，小說中曹操精於判斷人物和才能，他也擁有堅強的意志和敏銳的感受力。如果讀者仔細閱讀小說，將會發現羅氏筆下的曹操並不總是殘忍而沒有人性。例如，他善待關羽，最後並放了他。而在赤壁之戰前的宴會上，他也表現出他人性的一面，在他所作的歌中，他痛惜生命的短暫並表露出求才若渴的心情。楊氏認為，曹操個性的兩面，被小說家巧妙地揉合成一個真實而複雜的個體，值得讚賞和譴責，同情與憎恨。

馬幼垣指出，不管講史小說中的主角多麼狡猾、不可饒恕或玩弄權術，作者很少將他們寫成徹底的惡人。馬氏認為，最好的例子就是曹操。雖然自宋代以來，曹操的形象就是一個大惡人，但小說作者卻以大手筆來描寫他，把他寫成儀表威嚴，果斷而有感情的奸雄，使他顯得非常有人性。馬氏認為，小說家也沒有必要貶低失敗者來歌頌勝利者，因為公平對待失敗者，才能襯托出得勝者的確是一位英豪，而且賦予他君王之德。

Kroll 指出，毛宗崗致力於深植讀者對劉備的認同，並確保對曹操的反感。

〔註44〕見羅貫中：《三國演義》，頁383。
〔註45〕Yang, p.61.

羅貫中以將近對比的方式引介劉備與曹操兩位人物，《三國演義》的文章開端即給予曹操負面的評價。

Kroll 指出，無疑地，曹操可算是《三國演義》前四分之一篇幅中最重要的人物，且此時的曹操也並非全然邪惡，就某種程度而言，對於曹操的舖寫是由其敵手或反叛群眾的角色所引導。在《三國演義》開端篇幅中，曹操扮演著主導世局與扭轉命運的角色，他的確能夠感動他人並且令人印象深刻，但作者擔心讀者對曹操過於重視，有時便會過度宣揚其缺失，將其描寫為冷酷自私且優柔寡斷的人物。而融合了絕佳天賦與絕對邪惡的特性也正是書中曹操引人入勝之處。

作者將曹操塑造成一個有能力、思路清晰的領導者，同時也誇大其挫折與敗仗。在許多篇章中，作者對曹操的人物特色所強調的似乎是其利己主義與叛逆罪狀。Kroll 以為，小說中關於曹操性格描述最值得注意的是，當讀者被作者的言詞驅策，認為曹操是邪惡之徒時，曹操並沒有成為一個誇張的惡棍，但仍是一個居高臨下的角色，值得某些勉強的敬佩，此可見於曹操與關羽相遇之時，關羽欲護送二位兄嫂去投靠劉備而向曹操辭行時，曹操讚美關羽，並不許部下去追殺他。

Kroll 以為，在書中前四分之一的篇幅之中，由於曹操人物性格的複雜，並不能單純地將其歸類為全然的反派角色。事實上，曹操的人物性格呈現出更多層面，這也是曹操對於讀者廣大魅力所在。Kroll 以為，每個人之間必定隱含著些微曹操的性格。毛宗崗已有所察覺，並於書中對曹操殺害呂伯奢家族的評註之中指出「孟德猶不失為心口如一之小人」。

Kroll 以為，曹操的言行是書中最不可預知的。他有寬大的胸襟，也有殘酷的暴行，他屠殺無辜城民以報殺父之仇，卻也能體恤行軍經過的農民。他在赤壁大戰屢遭挫敗，但是竟能忍受許多挫折，他是一位難纏而又佔優勢的對手。Kroll 也指出，赤壁之戰前夜宴時，曹操的表現便是他複雜人物性格之縮影。

Kroll 探討了羅貫中對曹操死亡的描寫，曹操在死亡前，許多屢次為他所加害者的冤魂所驚擾。但曹操拒絕陳群篡位的建議以及病危時不許道士設醮修禳，更顯示出曹操性格的矛盾與抵觸，甚至可喚起讀者的同情，連許多譏諷的讀者亦為之動容。對曹操臨終前的描寫，與讀者期待中著名的大反派完全不同。曹操平和且理智的命謀士們共同輔佐曹丕繼承其業，而後平靜的氣絕於榻上。毛宗崗版本中甚至加入一感人場景，曹操向其家眷辭行，要求每日設祭。

　　Kroll 以爲，羅貫中筆下的曹操終究是最高層級的文學創作，歸屬於羅貫中成功地塑造人物於奇特的文學典型及其敘事天賦。

　　Kimlicka 指出，在 1522 年的版本（嘉靖版）裡，曹操被塑造成一個英勇、果敢的人物。而在毛宗崗的修訂版中，這些都被刪減殆盡。在 1522 年版的原著中，作者對曹操的祖父是一個宦官並無輕蔑之意，而修訂版中則輕蔑地用「冒姓」來暗示曹操不應該姓曹。

　　Kimlicka 接著比較正史的原文以及毛宗崗的修改之處，來討論曹操的個性。Kimlicka 以爲，毛宗崗的修改強烈表達他對曹操的厭惡。Kimlicka 也指出，羅貫中經常將這些正史上的文字做變相的解讀，常導致某些情節變得粗略且文意含糊不清，如此展現羅氏的寫作風格，包括，用特殊的寫作手法來模糊字義，以達到嘲諷的眞正用意。在曹操與劉備的關係中，Kimlicka 認爲，曹操最著名的決定是他因爲仰慕劉備的才能而任用他。Kimlicka 以爲，劉備是爲了壯大自己而屈就在曹操的麾下，但爲何像曹操這麼強勢的人，會順從皇帝的要求去扶植劉備呢？Kimlicka 認爲，曹操雖然知道劉備是一個不忠誠的人，但他仍然相信劉備會效忠於自己。這個例子清楚地告訴我們：即使曹操與劉備彼此互不喜歡，且相互利用對方，羅貫中仍然將他們兩人用反諷的手法塑造出如手足情深般的關係。總之，在曹操手握朝政實權的時候，劉備藉由投靠曹操來壯大自己的勢力，而曹操也深信劉備將會效忠自己。而作者營造出兩人情同兄弟的情節，來反諷這種互相利用的實質關係。

　　浦氏指出，《三國演義》儘管公開同情蜀漢，但它對曹操的描寫還是採用不抑不揚的手法，比起通俗文學更接近史實。浦氏特別提出曹操優於劉備之處，或是曹操的醜態也可用來反諷劉備的地方。其中之一是浦氏認爲曹操比劉備有知人之明、比較惜才且能正確用人，更能接受批評，而劉備往往只聽親信的話。第二是兩人面對挫折的反應也有強烈的對比，劉備動輒痛哭流涕，而曹操總是用一陣大笑帶過。第三是兩人面臨危險時的表現，曹操總是臨危不亂，而劉備老是驚慌失措。另外，關於民間長久以來對於劉備仁德、曹操殘暴的觀念，浦氏認爲，兩人反而是半斤八兩，劉備十分注意自己的人君模樣，倒是曹操不像劉備那樣矯揉造作，例如，第二十七回他不追捕關羽、第四十一回他不許軍士對趙雲放冷箭等。

　　此外，浦氏也指出曹操的兩個弱點，一是好色，一是容易受到鬼怪的困擾。對於好色這點，浦氏指出，小說中有許多情節觸及這方面。而他最嚴重

的弱點是羅氏反覆描述他易受鬼怪困擾，如在第六十八回遇道人左慈，以及臨終時見群鬼索命。〔註46〕

Yao 氏指出，毛宗崗在四個不相干的章節中，謹慎地摘述曹操的人格，曹操的行為似乎很忠誠，但是事實則否；似乎很恭順，但是事實則否；似乎很寬大，但是事實則否；似乎很公正，當然事實上也不是。曹操行為準則是他對權力的慾望，他會以狡獪的方式來達成目的。Yao 氏舉曹操殺呂伯奢與暗殺董卓二事來比較，凸顯曹操是英雄也是反派角色。Yao 氏並提到曹操與劉備兩人的對比，曹操負面人格的描繪，並不是因為曹操是惡魔的化身，乃是因為劉備宣示捍衛合法正統、復興漢室，需要曹操這種邪惡的角色相呼應，在交錯的故事情節中，這兩個人物是互依互補的。

柳無忌認為，曹操是一個奸邪的典型，比他實際在真正歷史上所扮演的角色歪曲、卑劣了許多。他的師心自用、偽善、假仁假義、奸詐陰險、殘忍惡毒，在在構成他奸邪的本質。他的人生觀可以濃縮為一句話——「寧教我負天下人，休教天下人負我。」

對於曹操這個傳統小說中的「奸雄」、「奸臣」，學者們又有何看法呢？以下做一綜合性的比較與論述。

（一）曹操與劉備有著尖銳的對比

Ch'en 氏、楊力宇、浦安迪、YaoYao 及 Kroll 都指出曹操與劉備有著尖銳的對比。楊氏與 Yao 氏指出，羅貫中虛構許多情節來貶抑曹操形象，目的是企圖提升劉備而詆毀曹操，使這兩個競爭的人物呈現尖銳明顯的對比。而浦氏則認為，小說中描寫許多曹操優於劉備之處，或雖然是曹操的醜態卻可用來反諷劉備。楊、浦兩人的看法明顯不同，楊氏的看法比較偏向傳統的看法，認為羅貫中是用「尊劉抑曹」的筆法來醜化曹操。而浦氏則認為，對曹操的醜化反而能反諷出劉備的負面形象，如心口不一、假仁假義等。

（二）正面的形象

Ch'en 氏認為，曹操並不是一個萬惡不赦的壞人，他雖然邪惡、凶殘，卻也擁有超人的能力和勇氣。柳無忌認為，小說中的曹操是一個典型奸邪的代表，比他實際在真正歷史上扮演的角色歪曲、卑劣了許多。柳氏雖然意會到曹操在正史上也有正面的形象，但他卻忽略了其實小說中也有提到曹操高人一等的地

〔註46〕Plaks, p.464.

方。不過，多位學者都已察覺，曹操在小說中也有不少優點。楊力宇指出，如果讀者更仔細閱讀小說，將會發現，羅氏筆下的曹操並不總是一個殘忍、沒有人性的領導者，楊氏並指出，小說中曹操精於判斷人物和才能。夏志清指出，曹操在識人方面高人一等。浦安迪也認爲，曹操比劉備有知人之明、比較惜才，更能公開接受批評。Kroll 也認爲，曹操並不是十分邪惡，他也有受人敬佩的地方，例如，寬大的胸襟。Ruhlmann 也指出，曹操是一位有眼光、負責任且勇於行動的政治家。而 Ruhlmann 和 Kroll 都提到毛宗崗對曹操的評論，曹操能直言「寧教我負天下人，休教天下人負我」而不諱，反而證明他的心口合一。至於民間長久以來對劉備仁德、曹操殘暴的觀念，浦安迪認爲，兩人反而是半斤八兩，劉備十分注意自己的人君模樣，倒是曹操不像劉備那樣矯揉造作，例如，第二十七回他不追捕關羽、第四十一回他不許軍士對趙雲放冷箭等。

（三）年　齡

夏志清用赤壁之戰前，曹操大宴文武百官一段，提出了觀察曹操的另一個角度。以往《三國演義》的讀者或評論家讀到這一段時，注意到的不外乎是曹操「橫槊賦詩」，睥睨天下的不可一世，或是欲「攬二喬於銅雀台」的好色，不然就是一槊刺死劉馥的喜怒無常（因劉馥指出曹操歌中有不吉之言）。而夏志清卻指出，當時曹操已五十四歲了，卻仍然戎馬倥傯，他已感到疲倦，所以，企望滅吳後能有二喬伴他安度晚年。楊力宇也提到，他在宴會上所作的歌中，表達了痛惜生命的短暫及求才若渴的心情。兩位學者均提供了觀察曹操形象的另一個視野。

（四）弱　點

浦氏指出曹操的兩個弱點，一是好色，一是易受鬼怪的困擾。對於好色這點，浦氏指出，小說中有許多情節觸及這方面。而他最嚴重的弱點是易受鬼怪困擾，如，在第六十八回回遇道人左慈，以及臨終時見群鬼索命。關於第二點其實應該不是所謂的「弱點」，而是作者在述說中國傳統「惡有惡報」的觀念，困擾曹操的鬼怪都是生前爲曹操所害的人物。此種鬼魂索命的情節在小說中經常出現，如，于吉向孫策索命，〔註47〕關羽向潘璋索命等。〔註48〕

由上可知，學者們多能發現曹操的面貌是複雜多變的，他們都認爲研究

〔註47〕見羅貫中：《三國演義》，頁 255。
〔註48〕同前註，頁 709。

曹操的形象時，不能只關注在負面形象的描寫，而要從細微處發現其值得讚許的一面。這樣的評論雖然較客觀，但其立論卻也有不足的地方，例如，雖說曹操惜才，但他也殘酷地殺了極有才幹的楊修和對他提出忠諫的荀彧。可見，曹操雖能惜才，但只要這個人才觸怒了他，或是對他的權位有所阻礙，曹操是會毫不留情的殺了他。筆者認為，最重要的是，學者們忽略了曹操個性中最重要的特質，就是「奸險」。小說中描寫曹操幼時就「有權謀，多機變」，他裝病欺騙叔父，使父親不再相信叔父的話；〔註49〕官渡之戰時，曹軍糧草已盡，他對來降的許攸卻也一再欺騙，〔註50〕可見曹操之奸詐狡獪無以復加，雖然他仍有些許優點，但仍掩蓋不住他骨子裡的那股「奸險」。

六、周　瑜

　　楊力宇舉出正史上對周瑜的敘述，說明了其實周瑜是個精明、忠誠、謙恭有禮且勇敢的將軍，而在小說中虛構的片段中，如同夏志清所言，他和魯肅一樣，僅僅是諸葛亮可笑的配角。雖然在少數例子中，羅貫中對周瑜仍有正面的描寫，如，赤壁之戰前關於東吳是戰是降的辯論中，羅氏描寫了周瑜的遠見、勇氣、忠誠和才能。但除了這些章節外，羅氏對周瑜的描寫，是被他自己的偏愛所驅使的，是對這位吳國名將非常有偏見的。讀者所能看到的，就是周瑜的善嫉、自大、心胸狹窄、易怒且易激動。他嫉妒諸葛亮的才能，他無所不用其極的要殺害諸葛亮，卻一次又一次被諸葛亮輕易的化解掉，反而讓自己醜態畢露，最後被諸葛亮三氣而死，死前還大嘆蒼天「既生瑜，何生亮？」

　　楊氏指出羅貫中之所以虛構許多情節來貶抑周瑜，其理由有二：第一是為了要表明他對蜀國的同情，所以任何會使吳國更強大的因素是他所無法忍受的。第二是為了要表明他對諸葛亮極大的欽佩，他用各種方法來讚美、頌揚他，自然而然地，他必須貶低周瑜到一個適宜的地位，所以，周瑜在任何地方都不會比他的對手優秀。羅氏很完美的達到了這兩個目的，他也成功的藉著描寫周瑜和諸葛亮兩人不斷的爭鬥以及不停的誇張描寫周瑜，來呈現小說中良好的喜劇效果。

　　浦安迪認為，羅貫中大大貶低周瑜的英雄氣概，史籍上明明記載他是當時一個風雲人物，小說中卻竭力渲染他那致命的嫉妒心理，也隱約暗示他與

〔註49〕同前註，頁7。
〔註50〕同前註，頁264。

小喬過份耽溺於閨房之樂。認為小說把周瑜寫成一個容易受騙上當、出奇善妒和目中無人的笨蛋，有幾個理由值得一提。首先，周瑜的失敗除了可以突出諸葛亮本人的無比聰明和過人膽識之外，它也反映出初出茅廬的諸葛亮做事太過份了，作者羅貫中用輕鬆詼諧的筆調敘述周瑜一再笨拙的想要擊垮諸葛亮而徒勞無功，卻也把諸葛亮的過度傲慢和自信變得令人生厭。所以浦氏認為羅貫中貶低了周瑜，卻也反諷了諸葛亮。

楊力宇舉出正史上對周瑜的敘述，說明其實周瑜是個精明、忠誠、謙恭有禮、勇敢的將軍，而在小說中虛構的片段中，如同夏志清所言，他和魯肅一樣，僅僅是諸葛亮可笑的配角。

由上可知，浦安迪與楊力宇都認為羅貫中大大貶低的周瑜的英雄氣概，是要突顯諸葛亮本人的無比聰明和過人膽識。浦氏更指出，貶低周瑜也反諷了諸葛亮的過度傲慢和自信，這個看法也別有新意。不過，浦氏指出周瑜與小喬過份耽溺於閨房之樂，這點卻不知從何而來。

七、趙 雲

夏志清認為，趙雲勇敢善戰、頭腦冷靜、不易衝動、胸懷軍事韜略。他是諸葛亮最得力的戰將，他每次出征都把趙雲帶在身邊，把最棘手或最艱鉅的任務交給他。趙雲一生馳騁疆場，功績卓著，最後年邁身故時，諸葛亮得此消息跌足痛哭道：「子龍身故，國家損一棟梁，吾去一臂也。」〔註51〕

浦安迪認為，小說中對於趙雲的描寫也注入了某種程度的反諷味道，認為作者對他的完美形象也有投下懷疑的陰影。首先是在第五十二回趙雲宣布佔領荊州城時那股歡天喜地的高興勁令人反感。第二是他拒絕娶趙範的兄嫂，有《水滸》好漢那種極端厭惡婦人的味道。第三是他嫉妒戰友，如第五十二回與張飛賭賽、第七十回與黃忠競爭。最後是當他年老時，雖然英勇如昔，但也愈顯得不勝年邁和衰弱之累。〔註52〕

細查《三國演義》第五十二回原文，可以發現趙雲佔領的是「桂陽城」而不是荊州城，演義中雖寫「雲大喜」，但那是因為桂陽太守趙範與趙雲同姓又同鄉，兩人結為兄弟，故趙雲大喜，不知浦氏為何認為趙雲有歡天喜地的高興勁。第二浦氏說趙雲拒絕娶趙範的兄嫂，有《水滸》好漢那種極端厭惡

〔註51〕見羅貫中：《三國演義》，頁835。
〔註52〕Plaks, Andrew. H., *The Four Masterworks of Ming Novel Ssu ta ch'i-shu*, p.472.

婦人的味道，不過《三國演義》中趙雲早說明他的理由：

> 趙範既與某結爲兄弟，今若取其嫂，惹人唾罵，一也；其婦再嫁，
> 便失大節，二也；趙範初降，其心難測，三也。主公新定江漢，枕
> 席未安，雲安敢以一婦人而廢主公大事。〔註53〕

由此可知，趙雲第一不願行有虧德行之事，第二不願害趙範之嫂失節，第三
就如西漢霍去病一般，認爲「匈奴未滅，何以爲家」，他總是把國家大事和劉
備的事業擺在第一位，不會以私廢公，如同他後來建議劉備把成都田宅歸還
百姓一樣。〔註54〕於此，浦氏卻說趙雲如同《水滸》好漢極端厭惡婦人，實
在有失偏頗。

　　浦氏接著批評趙雲嫉妒戰友，說他與張飛賭賽也與黃忠競爭。關於此說
（同僚間的不合），我們可以在浦氏的文章中一再發現，浦氏似乎認爲蜀漢陣
營的人物，彼此之間都是自私自利、勾心鬥角之輩。其實第五十二回是趙雲
先自願取桂陽郡，張飛亦表明他欲取，兩人皆是奮勇爭先之輩，不知浦氏何
以認爲趙雲嫉妒張飛？而在第七十回並沒有趙雲與黃忠競爭之事，浦氏應是
指第七十一回兩人都欲前往曹營奪糧草之事，趙雲雖與黃忠相爭，但兩人拈
鬮後由黃忠拈著，趙雲就不再相爭，而且做好了救應黃忠的準備，之後，黃
忠陷入重圍時，趙雲又奮勇殺入敵陣，救出黃忠。由此可見，趙雲非常重視
同僚情誼，他願意冒著生命危險救同僚於危難之中，何來浦氏所言他嫉妒戰
友，與同僚相爭之說呢？

　　最後，浦氏說，當趙雲年老時，雖然英勇如昔，但也顯得不勝年邁和衰
弱，這也和《演義》中所描述的有所差異。《演義》中諸葛亮第一次北伐時，
趙雲雖年過七十，仍奮勇爭先，力斬五將，〔註55〕並沒有浦氏所言的年邁和
衰弱的情形。

八、姜　維

　　Kimlicka 指出，《三國演義》中姜維得到諸葛亮的賞識並且成爲諸葛亮的
接班人，因此，姜維道德上的特性，在某種程度上，也反映出諸葛亮的道德
特性。姜維被側寫爲不孝的、僞善的、好欺騙的、狡猾的，羅貫中其實是相

〔註53〕同前註，頁 450。
〔註54〕同前註，頁 567。
〔註55〕同前註，頁 792。

反地暗示道：就是這些特徵讓姜維適合當諸葛亮的接班人。Kimlicka 指出，姜維剛出場就以「孝順」為人所敬重，但後來的發展並不是如此。諸葛亮利用姜維孝心的弱點，用計抓住姜維，使其投降。Kimlicka 在此提出質疑，他認為，諸葛亮和姜維早就見過面，否則諸葛亮怎麼可能在這麼短的時間就答應要將生平所學盡傳姜維？後來姜維又寫信詐降，欲殺曹真，而曹真之所以中計，Kimlicka 認為，是曹真被姜維的孝心所騙，曹真認為姜維不會騙他，因為姜維的母親仍在魏國手中，姜維若寫信詐降，勢必害了母親。

　　因此，Kimlicka 下了結論，他以為姜維的孝順是個騙局，姜維以此來欺騙魏國兩次。一次是為了要尋求加入諸葛亮陣營的機會，一次則是要幫諸葛亮擊敗曹真。姜維的孝順只是個幌子，不僅瞞過了敵人，也瞞過了讀者。因為一開始很明確地表示姜維是個孝順的人，但是後來的事件接連證明羅貫中的說法和真正情況有出入，如果這不是一個諷刺的寫法，那會是什麼呢？

　　關於 Kimlicka 的說法，筆者並不認同。第一，諸葛亮選擇姜維作為接班人，乃是因其智勇雙全，而不是如同 Kimlicka 所說的，姜維和諸葛亮有許多相似而不道德的特性。第二，Kimlicka 推論姜維和諸葛亮早就見過面，諸葛亮方能在短時間內答應盡傳所學給姜維。此推論仍屬牽強，因姜維先識破諸葛亮之計，又戰退蜀中名將趙雲，故諸葛亮方起愛才之心，欲將所學盡授予他。第三，姜維歸降諸葛亮後，諸葛亮已派人將其母從冀縣接入漢中，〔註56〕故姜維寫信詐降，並不會害了母親，此乃 Kimlicka 沒有仔細察看原文之誤。Kimlicka 又認為姜維的孝順是個騙局，且騙了魏國兩次，此說亦嫌偏頗。因為，第一，姜維並沒有主動要接近諸葛亮，反而識破諸葛亮之計。第二，姜維詐騙曹真時，姜母已不在魏國，故姜維也不可能利用孝心而欺騙曹真。《三國演義》中敘述姜維「事母至孝，文武雙全，智勇足備，真當世之英傑也。」，〔註57〕他後來會歸降諸葛亮，也是因為諸葛亮攻擊姜母所在的城池，姜維擔心母親有失，才會中了諸葛亮之計。故其一片孝心是不容置疑的。

九、彌　衡

　　夏志清形容彌衡是「垮掉的一代」〔註58〕的儒生，他對曹操的嘲弄幾乎

〔註56〕見羅貫中：《三國演義》，頁 823。
〔註57〕同上註，頁 800。
〔註58〕Hsia, p.55.

不能掩飾他因一味妄自尊大而表現出實質上的粗魯。夏氏認爲，沒有一個頭腦正常的中國人會把自己與孔、孟相提並論，也不會在大庭廣眾下赤身露體，而彌衡卻都毫不臉紅的做了。其實，這些人物在書中不時的出現，都是作者爲了譏諷曹操、孫策等英雄人物。

楊力宇指出，在《三國志》和《三國演義》兩書之中，彌衡都是一個微不足道的小角色。然而，先不論他在歷史以及小說中的微小地位，他值得贏得一些注意，因爲在三國時期他呈現了一種獨特的啓蒙效果。

楊氏以爲，與大部分的三國人物一樣，彌衡也是一個跟錯君主的小角色。他選擇錯誤，卻視之爲命中注定。然而，與其它知識份子不一樣，他展現了對政治人物一種純粹的批判，並且以他個人的尊嚴和驕傲避免自己陷入必須妥協的局面。彌衡因大膽的言語引起曹操的不悅，而後在公開場合「擊鼓罵曹」，當曹操責備他的無理態度時，彌衡大膽的公開批評曹操，完全無視如此做可能會有大禍臨頭的下場。

楊氏指出，羅貫中添加了許多正史上沒有的細節，並且強烈的描繪彌衡的勇氣和不願妥協的態度，很明顯地是爲了盡情地公開抨擊曹操並使之蒙羞。羅氏以其想像力，將一個微不足道的歷史人物轉換成一位有著傑出勇氣的角色。不過，雖然羅貫中將彌衡描繪成一位儒家學者，他也使彌衡扮演了一個甘草的角色。在強調彌衡的天眞自大以及輕視權貴當中，羅貫中讓彌衡厚顏地自比爲孔子和顏回，這讓彌衡成爲一種降低曹操地位的儒家「垮掉的一代（beatnik）」。

楊氏指出，羅貫中偶爾插入像彌衡如此特立獨行的角色，是爲了表現出對深陷於政治中的人物的一種諷刺，而彌衡不啻是一位代表人物。如此一來，羅貫中不但成功地創造一個眞正存在且鮮明的角色，同時又達到詆毀曹操的目的。

柳無忌指出，彌衡「擊鼓罵曹」一事，顯現偉大的「文士」之勇。與張飛「據水斷橋」、關羽「刮骨療傷」的勇氣是可以並駕齊驅的。

由上可知，夏氏與楊氏都指出，羅貫中筆下彌衡的作爲是爲了譏諷曹操，楊氏與柳氏更讚賞了彌衡的勇氣。但夏氏與楊氏又說彌衡妄自尊大且粗魯，厚顏自比聖人，筆者卻不認同。因爲正如柳無忌所言，彌衡膽敢斥責曹操欺君罔上、常懷篡逆，展現了他不懼權勢、視死如歸的勇氣，這等勇氣，足以與關羽、張飛等武人之勇並駕齊驅。

　　以上乃《三國演義》中之人物形象在美國的研究概況，由上可知，《三國演義》中的人物形象並不是簡單而黑白分明的，羅貫中雖給予每個人物一個最鮮明的表徵（劉備的仁德、曹操的奸詐、關羽的忠義、諸葛亮的智慧），但我們仍可發現其中許多人物都有多重的形象。在美國，學者多能指出人物形象的複雜面，並能推論其所代表的意義，且對羅貫中何以作如此的描寫，發表自己的看法。我們可以發現楊力宇以較客觀的觀點，批駁了胡適和魯迅對三國人物太過簡略的看法。而浦安迪在研究中國傳統小說方面的成績有目共睹，但他為了強調某些論點，有時會走極端，如他要強調《演義》中人物的英雄氣概有其侷限，而且人物的描寫都有其反諷之意，於是在他眼中每個人物都有極大的缺點。我們可以發現，浦氏有些論點卻是稍嫌偏頗或是太過牽強的，如，他形容劉備殘暴、諸葛亮使詭計差遣部下、關羽不夠英勇等，這些觀點在兩岸學界應是不太容易得到認同的。他以西方標準來評量小說中的人物時，一旦發現兩者有所不同，並沒有設身處地，以中國特有的文化背景（例如中國古代戰爭進行的模式）去加以理解，因此，有時在論斷方面未免稍嫌武斷。此外，Kimlicka 延續浦氏「反諷」的論點，舉出更多例子試圖論證作者對人物的描寫帶有許多反諷之意，不過，其論點多是主觀的臆測之詞（如姜維的孝順是假），立論亦不充分。

　　Ruhlmann 則提出他所認為的傳統小說中「英雄」的概念，不過，他既然認為劉備是屬於「開國型英雄」，卻也提出劉備的種種不夠英雄的表現，他對「英雄」的概念，似乎需要作更詳細的釐清。夏志清提出諸葛亮出仕前後的心路歷程，並說明他願意輔佐劉備的原因，他的說法別出心裁且合情合理。

　　由上可知，美國漢學界在研究《三國演義》中之人物形象時，雖有新穎之創見，並能注意到書中微不足道的小人物，但有時失之於太主觀，以致有些觀點頗有爭議。筆者建議日後在作此研究時，能對中國的歷史、朝代的變遷、戰爭的形式，以及風俗民情，作一更深刻的了解，如此一來，對三國人物方能有更客觀的評價。其次，則是對蜀漢人物的研究著墨較多，而在曹魏方面，幾乎只注意到曹操，至於東吳方面則只簡單提到周瑜，對孫權甚至隻字未提。雖然，孫權的形象不若劉備、曹操鮮明，他的基業也是承襲父兄而來，不過，他也能善用謀臣武將，雄據江東。此外。曹魏方面值得書寫的人物甚多，如，司馬懿、鍾會、鄧艾等，個人認為，《三國演義》的人物還有許多是值得研究的，盼望未來美國的漢學家能以更嚴謹的研究補其缺漏。

第六章　結　論

　　由本論文的述要及述論部分，可知，美國漢學界對《三國演義》一書的研究，在小說的各領域中呈現輕重不均的現象。學者們對小說的人物以及結構方面的研究，著墨較多，在人物形象方面已有令人欣喜的成績；在結構研究方面的篇幅雖少，但仍有幾篇佳作。而在小說的其它領域則較少鑽研，版本方面只有魏安及柳存仁之作值得稱許。在主題思想上，大概可歸納為天意、野心、反諷三個主題。關於小說作者的問題，多數學者認同羅貫中是《三國演義》的作者，只有馬幼垣認為不是，但他的理由並不充分；而關於羅貫中的籍貫，也只有魏安的研究提到羅貫中應該是東原人。對於《三國演義》的戰爭描寫及其價值，研究的質與量也略嫌不足。以下筆者將針對美國漢學界對《三國演義》的研究成果作一綜合性的整理與回顧，提出美國漢學界對《三國演義》研究的特色，並提出未來研究之展望。

第一節　《三國演義》研究在美國之成果

　　關於《三國演義》作者是誰這個問題，美國學者多因襲古籍上有關羅貫中的記載，將其視為《三國演義》的作者，只有馬幼垣不表贊同，不過，馬氏提出的理由並不充分。關於羅貫中的籍貫，學者們也只是列出古籍上曾經提到的幾個可能的地方，只有魏安認為羅貫中應該是東原人，不過，魏安的說法已有大陸學者提出過。由此可知，美國學者對於《三國演義》作者是誰以及籍貫為何等問題，並未作深入的研究，筆者認為這是相當遺憾且可惜的。

　　對於《三國演義》版本的研究，美國漢學界的重點有二，一是「志傳本」

（閩本）是否比「嘉靖本」出現的年代還要早？二是《三國演義》版本分類的系統。關於第一點，多數學者多認爲「嘉靖本」是最早的版本，唯有柳存仁認爲「志傳本」出現的時代較「嘉靖本」早。而根據近年來大陸學者的研究，可知柳存仁的看法已漸漸得到證實，「志傳本」的地位也漸漸受到重視，學者們也擺脫鄭振鐸所言：「三國原文進化的基本模型，就是從 1522 年序文本而來的。」之觀點。關於第二點，三國演義版本的分類，則以魏安的研究貢獻最爲卓著，魏安不是以常見的嘉靖本、志傳本、毛評本三大系統來將《三國演義》的版本分類，而是通過「串句脫文」來整理並考證《三國演義》各版本之間的演變關係，之後再將《三國演義》版本分爲「十進位」及「十二進位」兩大系統，此乃另一創舉。魏安的研究也指出，「十進位」及「十二進位」兩大系統都是從羅貫中的原本所衍生出的，而十進位卷數系統版本多是「志傳本」。魏安考證了三十三種版本，並且找出其中 106 個「串句脫文」的例子，作爲版本分類的依據，其工作之精細及艱難，是可想而知的；而其投入的精神與心血，更是值得所有研究者效法。

關於《三國演義》的成書年代，盧慶濱以爲羅貫中應在 1308 到 1329 年之間完成小說。盧氏以地名的改變推論羅氏應該在 1329 年之前完成小說。魏安認爲原文創作的起始點是 1308 年，完成的時期是 1494 年。魏安亦指出，不能因爲小說中的註釋用的是舊地名，就認定作者必定在地名更改之前就完成小說，魏安認爲羅氏仍然可以在地名改變之後，繼續使用舊的地名。故學者們對於《三國演義》的成書年代，意見仍有分歧。

至於《三國演義》的戰爭描寫之研究，美國漢學界只有寥寥幾位學者在著作中零星的提供了一些看法，而其重點則在於《三國演義》對於戰爭的描寫，常常是相同情景的重複出現，而作者只滿足於總結性的敘述（兩人交戰幾回合、誰勝誰敗），如夏志清及浦安迪都曾作如是說（不過，浦氏也指出，歷史情景和事件重複的發生，是小說中無法避免的），只有 Ch'en 氏認爲，這些爭戰是用不同手法描述而成，沒有任何的重複。此外，學者們認爲，「赤壁之戰」是小說中描寫得最精彩的一場戰役，不過，卻沒有深入的研究作者描繪這場戰爭的筆法，筆者認爲相當可惜。楊力宇曾比較《三國志》與《三國演義》中對兩場戰事描寫的異同，然而，並沒有深入探討羅貫中是如何處理關於戰爭的描寫。除此之外，關於《三國演義》的戰爭描寫，美國漢學界並沒有比較重要的論著出現。

關於《三國演義》的價值及其影響，美國漢學界多能指出其在傳授歷史

知識、戰爭技巧的貢獻，以及對後世秘密結社、關羽崇拜形成的影響，並肯定「演義」體小說在世界文學史上的價值。此外，學者們亦認為三國故事從粗鄙無文、充滿迷信及荒謬情節的「平話」，演進到結構宏偉、語言優美的《三國演義》，是一種進步。

關於小說的主題思想，美國漢學界的研究，大概可歸納為天意、野心、反諷三個主題。而提出天意與野心兩個思想主題的學者，如夏志清與楊力宇，也都提到「天意」與「命運」是無法捉摸和抗拒的。而王靖宇認為除了「宿命論」之外，我們還必須體認羅貫中在文中表現儒家積極入世的態度。另外，提出「反諷」說的學者為浦安迪與 Kimlicka，浦氏認為，《三國演義》是作者對其據以創作的各種原始素材，經過以「反諷」為主調的修改加工，因而，具有反諷意味的一部作品。Kimlicka 則認為，羅貫中的《三國演義》實屬一部經典的諷刺文學作品，書中對擁有某些美德特徵的人物的描寫，其實是在諷刺其人，如，劉備的偽善與姜維的不孝。浦氏與 Kimlicka 的論點雖然獨特卻也稍嫌不妥。

在人物形象研究方面，美國漢學家已跳脫魯迅、胡適的觀點，他們注意到了三國的主要人物，其形象除了有一個特定的表徵之外，他們的個性多是複雜且多樣化的。此外，三國的人物也不是如魯迅所說的「寫好的人，簡直一點壞處都沒有；而寫不好的人，又是一點好處都沒有。」美國漢學家也發現書中正面的人物，也有其缺點，如，劉備的偽善與矛盾，關羽的自大及傲慢等。而反派的代表——曹操，也有其眼光遠大、有識人之明等優點。此外，美國漢學家在研究三國人物時，多能從正史、平話、戲劇與小說中，來探討人物形象的演變，此乃值得我們借鏡之處。此外，學者也曾研究書中次要的人物，例如，夏志清曾介紹提到彌衡、華陀、于吉三人，楊力宇曾介紹彌衡、孫策二人，筆者認為，書中次要人物亦有值得研究的地方，這點亦值得肯定。

在小說的敘事結構方面，美國漢學家已慢慢修正以往中國長篇小說的結構是鬆散、綴斷的觀念，他們開始認真的去研究《三國演義》一書的結構。包括浦安迪、Yao Yao 等，都指出《三國演義》雖是由無數個段落組成，但其整體的結構是和諧的、一致的。浦安迪歸納並整理了《三國演義》幾個結構上的特色，筆者認為，其研究可作為毛宗崗〈讀三國志法〉一文的補充與加強。Yao Yao 提出小說中，包括章回的形式、章節標題、詩與散文、章節內的主題、嵌入的故事、國家與個人的興衰、兩代之間、人物描寫、情節的重現等，處處都充滿了「交錯」的結構，而《三國演義》更是最早使用交錯結構的「演義」小說，

此乃一獨特及創新之發現。此外，Yao 氏整理了《三國演義》一書中詩文的的各種功用，並說明詩文在小說結構的組成上，具有舉足輕重的地位，Yao 氏的研究，可說是意義非凡。李培德認為，《三國演義》的結構是「衝突—解決」模式，即是四場主要的戰爭，每次的衝突都在尚未完全解決時，又醞釀著下一次的衝突。這些戰爭與劉備、曹操、孫權三位主人翁一生的重要事件，構成了《三國演義》緊密的組織架構。李氏提出的結構模式亦簡單明瞭。

第二節　《三國演義》研究在美國之特色

美國漢學界對於《三國演義》之研究，大致分為幾個層面：作者、版本及成書年代、戰爭描寫、小說價值、主題思想、敘事結構與人物形象。其研究的特色可歸納出下列幾點：

一、別出心裁，屢有創見

學術研究最難能可貴的就是能大膽的提出新穎且合理的觀點，否則就是老調重談，了無新意了。美國學者在研究《三國演義》時，每每能另闢蹊徑，提出獨特的創見，給予後來的研究者一番新的視野。例如，夏志清在研究三國人物時，提出諸葛亮之所以選擇劉備為輔佐對象的三個原因；另外，他也提到關羽自願出戰華雄時，袁紹、袁術、曹操三人的反應，早就決定了日後袁氏兄弟必敗而曹操必勝的結果；在分析關羽這個人物時，他也以諸葛亮將鎮守荊州大任交接給關羽時的反應，來說明諸葛亮對關羽「剛而自矜」個性的不悅，他更提出諸葛亮聽到趙雲及關羽死亡時，兩種截然不同的反應，來說明諸葛亮對兩人的重視程度。再者，夏氏著重分析劉備伐吳失敗這件事情。以往學者多以為這場敗績是蜀漢未能復興漢室的關鍵，但夏氏卻指出，此事乃是《三國演義》一書的大關鍵，此事與首回桃園三結義時劉、關、張三人的誓言遙相呼應，顯示劉備「政治上的失敗，正造就他人格上的完整」。以上皆是夏氏在分析《三國演義》一書時，大膽而獨特的觀點。另外，Ruhlmann 指出，關羽是一個「綜合型英雄」，同時具有武士、書生、以及帝王的特質，而他代表的主要美德——忠義，事實上有多方面的含意，彼此很容易糾纏不清，成為解不開的死結。此說對於關羽形象的研究，也有重要的意義。

在敘事結構上，李培德提出，「衝突—解決」是《三國演義》的敘事模式，

李氏認為，四場主要戰爭以及劉備、孫權、曹操三人在奪取權力過程中的幾件大事，構成《三國演義》的敘事模式，此乃非常獨特之創見。此外，Yao Yao發現了《三國演義》的成書過程與西方的《亞瑟王之死》有許多共同點，包括，因為口述故事的來源眾多而產生重複的情節循環，以及吸收不同的故事版本以成為單一的架構。在敘事的結構上，Yao Yao更指出，《三國演義》與法國散文作品《藍斯洛》一樣，全書是以「交錯」的結構組成一個和諧的整體，此說亦是前所未見。

此外，對於書中的神怪或是超自然能力的描寫，曾經為胡適等學者所詬病，尤其是關於諸葛亮的超能力以及法術等描寫。不過，對於這個層面，美國學者並沒有作負面的批評，反而能以更正面的態度去看待。例如，關於諸葛亮的法術，Buote就認為，一個擁有不凡天賦的凡人，他的故事就會更加有趣。夏志清也認為，諸葛亮的神機妙算為他的生涯增添光彩，而不會讓人認為法術對他的成功是不可或缺的。楊力宇也指出，羅貫中雖賦予諸葛亮神奇的力量，卻從未更改歷史的發展。馬幼垣也以為，如果神怪是小說中情節的重點所在，負起功能上而非裝飾上的作用，那麼小說家就可以合理的使用神怪。神怪可以賦予小說中的英雄一種力量，例如，諸葛亮「借東風」一事，其功用並不完全是為了削減歷史的真實性，而是有助於作品達到主題上的完整。

二、靈活多變的研究方法

美國學者在研究《三國演義》時，常能配合自己的研究需要，靈活而適當的運用多種研究方法，獲得可觀的研究成果。例如，夏志清在《中國古典小說導論》一書中，用比較文學的方法，探討中國六部古典小說，但他的研究視野並沒有侷限在中國古典小說的範圍，也不囿于中國的傳統思想與批評方法，而是以自己學貫中西的學術涵養，以更為宏觀的學術視野把中國古典小說置放於世界文學的整體發展進程中進行考察及審視。

楊力宇則以比較文學的方法，分析《三國演義》與西方騎士小說不同之處，包括，人物形象的不一致、太接近歷史、人物與情節較多等。他也將《三國演義》與中古歐洲浪漫的詩歌韻文作比較，發現兩者的基本元素都是傳統的，都使用一直被重述的故事，而在文體、主角的身份及信念，以及主題思想上，兩者確有顯著的不同。

同時，楊力宇又以文獻分析法，詳細考察《三國志》與《三國演義》的

內容，分析陳壽與羅貫中的歷史觀，提出兩人對曹魏、蜀漢誰是「正統」政權的看法。楊氏並以兩人對官渡之戰、赤壁之戰及七位歷史人物的不同敘述，來說明羅貫中創作《三國演義》時，是以自己的偏好以及同情蜀漢的觀點，來著作此書；楊氏亦從史書、平話、戲劇、小說中對三國人物的描寫，分析三國人物在文學上形象的轉化，此一按部就班、循序漸進的研究，讓讀者們對三國人物形象塑造的演變過程中，有更深刻而細膩的瞭解。

此外，盧慶濱在其博士論文《史學背景中的三國志演義與水滸傳》中，以史料編纂學的方法，探討依史料編纂傳統所編纂的《三國志演義》及《水滸傳》中已有定論的源頭或推動力做進一步檢視。

在《三國演義》的版本研究方面，魏安透過一種新的方法—「串句脫文」來比較各個版本。他指出：「在一本書流傳的過程中經常會發生一種很特殊的抄寫錯誤，那就是如果在幾行之內再次出現相同的（或略同的）詞（或片語），抄寫者在抄寫的時候很容易抄到第一次出現的詞（或片語），然後在原文裡看錯地方，而從相同的詞（或片語）第二次出現的地方繼續抄下去，結果是新抄的本子裡少了一段文字。假如甲本在一個地方有串句脫文，而乙本沒有，那麼乙本不可能出於甲本，但甲本有可能出於乙本或者乙本的一個祖本；也可以判斷，假如幾種版本都有同一處串句脫文，它們必定都出於一個共同的祖本。」魏安採用的方法極具科學性，他推測的結果也具有一定的可信度。

三、資料化與科學化的研究

美國漢學注重的是資料化與科學化的研究，而且也能善盡追本溯源的功夫，這點在他們研究《三國演義》的版本時，更顯露無遺，而且表現出美國漢學研究的優點。例如，魏安即考察了保存於西班牙馬德里外的艾斯柯里亞修道院皇家圖書館（Royal Library of the Escorial Monastery），出版於 1548 年的葉逢春版本，以及上海圖書館所藏的殘頁，他一共對三十三種版本進行細微的研究，而其運用「串句脫文」的研究方法，也是非常科學而可靠。

四、多方面的研究

（一）關於書中詩詞的研究

對於《三國演義》中的詩詞，以往較少研究，只有 Bishop 在其〈中國小

說的限制〉一文中，曾以近代西方小說（novel）的立場上對中國小說進行嚴
厲批評，他認為，中國的傳統小說的侷限之一，即在於濫用詩詞。〔註 1〕而
YaoYao 最早專注於《三國演義》中詩詞的研究，他在 1990 年的博士論文中，
對《三國演義》書中的詩詞，作了詳細的分類並介紹其功用，他更指出，詩
詞與散文的交錯，也是書中「交錯結構」的一種模式。Yao 氏的研究，可謂開
《三國演義》詩詞研究風氣之先河。之後，兩岸學界才陸續有學者投入此一
領域的研究。

（二）關於書中「反諷」意味的研究

對於《三國演義》中具有的反諷意味，浦安迪及 Kimlicka 都曾闡述其論
點。浦安迪認為，《三國演義》是作者將其用來創作小說的各種原始素材，用
「反諷」的筆法加以修改和加工，因而，成為一部具有反諷意味的作品，特
別是在那些英雄人物的個性描寫上。而 Kimlicka 的博士論文即討論羅貫中對
反諷的使用，他指出，「反諷」是《三國演義》這部作品現存最早版本的一個
重要特色，而書中那些表面上被描述為「品德高尚」的角色，實際上是自以
為是的；而邪惡的機會主義者為了追求權力，則掠奪、分裂並削弱國家。雖
然筆者不甚同意二位學者的觀點，但他們的想法，也提供了研究《三國演義》
人物形象的另一思考。

（三）關於書中非主要人物的研究

美國漢學界除了對《三國演義》中幾位重要的人物投入研究外，對於書
中幾位非主要人物，也有探討。例如，楊力宇與夏志清都提到彌衡在書中的
角色，是為了反諷曹操的不忠不義。夏志清也指出，華陀、彌衡的出現及作
為，是作者為了諷刺曹操，夏氏並批評彌衡粗魯、頭腦不正常、沒有羞恥之
心。而于吉這個人物，則是為了諷刺及愚弄孫策。不過，柳無忌則大力讚揚
彌衡的勇氣是一種無所畏懼的「文士之勇」。此外，楊力宇並分析孫策的形象
及個性。另外，夏志清對袁紹、田豐、陳宮、夏侯惇等人物也有簡短的描寫，
篇幅雖然不多，但每能指出人物個性中最值得書寫的地方，如，袁紹的優柔
寡斷、田豐及陳宮的智慧以及不識其主的悔恨、夏侯惇的勇氣等。

〔註 1〕 Bishop, p.240.

第三節　未來研究之展望

　　綜觀美國漢學界對《三國演義》一書的研究，可以看出，學者對此書的作者、版本、敘事結構、價值等領域，因為沒有傳統的包袱，以及某些根深蒂固的觀念，因此，可以對本書作一更客觀而直接的批判及評價，也能提出超越兩岸學者對《三國演義》的看法。然而，在主題思想、人物形象、戰爭描寫等領域，其研究尚有值得深入討論或加以開發之議題，以下將美國漢學界對《三國演義》一書的研究分成下列議題，提出未來研究之展望。

（一）關於《三國演義》之作者

　　由以上論述，可知關於《三國演義》作者是誰這個問題，美國學者多因襲古籍上有關羅貫中的記載，將其視為《三國演義》的作者，只有馬幼垣不表贊同。而關於羅貫中的籍貫，學者們也只是列出古籍上曾經提到的幾個可能的地方，只有魏安認為羅貫中應該是東原人。因此，美國學者對於這兩個問題，並未作深入的研究，究其原因，可能與尚未有更具說服力的資料出土有關。筆者認為，學者們可以繼續投入對古籍的發掘及考證，方能得到更可信的答案。

（二）關於《三國演義》之版本及成書年代

　　關於《三國演義》之版本研究，美國漢學界最有成就的可說是魏安。魏安不僅將諸多版本作一整理，也運用「串句脫文」的方法將版本之源流，作一完整而可靠的分類。其它重要的研究，則有柳存仁提出的，「志傳本」出現的時代較「嘉靖本」早，並且應該重視「志傳本」的地位。除此之外，美國學界對《三國演義》之版本研究，並無其它重要文獻。筆者以為，關於此一領域未來研究之展望，可以從兩方面著手。一是以科學化的方法從事文獻處理，分析各版本間的關係，使《三國演義》的版本源流及演變過程能更加清楚。二是加強對嘉靖本（1522 年版本）以外諸多版本的研究，因為大陸學者已投入許多心力在此一領域，且獲得許多寶貴的成果，而美國學界卻只有柳存仁注意到「志傳本」的重要性，而學者對其它版本的研究卻付之闕如。筆者以為，對於《三國演義》版本此一領域，還有相當廣大的研究空間，有待學者們去加以發掘並探討。

　　關於《三國演義》之成書年代，魏安認為原文創作的起始點是 1308 年，完成的時期是 1494 年。盧慶濱以為羅貫中應在 1308 到 1329 年之間完成小說。

盧氏以地名的改變推論羅氏應該在 1329 年之前完成小說，此說與大陸學者章培恒一致，但魏安則反駁這樣的說法。魏安認為羅氏仍然可以在地名改變之後，繼續使用舊的地名。筆者認為，魏安的說法似乎較為合理。然而，關於《三國演義》成書年代此一問題，由於年代久遠，可資佐證的資料亦不多，故仍難以推論。筆者以為，要確定《三國演義》之成書年代，可以從兩方面著手。第一是確定羅貫中的生卒年代。第二是另闢蹊徑，從其它線索來推論。例如，大陸學者曾從多方面推論此書的成書年代，如，陳鐵民以嘉靖本的注釋來考證；歐陽健以羅貫中即元代理學家趙偕門人，因而按照門人之間的年齡推算羅氏的年齡；任昭坤從小說中描寫的火器來考證，雖然得到的結果亦不盡相同。但是，筆者以為，在沒有更可靠的文獻可資研究下，這些方法不妨一試，或許能有更為可信的結果產生。

（三）關於《三國演義》之戰爭描寫

筆者以為，戰爭描寫是《三國演義》書中極為重要的部分，整部《三國演義》就像是一部精彩的戰爭史，或是一部相當實用的「兵書」，如要對《三國演義》進行研究，一定不可忽略此一環節。然而，綜觀美國漢學界對此一領域的研究，除了楊力宇曾詳細介紹「官渡」以及「赤壁」之戰外，其餘只有幾位學者曾零星的提供了一些看法，或是簡略提到「赤壁之戰」，或是批評其中的戰爭描寫常是固定的模式，筆者已在前文論述過。而楊力宇研究的重點，又偏重於比較正史與小說對戰爭描寫的差異，羅貫中如何將正史上簡潔的記載，加入自己的想像及偏好，創造出史料未見之精采對話及辯論，而虛構成緊張刺激的情節。對於羅貫中是如何鋪陳一場場戰爭的前因、過程、後果，以及羅氏描寫戰爭的技巧，楊氏並沒有繼續探討，此乃可惜之處。由此可知，美國學界對此領域之研究仍有不足之處。筆者認為，《三國演義》是一本以描寫戰爭為主的小說，其中的描寫更涉及了天文、地理、兵法、人性等層面，可資研究的領域實是非常廣泛，日後關於《三國演義》的研究，應該更積極投入此一領域。

（四）關於《三國演義》之價值

關於《三國演義》之價值，筆者認為未來研究之展望，仍然必須著重在「文學」及「實用」價值兩方面。因為綜觀美國學界對此一領域的研究，仍然侷限在這部小說的價值，在於傳授了歷史知識，以及對社會的影響力（秘

密結社及崇拜關羽）。而對於小說的文學價值，只有楊力宇與夏志清曾經提到。楊氏認爲，「演義」體小說是中國人對世界文學獨一無二的創舉。夏氏則指出，《三國演義》是這類小說第一個也是最偉大的範例。然而，筆者認爲，這些研究不論在質或量上，都尚有不足。要研究《三國演義》的文學價值，必須有更多的學者投入研究，對小說中的語言、筆法、詩詞、結構等，進行更詳細的分析，方能有更客觀的評價。

關於第二點《三國演義》的實用價值，美國漢學界對其研究確是付之闕如。相較於兩岸學界對於這方面的研究，舉凡《三國演義》之謀略學、領導學、人才學、經營學、商戰學、兵法、智慧格言等等，已有璀璨的成果出現，故《三國演義》在現代人生活中的重要實用價值，已漸漸爲人所發現並受到重視。三國中的謀略使用變化多端，古人曾云「少不讀水滸，老不看三國」，即認爲老年人心機較深沉，一旦看了《三國演義》，心機則會更奸險狡詐。學者們則以爲，三國中的謀略是現代人爲人處事或是從商從政時，不可或缺的教科書。三國中三位主人翁能鼎足三分，其領導者的魅力與方法，也爲後人所津津樂道，故欲成爲一個傑出的領導者，也不可不讀《三國演義》。三國時人才濟濟，毛宗崗曾言：「古史甚多，而人讀貪看《三國志》者，以古今人才之聚未有盛於三國者也。」〔註2〕而三國中人才之多寡，明顯的與其國力成正比，蜀漢在諸葛亮死後，文臣只有蔣琬、費禕，武將僅有姜維獨撐大局，故其最先滅亡，人才凋零是主要的因素。國家對於人才的培養及使用，與國力之強弱息息相關，故此一領域也值得研究。《三國演義》一書所留下的智慧格言，或是歇後語，多是充滿智慧及人生經驗的，例如，「周瑜打黃蓋──一個願打，一個願挨」、「司馬昭之心──路人皆知」、「大意失荊州」、「賠了夫人又折兵」等，瞭解這些智慧格言，不但能熟知其豐富生動的故事背景，更能當作處事的借鏡。此外，《三國演義》幾乎是一部兵法全書，其中除了對戰爭的準備及進行有詳細而生動的描寫外，每一場戰爭也幾乎都可以發現兵學的理論及應用。諸葛亮南征時，馬謖建議「攻心爲上，攻城爲下；心戰爲上，兵戰爲下。」諸葛亮遂七擒七縱，降服蠻王孟獲之心，此乃兵學之理論與行動完美結合的結果。而街亭一役，馬謖卻只會死背兵書，以爲兵法云：「凭高視下，勢如破竹。」照做即可，不知他的對手張郃乃魏之名將，遠非蠻王孟

〔註2〕　〔清〕毛宗崗：〈讀三國志法〉，見朱一玄、劉毓忱編：《三國演義資料匯編》
　　　　（天津：南開大學出版社，2003年），頁255。

獲可比。馬謖因而捨水上山，於山上下寨，豈料被魏將張郃團團圍住，斷了汲水要道。馬謖不但兵敗，而且壞了諸葛亮北伐大計。爲此可知，《三國演義》中對戰爭的描寫，不但敘述用兵之道，並且仔細分析每一場戰役的勝敗之機，正如同一本著重理論與實踐的兵書，此一領域亦值得美國漢學家投入研究。最後，筆者建議美國學界可在已有的研究基礎上，對《三國演義》之實用價值此一新興領域進行相關研究，相信以國外學者獨特的眼光及研究方法，必能將《三國演義》書中的實用價值發揚光大。

（五）關於《三國演義》之主題思想

一部小說，必然有其主題思想，而主題思想即是小說作者意欲表達之創作理念。而《三國演義》之主題思想爲何，不僅在大陸學界眾說紛紜，美國學界亦是莫衷一是。筆者認爲，要確切明白小說之主題思想，則先要瞭解作者所處的時代背景，以及他創作當時的心態，不能僅從小說中的文字來推斷。因此，學者必須先對元末明初的時代背景有充分的認識，對作者一生的際遇有詳實的瞭解，對作者的歷史觀及對歷史人物的好惡有十足的把握，方能據此討論《三國演義》之主題思想。

（六）關於《三國演義》之敘事結構

由以上論述，可以發現，此一領域在質的方面，已呈現可喜之成績。浦安迪、Yao Yao、李培德等人，對《三國演義》一書的結構，都有獨特的分析與創見。雖然，他們的某些論點尚有不足之處，但他們對此一領域的研究，應有正面而實質的助益。至於量的方面，則明顯不足。推其原因，可能是學者多認爲「章回小說」之結構早爲說書人演述故事時「分段演述」的型態限制住，其結構很明顯的是固定而鬆散的。因此，投入研究的學者並不多。筆者認爲，對於《三國演義》這一部宏偉的古典小說，美國漢學界對於其敘事結構的研究卻只有寥寥數篇，殊爲可惜。盼望美國漢學界能對小說結構這個領域，投入更多的研究。

（七）關於《三國演義》之人物形象

由以上論述，可以發現，此一領域在《三國演義》的諸多研究領域當中，不論是質或是量，成果都是最豐碩的。學者在從事《三國演義》的研究時，幾乎都不會忽略此一領域，也常有發人深省的觀點。然而，研究的數量雖多，但研究的對象很明顯的偏重在蜀漢人物身上。對於魏國與吳國的人物，研究

的篇幅卻寥寥無幾，僅有曹操及周瑜曾出現在學者的研究當中。此外，對於
蜀漢人物的形象，學者亦是褒貶不一。筆者認為，學者能指出劉備、關羽兩
人個性中的缺陷與矛盾之處，此一研究成果值得讚賞。但諸葛亮的忠貞與智
慧、趙雲的英勇以及張飛的粗魯直率，這些正面而感人的形象，卻是無庸置
疑的。而學者們對其形象有所批評，應是由於中西文化的差異，或是對於文
本的閱讀不夠仔細而產生。因此，比者認為，對於此一領域未來的研究，應
從三方面著手。第一、應將研究的對象延伸至魏國及吳國的人物，畢竟魏國
最為強大，值得研究的對象應多於蜀國；而吳國除了周瑜外，魯肅、呂蒙、
陸遜、陸抗等，皆是眼光遠大、雄才大略之士，亦有值得書寫之處。第二、
必須先深入瞭解中國人的歷史、傳統、行為以及價值觀，再來評價《三國演
義》中的人物，避免以西方人的觀念來評斷中國人的作為，如此，對人物形
象的研究及評斷方能更客觀而中肯。第三、必須更仔細的閱讀文本，以免因
誤解原文之義而產生錯誤的認知。

再者，對於書中的人物形象研究成果雖稱豐碩，但仍著重在探討人物的
個性，對人物的心理描寫、語言、服裝、道具則較少著墨，甚至對書中的女
性角色皆未做討論，這些都是尚待開發的研究領域。

（八）關於尚待研究的領域

再者，筆者以為，美國漢學界對《三國演義》研究的領域，仍有幾處是
尚待開拓的，其一就是書中的藝術成就。關於此一領域，美國學界只有 Yao
曾經指出，羅貫中的藝術手法明顯地表現在他複雜卻又精確的故事設計，以
及在他敘述中呈現的專業技巧。而 Kimlicka 則認為，羅貫中的藝術成就源自
於將廣大題材投射於清晰、奇趣的事件中，並將引人入勝的虛構敘述交織於
歷史之中。其餘學者則多簡略地說明《三國演義》的語言，較它的前身《三
國志平話》有顯著的進步，變得更典雅而優美。而兩岸學界對這個領域的研
究，則略勝美國學界一籌。僅以專書來說，大陸方面有劉永良的《三國演義
藝術新論》、鄭鐵生的《三國演義敘事藝術》、《三國演義詩詞鑑賞》等。國內
也有廖瓊媛《三國演義的美學世界》出版。也因此，關於《三國演義》藝術
成就的研究領域，是急待學者們投注心力的。筆者以為，學者們可針對《三
國演義》的總體藝術風格、情節藝術、戰爭描寫藝術、人物性格藝術、結構
藝術以及美學藝術等方面投入研究。

此外，美國漢學界對於《三國演義》的研究，仍有幾個部分是較少涉獵

的，例如，對小說重要的來源《三國志》，只有楊力宇曾將其作爲主題研究過，其它如裴松之的注、習鑿齒的《漢晉春秋》、常璩的《華陽國志》等，都還沒有學者投入研究過。對於佔書中許多篇幅的戰爭描寫，美國學界的研究仍不夠深入。此外，對於書中出現的人名、地名、時間的訛誤，美國學界迄今亦無人討論這個問題。以上這些領域，都有值得研究的空間，盼望美國學界亦能加以重視。

（九）關於研究的方法

王靖宇教授曾經談到，西方學者如夏志清、浦安迪、Bishop 等人在以西方標準來衡量中國作品時，一旦發現二者有所不同，並沒有設身處地，從中國特有的文化背景去加以理解，因此有時在論斷時未免稍嫌武斷，尤其是學者在批判三國的人物以及戰爭的型態時，更加明顯。如，浦安迪以西方人道思想來批評三國時戰爭時的殺戮太不人道，夏志清認爲，西方偵探小說比三國中的謀略更勝一籌，諸如此類皆是沒有設身處地去理解中國特有的文化背景而遽下論斷。也因此，筆者認爲，要對《三國演義》一書能有更深入、客觀、正確的看法，必須先投入更多的心力在瞭解中華文化上，瞭解中國的歷史背景、人民的民族性及價值觀、戰爭的型態、朝代的變遷、正統的觀念、民情風俗等，此外，也必須設身處地，甚至將自己置身於書中主角所處的情境之中，如此一來，對《三國演義》一書的評論才能更客觀，才不會出現諸如「諸葛亮歧視老將」、「劉備殘忍好殺」、「張飛與同僚不睦」等較不易爲人接受的研究結果出現。

其次，從事《三國演義》一書的研究時，必須細讀文本，例如，嘉靖本、志傳本、毛本，甚至是毛宗崗的〈讀三國志法〉，都必須仔細研讀，才能瞭解各版本間的演變以及差異。毛宗崗的〈讀三國志法〉，相當於一篇《三國演義》的賞析總論，對書中的正統論、人物形象、結構之妙，都有精闢入裡的分析，如，人才有關羽、諸葛亮、曹操三絕。此外，毛氏更將人物依特性分爲運籌帷幄、行軍用兵等十八種。在情節上，則有追本窮源、巧收幻結、以賓襯主等十四種妙法。因此，如能熟讀此文，相信對《三國演義》的瞭解，會有極大的助益。綜觀美國漢學界在研究《三國演義》一書時，如有太過特異或是偏頗的研究結果出現時，究其原因，多是學者沒有精讀文本，因而產生誤解的情形。而《三國演義》一書以毛本計，共約七十五萬字，書中共有一千多位人物以及數不清的事件，雖然人物眾多而情節紛繁，但筆者以爲，未來的

學者在從事研究時，仍須仔細閱讀文本，才不會產生誤解。以人物形象研究為例，必須對每個人物的外表、語言、性情、才能、志向、年齡、家族等，都有深入的認知，才能有客觀精確的評價。

最後，筆者希望藉由本篇論文的研究，可以提供美國漢學界對《三國演義》的研究再作一次全面而深入的探討，他們研究的用心及長處，都值得我們學習；而其研究上有所不足或略嫌偏頗之處，也能作為我們研究小說時的借鏡。此外，由於國內對《三國演義》的研究，在質量上不但落後美國學界，更遠遜於大陸學界，筆者亦希望本篇論文能為國內的《三國演義》研究提供一種新的視野，並激勵國內更多學者能投入《三國演義》此一古典文學名著的研究。

參考書目

一、英文部分

1. Berry, Margaret, *The Chinese Classic Novels:An Annotated Bibliography of Chiefly English-language Studies*（New York: Garland Publishing, Inc., 1988）.

2. Bishop, John L., "Some Limitations of Chinese Fiction," *Far Eastern Quarterly* 15/2（Feb.1956）, pp.239-247.

3. Bishop, John L., *The Colloquial Short Story in China:A Study of the San-Yen Collection*（Harvard University Press, 1956）.

4. Buck .Pearl *S., The Chinese Novel :Nobel Lecture Delivered before the Swedish Academy at Stockholm December 12, 1938*（New York: Haskell House Publishers, 1974）.

5. Buote, Edward, "*Chu-ko Liang and the Kingdom of Shu-han,*" Ph.D.dissertation（University of Chicago, 1968）.

6. Ch'en Ming-sheng, "On the Romance of the Three Kingdoms," *Chinese Literature* 2,（Feb.1962）, pp.62-69.

7. Crump, James I, "P'ing-hua and the Early History of the San-kuo Chih," *Journal of the American Oriental Society* 71（1951）, pp.249-256.

8. Hanan, Patrick, "The Development of Fiction and Drama," in Raymond Dawson ed., *The Legacy of China*（London:Clarendon Press, 1964）, pp.115-143.

9. Hanan, Patrick, "Early Chinese Short Story :A Critical Theory in Outline," *Harvard Journal of Asiatic Studies* 27（1967）, pp.168-207.

10. Hsia, C.T., *The Classic Chinese Novel: A Critical Introduction*（New York: Columbia University Press, 1968）.

11. Hegel, Robert E., *The Novel In Seventeenth-Century China*（New York: Columbia University Press, 1981）.

12. Hegel, Robert E., "Traditional Chinese Fiction-The State of the Field, "*The Journal of Asian Studies* 53/2（May 1994）, pp.394-426.

13. Hightower, James Robert, *Topics in Chinese Literature:outline and bibliographis*（Cambridge : Harvard University Press, 1953）.

14 Hoyt Cleveland Tillman, "One Significant Rise in Chu-ko Liang's Popularity: An Impact of the 1127 Jurchen Conquest, "*Chinese Studies* 14/2（Dec.1996）.

15. Hoyt Cleveland Tillman, "History and Culture:Sima Guang's Reconstruction of Zhuge Liang's Story," *Bulletin of the Institute of History and Language*（Taipei: Academia Sinica Press, 2002）.

16. Idema.W.L., Chinese Vern*acular Fiction*：The Formative Period（Leiden: E.J.Brill, 1974）.

17. Kimlicka, Paul Francis. "The Novel 'San kuo chih tung-su yen-i' As Literature: Uses of Irony by Its Author Lo Kuan-chung," Ph.D.dissertation（University of Michigan, 1986）.

18. Kroll, Paul William, "*Portraits of Ts'ao Ts'ao:Literature Studies of The Man and The Myth,*" Ph.D.dissertation（University of Michigan, 1981）.

19. Li, Peter, "Narrative Patterns in San-kuo and Shui-hu," in Plaks, Andrew H. ed., *Chinese Narrative: Critical and Theoretical Essays*（Princeton :Princeton University Press, 1973）, pp.73-84.

20. Li, Tien-yi, *Chinese Fiction:A Bibliography of Books and Articles in Chinese and English*（Yale: Yale University Press, 1968）.

21. Liu Ts'un Yan, "Lo Kuan-chung and His Historical Romances,", in Winston Yang and Curtis P. Adkins eds., *Critical Essays on Chinese Fiction.*（Hong Kong:Chinese University of Hong Kong Press, 1980）, pp.85-114.

22. Liu, Wu-chi, "The Novel as Folk Epic," in *An Introduction to Chinese Literature*（Bloomington :Indiana University Press, 1996）, pp.195-212.

23. Lo, Andrew Hing-bun, "*San-kuo-chi yen-i and Shui-hu-chuan in the Context of Historiography: An Interpretive Study,*" Ph. D. dissertation（Princeton: Princeton University, 1981）.

24. Lo, Andrew Hing-bun, "San-kuo-chih yen-i," in *The Indian Campanion to Traditional Literature*（Bloomington: Indiana University Press, 1986）, pp.668-671.

25. L.Carrington Goodrich and Chaoying Fang. eds., *Dictionary of Ming Biography 1368-1644.* Two volumes.（New York: Columbia University Press, 1976）.

26. Ma, Y.W., "The Chinese Historical Novel:An Outline in Themes and Contexts," *Journal of Asian Studies*（1975）, pp.277-294.

27. Ma, Y.W., "Lo Kuan-chung," in *The Indiana Campanion to Traditional Literature*（Bloomington :Indiana University Press, 1986）, pp.594-596.

28. Miller, Roy Andrew, "Introduction," in C.H.Brewitt-Taylor, tr. ,*The Romance of the Three Kingdoms*（Taipei :Ch'eng-wen publishing company, 1977）, p.v-xii.

29. Plaks, Andrew. H., *Chinese Narrative: Critical and Theoretical Essays*（Princeton: Princeton University Press, 1973）.

30. Plaks, Andrew. H., "The Problem of Structure in Chinese Narrative," *Tamkang Review* 6/2（1976）, pp.429-440.

31. Plaks, Andrew. H., *The Four Masterworks of the Ming Novel : Ssu ta chi-shu*（Princeton: Princeton University Press, 1987）.

32. Raymond, Dawson, *The Legacy of China*（London:Clarendon Press, 1964）.

33. Rolston, David L. ed., *How to Read the Chinese Novel*（Princeton: Princeton University Press, 1990）.

34. Ruhlmann, Robert, "Tradtional Heroes in Chinese Popular Fiction ," in Arthur Wright ed., *The Confucian Persuasion*（Stanford :Stanford University Press , 1960）, pp. 141-176.

35. Wang, John C.Y. "The Cyclical View of Life and Meaning in the Traditional Chinese Novel."in Etudes D'Histoire et de Literature Chinoises（in honor of Professor Jaroslav Prusek）,（Paris:Institut des Hautes Etudes Chinese, 1976）, pp.275-301.

36. West, Andrew Christopher, "*Quest for the Urtext: The Textual Archaeology of The Three Kingdoms*'," Ph. D. dissertation（Princeton University, 1993）.

37. Wright, Arthur, ed., *The Confucian Persuasion*（Stanford :Stanford University Press , 1960）.

38. Yang, Winston L.Y., "*The Use of San-kuo Chih as a Source for The San-kuo-chih yen-i* ," Ph. D. dissertation（University of Michigan, 1971）.

39. Yang, Winston L.Y., "Lo Kuan-chung", in L.Carrington Goodrich and Chaoying Fang eds., *Dictionary of Ming Biography 1368-1644.*（New York:Columbia University Press, 1976）, pp.978-980.

40. Yang, Winston L.Y., "Romance of the Three Kingdoms and The Water Margin," in Yang, Winston L.Y, Peter Li and Nathan K.Mao.eds., *Classical Chinese Fiction:A Guide to Its Study and Appreciation :Essays and Bibliographies*（Boston :G.K.Hall Publishers, 1978）, pp.39-46.

41. Yang, Winston L.Y., "The Literary Transformation of Historical Figures in the San-kuo-chih yen-i," in Winston Yang and Curtis Adkins eds., *Critical Essays on Chinese Fiction.*（Hong Kong:Chinese University of Hong Kong Press, 1980）.p.47-84.

42. Yang, Winston L.Y., "From History to Fiction—the Popular Image of Kuan Yu," *Renditions* 15（Spring 1981）, pp. 67-79.

43. Yang, Winston L.Y. and Curtis P.Adkins eds., *Critical Essays on Chinese Fiction*（Hong Kong:Chinese University of Hong Kong Press, 1980）.

44. Yang, Winston L.Y, Peter Li, and Nathan K.Mao.eds., Classical Chinese Fiction:A Guide to Its Study and Appreciation :Essays and Bibliographies （Boston :G.K.Hall Publishers, 1978）.

45. Yao Yao, "A Literary Analysis: The Interlace Structure in The Romance of The Three Kingdoms '," Ph. D. dissertation（University of California, Berkeley, 1990）.

二、中文部分

1. 〔明〕王圻：《稗史彙編》（北京：北京出版社，1993 年）。

2. 王秋桂：《中國文學論著譯叢》（台北：臺灣學生書局，1985 年）。

3. 王靖宇：《左傳與傳統小說論集》（北京：北京大學出版社，1989 年）。

4. 王麗娜：《中國古典小說戲曲名著在國外》（上海：學林出版社，1988 年）。

5. 方詩銘：《三國人物散論》（上海：上海古籍出版社，2000 年）。

6. 丘振聲：《三國演義縱橫談》（台北：曉園出版社，1991 年）。

7. 朱一玄、劉毓忱編：《三國演義資料彙編》（天津：南開大學出版社，2003 年）。

8. 宋柏年：《中國古典文學在國外》（北京：北京語言學院，1994 年）。

9. 吳玉蓮：《史傳所見三國人物曹操劉備孫權之研究》（台北：文史哲出版社，1989 年）。

10. 沈伯俊：《三國漫談——人物、情節、名段》（台北：遠流出版社，2002 年）。

11. 沈伯俊：《三國演義辭典》（成都：巴蜀書社，1989 年）。

12. 李厚基、林驊：《三國演義簡說》（台北：萬卷樓出版社，1993 年）。

13. 李則芬：《三國歷史論文集》（台北：黎明文化事業股份有限公司，1982 年）。

14. 李福清：《三國演義與民間文學傳統》（上海：上海古籍出版社，1997 年）。

15. 李福清：《李福清論中國古典小說》（台北：洪葉文化，1997 年）。

16. 邱振聲：《三國演義縱橫談》（台北：曉園出版社，1991 年）。

17. 周兆新：《三國演義叢考》（北京：北京大學出版社，1995 年）。

18. 周兆新：《三國演義考評》（北京：北京大學出版社，1990 年）。

19. 胡適：《西遊記考證》（台北市：遠流出版社，1994 年）。

20. 馬幼垣：《中國小說史集稿》（台北：時報文化，1987 年）。

21. 徐富昌：《諸葛亮：忠貞與智慧的典型》（台北：幼獅出版社，1988 年）。

22. 〔明〕高儒：《百川書志》（上海：上海古籍出版社，1995 年）。

23. 陳其欣選編：《名家解讀三國演義》（濟南：山東人民出版社，1998 年）。

24. 陳翔華：《諸葛亮形象史研究》（浙江：古籍出版社，1990 年）。

25. 〔晉〕陳壽撰，楊家駱點校：《新校本三國志附索引》（台北：鼎文書局，1993 年）。

26. 惜秋：《蜀漢風雲人物》（台北：三民書局，1983 年）。

27. 張娣明：《戎馬不解鞍、鎧甲不離傍——三國時代戰爭詩研究》（台北：萬卷樓，2004 年）。

28. 張作耀：《劉備傳》（北京：人民出版社，2004 年）。

29. 傅隆基：《解讀三國演義》（台北：知書房出版社，2005 年）。

30. 黃霖：《中國小說研究史》（杭州：浙江古籍出版社，2002 年）。

31. 黃鳴奮：《英語世界中國古典文學之傳播》（上海：學林出版社，1997 年）。

32. 賈文昭、徐召勛：《中國古典小說藝術欣賞》（台北：里仁書局，1983 年）。

33. 黎東方編著：《新三國》（台北：遠東圖書公司，1996 年）。

34. 魯迅：《魯迅全集》（北京：人民文學出版社，1998 年）。

35. 葉維四、冒炘：《三國演義創作論》（江蘇：江蘇人民出版社，1984 年）。

36. 鄭振鐸：《中國文學研究》（上海：上海書局，1990 年）。

37. 鄭振鐸：《鄭振鐸說俗文學》（上海：上海古籍出版社，2000 年）。

38. 鄭振鐸：《中國文學中的小說傳統》（台北：木鐸出版社，1985 年）。

39. 〔明〕羅貫中著，毛宗崗批，饒彬校注：《三國演義》（台北：三民書局，2004 年）。

附　錄

表1　曹操、劉備、孫權生平重要事件表

年（西元）	曹　操	劉　備	孫　權
196	1 Hsu-tu 許都		
	2 Hsu-t'ien 許田		
		1 "Sash"衣帶詔	
	3 Mang-dang 芒碭……	2	
		3　Yuan 袁紹	
200			1
202	4 Kuan-tu 官渡		
	5 skirmish ……小衝突	4	
		5 Liu Piao 劉表	
		6 Chu-ko 諸葛	
		7 retreat 新野撤退到夏口	
208	6 Ch'ih-pi 赤壁	8	2
		9 Ching-chou 荊州	
	7…………	…………	3 Ju-hsu 濡須
		10 Hsi-ch'uan 西川	
215	8 Han-chung 漢中		
	9 Ho-fei 合淝…………	…………	4
		11 Han-chung 漢中	
219	10 Ching-chou 荊州	12	5
	11 Death 死亡		
220			
223		13 Hsiao-t'ing 猇亭	6
		14	
252			7 Death 死亡

表2 《三國演義》六大基本版本表

	版本及版本數	代表的版本	章 節	主 要 特 徵
A	1~2（版本數：2）	1522年版本	24卷	《東漢詳節》頌詞及評價；《綱目集覽》的註釋
B	3~6（版本數：4）	夏振宇本	12卷	《東漢詳節》頌詞及評價；《綱目集覽》的註釋；周靜軒的詩；關索A的故事；補充的敘述
C	7~12（版本數：6）	李卓吾本	120回	《東漢詳節》頌詞及評價；《綱目集覽》的註釋；周靜軒的詩；關索A的故事；補充的敘述；註釋的版本
D	13（版本數：1）	葉逢春本	10卷	周靜軒的詩；福建版
E	14~20（版本數：7）	楊閩齋本	20卷	周靜軒的詩；關索B的故事；福建版
F	21~33（版本數：13）	誠德堂本	20卷	周靜軒的詩；關索A的故事；福建版；刪節過的版本

表3 《三國演義》文本分類及起源結構表

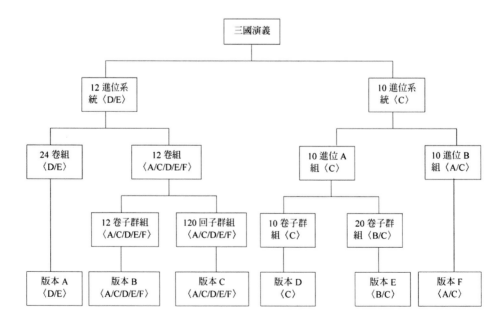